D1673049

Manfred Curry · Regatta-Segeln

Dr. Manfred Curry †

Manfred Curry

REGATTA-SEGELN

Die Aerodynamik der Segel

Delius Klasing Verlag

Die Deutsche Bibliothek – CIP-Einheitsaufnahme

Curry, Manfred:
Regatta-Segeln : die Aerodynamik der Segel / Manfred Curry. –
Reprint der 6., erw. Aufl. Zürich, Schweizer Dr.– und Verl.–
Haus, 1960. – Bielefeld : Delius Klasing, 1994
ISBN 3-7688-0854-8

ISBN 3-7688-0854-8

Reprint der sechsten, erweiterten Auflage,
erschienen 1960 im Schweizer Druck- und Verlagshaus, Zürich

Titelfoto: Morris Rosenfeld
Einbandgestaltung: Ekkehard Schonart
Gesamtherstellung: Hans Kock Buch- und Offsetdruck GmbH, Bielefeld
Printed in Germany 1994

Gewidmet meinem Vater

CHARLES EMERSON CURRY

der mich die ersten Grundregeln des Segelns lehrte. Er starb an der Pinne seiner Jacht während einer Regatta im Jahre 1935

VORWORT

Als ich dieses Buch schrieb, war ich achtzehn Jahre alt. Die erste Auflage erschien im Jahre 1925. Es folgten weitere Auflagen in Deutsch, Englisch, Französisch, Spanisch und Türkisch.

Heute, 24 Jahre später, kann ich mit Freude feststellen, daß die Segler immer noch mein Buch benützen und es alt und jung als Leitfaden dient.

Trotz meiner in 1400 Regatten gesammelten Erfahrungen hat sich in der Regattataktik für mich nichts Neues ergeben. Die Tatsache, daß auch andere Segler auf diesem Gebiet keine neuen taktischen Vorschläge brachten, läßt vermuten, daß dieses Thema erschöpft ist.

Andererseits sind weitere Fortschritte hinsichtlich der Boot- und Segelkonstruktionen auch in Zukunft zu erwarten. Viele Vorschläge und Anregungen, die ich in der ersten Auflage dieses Buches machte, so z. B. die Marconi-Takelage, die Genua Fock, der Kugel-Spinnaker, der sogenannte Platten-Großbaum (Park Avenue boom, der in den Goldpokal-Regatten zwischen England und Amerika Verwendung fand), drehbare Masten, gewölbte und anstellbare Schwerter (angewandt bei den Inland scows), fanden weitgehende Verwendung.

Da man die technische Entwicklung nicht voraussehen kann, habe ich verschiedene Neuerungen, welche in der ersten Auflage erwähnt wurden, sich aber noch nicht durchsetzten, auch in dieser Neuauflage wieder angeführt. Ich bin der Ansicht, daß manches, so z. B. die durchgehenden Segellatten und anderes mehr, früher oder später Allgemeingut der Segler wird. (In Amerika z. B. sind durchgehende Latten noch generell verboten.)

In dieser wie in den vorhergehenden Auflagen habe ich die Behandlung großer und kleiner Boote nicht getrennt, sondern nebeneinander bearbeitet. Ich glaube aber, der Regattasegler — und für diesen ist das Buch gedacht — weiß, wann von einem Schwertboot und wann von einem Kielboot die Rede ist.

Die Feinheiten des Rennsegelns kommen in größerem Maße bei den kleinen und kleinsten Booten zur Geltung, obwohl sie bei den großen Jachten genau so vorhanden und nur schwerer zu entdecken sind. Ich empfehle daher immer wieder, zuerst kleine Boote zu steuern, auf denen man schnell und leicht zu lernen vermag, und erst später sich mit der Behandlung einer Jacht vertraut zu machen. Gute Jollensegler werden das große Rennboot bald verstehen, andererseits wird ein nur Jachtensegler in den seltensten Fällen die Feinheiten des kleinen Schwertbootes voll erfassen.

Die Fähigkeiten, welche das Rennboot von seinem Führer verlangt, liegen nicht, wie bei anderen Sportarten, auf einem engbegrenzten Gebiet, auch sind sie nicht vor-

wiegend körperlicher Art. Ich glaube nicht, falsch zu urteilen, wenn ich behaupte, daß beim Segeln in erster Linie die geistige Arbeit eine Rolle spielt und erst dann die körperliche Leistung zur Geltung kommt. Ich spreche hier selbstverständlich von der Höchstleistung des Sportes, vom Wettkampf.

Kein anderer Sport erfordert diese Vielseitigkeit an Talenten und Fähigkeiten wie das Rennsegeln! Logisches Denken, klares, schnelles Ueberlegen, Geistesgegenwart, Mut, Ausdauer in stundenlanger Aufmerksamkeit und Feinfühligkeit. Außerdem sind körperliche Eigenschaften wie Kraft, Geschmeidigkeit — welche die notwendige weiche Bewegungsart auf kleinen Booten ermöglicht —, ein besonderes Gleichgewichtsgefühl usw. eine angenehme Beigabe, wenn auch nicht unerläßliche Bedingung.

Nicht zuletzt bietet das Segeln trotz dem rein sportlichen Charakter doch auch Schönheiten in so wechselvollem Spiel, wie sie die Natur wohl nirgends stimmungsreicher ausgießt als über Wasser und Wolken. Nie wird das Meer oder die Fläche eines Sees gleich sein. Bald fegt der Sturm die Seen zu Gischt und rüttelt den Menschen auf zum Kampf mit dem stärksten aller Elemente, bald wird die glatte oder leicht gekräuselte Fläche ihm Ruhe und vollen Genuß der Natur in gesunder, reiner Luft gewähren. Ein leiser Windhauch kann den Menschen vom Lande fort auf das hohe Meer tragen — ihn so mühelos dem Drängen und Hasten des Lebens entziehen und ihn in der Einsamkeit sich selbst, der Natur und ihrem Schatze ungeahnter Schönheit näherbringen.

Rapperswil am Zürichsee, 1949. MANFRED CURRY

Anmerkung des Verlages

Die Nachfrage nach den Büchern von Manfred Curry bleibt nach wie vor groß, so daß wir uns zu einem Nachdruck entschlossen haben. Seit der ersten Nachkriegsauflage sind viele verschiedene neue Bootsklassen erschienen. Auch wurden allerlei neue Materialien angeboten, von denen sich einige sehr gut bewährt haben.

Diese Neuerungen werden laufend in Fachzeitschriften behandelt. Auch kamen neue Bücher, die besonders die modernen Mittel zum Gegenstand haben, heraus. Andere werden noch erwartet. All dies ist als Ergänzung zum Werk von Manfred Curry zu betrachten und enthält besonders die in den letzten Jahren erzielten Fortschritte.

Aber ohne die durch gründliche Untersuchungen erbrachten Erkenntnisse der Grundregeln der Aerodynamik durch Curry hat ein junger Segler Mühe, die späteren Ergänzungen und Fortschritte zu verstehen. Der «Curry» ist und bleibt das Standardwerk des Seglers.

Verschiedene Bilder über die Abdeckung oder die sichere Leestellung sowie diejenigen über die Position beim Vorwindkurs zeigen alte Klassen. Wichtig ist hier die gemäß aerodynamischen Messungen anzuwendende Taktik, und diese ist für alle Bootsklassen die gleiche. Es war leider unmöglich, genau die gleichen Bilder neuerer Klassen aufzutreiben.

Wir wünschen allen Seglern ein kräftiges Ahoi und viele schöne Stunden auf dem Wasser.

Zürich, im Juli 1960. *Der Verlag*

Inhaltsverzeichnis

ERSTER TEIL

Die Aerodynamik der Segel

Die Aerodynamik der Segel

Die Natur als Fingerzeig für die Bauart eines Segels

Wenn man sieht, wie ein und dasselbe Boot unter gleichen äußeren Bedingungen bald besser, bald schlechter läuft, so kommt man allmählich auf die Vermutung, daß, nachdem der Bootsrumpf doch keine Veränderung erfahren hat, wohl der Stand bzw. die Wirkung des Segels ausschlaggebend sein müssen. Da aber schließlich nur *eine* Segelform die richtige sein kann und nicht, wie so häufig behauptet wird, diese individuell für die verschiedenen Bootstypen zu wählen sei, haben wir uns vor allem mit dieser für das Rennboot so wichtigen Frage zu beschäftigen.

Ich schreibe den Gedankengang, der diesen Ueberlegungen zu Grunde liegt, in derselben zeitlichen Reihenfolge nieder, wie er mich von Schritt zu Schritt bei meinen Betrachtungen und Versuchen führte.

Als Ausgangspunkt soll uns die Natur einen Fingerzeig geben, in welcher Richtung wir die Untersuchungen vorzunehmen haben, um unbeeinflußt von schon bestehenden Theorien von ihr ableiten zu können.

Es ist erstaunlich, wie spät erkannt wurde, daß das Segel eigentlich nichts anderes ist oder sein sollte als ein großer *Vogelflügel,* welcher den schlanken Bootrumpf in Verbindung mit dem sich unter dem Wasser befindlichen Teil fortbewegt.

Wenn wir die Ueberzeugung gewonnen haben, daß das Segel der Schwinge eines Vogels entspricht und die Bedingungen, welchen beide unterliegen, die gleichen sind, so liegt es um so näher, dieses natürliche Segel in seinen Feinheiten zu studieren.

Vorerst aber werden wir uns fragen, inwiefern wir von Gleichheit in der Wirkungsweise eines Flügels und der eines Segels sprechen können. Um diese Frage beantworten zu können, wollen wir einmal den «Schwebenden Vogel» dem «am Winde segelnden Boot» gegenüberstellen:

Beide bewegen sich unter einem gewissen Winkel bei Ausnützung der durch den Druck hervorgerufenen Kraft gegen den Wind; und zwar kommt nur die senkrecht zur Fläche angreifende Kraft zur Wirkung, während die nach hinten wirkende an der Fläche abgleitet und in Form von Reibungs- und Form-(Stirn-)Widerstand als hemmender Faktor überwunden werden muß. Während die Natur dem Vogel eine Fläche gibt, durch deren günstige Form ein großer Druck erzeugt wird (genannt

«Auftrieb»), der ihm die Möglichkeit gibt, sich in der Luft zu halten, müssen wir durch die Form und den Schnitt des Segels einen großen Druck in diesem zu erreichen trachten, sowie einen nach rückwärts möglichst klein wirkenden Widerstand.

Vermöge des seitlichen Druckes und der Umsetzung dieser Kraft auf das Boot bzw. dessen Lateralplan entsteht eine vorwärts gerichtete Kraftkomponente. Wie weit wir uns in der Bauart eines Segels an den Vogelflügel halten dürfen, wird uns eine nähere Betrachtung desselben und seiner Verwendung zeigen.

Abb. 1. Segel und Vogelflügel.

Es wäre ein Fehler, irgendwelche Grundsätze ohne weiteres vom Flugzeug abzuleiten, ohne den Vogelflügel vorher zu studieren, da man sonst nicht nur die Eigenschaften, welche für das Segel nicht verwertet werden können, weniger leicht erkennen, als auch in dieselben Fehler verfallen würde, welche sich infolge der übergroßen Flugmotore in die Flugtechnik eingeschlichen haben. Viel lehrreicher ist die Beobachtung des Segelflugzeuges, welches, von vorne beginnend, einen neuen Weg in der Entwicklung der Tragflächen gegangen ist.

Es dürfte nicht uninteressant sein, auf die Eigenschaften des freien Fluges etwas näher einzugehen, auch wenn dies das Thema nicht unbedingt verlangen würde.

Wir werden uns also zuerst mit dem Vogelflug selbst beschäftigen und die Natur in ihrer unbedingten Richtigkeit beobachten:

Wenn wir die verschiedenen guten und schlechten Flieger unter den Vögeln betrachten, so dürfen wir auch hier nicht in den Fehler verfallen, die Luftakrobaten, zu denen z. B. die Schwalben gehören, als Beispiel zu nehmen; wir müssen vielmehr unsere Aufmerksamkeit auf jene Vögel richten, welche segelnd das Luftmeer bezwingen, bei denen die Flügel ohne Flügelschlag einen großen Druck (-Auftrieb) erzielen. Zu ihnen gehören in erster Linie: der Albatros, die Möwe und der Bussard. Wir sind nun vor die Frage gestellt, wie es ihnen überhaupt möglich ist, sich frei schwebend in

Abb. 2.
Möwen.

der Luft zu halten und ohne einen Flügelschlag, der eine über dem Meere segelnd, der andere über den Wäldern schwebend, mit der Dritten Dimension zu spielen.

Das Geheimnis, welches dem Menschen so lange verborgen war, liegt im Winde, der in der Nähe der Erdoberfläche eine kleine oder gar keine, in den höheren Regionen doch fast immer eine beträchtliche Geschwindigkeit hat. Ferner ist es seine Richtung und — letzten Endes — die enorm günstige Form derjenigen Flächen, die dem Vogel dieses Experiment erlauben.

Es seien hier kurz die physikalischen Gesetze angeführt, welchen die Wirkungen des Windes auf einer Fläche zu Grunde liegen und worauf auch zum Teil der Segelflug des Menschen beruht:

1. Es ist im Effekt gleich, ob eine Fläche gegen die Luft bewegt wird, oder ob die Luft (z. B. in Form von Wind) gegen diese strömt.
   Der zum Fliegen erforderliche Luftwiderstand oder die Lufthärte, die es ermöglicht, daß der Vogel oder das Flugzeug frei in der Luft schwebt, wird erst dann erreicht, wenn die Flügel von der Luft mit einer gewissen (größeren) Geschwindigkeit getroffen werden. Diese Geschwindigkeit, bei welcher die Luft tragfähig wird, ist auf zwei Wegen erreichbar: Entweder bewegen sich die Tragflächen gegen die Luft oder diese strömt gegen die Tragflächen, was nach dem soeben angeführten Relativitätsprinzip in bezug auf das Ergebnis das gleiche ist. Zum ersteren Falle gehört der Gleitflug, wie etwa der Gleitflug eines Vogels von einer Baumkrone zum Boden, wobei aber Höhe, die vorhanden sein muß, geopfert wird (Umsetzung von potentieller Energie in kinetische Energie); ferner das Flugzeug, durch dessen Propeller die Geschwindigkeit gesteigert wird, bis dasselbe von seinen Tragflächen getragen wird, wobei keine Höhe geopfert zu werden braucht. Die vom Motor geleistete Arbeit verwandelt sich in Arbeit gegen die Luft, welche sich ihrerseits auf die Tragflächen überträgt und ein Emporsteigen des Flugzeuges ermöglicht. Zum zweiten Falle gehört der in der entgegenströmenden Luft segelnde Vogel oder das gegen den Wind schwebende Segel-Flugzeug.

2. Der Widerstand wächst mit dem Quadrat der Geschwindigkeit und nimmt proportional der Fläche zu; z. B. für ebene Flächen nach der Formel:

   $$A = 0.13 \cdot F \cdot v^2 \cdot \sin \alpha$$

   d. h. eine ebene Fläche von 1 m^2, welche mit gleichmäßiger Geschwindigkeit in der Sekunde einen Weg von 1 m normal zu ihrer Flächenausdehnung zurücklegt, erfährt einen Widerstand von rund 0,13 kg; hiernach berechnet sich der Luftwiderstand bei α^0 Anstellwinkel für eine Fläche von F m^2 bei einer Geschwindigkeit von v m/sec.
   Als zweiter Faktor dient dem Vogel die Tatsache, daß der Wind nicht, wie allgemein vermutet wird, horizontale Richtung hat, sondern über der Ebene in einem Winkel von etwa 4 ^{0} nach oben weht.
   Als letztes bleibt uns nun die besondere Wirkung des Vogelflügels übrig, für uns das wichtigste Kapitel.

Bei Betrachtung der Möwen, wenn sie der Sonne entgegen über dem Wasser mühelos dahinsegeln, zeigen uns vor allem die Schatten in ihren Flügeln, daß in ihnen ein ständiges Drehen und Winden vor sich geht, womit sie jeden Windhauch in seiner stets ändernden Richtung zu erhaschen und auszunützen suchen; wie auch der Vogel unter gewöhnlichen Verhältnissen nie mit dem Winde, sondern stets gegen den Wind auffliegt.

Nachstehende Bilder (Abb. 3) zeigen uns das Flugbild verschiedener Vögel und gestatten uns einen interessanten Vergleich mit den Segeln:

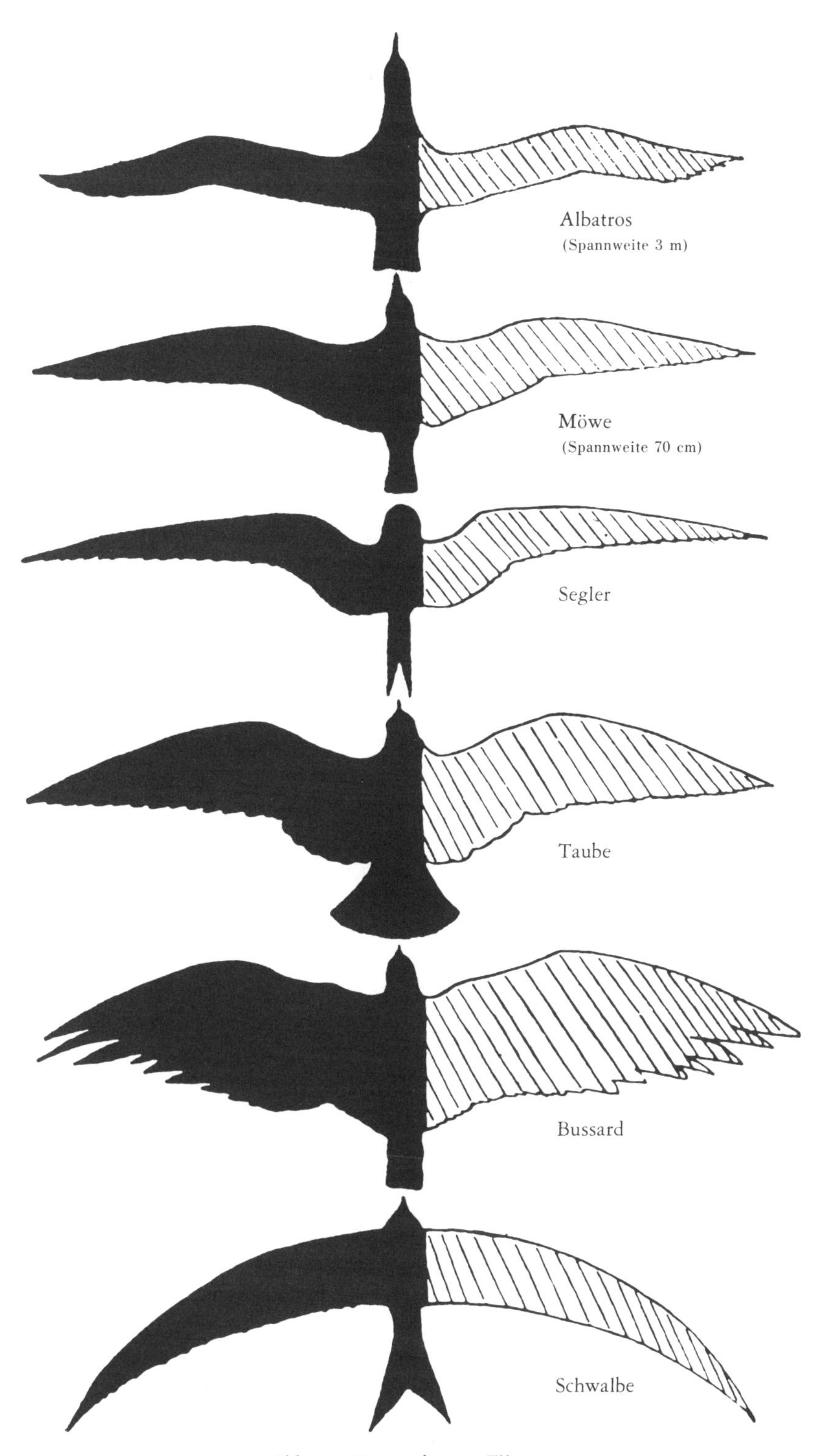

Abb. 3. Unsere besten Flieger.
(Drehe das Bild um 90 ° und vergleiche die Flügel mit unseren Segeln.)

Es fällt auf, daß ein wesentlicher Unterschied in den Flügellängen besteht, und zwar scheinen diese um so länger zu sein, ein je besserer Segler der betreffende Vogel ist. Dem Albatros z. B. hat die Natur auffallend lange schmale Flügel gegeben (bis zu 3 m Spannweite), welche, trotz ihrer verhältnismäßig kleinen Fläche, einen enorm großen Tierkörper zu tragen haben, d. h. ihn nicht nur tragen, sondern sogar bewegungslos in die Lüfte heben können, wenn nur der geringste Wind vorhanden ist. Dabei hat die Natur aber sicherlich Rücksicht darauf genommen, daß die Flügel den Vogel im Nest oder, wenn er sie am Körper anlegt, nicht allzuviel in der Bewegung hindern; auch

Abb. 4. Flügel einer Möwe von unten gesehen.

müßte der große Hebelarm das Tier ermüden. Und trotz alledem schafft die Natur Flügel von solcher Länge! Hiernach scheint sie auf das Größenverhältnis von Länge zur Breite (= Seitenverhältnis) doch merkwürdig viel Wert zu legen.

Sodann fällt noch die *Dicke* des Flügelvorderrandes auf, welche ganz im Widerspruch mit früheren Anschauungen über Luftwiderstand steht, worauf wir in unseren späteren Betrachtungen zurückkommen werden.

Alle Flügel besitzen eine gewisse *Wölbung,* und zwar die schnell fliegenden Vögel eine geringere, die langsam fliegenden eine stärkere, was ebenfalls zu mannigfachen Ueberlegungen und Vergleichen Anlaß gibt. — Jedoch nicht nur die Vögel zeigen ausnahmslos die Wölbung in ihren Flügeln, es gibt auch im Pflanzenreich Flieger, welche den Vorteil der gewölbten Flügel ausnützen; so läßt die Natur die geflügelten Samen

Abb 5. Die Wäsche weht infolge ihrer Wölbung über die Horizontale nach oben.

vieler Gewächse, so den Zanoniasamen, auf leicht gewölbten Schwingen im Winde dahinsegeln.

Nach diesen allgemeinen Betrachtungen möchte ich auf folgende von den Seglern wenig beachtete Erscheinungen hinweisen, welche das oben Angeführte verbildlichen sollen, und die zum Teil in dem Buche «Der Vogelflug» von O. Lilienthal, einem unserer ersten Forscher auf dem Gebiete des Fluges, erwähnt sind.

Das Ausschlaggebende bei diesen Erscheinungen ist die überlegene Tragkraft der gewölbten Fläche gegenüber der ebenen bei gleicher Flächengröße. Erinnern wir uns an

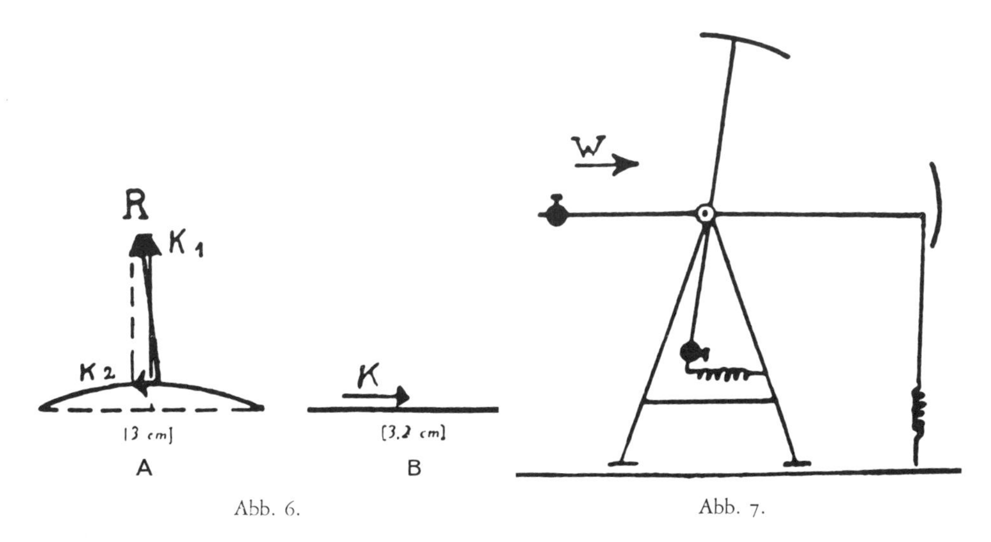

Abb. 6. Abb. 7.

einige Beispiele aus dem täglichen Leben, welche sicherlich jedem aufgefallen sind, über die aber wohl Wenige nachgedacht haben:

Ein horizontal, d. h. mit dem Stock senkrecht getragener Regenschirm wird selbst bei waagrechter Bewegung einen Zug nach oben ausüben. Eigenartig ist auch das Bild der im Winde flatternden Wäsche, welche infolge ihrer unwillkürlichen Wölbung nicht nur horizontal, sondern über die Horizontale hinaus nach oben flattert. Ein gewohnter Anblick, der aber so natürlich scheint, daß er unbeachtet bleibt, ist insbesondere für den Segler: Das flatternde Segel! Das Flattern ist nichts anderes als die Wirkung einer Kraft, die durch die gewölbte Fläche hervorgerufen wird. Der Bauch des Segels entwickelt nämlich einen Druck in der Richtung seiner Wölbung, was sich in einer seitlichen Bewegung kund gibt. Da der Bauch jedoch über den Bereich seiner Kraft ausweht und mit ihm das ganze Segel, wird er vom Winde nach der anderen Seite gedrückt, worauf sich der gleiche Vorgang an der in entgegengesetzter Richtung gewölbten Fläche abspielt. Dieses Wechselspiel wiederholt sich mit großer Geschwindigkeit und stellt uns das Bild des flatternden Segels dar. Bemerkt sei jedoch hier, daß das Killen des Achterlieks beim ziehenden Segel eine andere, später noch zu besprechende Ursache hat. Als letztes Beispiel sei erwähnt, daß ein in einer Tasse Kaffee bewegter Löffel oder ein durch das Wasser gezogener konkav geformter Riemen in der Richtung seiner Wölbung auszuweichen sucht, ohne jedoch einen wesentlich größeren Frontwiderstand zu erzeugen.

Die Skizzen (Abb. 6), worin die auf der ebenen und gewölbten Fläche auftretenden Kräfte eingezeichnet sind, geben uns eine Erklärung für diese Erscheinungen. Die ersten Messungen an Flächen hat O. Lilienthal mit dem in Abb. 7 gezeigten primitiven Apparat gemacht.

Das Kräfteparallelogramm bei der gewölbten Fläche wird dem Laien sicher eine Ueberraschung sein. Bei waagrechter Lage tritt auf der ebenen Fläche eine in der Richtung

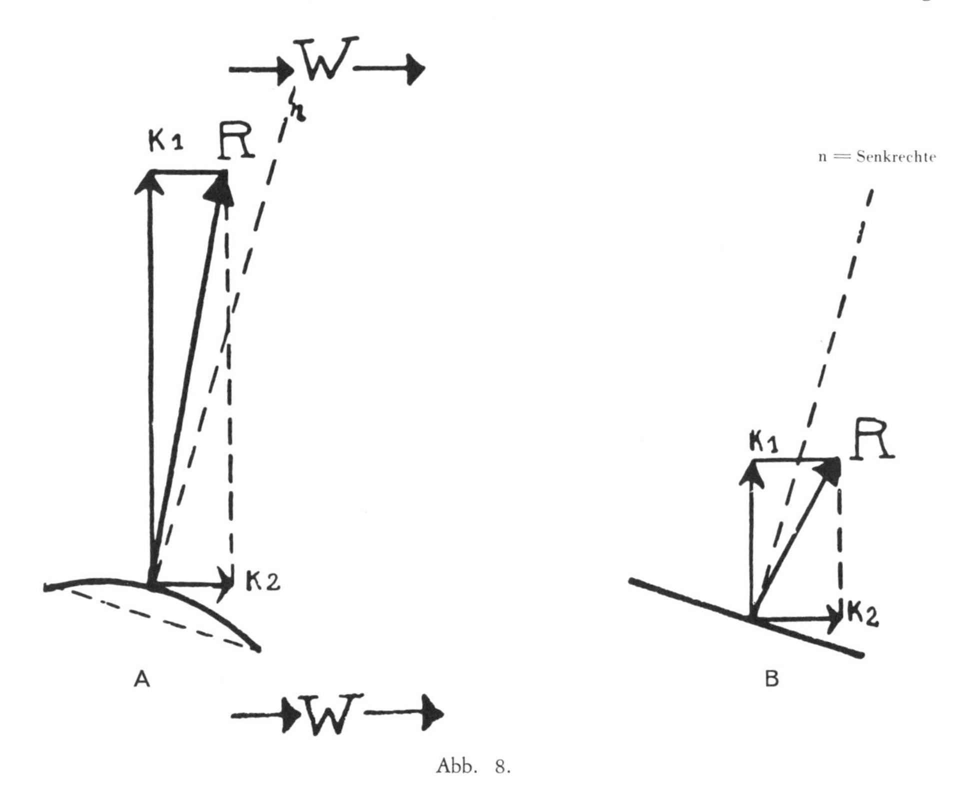

Abb. 8.

des Windes wirkende Kraft K (vgl. Abb. 6 B) auf, welche die Fläche in dieser Richtung zu bewegen trachtet; sie setzt sich aus zwei gleich gerichteten hemmenden oder schädlichen Komponenten zusammen; die eine nennen wir den Form- oder Stirnwiderstand, der seine Ursache in der Form- bzw. in der von ihr verdrängten Luftmenge hat, die andere den Reibungs- oder Oberflächenwiderstand, welcher durch die Reibung der Luftteilchen, die an den Seitenwänden haften, hervorgerufen wird. Bei der gewölbten Fläche dagegen ist die resultierende Kraft R (vgl. Abb. 6 A) nach oben mit einer Neigung nach *vorne* gerichtet; sie läßt sich in zwei Komponenten zerlegen; eine vertikale K_1 und eine horizontale K_2; welch letztere nach vorne gerichtet ist; hiedurch wird der Form- oder Stirnwiderstand sowie der Reibungswiderstand ausgeglichen. Eine *richtig* gewölbte Fläche wird also bei entsprechender Windstärke entweder steigen, oder, vorausgesetzt daß sie richtig ausbalanciert ist, sich sogar gegen den Wind vorwärts bewegen, was beim Vogel seine Erfüllung findet und außerdem durch die Aufwärtsrichtung des Windes noch begünstigt wird. (Man nimmt in neuester Zeit an, daß der um 4° nach oben gerichtete Wind die Ursache der Vorwärtsneigung der Kraft sei.)

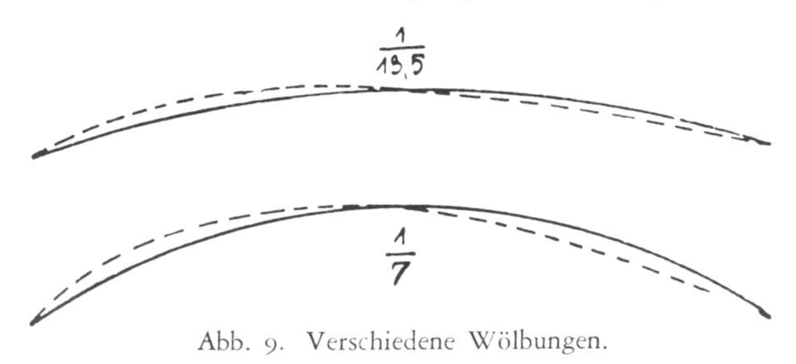

Abb. 9. Verschiedene Wölbungen.

Noch ausgesprochener zeigt sich diese Erscheinung, d. h. der Vorteil der Wölbung, wenn der Wind in einem Winkel von unten auf die Fläche auftrifft oder diese aufwärtsgeneigt gegen den Wind bewegt wird, wie aus Abb. 8 A und B ohne weiteres hervorgeht. Die gewölbte Fläche entwickelt bei dieser Stellung mehr als doppelt so viel Kraft wie die Ebene.

Nun kommen wir auf die Frage zurück, *wie stark soll die Fläche gewölbt sein?* — Um jene Wölbung zu bestimmen, welche der auf der Luft ruhende Flügel hat, belastet man seine Hohlseite mit Sand solange, bis das Gewicht dem halben Gewicht des betreffenden Vogelkörpers gleichkommt. Die etwas zu große Wölbung des unbeanspruchten Flügels, welcher natürlich frisch sein muß, wird dadurch seine Originalwölbung, die er in der Luft hat, wieder erhalten.

Eine Messung der durchschnittlichen Flügelwölbung ergibt bei gut fliegenden Vögeln $^1/_{15}$ Pfeilhöhe, d. h. $^1/_{15}$ der Flügelbreite an der Stelle größter Wölbung, bei schlechten Fliegern $^1/_{10}$ bis $^1/_{12}$.

Zur Erläuterung obiger Betrachtungen lassen sich auch Drachenversuche gut verwenden:

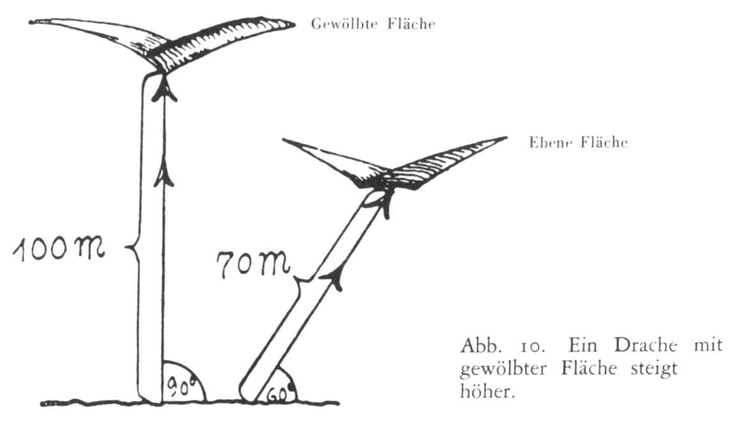

Abb. 10. Ein Drache mit gewölbter Fläche steigt höher.

Ein Drachen mit flach ausgespannter Leinwand steigt bekannterweise schlecht; auch bildet seine Schnur zum Boden einen Winkel, der viel kleiner ist als 90° (Abb. 10). Dagegen zeigt sich bei einem Drachen mit loser, d. h. gewölbter Leinwand, eine ganz andere Steighöhe; bei der gewölbten Fläche wird die Leine mit dem Boden nahezu einen Winkel von 90° bilden, mit anderen Worten, der Drachen wird senkrecht über uns schweben; günstigenfalls kann sogar eine Neigung der Schnur gegen den Wind

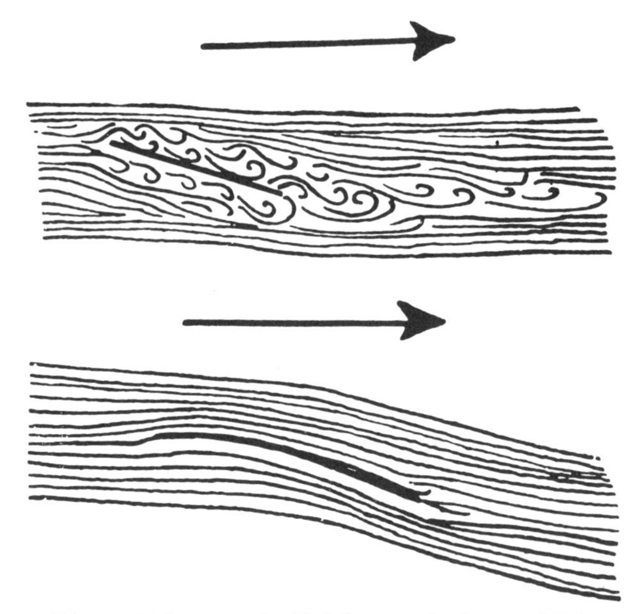

Abb. 11. Strömungsverlauf bei ebener und gebogener Fläche.

beobachtet und ein Vorwärtsschweben des Drachen festgestellt werden. Wie uns die Länge der Schnur, bzw. die Stärke des Zugs eine gute Vorstellung von der Größe der Kraft gibt, so zeigt uns die Neigung derselben zum Erdboden die «Richtung» der resultierenden Gesamtkraft.

Folgender weiterer Drachenversuch ist für uns von besonderer Wichtigkeit. Man läßt zwei Drachen steigen, von denen der eine eine lose vom Winde *zu wölbende Fläche,* der andere eine *feste, gewölbte* Fläche hat. Merkwürdigerweise wird letzterer bedeutend höher und steiler schweben als ersterer, d. h. er wird einen größeren Druck entwickeln, was für den Vergleich mit dem Segel von ausschlaggebender Bedeutung sein dürfte.

Es ist dadurch wohl erwiesen, daß das Fixieren unserer Segel durch Spreizlatten seine volle Berechtigung hat.

Abb. 11 mag uns die *Ursache* für die verschiedene Wirkungsweise der ebenen und gewölbten Flächen zeigen. Es ist hier der Stromliniengang dargestellt, was dadurch erreicht, bzw. sichtbar gemacht wird, daß man die Luft mit Rauch erfüllt (aber auch in staubiger Luft zu sehen ist, welche von der Sonne beschienen wird) und durch diese die Flächen bewegt. So lassen sich hierbei die Luftfäden (unter Luftfäden verstehen wir die Wege, die die einzelnen Teilchen zurücklegen) und jedwede Wirbelbildung photographisch festhalten.

Im ersten Bild sehen wir, daß die Luftfäden gebrochen, abgerissen werden und daß Wirbel entstehen. Ein Wirbel aber besitzt Bewegung, somit kinetische Energie, welche er auf Kosten einer anderen Kraft, und das ist in diesem Falle eben die in der Fläche entwickelte, inne hat. Somit bedeutet jede Wirbelbildung, ob diese im Wasser oder in der Luft auftritt, Energieverlust.

Anders bei der gewölbten Fläche: Die Luftfäden werden hier nicht *zerrissen,* sondern *gebogen,* was einem Energiegewinn gleichkommt. Dadurch, daß die Fläche der Luft eine Beschleunigung nach unten erteilt, wird erstere in verstärktem Maße gehoben.

Diese Hebung wird bei der ebenen Fläche dadurch abgeschwächt, daß die Luft nicht nur nach unten gestoßen wird, sondern in den Wirbeln eine willkürliche Drehbewegung empfängt. Der Vorgang der Wirbelbildung ist im Wasser der gleiche, und dies ist wohl der Hauptgrund, warum wir von den kantigen Bootformen auf die runden übergegangen sind.

Wir kommen nun zu dem nächstwichtigen Faktor, dem *Seitenverhältnis* des Flügels:

Folgende Versuche sollen uns ein Bild von dem Einfluß des Seitenverhältnisses auf die Tragfähigkeit bzw. der Erreichung höheren Drucks geben:

Ein Rechteck, gleichgültig ob eben oder gewölbt, verhält sich nicht gleich, wenn es der Länge oder der Breite nach dem Winde bei jeweils gleichen Anstellwinkeln ausgesetzt wird (Abb. 12). Das Rechteck nämlich weist dann, wenn es mit der langen Kante voran gegen den Wind gestellt wird, bei bestimmten Neigungen höheren Druck auf. Weiterhin tritt die eigenartige Erscheinung eines starken Rauschens bei der Fläche I im Gegensatz zu II auf, was nichts anderes als ein durch die entstehenden Wirbel hervorgerufenes Geräusch ist. Bei der ersten Stellung entstehen größere Wirbel, welche mehr Energie in

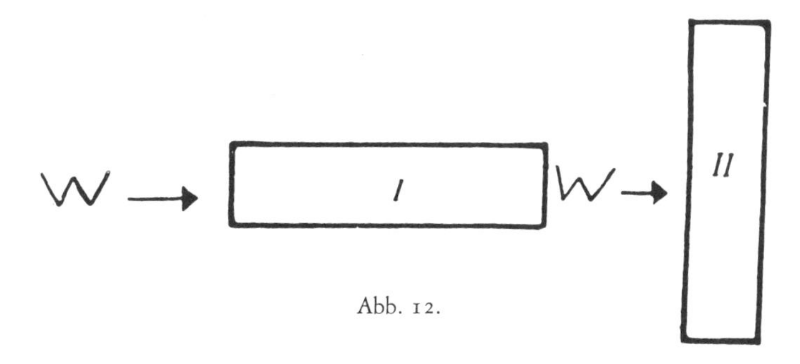

Abb. 12.

sich tragen, d. h. schneller kreisen; dadurch geht mehr Kraft verloren als dies bei II der Fall ist, wo sich zwar viele, aber kleinere und schwächere Wirbel bilden.

Ferner — was die allgemeine Form des Vogelflügels anbetrifft — können wir den meisten fliegenden Tieren das Vorhandensein kleiner Abflußspitzen an der hinteren Kante ihrer Flächen abschauen; mit Abflußspitzen meine ich jene durchgehenden Versteifungen, welche die Fläche fächerartig auseinanderspreizen. Es wäre denkbar, daß diese geschwungenen Spitzen eine Art Spitzenwirkung besitzen, wie wir dies in der Elektrizität kennen. Allen Vögeln ist diese gezackte Form durch ihre Federn gegeben und sowohl seitlich als auch am Hinterende ihrer Flügel vorhanden. Außerdem sind sie bei vielen Schmetterlingen, der Fledermaus, den fliegenden Hunden wie auch bei den Fischen an den Flossen zu sehen. Es wäre möglich, daß der Vorteil dieser Zacken auch hier in der Bildung von kleinen Wirbeln liegt, im Gegensatz zu den sonst auftretenden größeren Wirbeln, welche beim Abfluß jeder Fläche entstehen.

Vielleicht ist es nicht ganz überflüssig, eine weitere Beobachtung, die ich gemacht habe, hier mitzuteilen.

Alle Vögel haben an der Unterseite, nahe am Vorderrand, also vor ihrer größten Flügelkrümmung, kleine Flaumfedern, welche, wenn man den Flügel an der Unterseite von hinten nach vorne anbläst, sich aufrichten. — Versuche an Flächen, welche, wie der

Abb. 13. Möwe von oben gesehen.

Vogelflügel die größte Wölbung im ersten Drittel besitzen, haben gezeigt, daß sich unter der Vorderkante bei gewissen Anstellwinkeln ein großer Wirbel bildet, dem die Flugtechnik den Namen Widerwirbel gegeben hat. Dieser dreht in der Richtung zuerst von vorne außen nach hinten, dann gegen die Wölbung der Fläche, an ihr entlang wieder nach vorne. Der Vogelflügel würde demnach diesen Auslauf des Wirbels durch die vorhin besprochenen, sich aufrichtenden Flaumfedern gewissermaßen an der Bewegung nach vorne hindern und so die vorwärts gerichtete Kraft ausnützen.

Um über diesen Vorgang Gewißheit zu bekommen, habe ich verschiedene Flügel im Winde horizontal befestigt, oder, was noch einfacher ist, den sogenannten «Fön», wie ihn die Friseure zum Haartrocknen verwenden, von vorne an den Flügel strömen lassen. Es zeigt sich, daß bei leichterem Wind die Federn, welche in Form einer großen «Tasche» hinter dem Vorderrand an der Unterfläche des Flügels angeordnet sind, zu zittern anfangen und bei stärkerem Luftzug sich aufrichten und in einem Winkel von etwa 45 ⁰ abstehen. Sogar beim fliegenden Vogel läßt sich dies beobachten, und zwar besonders schön, wenn man die Möwen, welche den Dampfern folgen, von diesen aus betrachtet; die Tiere schweben minutenlang ohne Flügelschlag über dem Heck des Schiffes, und man kann die Bewegungen der besprochenen Taschen gut verfolgen. Das Oeffnen dieser Federklappe wird außerdem noch dadurch gefördert, daß diese in mechanischem Zusammenhang mit dem Flügelvorderrande steht, so daß, wenn man

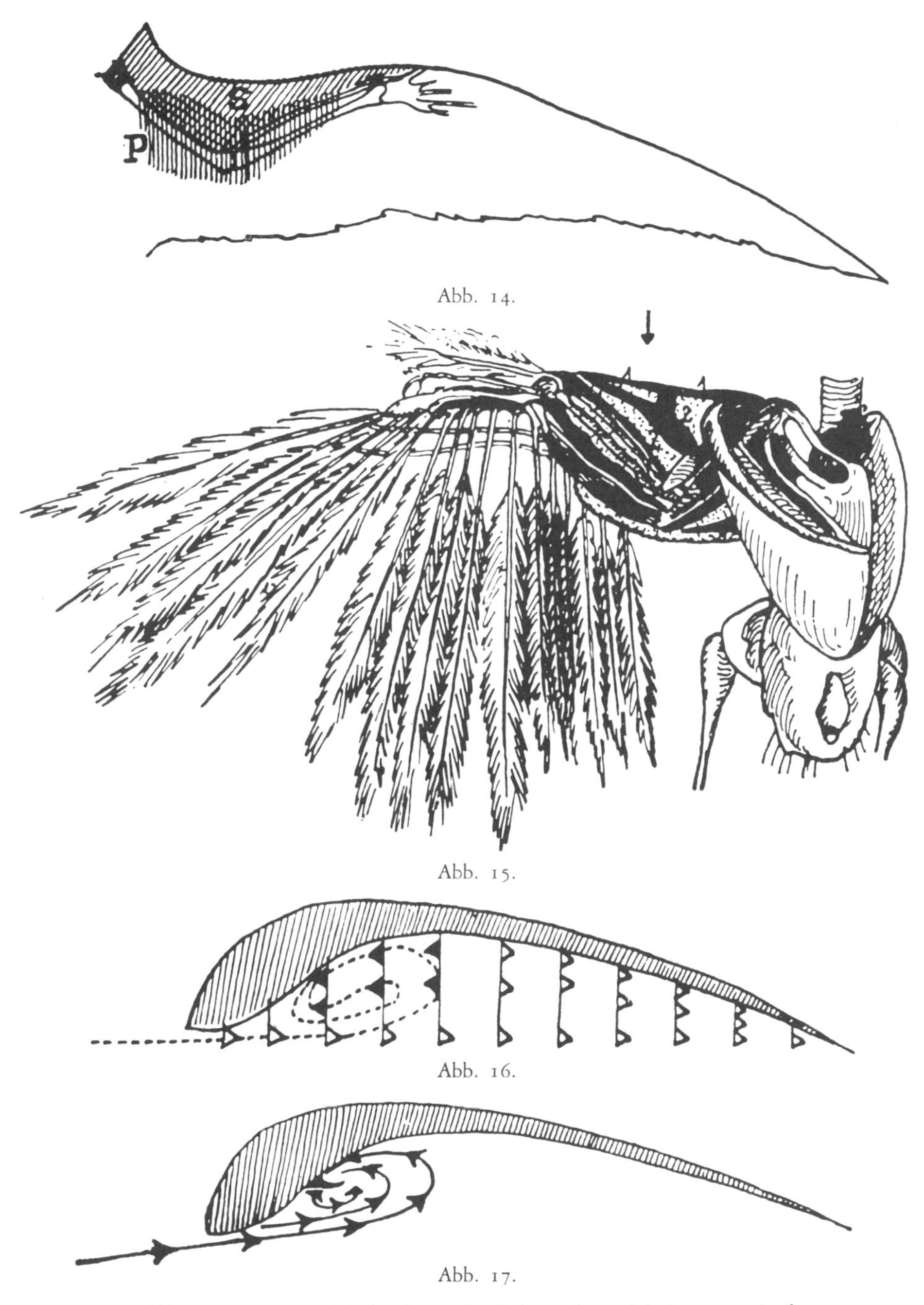

Abb. 14.

Abb. 15.

Abb. 16.

Abb. 17.

Abb. 14, 15, 16, 17. Mechanismus der Federtasche und Strömungsverlauf auf der Unterseite des Flügels.

einen leisen Druck auf diesen, welcher hier nicht aus Knochen, sondern aus einer sehnigen Haut (S) besteht, ausübt, sich die Taschen (P) automatisch öffnen (Abb. 14). Der Luftdruck, der beim «schwebenden» Vogel den Flügel trifft, übt einen geringen Druck, also vielleicht einen Einfluß im öffnenden Sinne, auf die Taschen aus.

Wenn wir am Flügel die Muskeln mit dem Messer freilegen, so zeigt uns das anatomische Präparat, daß außerdem zwei Muskeln vorhanden sind, von denen der eine (1) den Vorderrand der besprochenen Haut anspannt, somit die Federtasche schließt, während der andere (2) den Rand nach hinten zieht (ihn somit entspannt), wodurch die Klappen geöffnet werden. Abb. 15 zeigt die topographische Lage dieser Muskeln und veranschaulicht ihre Funktion.

Der Nachweis der nach vorn gerichteten Luftströmung ist schon von Gustav Lilienthal 1913 erbracht worden. Er hat kleine Fähnchen an der Unterseite von vogelähnlichen Tragflächen befestigt und diese an einem Rundlauf fliegen lassen. Es hat sich gezeigt, daß der Luftstrom nicht — wie man vermuten könnte — von vorne nach hinten, sondern, auch noch bei einer erheblichen Entfernung von der Vorderkante, von hinten nach vorne verlief. Dieses wurde von den vielen kleinen Fähnchen deutlich angezeigt (Abb. 16). Lilienthal hat damals schon die Vermutung ausgesprochen, daß dieser Luftstrom durch die Federn des Vogels zu einer nach vorwärts ziehenden Kraft verwendet wird. Weiterhin stellte er fest, daß dieser Wirbel erst bei 5 m/sec Geschwindigkeit eine ausgeprägte Form annimmt, eine Geschwindigkeit, unter welche der fliegende Vogel nur selten kommt.

Wie mir meine Beobachtungen gezeigt haben, richten sich jedoch nicht nur einzelne Federn auf, sondern es ist je eine regelrechte Tasche vorhanden, welche sich genau da befindet, wo der Hauptwirbel auf den Flügel auftrifft, und welche als Ganzes sowohl durch die nach vorne streichende Luft als auch durch die mechanische Verbindung mit dem Vorderrande des Flügels geöffnet wird. Je stärker nun der betreffende Vogelflügel gewölbt ist, desto größer wird bei kleinem Anstellwinkel der erzeugte Wirbel und desto weiter hinten fällt dieser auf den Flügel auf; dementsprechend findet sich die erwähnte Tasche bei den stark gewölbten Flügeln weiter vom Vorderrande entfernt als bei den flachen Flügeln. Die Natur hat es sogar so genau genommen, daß sie bei ein und demselben Flügel der Tasche eine solche Form gibt, daß diese an der Stelle größter Wölbung sich weiter nach hinten erstreckt und entsprechend stärker entwickelt ist, an den flacheren äußeren Flügelteilen dagegen gegen den Vorderrand zuwandert (siehe auch Abb. 17 und 18).

Bevor ich aus allen diesen Ueberlegungen jene Schlußfolgerungen ziehe, welche für die Formgestaltung des Segels resultieren, oder bei schon erprobten Segelformen auf ihre Richtigkeit eingehe, möchte ich noch kurz die Unterschiede in der Verwendung des Vogelflügels, des Flugzeuges und des Segels hervorheben:

Warum man sich nicht *ganz* an die von der Natur so wohl überdachte Form des Vogelflügels halten darf, ist eine Frage, in der von den Seglern, soweit sie sich von diesen Erwägungen leiten ließen, schlimme Fehler begangen wurden.

Erstens ist der Flügel, selbst der des besten Seglers unter den Vögeln, nicht *nur* zum Schweben, sondern auch für die Bewegung eines Flügelschlages bestimmt, wie auch die

Geschwindigkeit des äußeren Flügelteils dadurch größer ist als die des inneren und somit der Luftwiderstand an den verschiedenen Teilen auch verschieden groß. Um ferner den Flügel vor Bruch zu schützen und ihn auch bei Nichtgebrauch besser am Körper anlegen zu können, hat ihm die Natur große Elastizität verliehen, was beim Segelboot zu dem falschen Schluß geführt hat, «ein Mast müßte federn und elastisch sein». Daß dieses Nachgeben des ganzen Systems, wie uns schon der Drachenversuch bewiesen hat, einen *Kraftverlust* bedeutet, ist eigentlich leicht einzusehen. Nicht nur das peitschenartige Federn des ganzen Flügels (Abb. 19 a), sondern auch das Nachgeben des hinteren

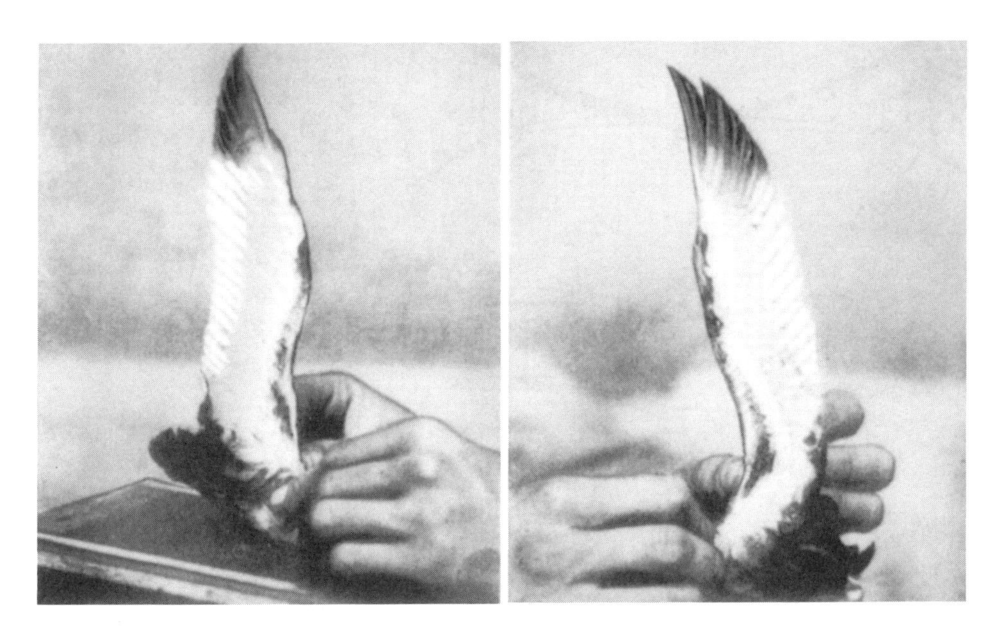

Abb. 18. Die Klappe ist durch Druck auf den Vorderrand geöffnet.

äußeren Randes (Abb. 19 b; vergleiche die Aehnlichkeit zwischen Vogel und Boot), wenn Druck darauf kommt, hat zu der falschen Auffassung geführt, welche sich hartnäckig in allen Seglerkreisen behauptet und darin ihren Ausdruck findet, daß «das obere Segel auswehen müsse, bzw. das Auswehen der Gaffel oder das Nachgeben der Spitze eines Marconi-Mastes ein günstiger Umstand sei». Dies ist ein ganz grober Irrtum, der nur dadurch entstehen konnte, daß sich kein Segler die Mühe gemacht hat, diese Hypothese zweimal zu überlegen und jeder es für einfacher hielt, diese alten unbewiesenen Anschauungen als Wahrheit hinzunehmen. Wir brauchen nur einen biegsamen Fächer oder ein Stück Papier durch die Luft zu schwenken, einmal so, daß der äußere Teil nachgeben kann, und das andere Mal so, daß die Fläche steif ist und nicht nachgeben kann, so bemerken wir sofort, daß uns die Luft bei der steifen Fläche einen größeren Widerstand entgegensetzt als bei der biegsamen. Auch das Auswehen des äußeren Flügels bewahrt diesen während des Flügelschlags vor zu starker *Beanspruchung* seines schwächsten Teiles und erspart der Muskelkraft des Tieres einen beträchtlichen *Arbeitsaufwand,* welcher am Außenrande des Flügels infolge des längeren Hebelarmes um so größer wäre.

Vor allem aber müssen wir wissen, daß der Flügel *nur beim Niederschlag* am äußeren Hinterrande nachgibt, im Gleitflug bei ruhiger Luft dagegen durchwegs eine stabile Form zeigt.

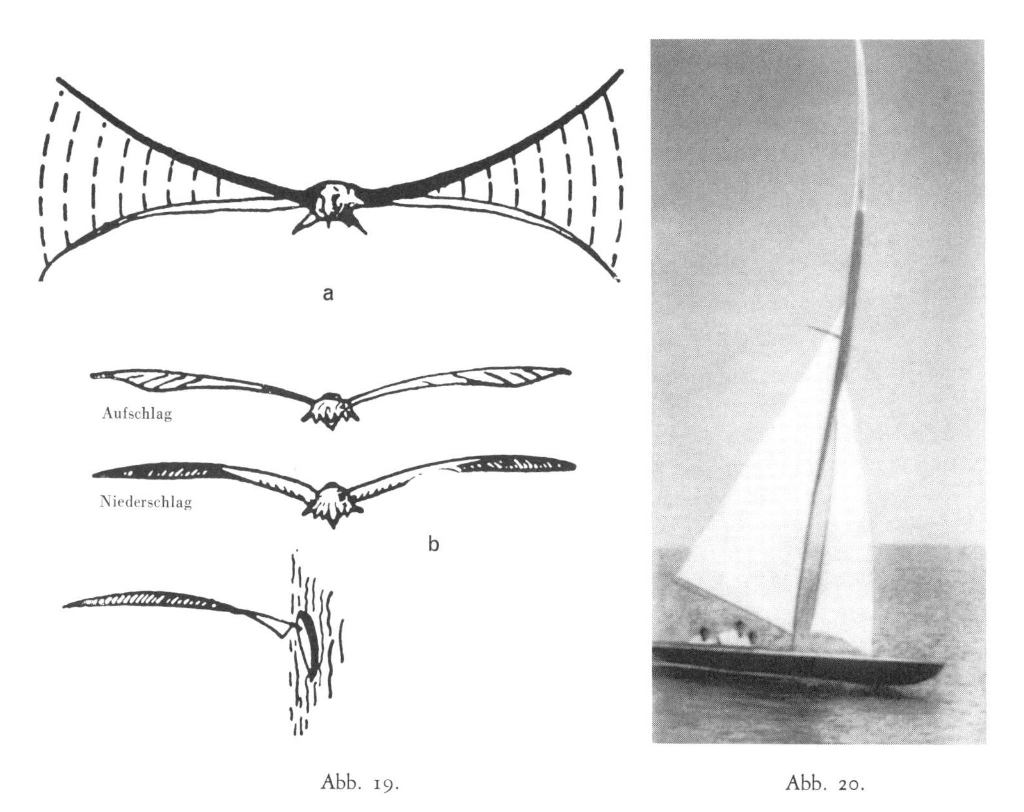

Abb. 19. Abb. 20.

Elastizität und Verwindung von Vogelflügel und Segel.

Auch wäre bei der notwendigen Leichtigkeit des Flügels die Konstruktion einer unnachgiebigen Fläche bedeutend schwerer, was beim Segel durch die stützenden Wanten und die durchgehenden Latten leicht zu erreichen ist, da diese kleine Gewichtszunahme hier keine Rolle spielt.

Wir sehen also, daß wir dem Auswehen des oberen Segels (Gaffel) durch die Konstruktion möglichst entgegenarbeiten müssen, wodurch wir einen *Kraftgewinn* in der Fläche erzielen. Diese einfache Ueberlegung wurde später durch die Versuche im Windkanal als richtig nachgewiesen.

Zweitens darf man nicht vergessen, daß sich der Flügel horizontal und das Segel vertikal im Winde fortbewegt, was lediglich den Unterschied mit sich bringt, daß dem

Flügel die 4 ^{0} nach oben gerichtete Windrichtung zugute kommt, das Segel aber keinen Vorteil daraus ziehen kann.

Drittens dürfen wir uns nicht nach denjenigen Linien richten, welche dem Vogel Längs- und Seitenstabilität geben, was besonders beim Flugzeug eine überwiegende Rolle spielt, für das Segel in diesem Sinne aber nicht in Betracht kommt.

So ist z. B. der Vogelflügel an und für sich nach hinten gebogen, was vor allem die Schweden veranlaßt zu haben scheint, den Mast nach hinten hängen zu lassen. Dieses Abbiegen des Flügels nach hinten hat nur den einen Zweck, dem Vogel Längsstabilität zu geben, wie dies besonders auffällig bei den Schwalben in Erscheinung tritt, welche allerdings bei ihrer Luftakrobatik ein gewisses Recht darauf haben. Denselben Zweck verfolgen auch die vorher besprochenen, am Hinterrande nach oben verwundenen Flügelspitzen. Flugzeuge, welche diese Flügelform hatten, erwiesen sich als besonders stabil, aber weniger tragfähig!

Sogar die Wölbung hat einen gewissen ungünstigen Einfluß auf die Stabilität, weshalb die Flugzeugkonstrukteure mit größeren Wölbungen sehr vorsichtig umzugehen pflegen. Dies würde uns den Wink geben, daß wir in die Segel eventuell einen etwas größeren Bauch legen dürften.

Im übrigen muß die Form des Segels genau der Natur entsprechen, so auch beim Seitenverhältnis, was verständlicherweise infolge der Bootstabilität nur bis zu gewissen Grenzen befolgt werden kann, jedoch bei weitem noch nicht erreicht ist, da der Schwerpunkt unserer Marconi-Segel mit wenigen Ausnahmen nicht viel höher liegt als bei den Gaffel-Takelagen. Ebenso ist eine dicke Luftanschnittfläche nicht schädlich, ein starker Mast würde also dann nicht schaden, wenn ein Uebergang der Linie vom Mast zum Segel auf irgendeine Weise *ohne* Knick bewerkstelligt werden könnte. — —

Das in den letzten Jahren Mode gewordene Herausstehenlassen der Spreizlatten erinnert gewissermaßen an die vorhin besprochenen Zacken, welche vielleicht einen kleinen Vorteil repräsentieren mögen.

Rein äußerlich mag noch der zweimal geschwungene, «S»-ähnliche Verlauf des Flügelvorderrandes, ausgehend von der Flügelansatzstelle, auffallen, was jedoch nur mit der Befestigung desselben am Körper zu tun hat und mit dem Muskelmechanismus zusammenhängt. Wichtiger erscheint die Tatsache, daß der Flügel der Luft eine auffallend glatte Fläche entgegensetzt, an der die Luft wie auf Glas abgleiten kann.

Auch die steife Form, welche durch möglichst viele Spreizlatten erreicht werden kann, wird keinen Zweifel mehr über ihre unbedingte Zweckmäßigkeit übrig lassen, was die Praxis dem guten Beobachter besonders für den Kreuzkurs schon gezeigt haben wird.

Ganz zum Schluß wird es den Segler vielleicht noch interessieren, daß es auch Tiere auf dem Wasser gibt, die segeln: die sogenannten «Segelquallen». Wenn sie auch alte Phönizier sind im Gegensatz zu unseren Luxus-Jachten, so ist doch amüsant zu sehen, wie sie kreuzen und raumschoots fahren können, sich gegenseitig abdecken und, mit etwas Phantasie betrachtet, Regatten fahren. Ich hatte Gelegenheit, die Tiere, welche zu Milliarden das Mittelländische Meer befahren, an der italienischen und afrikanischen Küste tagelang zu beobachten und ihre Lebensweise zu studieren, und will davon einiges berichten (siehe auch Abb. 21 und 22):

Abb. 21. Kleine Segler des Tierreichs.

Abb. 22. Segelquallen

Wenn wir aus nächster Nähe das Tier betrachten, so können wir uns vorstellen, ein kleines Modellboot vor uns zu haben. Der Körper der Segelqualle ist am besten mit einer Flunder vergleichbar. Von der Länge eines Fingers ist der flache Körper, der fast ausschließlich auf dem Wasser liegt, vorne und hinten gleichmäßig abgerundet. Unter Wasser besitzt das Tier eine Anzahl von Fühlern, die sowohl zur Nahrungsaufnahme als auch zum Steuern verwendet werden, andererseits auch längs gestellt als Schwerter dienen. Das Segel besteht aus einer transparenten «gewölbten» Membran, welche den Körper in der Diagonale überspannt und sich beim Wenden nach der anderen Seite wölbt.

So ziehen diese kleinen Märchensegler mit ihren bläulich schimmernden Flügeln in großen Geschwadern über die unendliche Wasserfläche: In Kielwasser, nebeneinander, durcheinander, sich gegenseitig abdeckend, kreuzen die Tiere mit langen Schlägen gegen den Wind an, und wenn man ihnen mitten in einem Felde vom Kajak aus zuschaut, möchte man glauben, Schiedsrichter bei einer großen Jollenregatta zu sein. Ein selten amüsanter Anblick! — nur daß den im Sturm Gekenterten kein Schiedsrichterboot zu Hilfe kommt und die armen Segler dann bald tot auf dem Wasser kieloben dahintreiben. Dies wissen die Tiere auch, und sie meiden den ihnen gefährlichen Seegang und flüchten beizeiten in die Deckung einer Insel, wo man hinter schützenden Felsen Hunderte versammelt finden kann. Die einen mit flatternden Segeln scheinbar verankert, die anderen um den Preis ihres Lebens segelnd, um im Wind- und Wellenschatten des Gesteins zu bleiben. Gelingt ihnen dies nicht und werden sie von einer heranspülenden Welle ergriffen und umgeworfen, oder gar an Land getrieben, so ist Boot und Takelage verloren und auf den heißen Steinen in wenigen Minuten totgetrocknet.

Genauere Untersuchung des Segels

Flaumversuche

Um nach diesen allgemeinen Grundsätzen nun auch das Segel in seiner Wirkung und die genaueren Luftströmungen und Wirbel an demselben kennenzulernen, habe ich folgende Versuche ausgeführt.

Ich band einen möglichst leichten, trockenen Vogelflaum an ein Haar oder an einen dünnen Faden von zirka 0,5 m Länge, das andere Ende an einen Stab. Mit dieser Einrichtung kann man den größten Teil des Segels auf Windströmungen untersuchen. Ich möchte schon hier nicht unerwähnt lassen, daß, als ich verschiedene Segel zum ersten Male mit dem Flaum abtastete, ich nicht nur alle bis dahin bestehenden Theorien mehr oder weniger widerlegt fand, sondern auch vor Fragen gestellt war, die mir manches Kopfzerbrechen verursacht haben. Wenn ich diese Versuche schon jetzt niederschreibe, ohne eine Erklärung der entstehenden Fragen beizufügen, so werden sie allerdings zum Teil dem Leser nicht viel erklärlicher sein als mir seinerzeit; ich tue dies jedoch, weil ich den Versuch als solchen zunächst einheitlich wiedergeben möchte, um dann bei den weiteren Untersuchungen auf ihn zurückgreifen zu können.

Am besten lassen sich die Versuche bei starkem Wind anstellen, und wir beginnen sie in *Am-Wind-Stellung* (Abb. 23):

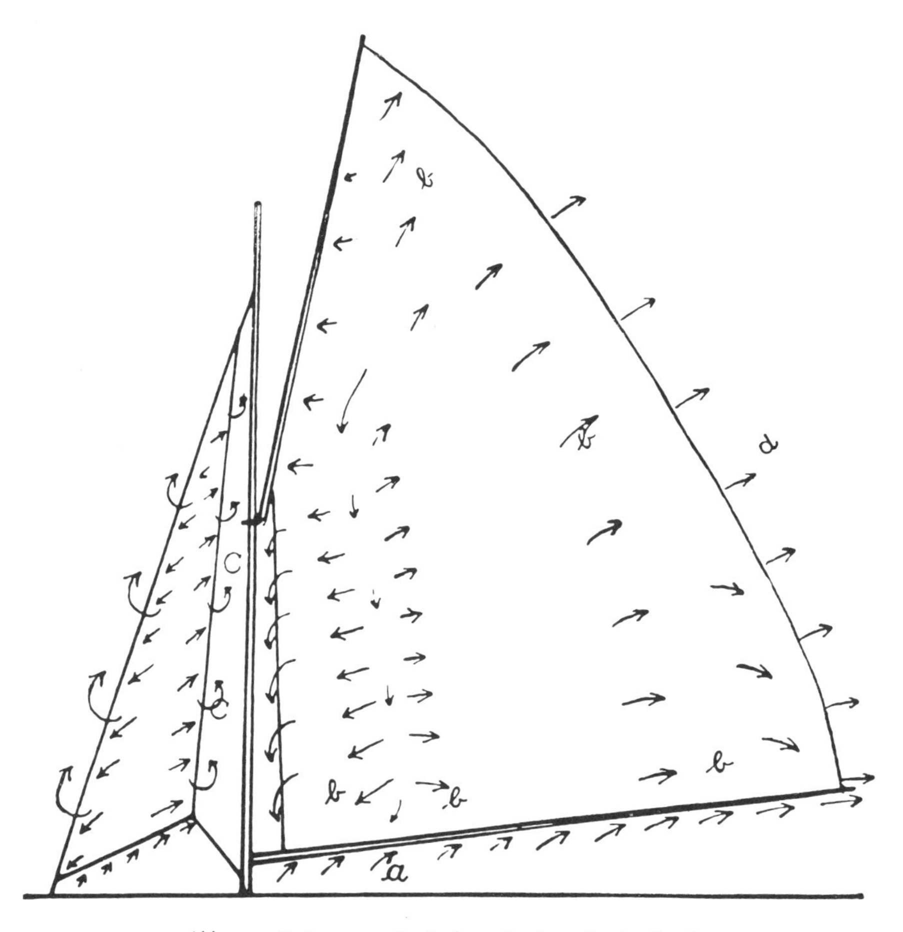

Abb. 23. Strömungen der Luft an der Luvseite des Segels.

Als erstes lassen wir den Flaum hart unter dem Großbaum, von hinten nach vorne, langsam gegen den Mast wandern und wir bemerken folgendes: Während gegen das Achterliek zu der Flaum fast in der Richtung des Großbaumes unter diesem dahinflattert, im äußersten Fall um wenige Grade nach Lee abweht, *wird dies Abwehen je mehr wir uns dem Mast nähern, um so stärker.* Die Windströmung bildet einen immer größeren Winkel zum Großbaum, welcher nahe dem Mast auf fast 90 ⁰ anwächst (a). Eine bemerkenswerte Tatsache, welche ohne weiteres nicht zu erklären ist! Um einen eventuellen Einfluß des Mastes oder des Vorsegels auf die Strömung unter dem

Großbaum auszuschalten, wiederholen wir das Experiment unter dem Fockliek: Das Strömungsbild jedoch ist das gleiche. Wieso aber kann an der imaginären Grenze zwischen Luv und Lee gegen vorne zu eine Drehung des Luftstroms senkrecht zur Fläche auftreten?

Der zweite Versuch gilt der Luvseite des Großsegels und den Vorlieken beider Segel: Je nachdem das Boot hart oder weniger hart am Winde liegt, ändert sich die Strömung im Großsegel selbst, welche jedoch fast immer im vorderen Viertel, also im Bauchteil nach *vorne,* in den hinteren Dreivierteln nach hinten gerichtet ist. In den achterlichen Teilen des Segels verläuft die Strömung, sowohl nahe am Segel selbst als auch bis zu einer Entfernung von etwa 0,5 m, *parallel* zur Fläche.

Eine weitere Eigentümlichkeit liegt in der Abweichung des Flaumes von der Horizontalrichtung (b). Die Windströmung zeigt die Tendenz, je näher wir den oberen oder unteren Teilen des Segels kommen, sich nach oben, bzw. nach unten zu richten. Diese Tendenz läßt sich sowohl bei der nach rückwärts gerichteten als auch in gesteigertem Maße bei der nach vorne gerichteten Luftströmung feststellen.

Nun zum *Vorliek:* Hier streicht die Luft in ihrer nach vorne gerichteten Strömung mit großer Geschwindigkeit um das Liek herum und zwängt sich beim Großsegel zwischen diesem und dem Mast nach Lee durch. Dies brächte soweit nichts Neues bis auf die hier schon erwähnte Beschleunigung, welche durch eine gewisse Saugwirkung an den Kanten, vom Lee ausgehend, hervorgerufen zu werden scheint. Es müßte daher von Vorteil sein, gerade diese Luftströmung an ihrem Durchbruch nach Lee zu hindern, indem man diesen Schlitz schließt, was übrigens bei Marconi-Takelagen leicht zu machen ist: Man zieht am Mast das Segel in einer Rinne ein.

Nun wollen wir mit dem Flaum an dem *Achterliek* der Fock und auch des Großsegels entlangfahren. Beim Vorsegel weht der Flaum ebenfalls mit einer gewissen Beschleunigung um dieses nach Lee und in Lee wieder nach vorne (c). Beim Großsegel ist dies nicht der Fall (d). Der Flaum weht in der Richtung, die er im Segel eingeschlagen hat, nach hinten ab. Um auch hier eine eventuelle Beeinflussung der Fock auszuschließen, die ja leicht zu vermuten wäre, besonders da die Fock ihren Abwind auch ins Lee des Großsegels wirft, wird das Experiment bei fortgenommenem Vorsegel wiederholt. Auch hier zeigt sich kein Unterschied im Verhalten der Windströmung hinter dem Liek des Großsegels.

Zunächst gehen wir nun mit dem Flaum an den Mast heran: In *Luv,* hinter dem Mast, spüren wir einen starken Wirbel, der den Flaum teils an den Mast nach vorne drückt (vergleiche den Vogelflügel), teils ihn nach allen Richtungen fliegen läßt. *Neben* dem Mast in Luv wird er nach vorne um diesen herum gegen die Fock zu gezogen. Demnach wird diese nach vorne abstreichende Luftströmung, besonders dann, wenn kein Schlitz zwischen Großsegel und Mast vorhanden ist, von der Fock nochmals verwertet.

Wir kommen nun zum letzten Versuch und wollen ihn einmal mit, einmal ohne Fock anstellen: Wir untersuchen das *Lee* des Großsegels und finden, daß dieses, wenn keine Fock vorhanden ist, einen sehr ungleichen Strömungscharakter des Windes zeigt: Im vorderen Teil entdecken wir einen großen Wirbel, der mit enormer Kraft von oben gesehen bei St.-B.-Schooten im Sinne des Uhrzeigers dreht, am Mast entstehend, zuerst nach hinten und dann am Segel wieder nach vorne wirbelt (Abb. 24).

Lassen wir unseren Flaum weiter nach hinten tasten, so kommen wir zum Teil auf kleine Wirbel, welche aber sämtliche den Flaum entweder senkrecht *gegen das Segel* treiben oder ihn nach vorne gegen den Mast flattern lassen; manchmal auch wird er, wie angeklebt erscheinend, gleichsam angesogen. Ein weiterer kleiner Wirbel ist am Achterliek zu verspüren.

Derselbe Versuch bei gesetzter Fock, die dem Kreuzkurs entsprechend dicht geholt ist, zeigt uns ein ganz anderes Strömungsbild (Abb. 25): Der Flaum wird, abgesehen

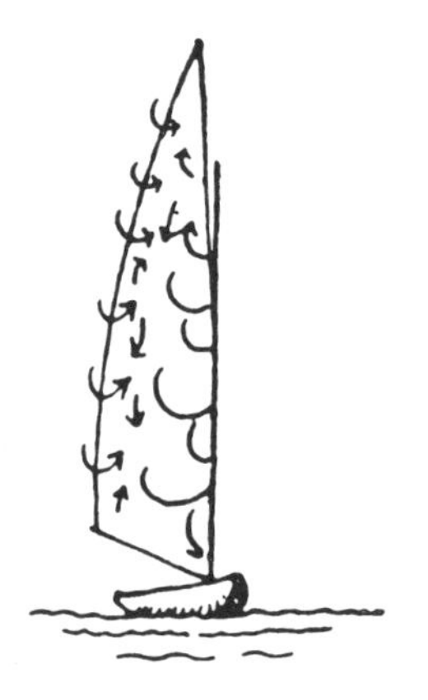

Abb. 24. Strömung im Lee des Großsegels ohne Fock.

Abb. 25. Strömung im Lee des Großsegels mit Fock.

davon, daß er in unmittelbarer Nähe des Mastes einen kleinen Wirbel von unbestimmter Richtung anzeigt, entweder die Tendenz haben, sich vom Segel zu entfernen oder parallel dem Großsegel wie in Luv nach hinten zu wehen. Es scheint also offenbar das Vorsegel einen gewaltigen Einfluß auf die Windströmungen im Lee des Großsegels zu haben; ob günstiger oder ungünstiger Natur, das wurde bis jetzt nur gemutmaßt. Immerhin ließe sich annehmen, daß die Druck- bzw. Sogverhältnisse, mit denen wir uns im weiteren genauer beschäftigen werden, eine gewaltige Veränderung durch den Abwind der Fock erfahren.

Die Druckverteilung

Um die sonderbaren Erscheinungen bei den Flaumversuchen verstehen zu können, ist eine genauere Kenntnis des Luftwiderstandes und der aerodynamischen Gesetze unumgänglich, und ich will aus diesem Grunde in einigen Grundzügen erklären, wie sich die Flugtechnik in solchen Fällen hilft. Um dies aber nicht nur für allgemeine Flächen wiederzugeben, ergriff ich die Gelegenheit, die mir Herr Prof. Junkers bot, und untersuchte Blech-Segel in seinem Aerodynamischen Laboratorium in Dessau, über welche Versuche ich im weiteren noch genaueren Bericht geben werde.

Die Feststellung des Drucks auf eine Fläche (d. i. bei den Flugzeugen die Größe des Auftriebs und die Größe des Rücktriebs oder Widerstandes, den der Flügel der Luft entgegensetzt, beim Segel mit dem Worte Druckfähigkeit bezeichnet) wird in seiner Größe und Richtung im sogenannten «Wind- oder Strömungskanal» untersucht. Es sei vorausgeschickt, daß, wenn beim Segel von Windeinfallswinkel oder Anstellwinkel gesprochen wird, nicht der Winkel darunter zu verstehen ist, der vom Segel und der wirklichen Windrichtung gebildet wird, sondern der Winkel, unter dem die momentane

Abb. 26. Windkanal und Meßapparate in Dessau.

Windströmung, welche in der Segler-Sprache mit «Scheinbarer Wind» bezeichnet wird, auf das Segel auffällt. Die Richtung dieses für das fahrende Boot in Betracht kommenden Windes zeigt uns der Stander an. Je größer die Bootgeschwindigkeit ist, um so mehr wird der scheinbare Wind von der absoluten Windrichtung abweichen. (Dies ist besonders bei den Eisjachten der Fall, welche infolge ihrer großen Geschwindigkeiten raumschoots immer noch einen sehr steilen Windeinfall haben und aus diesen Gründen Vor-Wind-Strecken *viel schneller* raumschoots ablaufen können.)

Der *Windkanal* besteht, wie Abb. 26 und 27 zeigen, aus einem Raum, in den auf der einen Seite durch einen großen Trichter Luft eintritt. Dieser Luftstrom wird von einem Ventilator erzeugt, durchströmt das Zimmer der Quere nach und verläßt dasselbe durch einen zweiten Trichter, der dem ersten gegenüber auf der anderen Seite des Raumes ins Freie führt.

In früheren Jahren befand sich der Ventilator vor dem ersten Trichter, um von da aus einen Luftstrom auszusenden; was jedoch in neuerer Zeit durch einen *saugenden* Ventilator hinter dem zweiten Trichter zwecks gleichmäßigerer Windströmung ersetzt wurde. Um die in dem Raum angesaugte Luft möglichst wirbellos zu gestalten und den von Rohr zu Rohr strömenden Luftfäden möglichst gerade Richtung zu geben, hat man das Ansaugrohr mit zellenförmigen Abteilungen (Gitter) versehen. Die zu untersuchende Fläche wird zwischen den zwei Rohren, welche meistens in den Raum hereinreichen und so nur 1—2 m auseinanderliegen, an einem Ständer in der gewünschten Anblasestellung festgeschraubt und kann so verschiedenen Windgeschwindigkeiten von 1—35 m/sec ausgesetzt werden. Dieser Ständer, dessen Luftwiderstand von den Messungen abgezogen

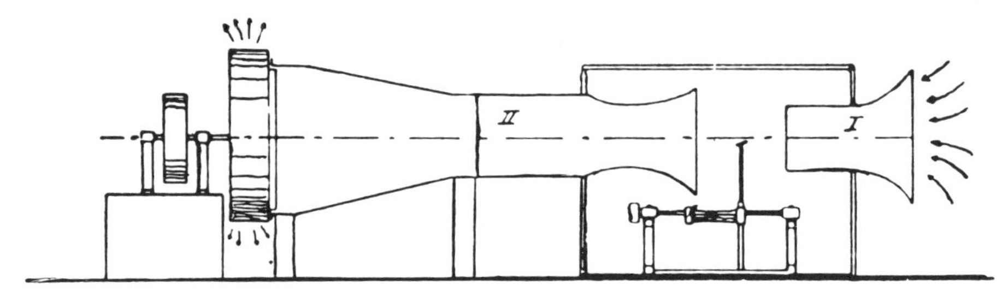

Abb. 27. Schematische Darstellung des Windkanals.

wird, steht in Verbindung mit einer Waage, an der die jeweiligen Drucke sowohl einzeln als auch in ihrer Resultante bei den verschiedensten Anstellwinkeln der Fläche (Winkelmaß, Abb. 28) abgelesen werden können. Wenn es nun gewünscht wird, nicht nur den Gesamtdruck, den eine Fläche entwickelt (ich sage entwickelt, da er nicht nur von der Windstärke, sondern auch ebensoviel von der Form und Beschaffenheit der Fläche abhängig ist), sondern die Druckverteilungen an den verschiedenen Stellen auf der Fläche selbst kennenzulernen, so wird dies auf folgendem Wege erreicht: In den zu untersuchenden Flügel werden Löcher gebohrt, und zwar in der Menge, als man Druckmessungen vorzunehmen gedenkt. Diese werden alle bis auf eines mit Plastilin wie-

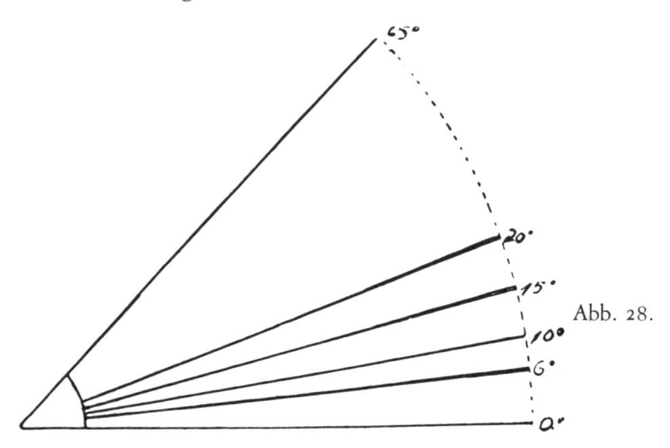

Abb. 28.

der verschlossen, dann wird an dem noch offenen ein Meßinstrument angebracht, das mit seiner Aufnahmefläche gerade die Oeffnung ausfüllt. Bei angestelltem Luftstrom ermöglicht das Meßinstrument ein Ablesen des Druckes an der betreffenden Stelle der Fläche, was nacheinander bei den verschiedenen Löchern vorgenommen werden kann. Wenn nun dieser Meßapparat an der Oberfläche mündet, welche dem Wind ausgesetzt ist, so läßt sich auf diese Weise der positive Druck des Windes auf der betreffenden Stelle feststellen. Wenn diese Druckmessungen aber in umgekehrter Richtung vorgenommen werden, so daß der Meßapparat auf der dem Winde abgekehrten Seite mündet, so läßt sich der negative Druck ermitteln. Durch diese geniale Messungsart, die seinerzeit Eiffel als erster anwandte, wurde der Flugtechnik ein großes Geheimnis verraten. Aber auch der Segler wird vor eine Tatsache gestellt, die ihm auf den ersten Blick «ganz unglaublich» erscheinen wird: daß nämlich dieser negative Druck, also die Saugwirkung, in Lee das *drei- bis fünffache* des positiven auf der Luvseite gemessenen Drucks beträgt — *daß also wir Segler nicht eigentlich mit dem Druck segeln, der infolge des Windauffalls auf die Fläche entsteht, sondern vielmehr mit dem «Sog», der auf der Leeseite des Segels wirkt und der uns gleichsam vorwärts saugt.*

Diese Feststellung möge dem Leser ein neues Gefühl für die Wirkung und Behandlung seines Segels geben. — Die Druckverschiedenheit auf den beiden Seiten wurde zuerst von den Fliegern vermutet, und zwar wurde dem Führer einer Maschine, der z. B. freiwillig oder unfreiwillig einen steilen Sturzflug gemacht und dann das Flugzeug wieder gefangen hatte, die große Ueberraschung zuteil, daß durch den gesteigerten Druck die obere Flügelbespannung in Fetzen herausgerissen worden war, während die untere Bespannung *nicht* eingedrückt wurde.

Dem wird dadurch Rechnung getragen, daß der Stoffbespannung auf der oberen Seite der Tragfläche häufig die doppelte Stärke gegeben wird wie auf der Unterseite.

Nach Aufzeichnungen von Eiffel und in Beachtung verschiedenster Diagramme habe ich die positiven Drucke für zwei Takelagen ausgerechnet und diese in Form von Linien in die Segel eingetragen. Diese Linien sind Verbindungslinien aller Punkte mit gleichem Druck (= Isobaren), welche, der Größe des Drucks entsprechend, mit Zahlen versehen sind, die uns eine Gewichtseinheit, hier kg/m^2, angeben. Dies ermöglicht uns die Beobachtung der Druckwanderung bei verschiedenen Segelstellungen, von denen drei abgebildet sind: Am Wind, raum und vor Wind (Abb. 29 und 30).

Am Wind liegt der Hauptdruck im ersten Drittel, er nimmt ab gegen vorne zu, da der Mast eine Störung und Abdeckung darstellt; auch vermindert er sich gleichmäßig gegen das Achterliek, bis er an die Linie kommt, auf welcher der Druck gleich Null ist. Darüber hinaus *wird dieser negativ,* d. h. der früheren Richtung entgegengesetzt. *Dies verursacht das dem Segler so unangenehme Killen des Achterlieks,* das durch die Spreizlatten vermieden wird, wofür jedoch noch von keiner Seite eine Erklärung gegeben werden konnte.

Vergleichen wir die Druckverteilung der *Raumschootstellung,* so sehen wir, daß der Druck in der Hauptsache gegen den Mast wandert, wo er zu ziemlicher Größe anwächst. Der negative Druck auf der Luvseite im Achterliek ist bis auf ein kleines vermindert. Auch laufen die Linien jetzt mehr gegen die Spitze der Gaffel zu, was sie auch bei Am-Wind-Stellung täten, wenn das Auswehen der Gaffel nicht so ungünstig wirken würde.

Beim *Vor-Wind-Kurs* erscheint uns das Bild ein ganz natürliches; der Wind prallt in der Mitte mit größter Wucht auf und gleitet mit abnehmender Druckwirkung nach den

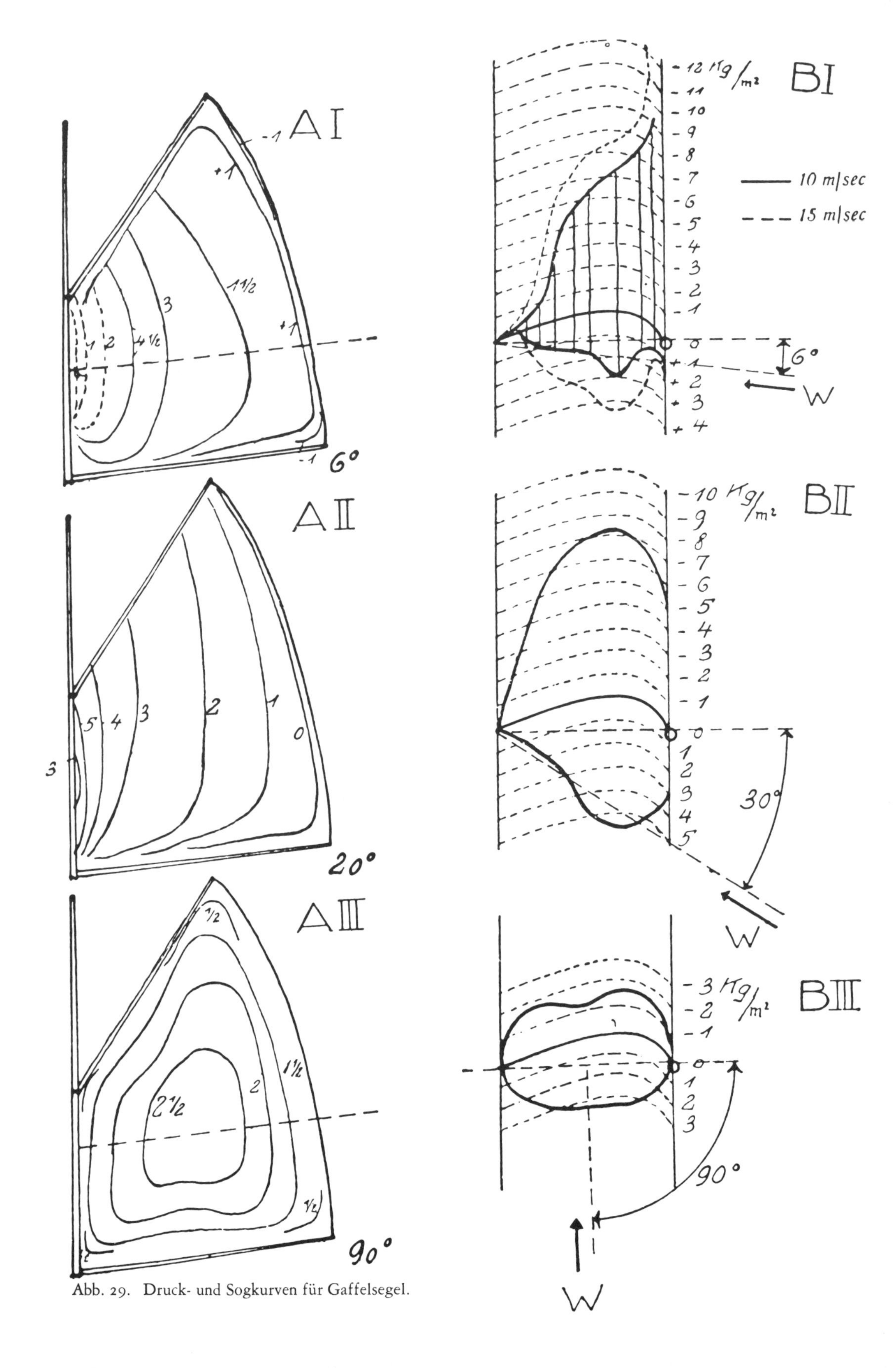

Abb. 29. Druck- und Sogkurven für Gaffelsegel.

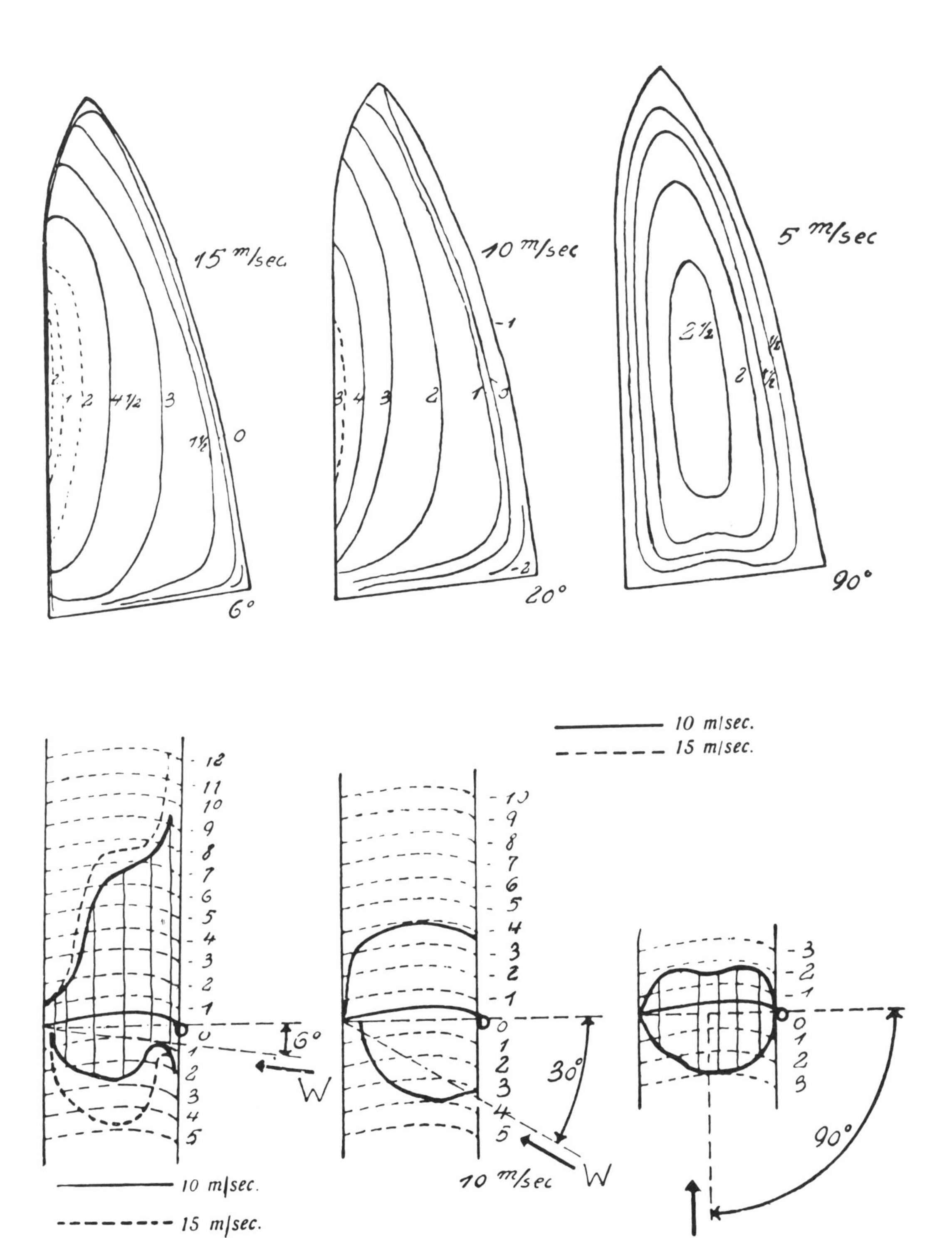

Abb. 30. Druck- und Sogkurven für Marconisegel.

Seiten zu ab. Der negative Druck auf der Luvseite am Achterliek ist verschwunden.

Abb. 29 B zeigt uns das Verhältnis von Druck zu Sog in ihren Größen und Lagen am Segel. Die an irgendeiner Stelle von der Fläche gezogene Senkrechte bis zur Kurve gibt also die Größe des Druckes bzw. des Sogs an dieser Stelle des Segels an, wobei jedoch hervorzuheben ist, daß sie mit der *Reichweite* des Sogs nichts zu tun hat.

Es setzt sich demnach der Gesamtdruck zusammen aus dem positiven Druck auf der Luvseite, welchen die untere Kurve darstellt, plus dem negativen Druck oder Sog auf der Leeseite, welcher durch die obere Linie gegeben ist.

Diese Messungen am Segel, welches im Querschnitt gezeichnet ist, sind ungefähr in seiner mittleren Höhe vorgenommen. Abb. 29 BII zeigt den Querschnitt bei raumem

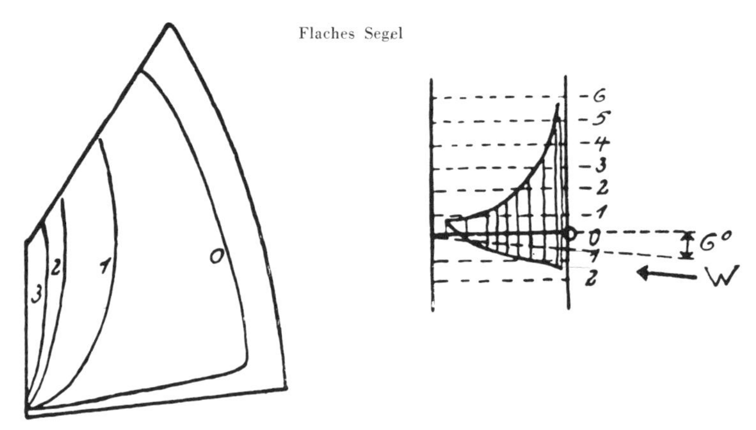

Abb. 31. Isobaren eines flachen Gaffelsegels und Druck- und Sogkurven.

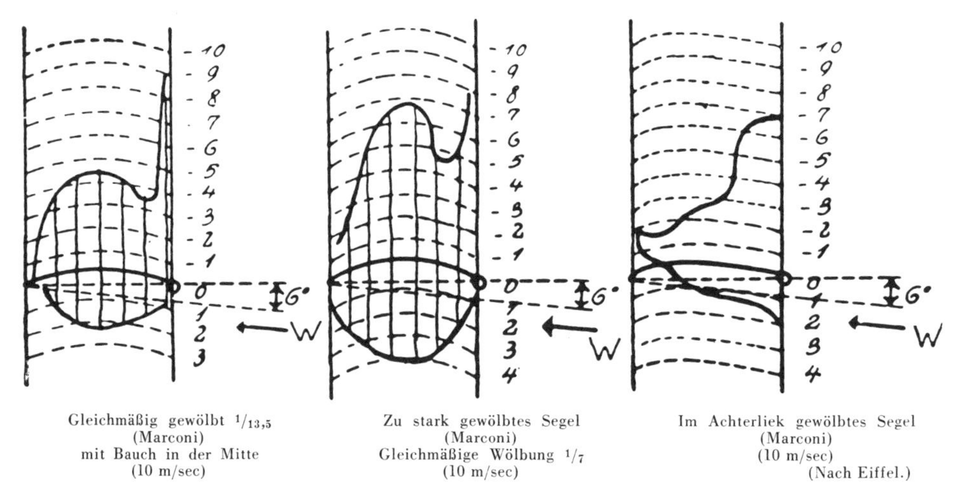

Gleichmäßig gewölbt $^1/_{13,5}$ (Marconi) mit Bauch in der Mitte (10 m/sec)

Zu stark gewölbtes Segel (Marconi) Gleichmäßige Wölbung $^1/_7$ (10 m/sec)

Im Achterliek gewölbtes Segel (Marconi) (10 m/sec) (Nach Eiffel.)

Abb. 32. Druck- und Sogkurven eines verschieden gewölbten Marconisegels bei 10 m/sec Wind.

Kurs. Abb. 29 BIII ist der gleiche Schnitt bei Vor-Wind-Stellung, der *einzigen* Situation, in welcher der Druck größer ist als der Sog.

Einen interessanten Einblick verschafft uns ein Vergleich der Linien der Gaffeltakelage mit denen der Hochbesegelung. Sie zeigen uns den enormen Vorteil letzterer Segel für den *Kreuzkurs.* Die hochwertigen *Druck*linien (3 und 4½ kg/m^2) sind länger und der negative Druck am Achterliek ist geringer (Abb. 30 oben).

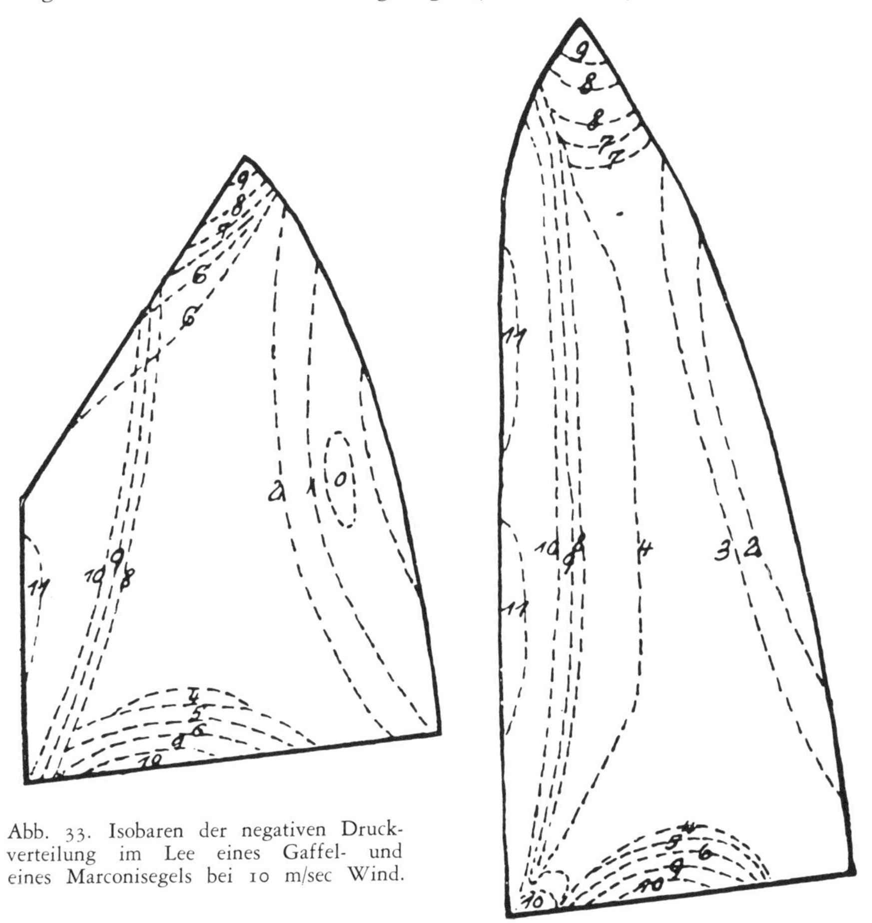

Abb. 33. Isobaren der negativen Druckverteilung im Lee eines Gaffel- und eines Marconisegels bei 10 m/sec Wind.

Raumschoots dagegen sind die Linien des Gaffelsegels wohl zu bevorzugen, da sie, obwohl kürzer, höhere Werte (bis zu 5 kg/m^2) besitzen, außerdem auch einen minimalen negativen Druck am Achterliek im Vergleich mit dem viel größeren unnutzbaren Teil des Hochsegels haben (Abb. 29 AII). Interessant ist der Vergleich der beiden Querschnitte raumschoots in bezug auf den Sog. Die Größe desselben überwiegt bei weitem beim Gaffelsegel, das, wie ich jetzt schon bemerken möchte, noch nicht angefangen hat, jene großen Wirbel in Lee zu bilden, die sich bei größeren Winkeln einstellen. Das Hochsegel zeigt dagegen schon ausgesprochene Wirbelbildung (Abb. 29 BII und 30 unten Mitte).

Vor dem Winde sind die beiden Takelagen in bezug auf Druck- und Soglinien so ziemlich gleich (Abb. 29 BIII und 30 rechts unten).

Das Gesamtbild aller dieser Linien ergibt die Notwendigkeit, das Unterliek möglichst hoch zu schneiden, d. h. das Segel so zu formen, daß der Großbaum nach hinten zu *stark ansteigt,* was bei den Jollen übrigens auch gemacht wird. Dies verringert dic negative Luv-Fläche am Unter- und zum Teil am Achterliek, welche außerdem durch die ansteigende Windrichtung (4°) sich noch weit mehr bemerkbar machen würde, als dies in der Skizze zum Ausdruck kommt.

Weitere Zeichnungen geben die Linien für ein flaches Segel und Druck und Sog für verschiedene Flächenwölbungen, welche dem Buch Eiffel «Der Luftwiderstand und der Flug» entnommen sind (Abb. 31 und 32).

Wichtiger als die Drucklinien sind freilich die Soglinien, die ich aber infolge ihrer großen Verschiedenheit und veränderlichen Form bei den geringsten Wölbungsunterschieden nur für die Am-Wind-Stellung aufgezeichnet habe (Abb. 33). Auch hier sind sie so ungleich und wenig stationär, daß die zwei Soglinienbilder nicht als durchaus genau angesehen werden dürfen.

Im großen und ganzen läßt sich jedoch über die spezielle Druckverteilung des *Sogs* folgendes sagen:

Der größte negative Druck gruppiert sich beim Am-Wind-Segeln an drei Rändern, und zwar an der Vorderkante, der Unterkante und der Gaffel entlang, soweit diese nicht ausweht. (Also bei leichtem Wind.) Das Achterliek zeigt, wie auch aus den Querschnitten zu ersehen war, verhältnismäßig geringen negativen Druck (Sog), der durch den entgegengesetzt wirkenden Unterdruck der Luvseite aufgehoben oder sogar überwogen werden kann, in welchem Falle das charakteristische Killen oder Zittern des Achterlieks auftritt.

Raumschoots geht der Sog von der Vorderkante an die Seitenkanten über. Vor dem Winde ist er so gut wie gleichmäßig verteilt; manchmal nimmt er an den Seitenkanten etwas zu.

Bei dem Gaffelsegel kann nahe dem Achterliek in mittlerer Höhe eine Stelle auftreten, an der der negative Druck in Lee gleich Null ist. Dies kommt meiner Ansicht nach davon, daß hier ein bestimmter Wirbel gegen das Segel zurückschlägt und so den Sog an dieser Stelle zerstört. (Genaueres später.)

Die Wölbung

Wir stehen vor den Fragen: Soll ein Segel gewölbt sein, wie stark soll es gewölbt sein — und wo soll sich in diesem Segel die größte Wölbung befinden?

Ueber die Beantwortung der ersten Frage wird heute wohl kein Zweifel mehr bestehen. Vor etwa 70 Jahren erzielte die berühmte amerikanische Schonerjacht «Amerika» bei einem Besuche in England große Erfolge, die von den unterlegenen Engländern zum größten Teil auf die Segel der Jacht zurückgeführt wurden, welche einen viel flacheren Stand aufwiesen als die damaligen englischen Jachtsegel. Man begann darnach in England

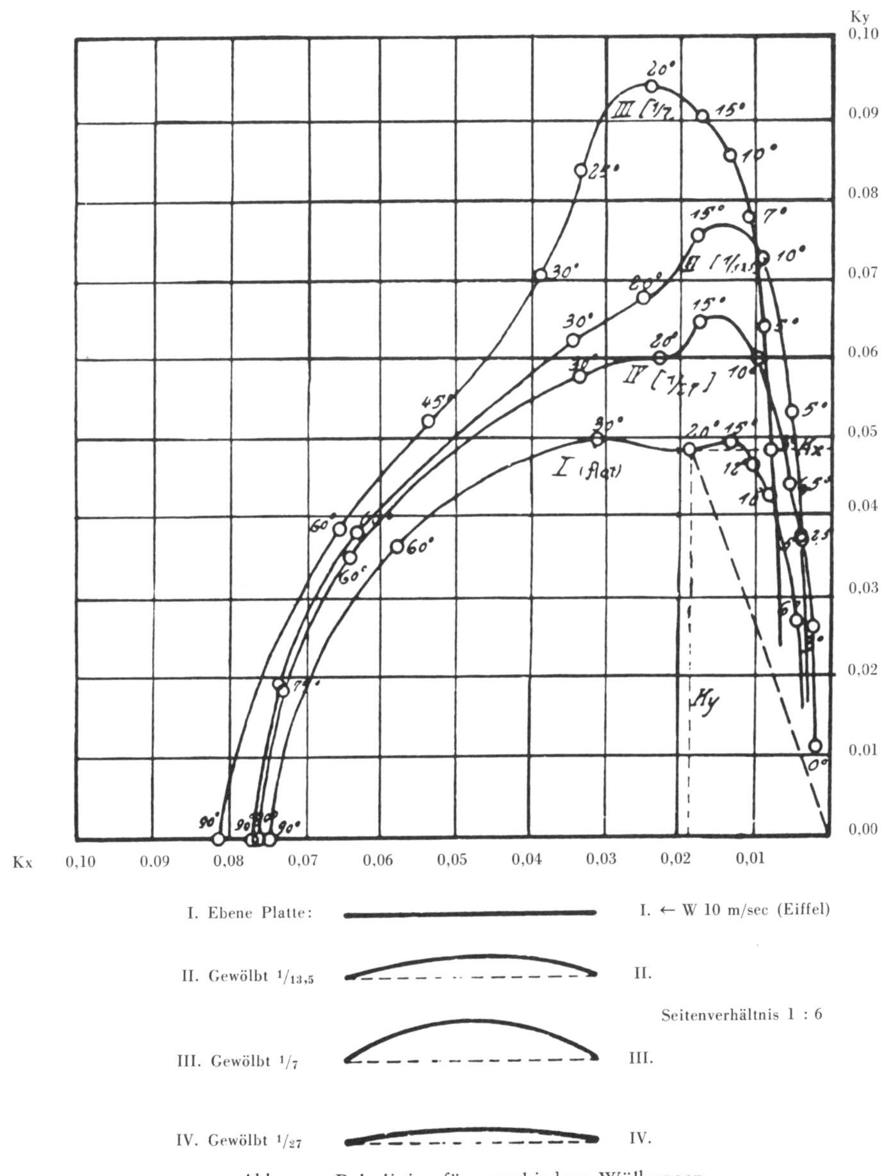

Abb. 34. Polarlinien für verschiedene Wölbungen.

die Segel ebenfalls flacher zu machen und ging dabei so weit, sie viel flacher als zweckmäßig zu formen. In dieser Richtung bewegte sich auch viele Jahre lang die Sport-Segelmacherei in ganz Europa, bis ein Umschwung eintrat durch den Besuch deutscher Sonderklasse-Jachten in Amerika. Diese wurden von den amerikanischen Booten geschlagen, und ihre Niederlage wurde auf die bauchigen Segel der amerikanischen Boote zurückgeführt. Von da ab wurden auch wieder in Deutschland bauchigere Segel gefahren. Die Amerikaner waren sich übrigens über den eigentlichen Grund der Ueberlegenheit ihrer Segel damals noch nicht recht klar. In neuester Zeit sind wir nun wieder von der Ueberlegenheit der stark gewölbten Segel überzeugt.

Es fragt sich nun: wie groß soll dieser Bauch sein? — Ganz allgemein aber wollen wir die durch die Praxis erworbene Erfahrung vorausschicken: Je leichter der Wind, desto größer muß die Wölbung sein; wie wir auch bei den langsam fliegenden Vögeln größere Wölbungen als bei den schnellfliegenden feststellen.

Weiterhin steht fest, daß selbst bei gleicher Windstärke das Segel auf den verschiedenen Kursen verschiedene Wölbungen haben muß, wenn ein Maximum von Druck immer erreicht werden soll.

Das Kurvensystem in Abb. 34, das dem Werk von Eiffel «Der Luftwiderstand» entnommen ist, gibt uns Aufschluß über die entstehenden Drucke an vier verschieden gewölbten starren Flächen. Da, wie schon erwähnt, ein starres Segel, d. h. ein durch Latten fixiertes Segel, eine etwa 20 % bessere Wirkung entwickelt als das vom Winde zu wölbende Segel, so können wir diese Kurven, welche nach Messungen an Blechflügeln aufgezeichnet sind, für unsere jetzigen Segel im wesentlichen verwerten. Die Kurven, bei denen der jeweils gemessene Anstellwinkel (das ist der Winkel, den die Fläche zur Windrichtung darstellt oder mit anderen Worten, unter welchem der Wind von vorne auf sie auffällt) eingetragen ist, geben durch die auf ihr liegenden Punkte die Größe und Richtung der im Segel entstehenden Kraft R an, d. h. die Geraden, die wir vom rechten Eck aus (0—0) zu den bestimmten Punkten der Kurven ziehen, geben uns die Größe als auch die Richtung dieser Kraft. Diese resultierende Kraft R läßt sich in zwei Kraftkomponenten zerlegen, welche mit Ky und Kx bezeichnet sind. Diese beiden Komponenten, die man beim Vogel und Flugzeug als Auftrieb und Widerstand bezeichnet (am Segel seitlicher Druck und Widerstand), lassen sich dadurch bestimmen, daß man den Abstand des beim betreffenden Anstellwinkel sich ergebenden Punktes von der horizontalen (untersten) Grundlinie mißt, was uns den Auftrieb oder Druck Ky ergibt, während der Abstand von der Senkrechten (d. h. von der rechten Außenseite des Vierecks) uns den Widerstand Kx gibt. Die Kurven, die Verbindungslinien aller derjenigen Punkte, welche bei den verschiedenen Anstellwinkeln gemessen wurden, werden «Polarkurven» genannt. Für uns ist diejenige Kurve die günstigste, welche einerseits recht hoch geht, aber zugleich möglichst nahe an die vertikale (rechte) Seitenlinie herankommt. Es ist nun allerdings nicht immer leicht, das günstigste Verhältnis herauszufinden; es kann z. B. Ky sehr groß sein, jedoch einen enormen Widerstand (Kx) aufweisen, wodurch uns natürlich nicht gedient sein würde.

Anders verhält sich die Sache bei Raumen- und Vorwind-Kursen. Hier ist das Wichtigste die Größe des Gesamtdrucks überhaupt; seine Richtung und somit der Widerstand ist, da er weniger oder gar nicht gegen die Fahrtrichtung fällt, nicht zu berücksichtigen.

Ein Vergleich der verschiedenen Kurven läßt uns folgendes erkennen: Ein flaches Segel, dessen Polarkurve die Linie I darstellt, hat einen ganz geringen Druck; vor allem bei Anstellwinkeln bis zu 20° etwa die Hälfte des Drucks, der bei den drei anderen gewölbten Flächen auftritt, und ist infolgedessen bei keinem Kurs, d. h. bei keinem Anstellwinkel als günstig zu bezeichnen.

Weit günstiger sind die Polaren der drei gewölbten Flächen: Am günstigsten wohl diejenige Wölbung, deren Tiefe zur Breite sich wie 1 : 7 verhält (Kurve III). Dies jedoch nur bei größeren Windeinfallwinkeln — also auf jeden Fall für Raumschoots-Kurs. Bei kleineren Winkeln bis zu etwa 5 ^{0} ist ihr Widerstand etwas groß und die weniger gewölbte Fläche (Kurve II) von 1 : 13,5 wird trotz ihres etwas geringen Drucks vorzuziehen sein. Summa summarum kann man wohl sagen, daß sich der Bauch in der Nähe der Wölbung II bewegen soll, soweit nicht bei stärkeren Winden Stabilitätsgründe mitsprechen oder ein Boot zu luvgierig dadurch wird.

Die letzte und schwierigste Frage ist: «Wo soll der Bauch liegen?» Vorne, in der Mitte — oder hinten!

Hier haben mir die Versuche bestätigt, was in der Praxis herausgefunden wurde, daß nämlich die Lage des Bauches, ob dieser vorne oder weiter hinten sei, so gut wie unwesentlich ist und daß es unter Umständen ebensogut wäre, den Bauch ins Achterliek zu legen.

Die allgemeine Ansicht der Seglerkreise geht dahin, daß es am vorteilhaftesten ist, wenn die Ausbauchung auf dem ersten Drittel hinter dem Mast liegt. Wohl scheint der Bau des Vogelflügels diese Annahme zu bestätigen, vergessen wir jedoch nicht, daß dieser keinen Mast vor seiner Fläche trägt.

Auch ist der Windeinfall beim Vogel- und Flugzeug-Flügel etwas steiler als beim Segel.

Ein englischer Segler, der auch im Flugzeugbau bewandert ist, hat in den Jahren 1921 und 1922 Studien mit verschieden angeordneten Segelbäuchen gemacht und ist dabei auf dem rein praktischen Versuchswege zu dem Ergebnis gelangt, daß eine ganz gleichmäßig über das Segel verteilte Bauchkurve die beste Wirkung oder doch jedenfalls keine ungünstigere erzielte, als wenn der Bauch im ersten Drittel lag.

Es wäre leicht denkbar, daß der Mast die günstige Wirkung des Bauches, wenn dieser im vorderen Drittel liegt, zerstört; sicher jedoch ist, daß der *ganz vorne* direkt hinter dem Mast gelegene Bauch unter allen Umständen schädlich ist.

Ich persönlich habe mit einer etwa in der Mitte gelegenen größten Wölbung die besten Resultate erzielt. Aerodynamische Messungen an Flugzeugflächen bei den für uns in Betracht kommenden Anstellwinkeln haben ergeben, daß die Verlegung der größten Wölbung unter günstigsten Umständen höchstens einige Prozent Verbesserung ausmacht. Es ist also weniger die Lage als die *Größe* der Wölbung der führende Faktor.

Die Polaren (Abb. 35) mögen meine Behauptungen bestätigen, und aus ihnen kann jeder seine eigenen Schlüsse ziehen.

Um die günstigste Wirkung, das ist das günstigste Verhältnis zwischen Seitendruck und Widerstand, zu bekommen, können wir nun vorerst die durch die Kurven bedingten und an ihnen meßbaren Größen nicht ohne weiteres durcheinander dividieren, also nicht, wie häufig behauptet wird, sagen, daß $\frac{\text{Auftrieb}}{\text{Widerstand}} = \left(\frac{\text{Seitendruck}}{\text{Widerstand}}\right)$ die günstigste Segelform gäbe. Da nämlich der Widerstand bei zunehmendem Anstellwinkel *nicht im gleichen Verhältnis ungünstig* als der Auftrieb (= Seitendruck) *günstig wirkt,* ist selbstverständ-

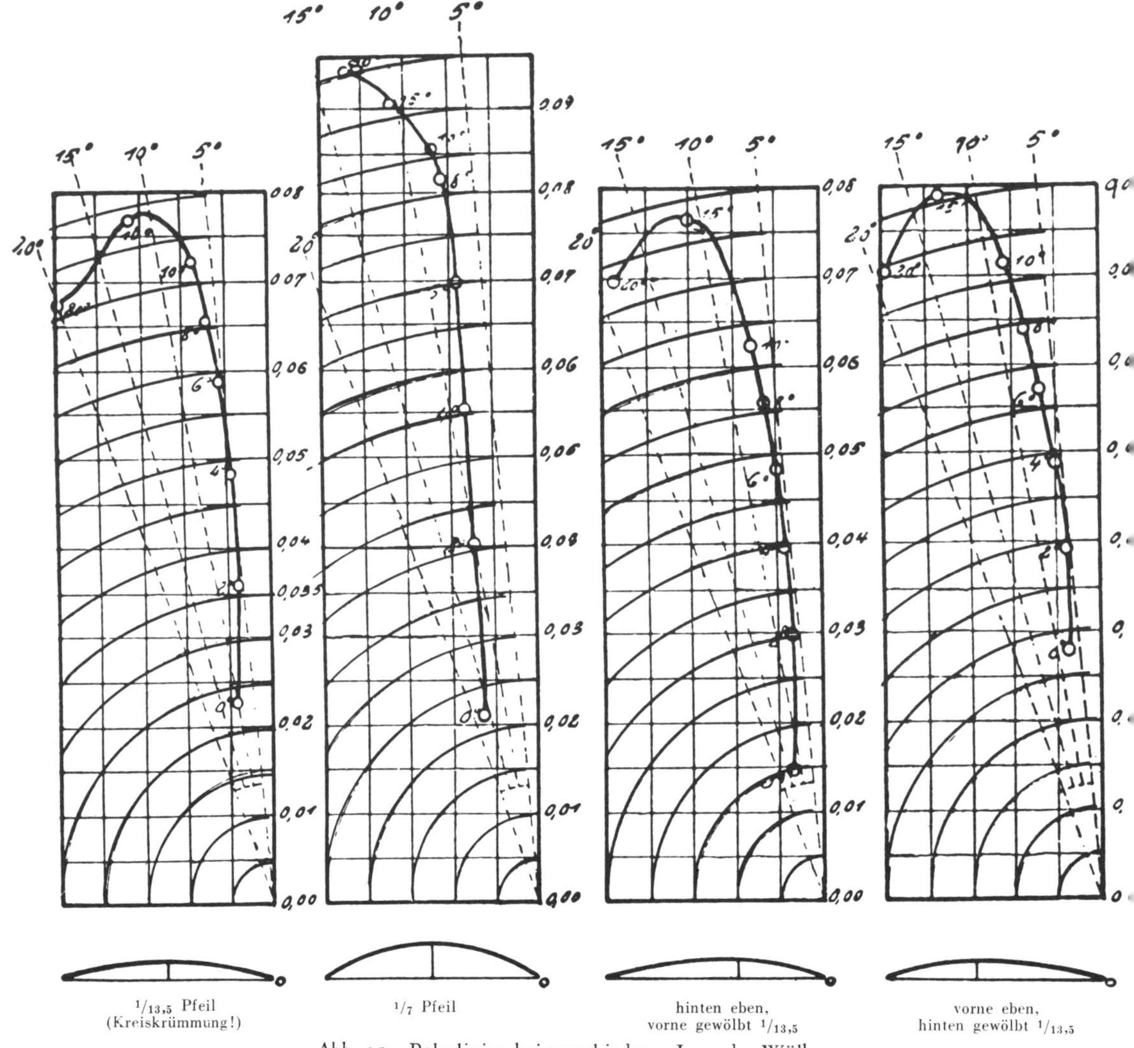

Abb. 35. Polarlinien bei verschiedener Lage der Wölbung.

lich eine Gegenüberstellung der beiden Werte in Form der Division vorerst nicht zweckmäßig.

Erst wenn wir wissen, wie sich die Wertigkeit des Auftriebs und die des Widerstandes bei zunehmender Neigung verändert, ist ein ganz genauer Vergleich möglich. Nach Eiffel hat nämlich der Widerstand (= W) einen parabolischen Verlauf, und daher muß sein Ausdruck als Funktion des Anstellwinkels zweiten Grades oder geringer sein, während der Druck (= A) von 0 bis 10° proportional dem Anstellwinkel bleibt. Noch ausgesprochener und verständlicher wird uns die Erwägung, wenn wir bedenken, daß beim Segel der Seitendruck eine größere Rolle spielt, d. h. bei weitem mehr in günstigem

Sinne wirkt, als der Widerstand in ungünstigem, indem letzterer z. B. raumschoots und Vor-Wind annähernd gleich Null zu setzen wäre.

Das Verhältnis von Widerstand zu Seitendruck (Auftrieb), — in den Diagrammen durch die durchschossenen Linien gekennzeichnet — welches in der Flugtechnik eine so große Rolle spielt, hat beim Segeln eine mehr untergeordnete Bedeutung.

Der nicht mathematisch geschulte Leser möge sich also nicht an den genannten vom o-Punkt radial ausstrahlenden durchschossenen Linien stoßen.

Wir sind überrascht, wenn wir unsere Segelwölbungen messen, wie klein diese sind. Allein die Jollen und manche Fünfzehner haben es gewagt, an die richtige Wölbung heranzugehen, während *sämtliche* Jachtensegel viel zu wenig gewölbt sind. Messungen der Segelwölbungen bei Sechsern und Achtern, welche sehr einfach so vorgenommen werden, daß man eine Leine auf der Luvseite des Segels vom Vorliek zum Achterliek stramm anspannt und dann die größte Tiefe mißt, haben Wölbungen von $^1/_{25}$ bis $^1/_{35}$ ergeben, statt $^1/_{13}$ bis $^1/_{15}$.

Durch die bis zum Vorliek durchlaufenden Spreizlatten, welche je nachdem schwächer oder stärker hineingesteckt werden, läßt sich jede erwünschte Wölbung erzielen.

Man kann also die Kraftentwicklung des Segels korrigieren, indem man die Wölbung ändert. Bei schwerem Wind wird man z. B. besonders das obere Segel flacher halten, d. h. die Latten leichter hineinstecken, um hier aus Rücksicht für die Stabilität nicht zuviel Druck zu entwickeln. — Auch die Lage des Bauches ist regulierbar, indem man die Latten an der Stelle schwächer hobelt oder seitlich ausschneidet, an welcher man die größte Wölbung wünscht.

Die Praxis hat gezeigt, daß bei schwerem Wind ein flaches Segel günstiger ist als ein stärker gewölbtes, indem bei den schweren Böen die seitliche Kraftentwicklung durch Killen des Segels absichtlich abgeschwächt werden muß, während man den relativ großen Widerstand, der durch die große Wölbung auch zunimmt, dabei nicht abschwächen kann.

Das Seitenverhältnis

Das Kapitel behandelt die Beeinflussung der Kraftentwicklung im Segel durch das Seitenverhältnis, d. h. Höhe des Segels im Verhältnis zur Breite desselben. Wie schon früher erwähnt, haben die Vögel ein Durchschnittsseitenverhältnis des einzelnen Flügels von 3 : 1. Wie sehr die Länge einer Fläche als günstiges Moment zu bewerten ist, zeigt uns der Albatrosflügel, bei dem sich die Länge zur Breite wie 5 : 1 verhält.

Der *Albatros,* ein Vogel von 12—15 kg Gewicht, hat eine absolute Fläche von nur 0,8 Quadratmeter. Er fliegt ohne Flügelschlag glatt vom Wasser ab, ist fähig, mit einer Minimalgeschwindigkeit von 15,2 m/sec noch mühelos zu schweben und erreicht eine Höchstgeschwindigkeit von 30,4 m/sec oder rund 110 km pro Stunde. Er vergrößert oder verkleinert je nach der Stärke des momentanen Windstoßes seine Tragfläche, indem er die Flügel mehr oder weniger ausspreizt, besitzt also sogar eine Reserve-Tragfähigkeit; er holt sich mit den Böen Höhe und zehrt davon, wenn der Wind schwächer wird. Oder er gewinnt mit dem Winde, ohne viel Höhe zu verlieren, im Gleit- oder Segelfluge an Geschwindigkeit, welche er bei der Wendung gegen den Wind wiederum in größere Höhe umformt. Dabei ist seine Windanschnittfläche meistens sogar um 3° *abwärts* gerichtet — und trotzdem schwebt er vorwärts! (4° Windrichtung aufwärts minus 3° Flügelrichtung abwärts ergibt plus 1° Anstellwinkel für den Flügel.)

Abb. 36. Albatros.

Sollte all dies dem Segler nicht zu denken geben? Gehen wir der Sache auf den Grund:

Eiffel hat sich mit der Frage des Seitenverhältnisses ganz besonders beschäftigt; er war der erste Forscher, welcher die überraschende Tatsache feststellte, daß eine quadratische Platte (also Seitenverhältnis 1 : 1) ihre größte Druckentwicklung nicht, wie man früher angenommen hatte, bei 90° Anstellwinkel, demnach bei senkrechtem Auffallen des Windes auf die Platte, sondern bei schräger Stellung, und zwar bei 38° aufweist. Interessant ist, daß hier der positive Druck nur die *Hälfte* beträgt, der Sog jedoch auf das *Dreifache anwächst* (gegenüber dem Druck bzw. Sog bei 90° Anstellwinkel), was natürlich eine größere auf die Fläche wirkende Gesamtkraft ergibt. Dies würde uns bei einer Sloop-Takelage beachtenswert erscheinen, da diese in den meisten Fällen ein Längen-Breitenverhältnis von 1 : 1, in wenigen Fällen von 1½ : 1 hat. Ein Anstellwinkel von 38^{0} ist identisch mit Raum-Kurs, und demnach müßte hier dieses Segel am wirksamsten sein. Die Praxis hat dies auch bestätigt.

Längere und *schmale Platten* (von stets gleichem Flächeninhalt) erreichen allerdings diese Kraftentwicklung nicht, entwickeln dagegen bei *kleinerem Anstellwinkel bedeutend größere Kräfte* als die quadratischen Platten bei ebendenselben Winkeln.

Das günstigste Seitenverhältnis bei kleineren Anstellwinkeln hat Eiffel bei einer Länge zur Breite von 6 : 1 gemessen. Was schmäler war, z. B. 9 : 1 usw., war kaum günstiger. Schon von 3 : 1 bis 6 : 1 nimmt die Günstigkeit verhältnismäßig langsam zu.

Die größte Zunahme in der Kraftentwicklung bei zunehmender Längenvergrößerung der Fläche liegt also (bei kleineren Anstellwinkeln) bis zum Seitenverhältnis 3:1. Damit soll gesagt sein, daß — vergleichend gesprochen — Am Wind ein Segel, dessen Höhe zu Breite sich wie 3 : 1 verhält, *bedeutend* mehr Kraft entwickelt als eines vom Seitenverhältnis 1 : 1 oder 1 : 2, daß es sich aber, auch in Anbetracht der Stabilitätsfragen, nicht lohnen würde, das Segel noch höher (z. B. 4 : 1) zu schneiden, da die Kraftvermehrung von da ab nur *gering* ist.

Ein ganz einfacher Versuch, der uns vor Augen führt, wie wichtig es für die Druckentwicklung ist, verhältnismäßig lange schmale Flächen und nicht kurze und breitere zu verwenden, mit anderen Worten der Hochtakelung den Vorzug zu geben, ist folgender: Schneidet man einem Insekt, z. B. einer Libelle, die Hälfte der Flügelfläche ab, und zwar der Quere nach, d. h. man führt den Schnitt parallel zum Körper, so kann sich das Insekt nicht mehr vom Boden erheben. Schneidet man dagegen von den Flügeln der Länge nach die Hälfte ab, so daß diese zwar noch gerade so lang, aber halb so breit sind, so ist die Tragfähigkeit fast nicht beeinflußt.

Bevor wir jedoch zur Anwendung dieser Tatsachen auf die praktische Segelform im genaueren übergehen, wollen wir den Grund dieses merkwürdigen Verhaltens der Druckentwicklung bei verschiedenen Flächen untersuchen:

Der Unterschied mußte in der Art der Veränderung des Sogs zu suchen sein. Sowohl die schon beschriebene Untersuchung der Leeseite des Segels mit dem Flaum, als auch die Vermutung von der Bildung verschiedenster Wirbel auf dieser Seite veranlaßte mich, diese genauer nachzuprüfen, was bei Flächen unter gleicher gegenseitiger Stellung bei verschiedenen Seitenverhältnissen *in strömendem Wasser* — oder bei Bewegung der Flächen durch stilles Wasser (was die gleichen Erscheinungen zeigt) ausgeführt werden soll:

Hydrodynamische Versuche

Zu diesem Zwecke färbt man Wasser in einem Reservoir mit blauer Tinte und bewegt ebene sowie gewölbte Blechflächen durch dasselbe hindurch. Um die Wirbel sichtbarer zu gestalten, wird Mehl oder werden Sägespäne fein über das Wasser verstreut; dies läßt jede kleinste Bewegung der Wasserteilchen in Form der sich bewegenden Mehlstäubchen genau erkennen. Es entstanden Bilder von Abb. 37 I—V.

Bekannterweise verhält sich Wasser in bezug auf Körper, welche durch sie bewegt werden, abgesehen von seiner Dichtigkeit, wie Luft.

Die Betrachtung dieser Zeichnungen läßt die Aehnlichkeit der Strömungen im Wasser mit denen der Luft am Segel wiedererkennen und stellt die Entstehung mancher vermuteten Wirbelbildung fest.

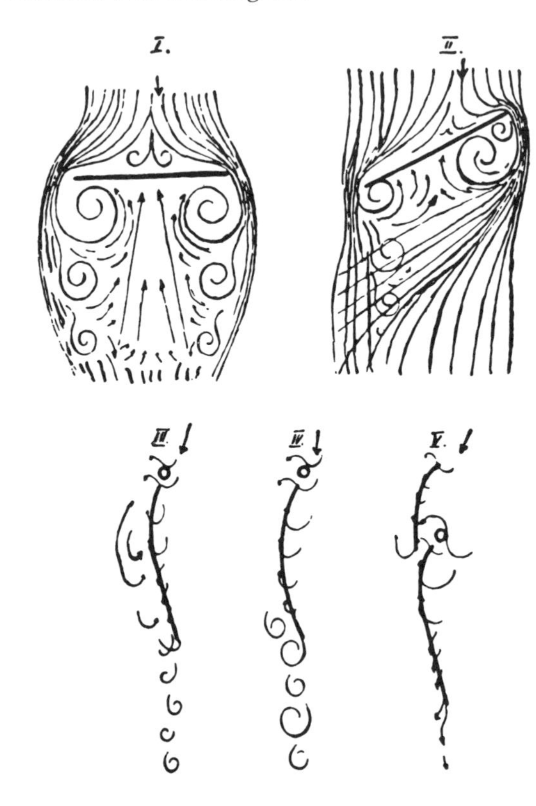

Abb. 37. Wirbelbilder (Hydrodynamische Versuche)

I. Wirbelbildung bei senkrechtem (90°) Auftreffen des Wassers. (Wirbelbereich 4mal Breite.)

II. Wirbelbildung bei schrägem Auftreffen des Wassers. (Wirbelbereich schmäler.) Ein Wirbel stationär, einer löst sich ab.

III. Richtig gebauchtes Segel, spitz von der Seite getroffen.

IV. Gleichmäßig gebauchtes Segel, von vorne getroffen.

V. Vor- und Großsegel in «Am-Wind-Stellung» (10°), vergleiche Flaumversuche.

Wie die Bewegung des Wassers erkennen ließ, trat bei kleiner Neigung der ebenen Fläche zur Fortbewegungsrichtung, bzw. zum einfallenden Wasserstrom noch keine wesentliche Wirbelbildung auf. Dies trifft zu bis zu etwa 20°, wenn sich kein Mast vor, d. h. an der bewegten Fläche befindet. Darüber hinaus bilden sich zwei große Wirbel, ein größerer an der vorderen Kante, welcher stationär zur Fläche mit dieser mitwandert, und ein kleiner Wirbel an der Hinterkante der Fläche, welcher sich ablöst (Abb. 37 II).

Es ist nun offenbar, daß mit dem Moment des Auftretens des Wirbels eine gewaltige negative Druckverminderung einsetzt, was man auch an dem plötzlichen Nachlassen des Druckes im Segel beim Abfallen auf raumen Kurs, bzw. bei zu weit angeholtem Segel verspürt. Der größte negative Druck kommt also im Hart-Raum-Kurs zustande, aber nicht allein, weil die Bootgeschwindigkeit sich zur Windgeschwindigkeit addiert; der Moment, in dem das Boot langsamer läuft, ist ein ganz *plötzlicher*. Derselbe plötzliche Druckwechsel tritt natürlich auch dann — nur in umgekehrtem Sinne — ein, wenn wir von Raum- auf Am-Wind-Kurs gehen. Es ist dies der Augenblick, in dem sich der bei Raum-Kurs gebildete große Wirbel beim weiteren Anluven stark verkleinert oder manchmal, d. h. besonders wenn ein Vorsegel vorhanden ist, sogar verschwindet. Stellen wir uns ein Boot vor, welches ganz hart am Winde segelt, so wird bei diesem, wenn es langsam immer mehr abfällt, der höchst erreichbare Druck im Segel dann auftreten, wenn der Wirbel *gerade noch nicht* entstanden ist. *Dieser Moment wird nun nachgewiesenermaßen früher erreicht bei einem schmalen, hohen Segel als bei einem tiefen, breiten Segel* (vgl. weiter unten: Seitenverhältnis), und zwar bei dem Hochsegel um 10—15° früher als bei dem Gaffel-Segel. Daher entwickelt die Hochbesegelung ihre höchste Kraft höher (steiler) am Wind als die Gaffelbesegelung, welche ihrerseits dafür raumschoots besser ist. Die Wirkungsverschiedenheit des Hochsegels gegenüber dem Gaffel-Segel beruht somit auf der Erzeugung größerer Saugkraft im Verhältnis zur Segelbreite, wie auch ihr Nachteil in dem schädlichen Frühereintreten des Wirbelns zu suchen ist, wodurch die Saugkraft stark geschwächt wird. Es lassen sich etwa 80 % des Wirkungsunterschiedes im Seitenverhältnis auf den Sog und höchstens 20 % auf eine Veränderung im Druck beziehen.

Die Kurvensysteme der Abb. 38 und 39 geben uns den für eine Hoch- und Gaffelbesegelung von gleicher Größe ausgerechneten Gesamtdruck bei den verschiedenen Kursen:

In Abb. 38 ist nur die Größe des Druckes ohne Rücksicht auf seine Richtung durch die Kurve H für die Hochtakelung und durch die Kurve G für die Gaffeltakelung für die betreffenden Anstellwinkel (Stellungen) dargestellt.

Abb. 39 stellt die *Polaren* für die Hochtakelung und die Gaffeltakelung dar und gibt uns somit den seitlichen Gesamtdruck und den Widerstand für die beiden Segel bei den betreffenden Anstellwinkeln.

Bei Betrachtung dieser Kurven wird uns der große Unterschied der zwei Takelungsarten klar, welchen man kurz in folgendem zusammenfassen kann:

Wir sehen, daß man mit dem Hochsegel höher gehen kann, d. h. bei einem kleineren Winkel den gleichen Druck erzielt oder bei gleichem Windeinfallwinkel mehr Kraft zu erreichen vermag.

Und zwar entwickelt das Hochsegel diesen größeren Druck bis zu 25°. Aus Kurvensystem Tafel A ersehen wir, daß sich der Gesamtdruck bei den zwei Takelungsarten für die nebenstehenden Anstellwinkel folgendermaßen verhält:

	Hochsegel	Gaffelsegel
bei 6°	0,55	0,30
10°	0,75	0,48
15°	0,94	0,70
20°	1,06	0,96
22° gleichgroß		
25°	1,09	1,21
38°	0,87	1,78
80° gleichgroß		
90°	1,02	0,98

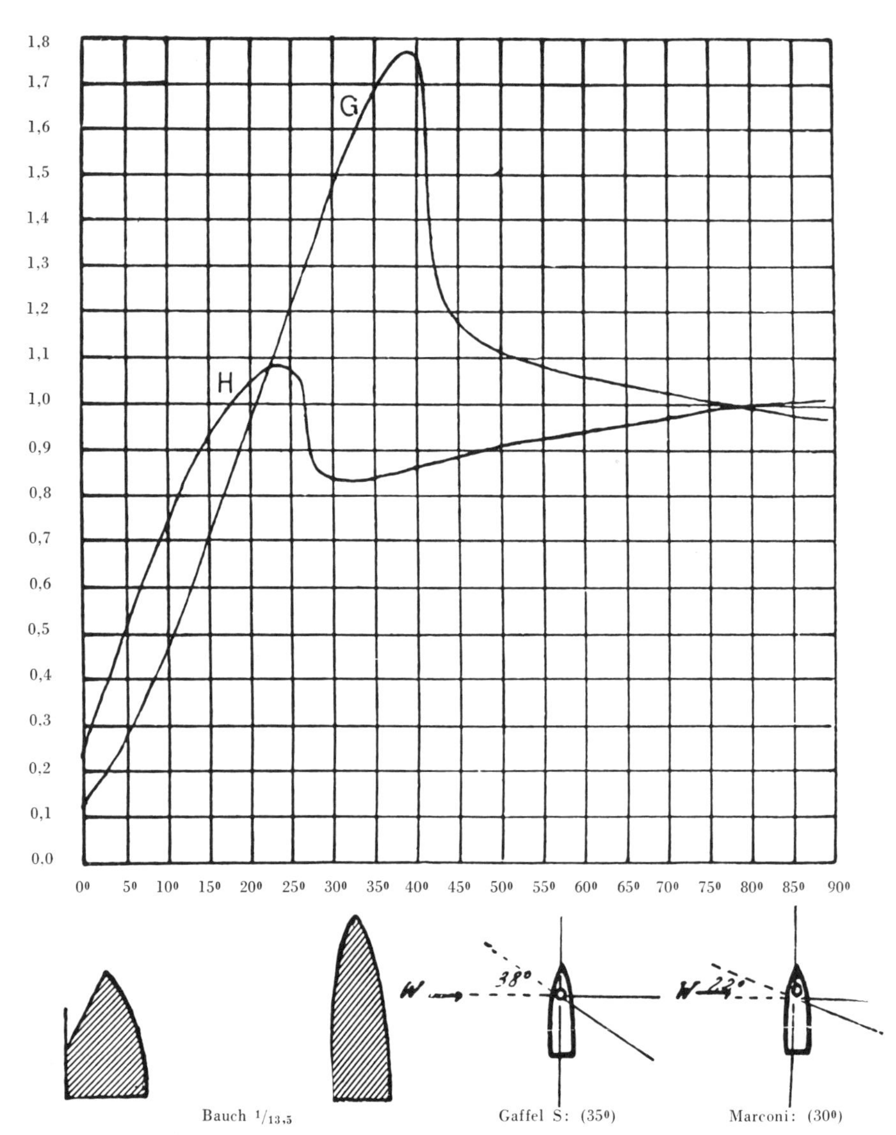

Abb. 38. Veränderung des Drucks durch das Seitenverhältnis.

Ferner ist die Richtung der Kraft im schmalen Segel mehr *nach vorne geneigt,* es hat also einen bei weitem geringeren Widerstand, wie uns Abb. 39 zeigt.

In obenstehender Tabelle finden wir eine Frage beantwortet, die sich wohl jeder aufmerksame Segler schon gestellt hat und die das Gefühl dem Großschootmann wohl längst nahegelegt hatte, ohne daß dieser jedoch damit recht ins klare kommen konnte: In welchem Winkel soll das Großsegel auf raumem Kurse gefahren werden? Es bestehen zwei Arten der Technik: die einen fahren loser, die andern dichter. Ich selbst

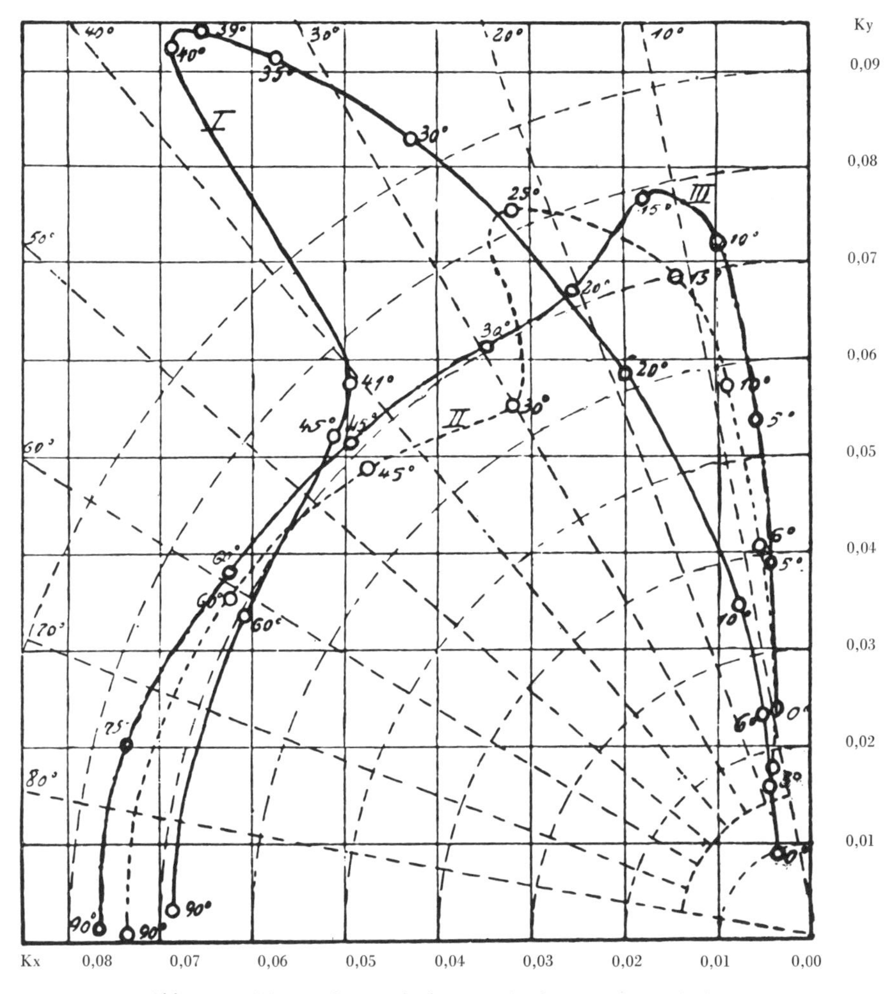

Abb. 39. Richtung der Kräfte bei verschiedenem Seitenverhältnis.
I = Gaffelsegel; II = Hochsegel; III = Seitenverhältnis: 1 : 6.

war der Ansicht, daß ein Großsegel, das raumschoots etwas dichter als üblich gefahren wurde, mehr Kraft entwickle.

Nachdem ich aber meine Boote mit Hochsegel ausgerüstet hatte, kam ich ganz wider Erwarten von dieser Ansicht wieder ab und bekannte mich zu jenen Steuerleuten, welche der Ansicht waren, «so lose wie überhaupt nur möglich»!

Daß wiederum das Gefühl, bzw. praktische Erfahrung schon früher den *richtigeren* Weg wies, als es die Theorie vermochte, ersehen wir aus den Polarlinien (Abb. 38 u. 39).

Es muß nämlich das niedere Gaffelsegel tatsächlich raumschoots um 15 ⁰ *dichter* gefahren werden als das Hochsegel, da ersteres sein Druckmaximum bei zirka 38 ⁰ entwickelt, letzteres aber schon bei 22 ⁰ (siehe Zeichnung Abb. 38). Daraus geht hervor, daß man mit Gaffelsegeln die Vorwindstrecken oft durch ein raumes Abfahren der Strecke zum Vorteil ersetzen kann, was bei Hochbesegelung seltener in Betracht kommt. Erinnern wir uns daran, wie oft Jollen *raumschoots* durch ganze Vor-Wind-Felder laufen und dadurch stets frisches Leben bekommen. Auch wird vielen aufgefallen sein, daß das niedere Gaffelsegel äußerst schwierig im Raumkurs zu bedienen ist, daß man ständig die Segelstellung ändern muß und daß gerade dieser Kurs mit seinen immerwährenden Kommandos «Fieren!» und «Anholen!» einen erstklassigen Segler aufs äußerste beansprucht. *Es kommt dies davon, daß das Druckmaximum hier leicht zu versäumen ist, da es sich nur über wenige Grade erstreckt.* Bei der Hochtakelung indessen liegen die Druckhöhepunkte auf mehrere Grade verteilt (zwischen 20° und 27°) und sie wird darum auch infolge der geringeren Druckunterschiede dem Steuermann in bezug auf Segelstellung bei raumem Kurse viel mehr Ruhe und Befriedigung gewähren.

Wenn nun das niedere Gaffelsegel raumschoots zwar schneller ist, aber doch nicht um so vieles schneller, als dies die Kurvensysteme erwarten ließen, so kommt dies daher, daß die Gaffelsegel meistens nicht ganz auf dem Druckhöhepunkt gefahren werden, was, wie schon erwähnt, nicht so leicht ist und großes Feingefühl voraussetzt. Ferner haben die neuen Hochbesegelungen meistens mehr Fläche im Großsegel, setzen aber raumschoots doch einen größeren Ballon. Drittens wirkt das schmale Segel raumschoots infolge des kurzen Großbaums weniger drehend und vermindert so die Luvgierigkeit.

Vor dem Winde sind beide Takelagen so ziemlich gleich günstig.

Aus diesen Beobachtungen lassen sich folgende *Tatsachen* festlegen:

1. Die Hochtakelung ist infolge ihrer besseren Kreuzeigenschaften, da sie einen um einen Drittel höheren Druck als das gewöhnliche Segel erzeugt, letzterem überlegen. Da bei Wettfahrten die bessere Leistung im Kreuzen entscheidend zu sein pflegt, ist an ihrer Höherbewertung nicht zu zweifeln.
2. Das Seitenverhältnis soll mindestens 3 : 1 betragen.
3. Auf raumem Kurse ist das gewöhnliche Gaffelsegel schwerer zu bedienen, ergibt aber dann um ⅓ größere Kraftentwicklung.
4. Das Gaffelsegel muß raumschoots um 15° dichter gefahren werden als das Hochsegel.
5. In Anbetracht der Richtung der Kräfte im Segel *in der Uebertragung auf das Boot* ist demnach ein Gaffelsegel raumschoots auf ca. 35° Windeinfallwinkel einzustellen, das Hochsegel dagegen auf ca. 20°.
6. Ein Vorwindkurs ist mit Gaffeltakelung meist raumschoots (d. h. kreuzend), mit Hochtakelung meist kursgemäß abzufahren.

Der Druckmittelpunkt

Mit dem Seitenverhältnis einer Fläche aber ändert sich nicht nur der Druck sowie die Druckverteilung, sondern auch der Druckmittelpunkt derselben, welcher nach vorne (dem Anblasrand) oder nach hinten (dem Austrittsrand) wandert.

Dies ist aus den zwei Diagrammen I und II von Abb. 40 zu ersehen:

Die Druckmittelpunktwanderung ist durch eine Kurve angegeben, deren Abszissen die Neigungen der Fläche und deren Ordinaten die Entfernungen des Druckmittelpunktes vom Anblasrand darstellen, welch letztere in Bruchteilen der Plattentiefe ausgedrückt sind.

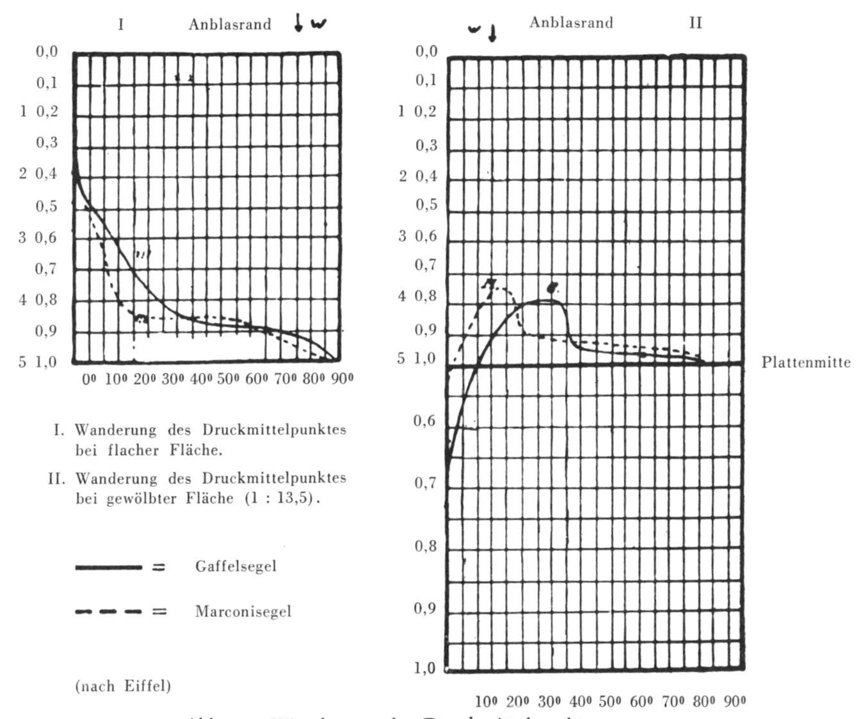

Abb. 40. Wanderung des Druckmittelpunktes.

Diagramm I zeigt die Druckmittelpunktwanderung einer rechteckigen, ebenen Platte vom Seitenverhältnis 1 : 3 und die einer rechteckigen, ebenen Platte vom Seitenverhältnis 1 : 1. Diagramm II stellt denselben Vergleich dar, nur handelt es sich hier um *gewölbte* Platten.

Da sich also Diagramm I auf ebene Flächen, Diagramm II auf gewölbte Flächen bezieht, so können wir ersteres auf unsere Schwerter, letzteres auf unsere Segel anwenden.

Diagramm I, bei welchem nur die Hälfte der Platte aufgezeichnet ist, da der Druckmittelpunkt hier zwischen Plattenmitte und Anblasrand liegt, zeigt in den zwei Kurven, daß auf der rechteckigen Platte vom Seitenverhältnis 1 : 3 bei den kleineren Winkeln der Druckmittelpunkt *weiter hinten* liegt als auf der rechteckigen Platte vom Seitenverhältnis 1 : 1.

Diagramm II: Die mit M bezeichnete Kurve stellt somit die Druckmittelpunktwanderung einer schmalen hohen Takelage (Marconi) dar, die mit G bezeichnete

Kurve die einer niederen Takelage (Gaffelsegel). Man ersieht daraus, daß bei der Hochtakelung der Druckmittelpunkt für die beim Kreuzen in Betracht kommenden kleinen Winkel weiter vorne (dem Anblasrand der Fläche zu) liegt als bei der Gaffeltakelung. Bei größerem Windeinfall ist es umgekehrt. Dies ist für den Segler wichtig, weil dieser beim *Umtakeln seines Bootes von Gaffeltakelung auf Hochtakelung* die Wanderung des Druckmittelpunktes, bedingt durch das verschiedene Seitenverhältnis der beiden Segelarten, bei der Stellung des Mastes in Betracht ziehen muß. Er hat hierbei drei Tatsachen zu berücksichtigen:

1. Kommt der Druckmittelpunkt der Fläche weiter nach vorne, weil diese durch ihre hohe Form als *ganze* mehr nach vorne gerückt wird (Wanderung des Druckmittelpunktes in bezug auf das Boot);
2. liegt der Druckmittelpunkt auf der Fläche selbst, bei dem schmalen hohen Segel etwas weiter vorne (Wanderung des Druckmittelpunktes in bezug auf die Fläche).

Ein weiterer Vergleich der Diagramme I und II läßt erkennen, daß bei jeder gewölbten Fläche der Druckmittelpunkt bei kleinen Anstellwinkeln viel weiter hinten liegt als bei der gleichen ebenen Fläche und folglich als Punkt

3. zu berücksichtigen ist ferner, daß auch die Segelwölbung den Druckmittelpunkt verschiebt, und zwar gilt dies für Am-Wind: Je bauchiger das Segel ist, desto weiter nach *hinten* liegt der Druckmittelpunkt. Da nun die Hochsegel im Verhältnis zur Breite *meist stärker gewölbt* sind als die Gaffelsegel, so steht Punkt 3 den anderen zwei Punkten entgegen, bzw. er kann ihnen das Gleichgewicht halten.

Das Gesamtergebnis ist daher: Daß ein Hochsegel bei *gleicher* Mastspur ein Boot überraschend *wenig,* vielleicht sogar überhaupt nicht leegieriger macht.

Betrachten wir nun die Uebertragung des Druckes im Segel auf das Schwert: Würden wir ein Boot so konstruieren, bzw. takeln, daß der Segelschwerpunkt im Lateralschwerpunkt des Bootes liegt, so würde das Boot dermaßen *luvgierig,* daß es bei mittlerem Wind schon nicht mehr zu halten wäre. So kommt es auch, daß die meisten Boote zu luvgierig sind und schon mancher Anfängerkonstrukteur schwer enttäuscht war, wenn er seine theoretischen Berechnungen in der Praxis widerlegt sah.

Die entstehende Luvgierigkeit ist nur durch den Umstand zu erklären, daß der Druckmittelpunkt einer ebenen Platte, also der unseres Schwertes, um ein beträchtliches Stück weiter vorne liegt als der Druckmittelpunkt einer gewölbten Fläche, also der unseres Segels (vergleiche Diagramm 1 und 2). Da jede Lee- oder Luvgierigkeit in der gegenseitigen Lage dieser zwei Druckmittelpunkte ihre Ursache hat, müssen wir bestrebt sein, diese Kraftwirkungen gut auszubalancieren. Es besteht im allgemeinen die Regel, *daß der Segelschwerpunkt vor den Lateralschwerpunkt zu legen ist,* und zwar je nach der Form des Bootkörpers und der Takelage zwischen Null und 15 % der Wasserlinienlänge.

Nichtsdestoweniger kann man beobachten, daß manche Jachten, die am Wind etwas luvgierig sind, besser kreuzen als andere, die genau ausbalanciert sind. Dies trifft meist dann zu, wenn die betreffenden Boote ihre Steuer direkt an der Flosse anliegen haben. Das Steuer bildet hier, wenn es angestellt wird, mit der Flosse eine geknickte Fläche, welche bekannterweise ähnlich wie eine gewölbte Fläche eine gewaltige Kraft in der Richtung ihrer Wölbung entwickelt (siehe gebogenes Schwert). Eine weitere günstige Eigenschaft in der Zusammenwirkung dieser beiden Flächen (Flosse und Steuer) liegt auch darin, daß das Boot bei größeren Geschwindigkeiten weniger luvgierig wird, als wenn das Steuer beispielsweise unter dem Heck freischwebend angebracht wäre. Der Grund hiefür liegt ebenfalls in der Wirkung der gewölbten (bzw. geknickten) Fläche, bei welcher der Druckmittelpunkt weiter hinten liegt. Es wird also auch bei geringer Steuerstellung ein relativ kleiner Widerstand mit großer Wirkung im Sinne der Drehkraft hervorgerufen. Daraus allein wird die große Wirkung unserer relativ kleinen Flossensteuer, welche noch dazu so nahe am Drehpunkt angreifen, erklärlich.

Die äußere Segelform

Unter äußerer Segelform möge der Leser die äußeren Umrißlinien des Segels, das ist das Schattenbild desselben, verstehen.

Nehmen wir an, daß wir die vorteilhafteste Segelform konstruieren wollten: die günstigste Wölbung des Segels und auch die Lage des Bauches ist bereits bekannt. Ebenso wissen wir über das Verhältnis der Höhe zur Breite (das ist das Seitenverhältnis) Bescheid, und es bleibt uns nur noch zu ermitteln, welche Form wir der Anschnittkante, das ist dem Mast, und welche dem Achterliek geben sollen, mit anderen Worten, soll der Mast gerade oder gebogen, aufrecht oder geneigt, das Achterliek gerade oder rund geschnitten sein? Wir tun auch hier gut, wenn wir uns möglichst an die Form des Vogelflügels anlehnen, doch dürfen wir nicht vergessen, daß dieser beim Vogel einem mechanischen Vorgang, und zwar dem Zusammenklappen des Flügels gerecht werden muß.

Wir beobachten, daß die Natur den meisten Flügeln eine Neigung nach rückwärts gibt (Schwalben!). Je mehr jedoch der betreffende Vogel ein ruhiger Schweber (Segler) ist (Möwen), desto mehr steht der Flügel senkrecht zum Körper, und wir waren schon bei unseren früheren Betrachtungen zu der Ueberzeugung gekommen, daß die nach hinten gestellten Flügel in bezug auf die Druckentwicklung keinen Vorteil bringen, wohl aber für die *Stabilität* des Fliegers in Frage kommen. Augenfällig ist es auch, wie die Natur bemüht ist, Ecken zu vermeiden und der gebogenen Linie vor der geraden den Vorzug zu geben.

Auch hier können wir wieder von den Aerodynamikern lernen, die sich für diese Fragen schon vor uns interessiert haben.

Diesbezüglich sind im Jahre 1922 in der Aerodynamischen Versuchsanstalt zu Göttingen mit Flugzeugtragflächen Versuche gemacht worden, deren Ergebnisse hier angeführt werden.

In der nachstehenden Tabelle sind die bei Anstellwinkeln zwischen 6° und 15° gemessenen Werte für die gegen die Fortbewegungsrichtung wirkenden Kräfte (Widerstände) und die senkrecht hierzu wirkenden Kräfte (Auftriebe) *pro Flächeneinheit* für 6 verschiedene Flügel zusammengestellt. Die untersuchten Tragflächen sind nebenstehend abgebildet. Diese sind von verschiedenster Form, haben aber die gleiche Flächengröße (Abb. 41).

Fläche	Auftrieb	Widerstand	Auftrieb / Widerstand
		bei 6°:	
1	73,4	4,72	15,55
2	80,4	4,38	18,36
3	75,9	4,64	16,36
4	77,0	4,66	16,52
5	85,0	4,81	17,67
6	83,5	4,12	**20,26**
		bei 8,7°:	
1	93,9	7,23	12,98
2	99,2	6,80	**14,60**
3	95,0	6,97	13,63
4	97,5	6,95	14,03
5	105,0	7,32	14,34
6	103,0	6,35	**16,22**
		bei 11,7°:	
1	109,5	10,2	10,74
2	113,0	9,4	**12,02**
3	112,5	9,93	11,33
4	115,7	9,7	**11,93**
5	116,0	10,10	11,50
6	111,0	9,9	11,21
		bei 14,7°:	
1	115,6	13,8	8,38
2	116,0	14,2	8,16
3	121,0	13,2	**9,15**
4	124,0	13,4	**9,25**
5	117,0	15,2	7,69
6	108,5	15,7	6,91

Aus diesen Tabellen läßt sich folgendes ableiten: Flügel 1 und 5 sind bei jedem Anstellwinkel relativ schlecht. Flügel 6 ist bei kleineren Anstellwinkeln auffallend gut. Worin liegt nun hier der Vorteil? In der Eigenart, daß die Windanschnittkante nach hinten geneigt ist, oder darin, daß der Flügel spitz zuläuft? Ich glaube ersteres ausschließen zu dürfen, da der Flügel Nr. 5 auch nach hinten geneigt ist, trotzdem aber allen anderen *unterlegen* ist. Wir können also annehmen, daß die Spitze, bzw. die größere

Länge, welche dem Flügel Nr. 6 zukommt, den vorteilbringenden Teil darstellt; dieses würde also auf Hochtakelung hindeuten.

Bei größerem Einfallwinkel 11,7°—14,7° sind die Flügel Nr. 2, 3 und 4 weitaus am besten. Wenn wir nun für den Kreuzkurs ca. 10—12° Windeinfallwinkel rechnen, so sind Flügel 2 und 4 die vorteilhaftesten. Es sei jedoch darauf hingewiesen, daß aus Gründen, wie ich sie auf Seite 42 angeführt habe, der Begriff Auftrieb/Widerstand

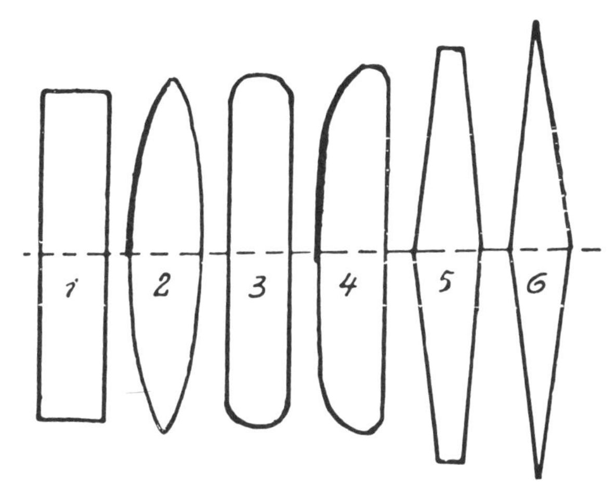

Abb. 41. Flügel von verschiedener Form aber gleichen Flächeninhalts.

nicht genau die Günstigkeit der Fläche zum Ausdruck bringt, da besonders bei den größeren Anstellwinkeln an und für sich der Widerstand weniger schädlich wirkt, der Auftrieb aber mehr zum ausschlaggebenden Faktor wird. Diese höhere Wertigkeit des seitlichen Druckes gegenüber dem Widerstand kommt bei unseren Segeln jedoch noch mehr zum Ausdruck, da hier die hemmenden Kräfte (Widerstände) infolge der Segelstellung zum Boot eine noch geringere Rolle spielen.

In Uebertragung auf unsere Segel können wir in Anbetracht dieser Messungen wohl folgende Grundsätze aufstellen:

1. Der Marconi-Mast, d. h. die Segelvorderkante, soll entweder von unten nach oben gleichmäßig schwach gekrümmt sein (bei Segeln, die viel gerefft werden sollen, ist die «gleichmäßige» Krümmung unumgänglich) oder, was infolge einfacherer Abstützung des Mastes besser und leichter ist, wenigstens auf zwei Drittel der Länge gerade verlaufen und erst gegen die Spitze zu nach rückwärts gekrümmt sein.

2. Ein von oben bis unten gerader Mast ist für ein Marconi-Segel nicht so günstig, *wie auch jede Neigung des Mastes nach hinten vermieden werden soll.*

3. Die Form des Achterlieks ist an und für sich beim Segel von dem Gesichtspunkt aus fixiert, daß wir ein möglichst großes Segel bei möglichst kurzen Spieren (Gewichtsersparnis) zu fahren trachten. Wir wölben also das Achterliek mit Recht nach außen.

Segelstellung

Ueber die Segelstellung im speziellen ist nur weniges zu erwähnen. Wenn wir von Segelstellung sprechen, muß vor allem unterschieden werden, ob von der Segelstellung zum Wind oder von der Segelstellung zum Boot die Rede ist.

Im ersteren Falle ist, wie wir den Polarlinien entnehmen, die günstigste Stellung des Segels zum Wind bei den verschiedenen Segelformen eine andere, da das eine Segel sein Druckmaximum früher, das andere später erreicht, und außerdem am Wind nicht immer das Druckmaximum, sondern die erreichbare Höhe die Hauptsache ist. Wie schon früher erwähnt wurde, ist der günstigste Winkel zwischen Luftströmung = scheinbarem Wind (Windrichtung, die der Stander angibt) und Segel aus den Polarkurven zu ermitteln. (Der scheinbare Wind ist die für die Stellung des Segels maßgebende Windströmung, welche eine resultierende Strömung darstellt, die aus dem wirklichen Wind und dem durch die Fahrt des Bootes hervorgerufenen Gegenwind entsteht. Dies ist in Abb. 42 nach dem Parallelogramm der Kräfte dargestellt. Wir sehen, daß der scheinbare Wind am Wind erstens spitzer, zweitens mit größerer Stärke als der wirkliche Wind einfällt.) Am Wind, also im Kreuzkurs, kann man den meisten Segeln einen *durchschnittlichen* Anstellwinkel von zirka 10° zumuten. Hier würde der obere Teil des Segels (also z. B. die Gaffel) infolge des Auswehens mit dem Stander einen Winkel von nur 3—4° bilden, während der Großbaum etwa in einem Winkel von 15° zur scheinbaren Windrichtung stünde. Man darf natürlich nicht vergessen, daß bei starkem Wind infolge stärkeren Auswehens des oberen Teils des Segels der Winkel zwischen der Gaffel und dem Stander geringer wird, daß der Stander sogar in der Richtung der Gaffel auswehen kann.

Auf raumem Kurs kann der Anstellwinkel etwas größer sein, d. h. der Wind darf etwas voller auf das Segel fallen, und zwar ergibt sich der günstigste Anstellwinkel aus dem Druckmaximum, das aus der Polarkurve des betreffenden Segels zu entnehmen ist.

Die Möglichkeit, das eine oder das andere Segel steiler *zum Wind* zu stellen, ist also *nur* von der Segelform (Wölbung und Seitenverhältnis) abhängig, und zwar wird das Segel, wie schon früher erwähnt, durch das *Auswehen* seines oberen Teiles unter allen Umständen ungünstig beeinflußt.

Im zweiten Falle — der Segelstellung zum Boot — ist diese am Wind sowohl vom Bootkörper als auch von der Fahrtgeschwindigkeit abhängig, welch letztere wiederum durch die Günstigkeit der Bootform bedingt ist.

Wir werden also das Segel bei Rennbooten dichter nehmen können als bei den langsameren Touren-Booten, da bei den schnelleren Bootformen auf Grund der erreichbaren größeren Geschwindigkeit die Abtrift geringer wird. Nachdem nun die Fahrtgeschwindigkeit mit der Windstärke zunimmt, ist das Dichternehmen des Segels auch von der Windstärke abhängig, und es läßt sich für die *leichteren Winde* die Regel aufstellen:

Je mehr der Wind zunimmt, desto dichter kann das Segel gefahren werden!

Die Grenzen dieses Dichternehmens kann natürlich nur das Gefühl ermitteln, und ein genaues Gesetz aufzustellen, ist hier unmöglich, während es bei der *Segelstellung zum Wind,* wie schon erwähnt, aus der Polarkurve des betreffenden Segels genau zu ermitteln ist. Aus Gründen der Stabilität, der Geschwindigkeit, des Ruderdruckes und der von der Geschwindigkeit abhängenden Steuerfähigkeit muß bei übermäßig zunehmender Windstärke der Winkel zwischen Segel und Boot wieder vergrößert werden, und von der Stabilität eines Bootes hängt es ab, ob das eine Boot früher lockerer gefahren werden muß als das andere. Auch spielt hier, wie wir ja wissen, der Wellengang durch seine die Geschwindigkeit hemmende Eigenschaft eine wichtige Rolle. Im allgemeinen läßt sich sagen:

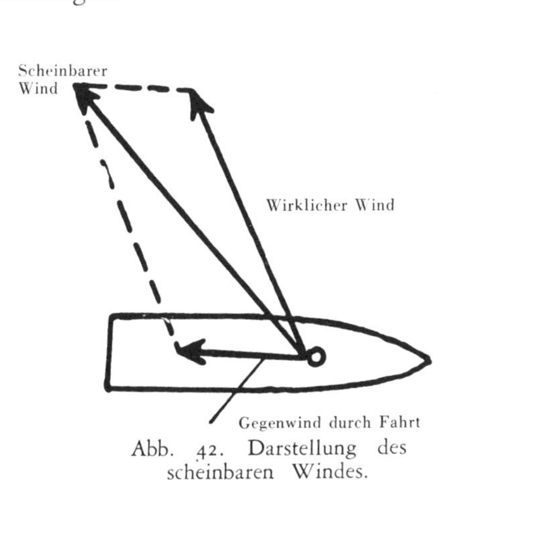

Abb. 42. Darstellung des scheinbaren Windes.

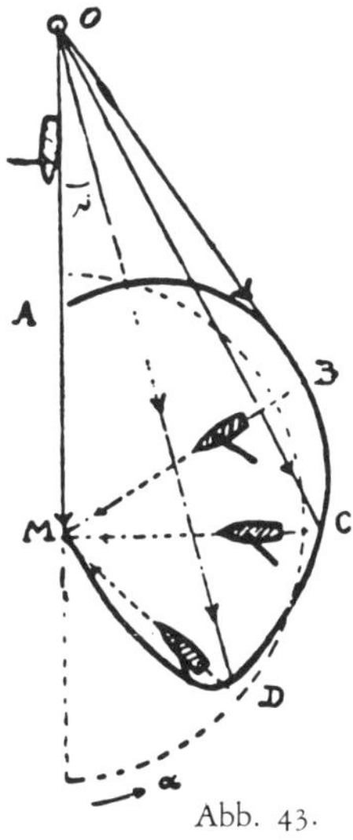

Abb. 43.

Bei kleineren Booten kann man bis zu etwa 2 bis 3 m/sec Wind das Segel immer dichter holen, bei weiterer Zunahme des Windes aber muß man allmählich wieder loser fahren. Bei größeren Booten kommt dieser Wendepunkt erst bei 5—7 m/sec Wind.

Ich möchte hier auf eine Tatsache hinweisen, welche für jeden Segler von Interesse sein dürfte.

Aus Erfahrung ist uns allen bekannt, daß der Wind bei jeder Böe raumt und daß wir infolgedessen in den Böen höher anliegen können. Worauf beruht dies nun? Es ist hierüber viel geschrieben worden; die richtige Antwort aber auf die Frage ist überaus einfach: Durch das Zunehmen der Windgeschwindigkeit in der Böe wird der scheinbare Wind (also die Windrichtung des Standers), welcher sich einerseits aus dem wirklichen Wind und anderseits aus dem Luftstrom, der durch die Fahrtgeschwindigkeit gebildet wird, zusammensetzt, stärker in der Richtung des wirklichen Windes abgelenkt. Dies kommt davon, daß z. B. die Windgeschwindigkeit sich verdoppelt haben kann — die Fahrtgeschwindigkeit aber keinesfalls zweimal so groß geworden ist. Folglich wird die in der Böe zunehmende *Stärke* des wirklichen Windes den Stander mehr in dieser Richtung beeinflussen, als dies die *Fahrtgeschwindigkeit* durch den erzeugten Gegenwind in der Fahrtrichtung imstande ist. Der Stander wird folglich mehr seitlich abwehen — der Wind fällt raumer ein. Es wird also der scheinbare Wind in der Böe raumende Tendenz haben, wobei natürlich die wahre Windrichtung sich nicht um einen Grad verändert hat. Zur besseren Veranschaulichung diene Abb. 43:

Strecke O M = wirklicher Wind.
α = Winkel der Fahrtrichtung zum wirklichen Wind.
A M, B M, C M, D M = Größe und Richtung der Fahrt,
infolgedessen M A, M B, M C, M D der erzeugte Gegenwind.
Resultierender scheinbarer Wind: O A, O B, O C, O D etc.
Stellung bei A = vor Wind; bei D = am Wind.

Die Kurve A B C D M ist rein empirisch und nicht zu berechnen, da in ihr alle Eigenschaften des Bootkörpers und der Takelage enthalten sind.

Es interessiert uns nur, wie sich der scheinbare Wind ändert, wenn der wirkliche auffrischt. Es würde der Wind z. B. doppelt so stark: dann müßten wir O M verdoppeln; die Fahrt wird aber nicht doppelt so groß, da der Wasser- und Luftwiderstand nicht proportional der Geschwindigkeit, sondern proportional mit derem Quadrat wächst. Der durch die Fahrt entstehende Gegenwind M A, M B, M C, M D wird also *kleiner* als doppelt so groß. Die Winkel M O D, M O B etc. werden daher spitzer, d. h. der Wind raumt beim Auffrischen, und das Boot kann höher gehen.

Aus dieser eben besprochenen Tatsache wird uns auch einleuchten, wie überlegen ein Boot ist, das im Kreuzkurs hoch anliegen kann, gegenüber einem Boot, das nicht so hoch läuft, dafür aber schneller über den Grund geht. Es ist interessant, diese Vorgänge sich einmal vor Augen zu führen, wie sie in folgender Zusammenstellung gegeben sind:

Hoch anliegendes Boot:

1. Ist langsamer!
2. Läuft mehr Höhe; folglich kürzerer Weg.
3. Infolge der langsameren Bootgeschwindigkeit zur Windgeschwindigkeit weht der scheinbare Wind verhältnismäßig *raumer.*
4. Liegt bei starkem Wind weniger und treibt daher in geringerem Maße ab.
5. Hat bei starkem Wind weniger Ruderdruck und somit geringere Bremswirkung.
6. Kann bei schwachem Wind mehr abtreiben.

Weniger hoch anliegendes Boot:

1. Ist schneller!
2. Läuft weniger Höhe; folglich längerer Weg.
3. Infolge schnellerer Bootgeschwindigkeit zur Windgeschwindigkeit weht der scheinbare Wind verhältnismäßig *spitzer.*
4. Liegt bei starkem Wind mehr und treibt seitlich ab.
5. Hat bei stärkerem Wind mehr Ruderdruck, der außerdem durch die Lage mehr nach oben als seitlich wirkt und so mehr Bremswirkung als Steuerwirkung hervorbringt.
6. Wird bei schwachem Wind weniger abtreiben.

So gelingt es guten Steuerleuten, sich bei starkem Wind gleichsam gegen den Wind vorwärts zu flattern. Man läßt das Boot auch in den Böen nicht zu stark überliegen, sondern setzt die zusätzliche Windkraft in Höhe um. Dabei schadet es nichts, wenn ein Teil des Großsegels killt.

Da nur der *scheinbare* Wind auf unsere Segel einwirkt, gehört in dieses Kapitel auch noch folgende Eigenschaft: Durch die Reibung an Wasser und Boot ist die Geschwindigkeit des wirklichen Windes mit zunehmender Höhe größer. Es wird also am Großbaum schwächerer Wind wehen als an der Gaffel. Diese Verlangsamung des Windes gegen das Wasser zu mag bei Gaffelsegeln ca. 30 % zwischen oberem und unterem Teil des Segels betragen. Daraus ist nach vorangehenden Feststellungen im oberen Teil ein räumlicherer Windeinfall zu erwarten als im unteren. Das allerdings würde die Theorie stützen, diesen Umstand durch das Auswehenlassen der Gaffel auszunützen, was auch in Seglerkreisen vertreten wird. Dem ist jedoch zu erwidern: Selbst wenn natürlich ein *minimales* Auswehen zulässig wäre, so ist dieses sogar bei einer Hochtakelung unter günstigen Umständen immer noch viel zu stark ausgeprägt, da die *Winddrehung* durch die Zunahme der Windgeschwindigkeit in den oberen Schichten höchstens 3—5 ⁰ beträgt. Manche Gaffelsegel aber wehen bei starkem Wind bis zu 30 und 40 ⁰ aus.

Andererseits aber ist es nicht falsch, wenn man ein Boot bei Flaute in geringem Maße krängt, um das erwünschte Auswehen von 5 ⁰ zu erlangen. (Das Auswehen jedoch kommt eigentlich nicht direkt vom Krängen, sondern indirekt von der Dehnbarkeit des Stoffes.)

Gegenseitige Beeinflussung der Segel

I.

Das Verhältnis der Segel zueinander ist ein Gebiet, das nur wenig beachtet und somit lange ungeklärt geblieben ist. Es wäre aber doch recht wichtig, genaue Auskunft geben zu können, ob z. B. das Vorsegel in seiner Wirkung vom Großsegel und umgekehrt, ob das Großsegel beeinflußt wird, welche Größe und Form das Vorsegel haben soll und wie weit es hinter das Vorliek des Großsegels reichen darf.

Ich muß gestehen, daß es mir lange nicht gelungen ist, diese Fragen der Beantwortung näher zu bringen. Das erste und wesentlichste Hindernis für ein klares Verständnis war auf folgende Vorstellung zurückzuführen:

Wenn nämlich das hauptsächlich treibende Moment des Segels der Sog ist, so müßte eigentlich der Abwind des Vorsegels geeignet sein, diesen Sog im Großsegel zu vernichten! Wenn einerseits die große Wirkung des Sogs feststeht, andererseits aber das Vorsegel anerkanntermaßen einen bedeutenden Vorteil bewiesen hat, wo kann dann der Trugschluß in dieser Ueberlegung liegen?

Wir wissen, daß ein Boot mit Fock einem Cat getakelten Boot bei gleicher Gesamtfläche überlegen ist. Dies ist sowohl durch Vergleiche mit anderen Booten als auch durch Umtakelungen ein und desselben Bootes soweit nachgewiesen, daß ein Sloop getakeltes Boot mit einer Gesamtsegelfläche von 25 qm einem Cat getakelten Boot mit einer Segelfläche von 30 qm immer noch nicht unterlegen ist. Wir staunen auch, wieviel langsamer ein Boot *in dem Moment* wird, in dem das Vorsegel nicht mehr mitzieht. Dies tritt besonders am Wind und bei halbem Wind in Erscheinung.

Für die Lösung dieser Fragen ist eine Entdeckung, die in der Flugtechnik gemacht worden ist, von größter Bedeutung (Abb. 44):

Abb. 44. Querschnitt durch den Handley-Page- und Lachmannflügel.

Es ist dies die Erfindung des Handley-Page- und des Lachmann-Flügels: Beiden Erfindern ist es gelungen, einen Flügel von größerer Tragfähigkeit dadurch zu erhalten, daß sie *vor* der Hauptfläche eine schmale *kleinere Tragfläche* anbrachten. Besonders bei etwas größerem Anstellwinkel (10—15 °) tritt die größere Wirksamkeit dieser Flügel in frappierender Weise hervor.

Dürfen wir Segler nicht behaupten, daß wir diesen Vorteil schon längst erkannt, bzw. unbewußt gefunden haben; daß wir das, was die Flugtechnik für das Segeln in horizontaler Lage erst spät entdeckt hat, uns durch die Verwendung von Vorsegeln längst zu eigen gemacht haben? Handley-Page erzielt den Vorteil größerer Tragkraft dadurch, daß von der vorderen kleinen Leitfläche die Luft über die Hauptfläche geworfen wird. Lachmann bringt einfach vorne einen kleinen Schlitz in der Tragfläche an, wodurch er den Flügel in einen kleinen Vorder- und einen großen Hinterflügel teilt. Der Schlitz verläuft schräg nach hinten, und auch hier wird düsenartig die Luft über den Hauptteil des Flügels geleitet. Wie sinnreich und wertvoll diese Konstruktion der Leitfläche ist, wird dem Leser vorerst noch nicht so ganz zum Bewußtsein gekommen sein, und so ging es auch mir, als ich mich mit der Frage des Lachmann-Schlitzes beschäftigte. Bevor es mir nicht gelang, die Natur als Erfinderin dieser in der Flugtechnik scheinbar zuerst gemachten Neuerung nachzuweisen, konnte ich mich mit dieser Erfindung auch in bezug auf meine seglerischen Theorien nicht recht befreunden.

Wie in tausend anderen Fällen, so ist es auch hier: Der Mensch erfindet nicht, er sieht nur mit einemmal, was ihm die Natur vorzeichnet, mit sinnvollster Meisterschaft bis in die feinsten Details ihrer Schöpfungen. Auch der Vogel besitzt vor seinem eigentlichen Flügel einen schmalen, in Form einer Leitfläche wirkenden kleineren Flügel, welcher die Luft über den Hauptflügel leitet. Während bei unseren kleineren Vögeln dieser kleine Vorderflügel so gut wie fast verschwunden ist, besitzen ihn manche großen Raubvögel (Adler usw.) noch ganz stark ausgeprägt. Dieser vorangestellte Leitflügel vertritt die Stelle des Daumens und reicht etwas über den Hauptflügel hinüber — wie wir aus den Abbildungen ersehen. Für die Funktion dieses kleinen Leitflügels ist weder von einer anderen Seite eine Erklärung gegeben noch überhaupt seine Wirkung erkannt worden.

Abb. 45. Adlerflügel mit Tasche an der Unterseite und Vorflügel.

Auch in der Insektenwelt, z. B. beim Maikäfer, scheint der erste stillstehende sog. Deckflügel eine luftleitende Funktion zu besitzen; wie auch bei den meisten fliegenden Insekten die vorderen Flügel die kleineren sind und merkwürdigerweise immer etwas über die hinteren Flügel hinüberreichen.

Alle diese Tatsachen widersprechen aber scheinbar der «Soglehre».

Um das Verständnis dafür zu erleichtern, wollen wir uns noch einmal kurz die Wirkungsweise des *Sogs* vor Augen führen:

Wir wissen, daß der Sog auf der Leeseite des Segels dadurch entsteht, daß hier sozusagen ein luftverdünnter Raum zustande kommt, welcher das Segel gegen sich saugt, während ebenso die von allen Seiten zuströmende Luft diesen auszufüllen trachtet. Wir wissen auch, daß eine Strömung nur infolge ungleicher Luftdichte entsteht. Der Wind selbst ist ja nichts anderes als das Bestreben der Atmosphäre, Ungleichheiten in der Dichte, welche vornehmlich von der jeweiligen Temperatur abhängig sind, auszugleichen.

Der Sog am Segel aber wirkt, wie sich feststellen läßt, *ganz nahe* an der Fläche, und wir dürfen uns durch die früheren Zeichnungen — Kurven, durch deren Abszissen der

Abb. 46. Vorflügel beim Adler.

Druck und Sog am Segel dargestellt waren — nicht irre machen lassen. Diese Kurven geben die jeweiligen Druckgrößen am Segel selbst, *nicht aber die Reichweite* der saugenden Wirkung. Ferner wissen wir, daß das Auftreten von Wirbeln, das bei unseren jetzigen Segeln leider fast immer der Fall ist, eine in bezug auf Druck ungünstige Erscheinung ist. Wenn wir aber beim Kreuzen wie auf anderen Kursen große Wirbel im Lee entdecken, so dürfen wir weiterhin annehmen, daß jeder Wirbel in seiner vom Segel sich entfernenden Richtung (also in seinem Anfang) saugend, mithin fördernd wirkt, während

(Hier ist der Adlerflügel so gezeichnet wie er im Fluge aussieht; etwas mehr gestreckt als auf der Photographie)

Abb. 47. Die Aehnlichkeit von Sloop-Takelage und Vogelflügel.

er durch das Zurückfallen auf das Segel (also in seinem Endteil) den Sog stört, bzw. den zu entwickelnden negativen Druck im Segel schwächt. Dies stimmt mit der praktischen Beobachtung überein, daß nämlich dann, wenn die größten Wirbel gebildet werden — und das erfolgt bei senkrechtem Windeinfall (vor Wind) —, der erreichte Druck am schwächsten ist.

Der nächstliegende Gedanke wäre nun der: Könnte man — vorausgesetzt, daß Wirbelung schon eingetreten ist — die ungünstige Beeinflussung derselben auf den Sog dadurch herabsetzen, daß man den Rückfluß der Wirbel verhindert? Wir können uns ganz gut vorstellen, daß, wenn wir die zustömende Luft, welche bestrebt ist, den luftverdünnten Raum auszufüllen, *daran hindern,* daß dann das *Segel* ein um so größeres Bestreben zeigen wird, diesen Raum auszufüllen, und dadurch erhöhten Zug ausübt.

Ich möchte nun zunächst den Beweis dafür bringen, daß tatsächlich eine Sogverstärkung auftritt, wenn ein Wirbel an seiner Rückströmung gehindert wird; ich verweise zu diesem Zweck auf die Versuche von Prof. Fr. Ahlborn mit untergetauchten Platten. Während meine schon früher beschriebenen Versuche sich darauf beschränkten, die seitlichen Randwirbel an Flächen, welche, nur zum Teil ins Wasser eingetaucht, durch dieses hindurch bewegt wurden, festzustellen, ist dies für die genauere Kenntnis nicht ausreichend. Da wir im Segel eine *allseitig* vom Medium umgebene Fläche vor uns haben, können wir die gesamten Vorgänge im Wasser nur an *untergetauchten* Flächen studieren.

Prof. Ahlborn hat durch eine im Wasser mitfahrende Kamera die gesamten Strömungen an rechteckigen Platten vom Seitenverhältnis 1 : 3 photographiert und dadurch folgendes ermittelt:

1. An den Längsseiten (das wäre im Segel Vor- und Achterliek) bilden sich die von uns schon beobachteten großen Wirbel, welche an den Rändern entstehen und in großem Bogen sich zu dem sog. «Nachstrom» vereinigen (Abb. 48). Dieser trifft bei der senkrecht vom Strom getroffenen Platte genau in der Mitte auf der Rückseite auf. Je mehr jedoch die Platte gegen den Strom geneigt wird, desto mehr wandert dieser in bezug auf Wirkung schädliche Punkt nach hinten, was durch ein Größerwerden des vorderen Wirbels und ein Kleinerwerden des hinteren Wirbels begleitet ist. Und zwar tritt dieser Nachstrom an der Rückseite der Platte genau so weit vom Hinterrand entfernt auf, als der Teilungspunkt des Wassers auf der Vorderseite vom Vorderrand entfernt liegt (Abb. 50, welche die gleiche Ansicht der Platte, von oben gesehen, wie Abb. 48 darstellt, ist zwecks Uebersicht vergrößert gezeichnet).

2. Es wird nicht nur von den langen Seitenrändern je ein Wirbel gebildet, auch die kurzen Seitenränder (beim Segel der Gaffel und dem Großbaum entsprechend) bilden je einen Wirbel, von denen der obere nach unten, der untere nach oben dreht. Diese Wirbel sind um ein beträchtliches schwächer, wenn auch länger gestreckt als die Seitenwirbel. Ihr Rücklauf vereinigt sich mit dem der Seitenwirbel zum gemeinsamen Nachstrom (N).

   NB! Dieser Nachstrom ist es, welcher hinter dem letzten Eisenbahnwagen Papier und sonstige Gegenstände dem Zuge nachfliegen läßt, oder der den hinter der Schutzscheibe eines Autos sitzenden Insassen die Haare nach vorne ins Gesicht weht.

3. Bei der Neigung der Platte ist das Verhältnis dieser vier Hauptströme zueinander nicht immer das gleiche:

   Je stärker die Platte gegen den Strom geneigt wird, je spitzer also der Strom auftrifft, desto mehr treten die seitlichen Randwirbel hervor; d. h. die an der Längsseite der Platte mit großer Wucht drehenden Wirbel (Abb. 48), welche den Unterdruckstellen

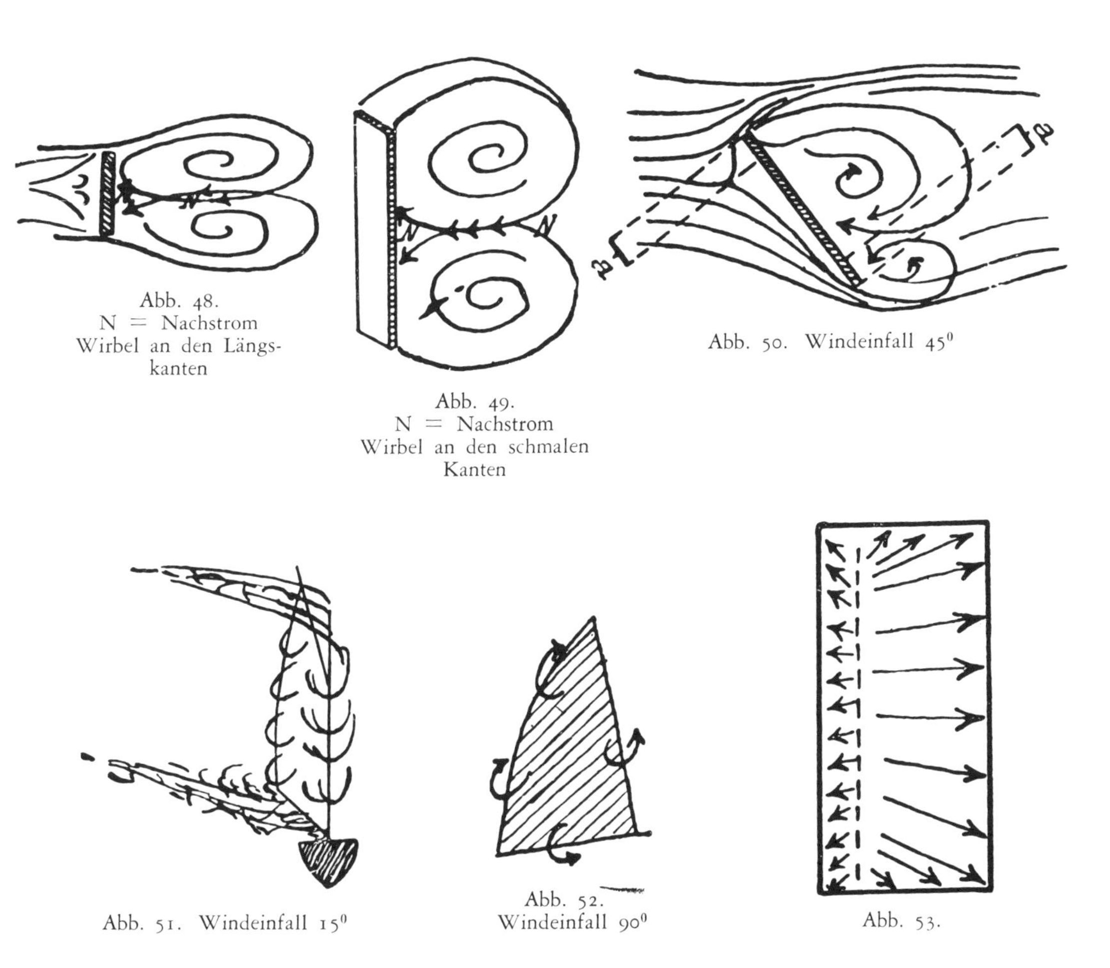

Abb. 48. N = Nachstrom Wirbel an den Längskanten

Abb. 49. N = Nachstrom Wirbel an den schmalen Kanten

Abb. 50. Windeinfall 45^0

Abb. 51. Windeinfall 15^0

Abb. 52. Windeinfall 90^0

Abb. 53.

Abb. 48—53. Strömungslinien bei Platten und Segeln.

des Wassers an der Leeseite der Platte zuströmen, verdrängen mehr und mehr die von oben und unten kommenden weniger starken Wirbel (Abb. 49), so daß schon

4. bei 40 ^{0} Neigung diese kleineren Wirbel so verdrängt werden, daß sie überhaupt nicht mehr auf die Fläche zurückwirbeln können, sondern, bevor sie in die Wendung eintreten, von dem abstreichenden Luftstrom der großen Wirbel (Abb. 48) mitgerissen werden und in Form von langgezogenen Spiralen (Zopfwirbel) geradewegs von der Kante fortfließen (Abb. 51). Die Bildung dieser Spiralströmung tritt bei 20—25 ^{0} Neigung so stark auf, daß sie sogar die seitlichen Hauptwirbel mitzerrt.

Wenn nun meine Schlußfolgerung betreffs der Schädlichkeit des Zurückschlagens der Wirbel richtig war, so müßte in dem Moment, *in dem der Ober- und Unterwirbel nicht mehr zurückschlägt, sondern spiralenförmig sich in gerader Richtung auswirkt, eine Sogerhöhung und somit erhöhte Wirkung eintreten.* Dies ist tatsächlich der Fall!

Der Gesamtdruck einer rechteckigen Platte erfährt bei zirka 20—30 ⁰ Anstellwinkel (je nach Seitenverhältnis) sein Maximum und nicht, wie man erwarten sollte, bei senkrechtem Strömungsauffall (90 ⁰).

Genau genommen müßte also auch bei lokal an der Oberfläche vorgenommener Druckmessung die Saugwirkung an den *schmalen Kanten* einer Fläche (Angriffsstelle der Zopfwirbel) bei steiler Stellung (bei den kleineren Anstellwinkeln) bedeutend größer sein.

Dies trifft ebenfalls zu!

Eiffel fand den Druck stets an den kurzen Seiten bedeutend erhöht. Eine nochmalige Betrachtung der in Abb. 33 gegebenen Soglinien auf der Leeseite des Segels wird dies bestätigen. Außerdem erkennen wir hier besonders beim Gaffelsegel Nullpunkte in den

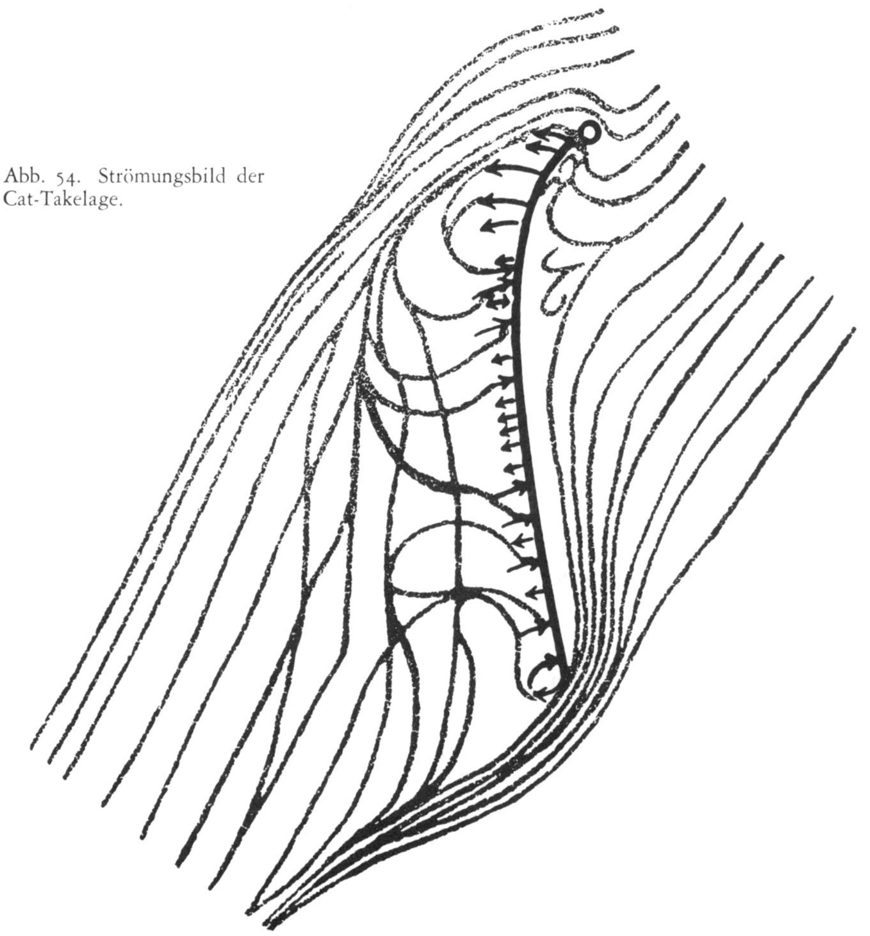

Abb. 54. Strömungsbild der Cat-Takelage.

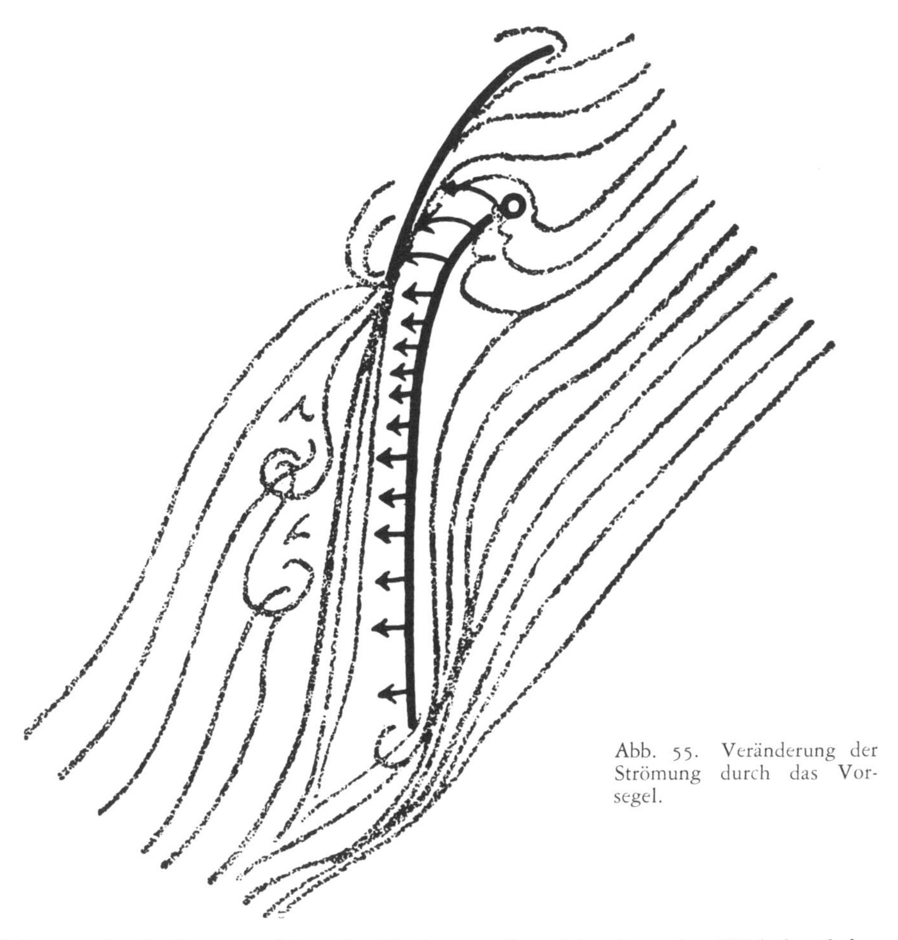

Abb. 55. Veränderung der Strömung durch das Vorsegel.

Soglinien an *der* Stelle, an welcher der Nachstrom der rückströmenden Wirbel auf das Segel auftrifft.

Damit ist der Beweis dafür erbracht, daß jeder Rückstrom bzw. Rückschlag der Wirbel ungünstig und jede Verhinderung der Rückströmung einer Druck(Sog)vermehrung gleichzustellen ist.

Wir können nun zur Beeinflussung der Segel zueinander zurückkehren.

Betrachten wir den ungefähren Strömungsgang, wie er durch die Abb. 54 und 55 gezeichnet ist: diese Stromlinien können am Segel selbst mittels Flaum oder durch segelähnliche Flächen, welche man durch das Wasser bewegt, ermittelt werden:

Abb. 54 stellt ein Cat-Segel im Querschnitt vor, das in voller Am-Wind-Stellung, d. h. annähernd Halbwind-Stellung, steht. Durch die Wirkung der Wirbel erhalten wir eine Art Kräftebild, das saugende und hemmende Kraftlinien zeigt.

Denken wir uns nun bei gleicher Stellung ein Vorsegel davor, so wird das Bild eine gewaltige Veränderung erfahren (Abb. 55). Wir wollen jetzt auf die diesbezüglich gemachten Flaumversuche zurückgreifen: Die Wirbel sind so gut wie verschwunden; der Wind fließt im Lee vom Großsegel geradewegs nach hinten ab, was durch die Strömung des nach hinten gerichteten Vorsegel-Abwindes bewirkt wird. Prüfen wir aber in 1—2 m Abstand vom Segel mit dem Flaum nach, so können wir hier Reste der abgerissenen Wirbelteile wieder feststellen, *denen der Rückstrom* (Nachlauf) *gegen das Großsegel durch den quer zu ihrer Richtung verlaufenden Vorsegelstrom versperrt ist.* Es ist klar ersichtlich, daß bei richtiger Stellung des Vorsegels der in der Sogrichtung verlaufende Anfang der Wirbel *nicht* wesentlich durch den Abwind des Vorsegels beeinflußt wird, während der Nachstrom *unterbleibt,* im günstigsten Falle seitlich verschleppt wird und hinter das Achterliek des Großsegels zu liegen kommt. Unter einem mehr flugtechnischen Gesichtswinkel betrachtet, können wir sagen: Durch die Düsenwirkung, welche durch das Zusammengedrängtwerden der Luft zwischen Fock und Großsegel hervorgerufen wird, erhält der Luftstrom eine Beschleunigung. Wie ein Motorradfahrer, der mit großer Geschwindigkeit dahinfährt, nicht imstande ist, eine scharfe Kurve zu reißen, so gelingt es auch dieser nach Lee beschleunigten Luftströmung nicht mehr, dem Unterdruckraum im Lee des Segels zuzufließen, und infolgedessen wird das Segel mit erhöhter Kraft in diesen Raum gesogen. Physikalisch ausgedrückt: Je größer die Geschwindigkeit des Luftstroms, desto geringer der an dieser Stelle erzeugte atmosphärische Druck — also desto größer der Unterdruck (vergleiche auch die Wirkungsweise des Flettnerrotors).

Damit ist erwiesen, daß das Großsegel durch das Vorsegel befähigt wird, mehr Kraft zu entwickeln.

Noch etwas aber können wir aus der Zeichnung ersehen: Der in das vordere Viertel des Großsegels fallende Wind, der, besonders bei etwas raumerer Stellung, vorne um den Mast nach Lee zu streichen bestrebt ist, wird vom Vorsegel nochmals aufgefangen und gibt uns die Erklärung, wieso das Vorsegel selbst einen im Vergleich zu seiner kleinen Fläche unverhältnismäßig *großen Druck* entwickelt. Jeder Segler weiß, wie wichtig eine gute Vorsegelführung ist und daß besonders am und bei halbem Wind ein Boot großenteils mit dem Vorsegel segelt. Dieser vom Großsegel vorne um den Mast herumkommende Wind erzeugt aber nicht nur da, wo er im Vorsegel auftrifft (und das wäre nur im letzten Drittel), eine Druckerhöhung, er gibt auch der im vorderen Teil des Vorsegels einfallenden Windströmung eine zur Fläche mehr senkrechte (mehr raumende) Richtung.

Den Beweis dafür haben wir in der Tatsache, daß das Vorsegel eine *weniger steile Stellung* zum Winde *beansprucht als das Großsegel.*

Damit ist die Behauptung, daß «das Vorsegel im Verhältnis zu seiner Fläche die *Fähigkeit größerer Druckentwicklung als normal* besitzt», erklärt.

Wir sehen somit, daß die Segel unter ganz wesentlicher gegenseitiger Beeinflussung stehen, nämlich erstens: *durch das Vorsegel wird die Kraft des Großsegels verstärkt;* zweitens: *die Kraft des Vorsegels wird durch das Großsegel gesteigert.*

Es ist nun noch interessant, eine ungefähre Druckmessung der auftretenden Einzelkräfte zu betrachten, die uns die Sog- und Drucklinien bei verschiedenen Anstellwinkeln geben (Abb. 56).

Es fällt vor allem der *abnorm gesteigerte Sog des Vorsegels* bei 18 ⁰ Windeinfall auf. Dieser ist wohl in erster Linie darauf zurückzuführen, daß durch die Düsenwirkung — durch welche die zwischen Fock und Großsegel hindurchstreichende Luft eine große Beschleunigung erfährt — auch seinerseits der Rückstrom des Vorsegels erschwert wird. Mit anderen Worten, es ist nicht leicht für die Luft, bei der hohen Geschwindigkeit, die sie beim Durchdrängen zwischen den beiden Segeln erhält, noch einmal kehrt zu machen, um auch den Unterdruckraum im Lee des Vorsegels — in Form eines Wirbels — auszufüllen. Weiterhin ist das Seitenverhältnis des Vorsegels fast immer ein günstigeres.

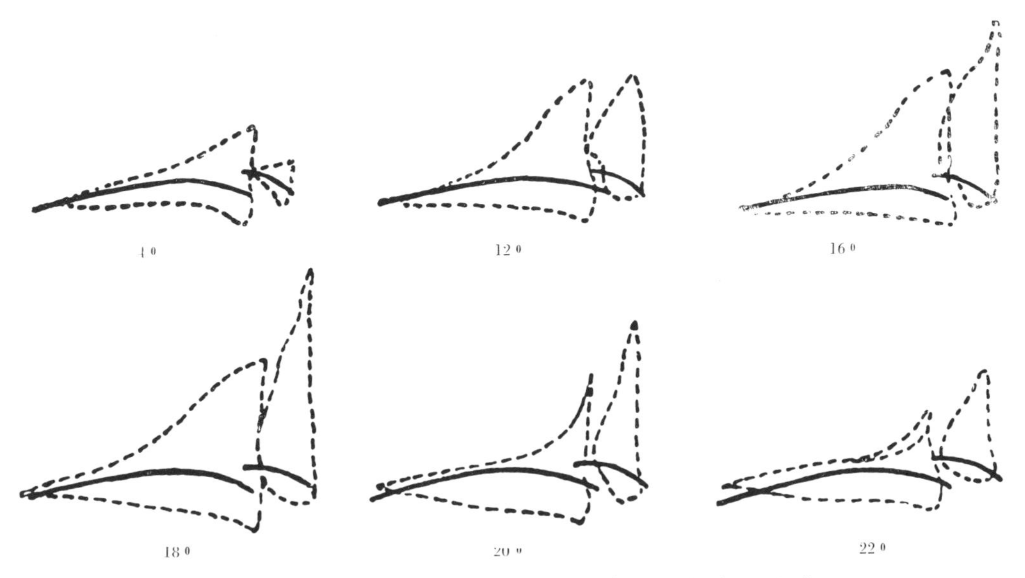

Abb. 56. Druckverteilung im Fock und Großsegel bei verschiedenen Stellungen.

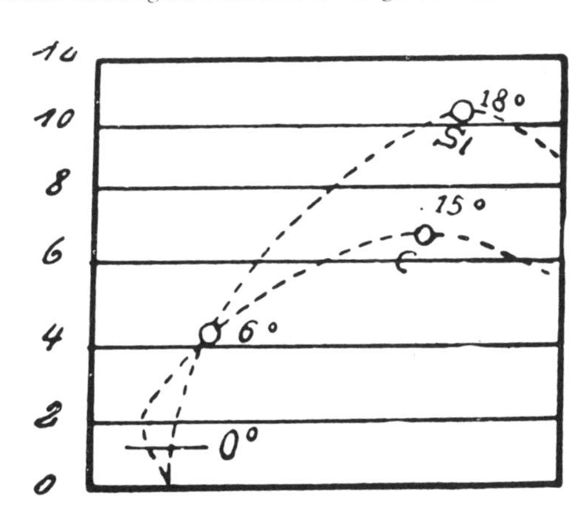

Abb. 57. Kurven für eine Sloop-Takelage (obere) und eine Cat-Takelage von gleicher Fläche (untere Kurve).

Wir verstehen jetzt den direkten Vorteil des *Vorsegels und auch den indirekten Vorteil desselben* durch die Verstärkung des Großsegelsogs.

Ferner wissen wir nun auch, warum ein Cat-getakeltes Boot so *luvgierig* ist und warum ein Sloop-getakeltes Boot — bei *gleicher Lage des Gesamtsegelschwerpunktes zum Lateralschwerpunkt — dies nicht mehr ist!* Nichts anderes als die gesteigerte Kraftentwicklung des Vorsegels hat den Fehler der Luvgierigkeit beseitigt!

Nach diesen Erkenntnissen ist es uns ermöglicht, mit Bestimmtheit die günstigste Vorsegelform abzuleiten, welche allerdings von der Praxis schon unbewußterweise bis zu einem gewissen Teil gefunden worden ist.

Abb. 58. Wie der Flügel eines Vogels (30 m² Schärenkreuzer).

Das Am-Wind-Vorsegel soll also nach folgenden Gesichtspunkten geschnitten werden:

I. Das Vorsegel muß *so* wirken, daß es den Unterdruckraum im Lee des Großsegels *nicht ausfüllt,* vielmehr das Ausfüllen dadurch verhindert, daß es das Zuströmen der Luft (vor allem den Nachstrom der Wirbel) durch seinen vom Segel wegführenden Strom erschwert.

II. Es darf nicht voll (bauchig) geschnitten sein, da es sonst diesen Anforderungen (I) nicht entspricht. Mit einem zu bauchig geschnittenen Vorsegel gut zu kreuzen, ist ganz unmöglich!

III. Es soll gut hinter das Vorliek des Großsegels reichen, da dadurch die Stromführung eine ausgiebigere wird. Diese Ueberlappung ist in ihrer Größe abhängig erstens von der *Bootbreite,* zweitens von der *Großsegelbreite* und soll unten *mindestens* 1/4 Großbaumlänge *betragen.*

IV. Es soll möglichst hoch am Mast hinaufreichen, um dadurch seine günstige Beeinflussung auf das *ganze* Großsegel ausüben zu können. Man würde am besten sein Boot für ein doppeltes Vorsegeldreieck vermessen lassen, so daß man für leichten Wind eine weiter zurückgesetzte *hohe* Fock, für schweren Wind (aus Stabilitätsgründen, und um das Durchhängen des Vorsegelvorlieks zu vermeiden) eine weiter vorne ansetzende *niedere* Fock fahren kann.

V. Das Unterliek soll nach achtern zu ansteigend verlaufen, um die vom Großbaum ausgehende günstige Zopf-(Spiral-)Wirbelbildung, welche die Saugwirkung des Großsegels erhöht, nicht zu zerstören.

VI. Der Abstand zwischen Fockhals und dem Mast darf nicht zu lange gewählt werden (d. h. die Fock soll nicht zu weit vorne auf Deck ansetzen). Bei größerem Abstand wird die Stellung des Vorsegels zu dicht.

Je kürzer der Abstand zwischen Vorsegel-Hals und Mast ist, desto steiler wird das Vorsegel stehen; je steiler nun das Vorliek verläuft, desto mehr wird die Kraft des Vorsegels horizontal und *nicht aufwärts* gerichtet wirken.

Wenn der Abstand zwischen Fockhals und Mast nicht mehr als 1/3 Großbaumlänge beträgt, kann man das Vorsegel sehr dicht fahren, und durch das Engerwerden des Schlitzes wird beschleunigter Luftstrom und somit verstärkte Düsenwirkung erzielt.

Erklärung der Flaumversuche

Der Leser wird sich jetzt wohl selbst die am Segel beobachteten Windströmungen erklärt haben, und ich werde nur kurz noch einiges hinzufügen:

1. Der Flaum weht unmittelbar unter dem Großbaum, je näher wir gegen den Mast hin kommen, in einem immer größeren Winkel zum Großbaum nach Lee aus. Die Ursache ist das Stärkerwerden des Sogs gegen vorne, da das negative Druckmaximum dicht hinter dem Mast liegt. Raumschoots wandert dieses Maximum mehr gegen die Großbaummitte.

2. Die Richtung des abstreichenden Windes an der Luvseite des Segels stimmt überein mit derjenigen des Wasserstroms an rechteckigen Platten (Abb. 53). Hiernach hat sich die Richtung der Spreizlatten zu richten.
3. Den besten Beweis für die Größe der Saugwirkung gibt uns der Flaum, welcher in Luv in die Nähe des Schlitzes zwischen Großsegel und Mast gebracht, mit großer Gewalt durch den Spalt nach Lee gesaugt wird. Die Beschleunigung des Luftstroms, die den Flaum nach Lee zerrt, was wir auch am Vorsegelliek beobachten können, ist somit bestätigt.
4. Daß der Flaum am Achterliek des Vorsegels stark nach Lee und in Lee sogar nach vorne weht, ist durch den verhältnismäßig *großen* Sog, welcher beim Vorsegel (Abb. 56) auch am Achterliek vorhanden ist, erklärt; ebenso erklärt sich das Abwehen des Flaumes nach hinten am Achterliek des Großsegels infolge der *geringen* Sogentwicklung an dieser Stelle.

Wie das Vorsegel die Windströmung im Lee des Großsegels beeinflußt, ist bereits besprochen.

Die Untersuchungen mit dem Flaum kann jeder Segler selbst ausführen, und es wird ihm dadurch leichter werden, sich die Strömungsbilder vorzustellen.

Die Führung der Fockschoot

Da es unser Bestreben sein muß, den Spalt zwischen Vorsegel und Hauptsegel von unten bis oben möglichst gleichmäßig verlaufen zu lassen, sind wir vor die Frage gestellt: Wie läßt sich die Fock so formen, daß sie die Verwindung nach oben hin, wie sie das Großsegel infolge des Auswehens des oberen Teils aufweist, mitmacht?

Wollen wir unserem Grundsatz gerecht bleiben und der Fock in ganzer Länge einen um 10 ⁰ geringeren Anstellwinkel zum Winde als zum Großsegel bewilligen, so müßte, da sich die Gaffel zur Bootachse im Winkel von 25 ⁰ befindet, der obere Teil des Vorsegels einen Winkel von 35 ⁰ zur Bootachse bilden (Abb. 59).

Wir wissen, daß man bei einem Vorsegel nur den Versuch zu machen braucht, die Fockschoot etwas nach unten zu drücken, um das ganze Großsegel mit Backwind zu füllen.

Wenn wir jetzt aber die Windrichtung, welche in der Zeichnung durch den Pfeil gekennzeichnet ist, mit der Stellung der Segel vergleichen, so stehen wir vor der überraschenden Tatsache, daß die Segel, besonders aber die Fock, in ihrem oberen Abschnitt *einen negativen Anstellwinkel zum Winde* zeigen. Mit anderen Worten, der Wind fällt an den Vorlieken von der anderen Seite auf die Segel auf und müßte diese eigentlich an dieser Stelle zum Killen bringen. In Wirklichkeit aber tritt dies nicht ein. Messungen ergeben einen negativen Anstellwinkel von zirka 5 ⁰. So sehr verwunderlich aber darf uns diese Tatsache nicht berühren, ist es doch gerade die Natur, bei der wir die gleiche Erscheinung beobachten können. Wir wissen, daß der Vogelflügel ähnlich dem Segel gegen sein äußeres Ende zu verwunden ist und daß auch hier die Luft den Flügel vorne auf seiner Oberseite trifft. Wie kommt es nun, daß sowohl Flügel wie Segel trotzdem noch einen Druck auf der Unter- bzw. Luvseite aufweisen? Der Grund hierfür liegt in folgendem: Ein Teil der Luft strömt, der Torsion der Fläche folgend, beim Vogelflügel nach auswärts, beim Segel nach oben zu ab. Dieser Luftstrom ist so stark, daß er die obersten Regionen des Segels *noch gewölbt* zu erhalten vermag, trotz der von der anderen Seite dagegenwirkenden Windströmung.

Kehren wir aber zurück zu der Frage, wie wir die vorhin besprochene Gleichheit der beiden Segel erreichen können oder, was das gleiche ist, wo wir die Fockschoot-Oese auf Deck anzubringen haben.

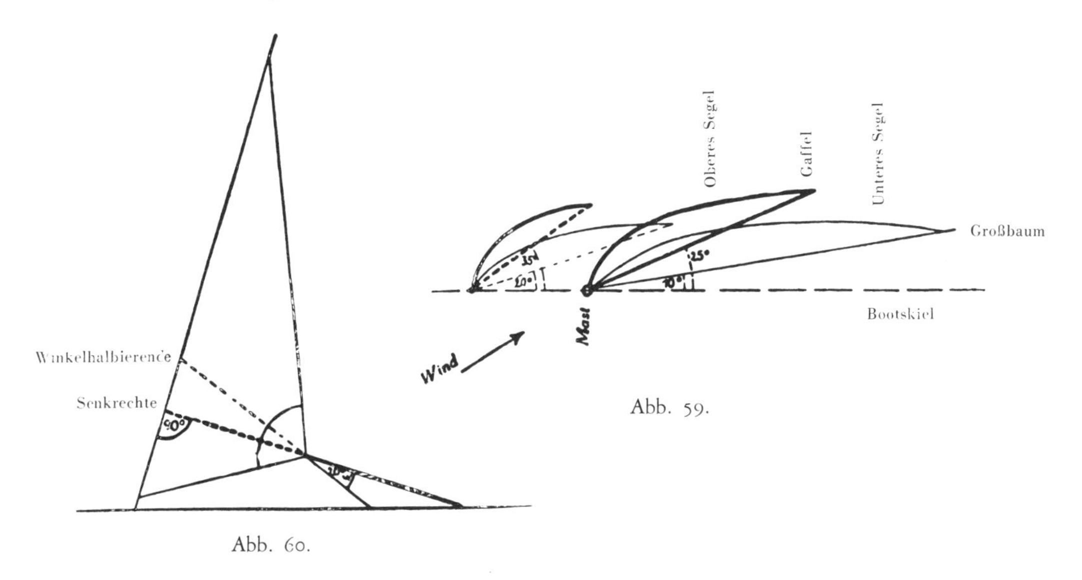

Abb. 59.

Abb. 60.

Es ist leicht verständlich, daß wir die Torsion des Vorsegels, d. i. das Auswehen im oberen Teil, dadurch erreichen, daß wir das Achterliek weniger anspannen als das Unterliek.

Geben wir aber der Fockschoot die Richtung der Winkelhalbierenden (Abb. 60), so erreichen wir damit, daß beide Lieken gleich stark angespannt sind. Die Folge davon aber ist, daß der obere Teil des Vorsegels seinen Abwind auf das Lee des Großsegels wirft, was beim lattenlosen Segel nicht günstig ist. Ich schlage daher vor, als Anhaltspunkt für die Richtung der Vorschoot die *Senkrechte zum Vorliek* zu benützen. Dadurch erreichen wir, daß das Unterliek strammer und das Achterliek loser wird und dementsprechend der obere Abschnitt des Vorsegels parallel zum Großsegel ausweht. Die mehr oder weniger steile Stellung des Vorlieks ändert die Verhältnisse nicht. Hingegen dürfen wir dann nicht mehr die Senkrechte zum Vorliek als Richtungslinie annehmen, wenn die Längen des Unterlieks und Achterlieks wesentlich von der Normalform abweichen sollten, wie dies bei einer breiten Ballonfock der Fall sein kann.

Da in diesem Fall die beiden Linien zusammenfallen, ja sich sogar überschneiden können, läßt sich die Formel besser so ausdrücken:

Wir führen die Schoot derart, daß sie oberhalb der Winkelhalbierenden einen Winkel von 10—20 ⁰ bildet (Abb. 60).

Abschließend sei noch gesagt, daß auf raumem Kurs der Holepunkt auf Deck stark nach achtern zu verlegen ist, ferner, daß am Wind ein am Achterliek killendes oder zitterndes Vorsegel besonders ungünstig ist, da die Vibration den Strömungsverlauf am ganzen Vorsegel stört.

Der Vorteil durchgehender Latten

Die Schlitzwirkung, demonstriert durch ein einfaches Experiment.

Die Praxis hat gezeigt, daß bei leichtem Wind ein stark gewölbtes Segel vorteilhafter ist, während bei schwerem ein flacheres Segel bevorzugt wird. Dies bestätigt die Natur, indem sie langsam fliegende Vögel mit Flügeln größerer Wölbung versieht als schnellfliegende. Aus diesem Grunde verwenden die meisten Segler, vor allem bei den internationalen Klassen, mehrere Sätze Segel, die jeweils flacher oder mehr gewölbt geschnitten werden. Kurz vor dem Start entschließt man sich, welches Segel für die augenblickliche Windstärke geeignet erscheint. Es erhebt sich die Frage, warum verwenden wir nicht *ein* Segel mit veränderlicher Wölbung? Müssen wir nach China oder Aegypten gehen, um zu erfahren, wie das Segel aussehen soll? Die chinesische Dschunke nämlich benützt ein Segel, das mit langen, vom Vorderliek bis zum Achterliek verlaufenden Latten versehen ist. Würden wohl die Einheimischen Chinas dieses scheinbar komplizierte System wählen, wenn sie nicht vom Vorteil, d. h. von der erhöhten Schnelligkeit ihrer Boote überzeugt wären? Erinnern wir uns der Tatsache, daß ein Drache mit starrer Fläche ein Drittel höher fliegt als einer, bei dem der Stoff durch den Winddruck gewölbt wird.

Schon im Jahre 1922 verwendete ich auf meiner 22-m^2-Jolle durchgehende Latten im Großsegel. Seit dieser Zeit hat sich das Lattensegel in ganz Deutschland, Oesterreich, Ungarn und der Schweiz fast bei allen kleineren Klassen durchgesetzt, trotz der starken Opposition, die ihm von seiten der Tourensegler entgegengebracht wurde.

Der Deutsche Seglerverband entschloß sich damals auf Veranlassung der Tourensegler, durchgehende Latten für alle Klassen von Tourenbooten zu verbieten. Bezeichnenderweise waren es nun bei einer späteren Seglertagung dieselben Leute, welche vorher die durchgehenden Latten bekämpft hatten, die jetzt verlangten, daß das Verbot für Tourenboote aufgehoben werde. Warum wohl? Weil ein Boot mit einem Lattensegel schneller ist, weil ein Lattensegel billiger und weil seine Lebensdauer größer ist. Auch dürfte es weniger kostspielig und einfacher sein, zwei Sätze Latten zu verwenden als zwei Sätze Segel.

Durchgehende Latten dienen folgendem Zweck: Sie geben dem Segel die gewünschte, gleichmäßige Wölbung und bilden so eine mehr oder weniger starre Fläche, die schon als solche bekanntermaßen 20 % mehr Druck (treibende Kraft) entwickelt. Ferner läßt sich die Wölbung des Segels nach Wunsch, d. h. entsprechend den Windverhältnissen, verändern. Man kann z. B. die größte Wölbung dadurch ins erste Drittel legen, indem man

Abb. 61 22-m²-Jolle «Aera» des Autors, Gewinnerin verschiedener Meisterschaften. (Beachte die 14 durchgehenden Latten).

die Latten an dieser Stelle schwächer hobelt. Sie biegen sich dann an ihrem vorderen Ende mehr durch und zwingen das Segel in die gewünschte Form. Je größer der Druck, unter welchem die Latten in die Taschen eingeführt werden, desto stärker die Wölbung. Zweckmäßigerweise sollen statt der früher verwendeten Schnüre Druckknöpfe benutzt werden, die am Segel befestigt sind und mit einem Dorn durch das jeweilig in der Latte befindliche Loch hindurchgehen.

Ferner läßt sich die Wölbung des Segels durch Verwendung verschiedener Sätze Latten von unterschiedlicher Holzstärke beeinflussen. Bei leichtem Wind werden dünne, biegsame Latten verwendet, die unter größerem Druck im Segel befestigt werden, bei starkem Wind bedient man sich der dickeren, steiferen Latten, die unter geringerem Druck einzufügen sind.

Um die Ueberlegenheit des Lattensegels zu würdigen, muß man sich über den großen aerodynamischen Vorteil im klaren sein. Der Erfolg einer Jacht nämlich steht oder fällt mit der «Düsenwirkung» seiner Segel. Da wir nicht mit dem Druck, sondern mit dem Sog auf der Leeseite segeln, kommt es auf die hier befindliche Strömung an. Wenn die Segel dicht geholt sind, streicht der Wind von vorne nach hinten zwischen Fock und Großsegel hindurch. Unsere Versuche haben uns gezeigt, daß die treibende Kraft durch die richtige Stellung der beiden Segel zueinander bedeutend vermehrt werden kann. Dadurch, daß die Luft düsenförmig durch den vorne weiten und hinten engen Schlitz hindurchgepreßt wird, beschleunigt sich der Luftstrom. Durch die vermehrte Luftgeschwindigkeit wird die Saugwirkung des gesamten Segelsystems um ca. 30 % erhöht und dementsprechend die Schnelligkeit des Bootes. Um diesen Effekt zu erzielen, bedarf es nur einer kleinen Ueberlappung der beiden Segel. Je größer die Beschleunigung des Luftstroms, desto stärker die Düsenwirkung, was durch einen möglichst *engen* Schlitz erreicht wird.

Diese Verengerung des Schlitzes aber ist nur bei einem mit Latten versehenen Großsegel möglich. Das lattenlose Großsegel nämlich wird durch den Abwind des Vorsegels in Lee eingedrückt. Es weicht dem Winddruck aus und vereitelt so die Entstehung des engen Schlitzes und hiermit die gewünschte Düsenwirkung.

Segel ohne Latten lassen nur zwei Möglichkeiten zu: Entweder muß das Achterliek des Vorsegels weit nach außen geführt werden, wodurch der Schlitz sich verbreitert, oder das Großsegel ist sehr flach zu schneiden. In beiden Fällen ist das Resultat ein einigermaßen schwacher Schlitzeffekt. Die Segler der kleinen Rennboote haben sich so an das Lattensegel gewöhnt, daß ihnen ein Segel ohne Latten wie ein Regenschirm ohne Rippen vorkommen muß.

Woher aber kommt es, daß ein Teil der Jachtensegler auch heute noch flache Segel vorzieht, trotzdem Windkanalversuche mit Flugzeugflügeln und Metallsegeln den Vorteil stark gewölbter starrer Flächen klar erwiesen haben? Die Antwort ist einfach:

Vor der Entdeckung der überlappenden sogenannten Genua Fock (auch für Am-Wind-Strecken) sah die Takelage ungefähr so aus, wie in Abb. 62a gezeichnet. Nachdem sich das überlappende Vorsegel allgemein durchsetzte, war man intensiv bemüht, eine gegenseitige Beeinflussung der Segel, die sich in dem so gefürchteten Abwind kundtat

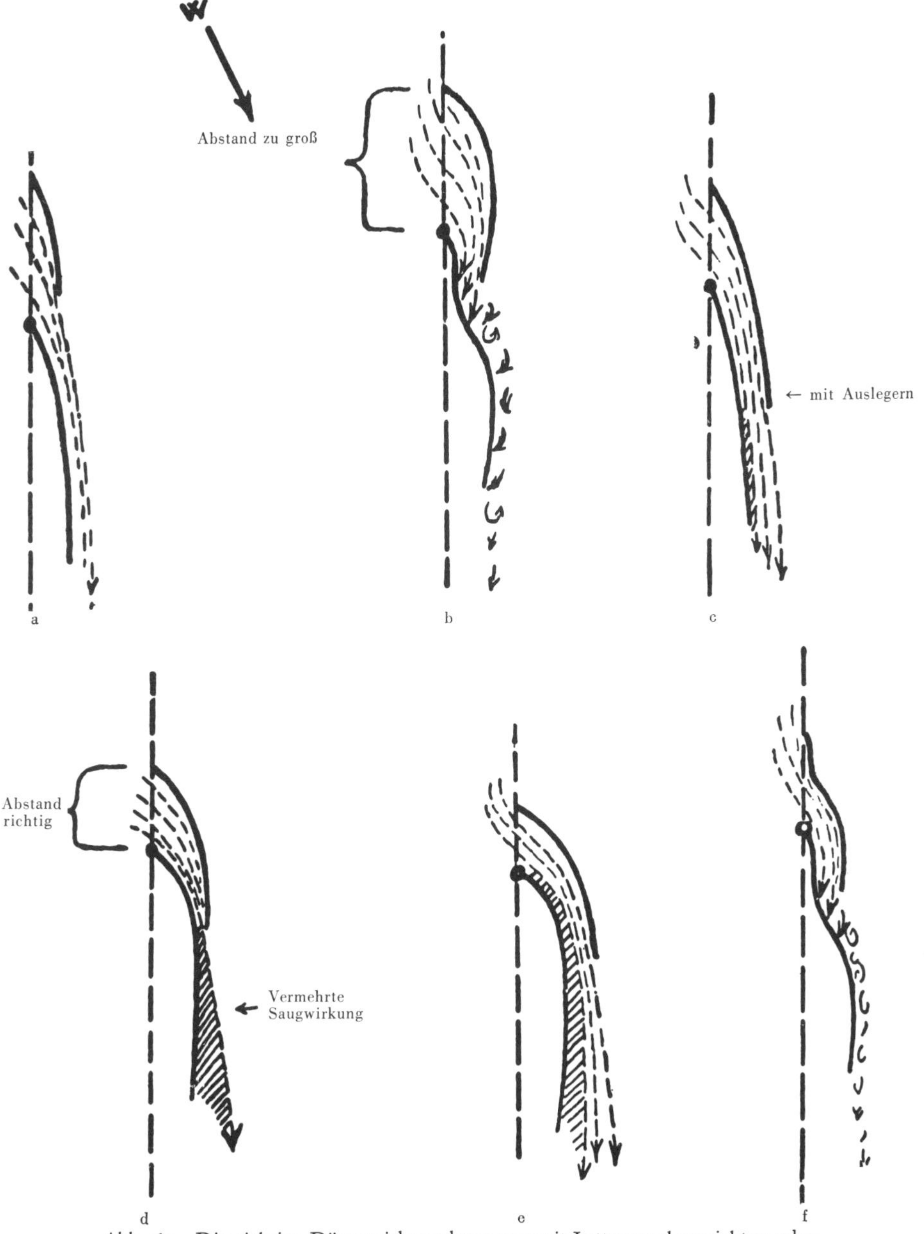

Abb. 62. Die richtige Düsenwirkung kann nur mit Lattensegel erreicht werden.

a) Alte Besegelung: Fock überlappt nicht, keine Düsenwirkung.
b) Bei großer Distanz von Fockhals bis Mast und Ueberlappung wirft das Vorsegel den Abwind ins Großtuch, kleine Düsenwirkung.
c) Große Ueberlappung und breiter Zwischenraum zwischen den Tüchern, kleine Düsenwirkung.
d) Wirksamste Anordnung der Segel; geringe Ueberlappung der Fock mit schmalem Spalt, Großsegel mit durchgehenden Latten, große Düsenwirkung.
e) Bei sehr starkem Wind muß der Spalt erweitert werden, um das Krängen des Bootes zu vermindern und die Fahrt zu vergrößern.
f) Werden die Latten aus dem Großsegel entfernt, flattern beide Segel.

(Abb. 62b) zu vermeiden. Um dies zu erreichen, schlug ich damals die Verwendung von «Auslegern» für Schooten vor (Abb. 62c). Wie es für jede Neuerung zutrifft, gibt es stets mehr Menschen, die bereit sind, dieselbe zu bekämpfen und zu verbieten, als sie auszuprobieren und zu verbessern. So kam es, daß Ausleger in allen Ländern verboten wurden. In diesem Fall jedoch führte das Verbot zu einem Fortschritt. Entweder nämlich mußte man die Focks kleiner schneiden oder den Holepunkt auch für die großen Vorsegel gezwungenermaßen an Deck anbringen. Welche Ueberraschung! Die Boote waren schneller als zuvor! Wie ließ sich dies erklären? Irgendeine wesentliche Aenderung mußte sich in der Zwischenzeit an den Takelagen ereignet haben, wodurch der gesamte Strömungsverlauf der Luft ein anderer geworden war. Die Erklärung lag in der inzwischen zum Allgemeingut gewordenen Anwendung durchgehender Latten.

Abb. 62d zeigt die wirkungsvollste Segelanordnung. Beachte den sehr schmalen Schlitz, der nur durch die Verwendung durchgehender Latten erreicht werden kann. Trotz überlappender Vorsegel sind wir jetzt in der Lage, stark gewölbte Großsegel, wie sie uns die Natur und die aerodynamischen Ergebnisse schon vor Jahren gelehrt haben, zu verharren und erreichen so die erwünschte, wirkungsvolle Düsenwirkung (Abb. 62 d).

Während ein Großsegel ohne Latten in Lee an seiner Vorderkante durch den Abwind des Vorsegels eingedrückt wird, zwingen wir das Großsegel jetzt, in seiner Form zu verharren und erreichen so die erwünschte, wirkungsvolle Düsenwirkung.

Nehmen wir am Wind die Latten aus dem Großsegel, so fällt in diesem Augenblick nicht nur das Großsegel an seinem vorderen Teil ein und flattert, sondern auch und das ist hier von besonderem Interesse — das Vorsegel (Abb. 62 f). Ein durch Latten fixiertes starres Großsegel komprimiert die Luft zwischen ihm und dem Vorsegel mit dem Resultat, daß letzteres mit ganzer Fläche zieht, mit anderen Worten, die zusammengedrückte Luft ist stark genug, um den Druck, der durch den negativen Anstellwinkel im Lee des Vorsegelvorlieks entsteht, zu überwinden. Bei sehr starkem Wind muß der Spalt erweitert werden, um das zu starke Ueberliegen des Bootes zu vermeiden (Abb. 62 e).

Ohne Zweifel würde auch der Vogelflügel vorne auf seiner Oberseite vom Luftstrom eingedrückt werden und die Tragfähigkeit so stark vermindert, daß der Vogel nicht mehr in der Lage wäre zu fliegen, wäre nicht die Wölbung des Flügels durch die Federn fixiert. Mit einem Flügel ohne Federn aber können wir das von vielen noch verwendete lattenlose Segel vergleichen. Die durch Latten wirkungsvoller gestaltete Segelfläche aber gestattet uns, die Größe und damit die Kosten des Segels zu vermindern. Warum befolgen wir nicht die Ratschläge der Natur, indem wir für alle Boote durchgehende Latten zulassen? Warum sind diese international noch verboten? Warum verhindert man in Amerika und England einen Fortschritt, der in diesen Ländern noch nicht einmal ausprobiert wurde?

Nachfolgend sei durch ein einfaches Experiment, das jeder leicht anstellen kann, der Nachweis für die Ueberlegenheit eines durch Latten versteiften Segels erbracht:

Man nehme ein Stück nicht allzu dünnen Schreibpapiers und verwende von der einen Seite die Hälfte. Man faltet zunächst das Papier in der Mitte zusammen, wie in Zeichnung I (Abb. 63) gezeigt, und schneide die eine Hälfte in Form eines Segels zu (Zeichnung II). Nun biege man das Segel in eine gewölbte Form, ähnlich der starren Form eines Lattensegels. Damit das Segel leichter hin und her schwingen kann, schneidet man kleine, ganz schmale Schlitze entlang der punktierten Linie (siehe Zeichnung II), an der Stelle, an der das Papier gefaltet ist und die sozusagen das Vorliek des Segels darstellt. Nun hält man Teil A horizontal vor die Lippen (Zeichnung III) und bläst entlang seiner oberen Seite.

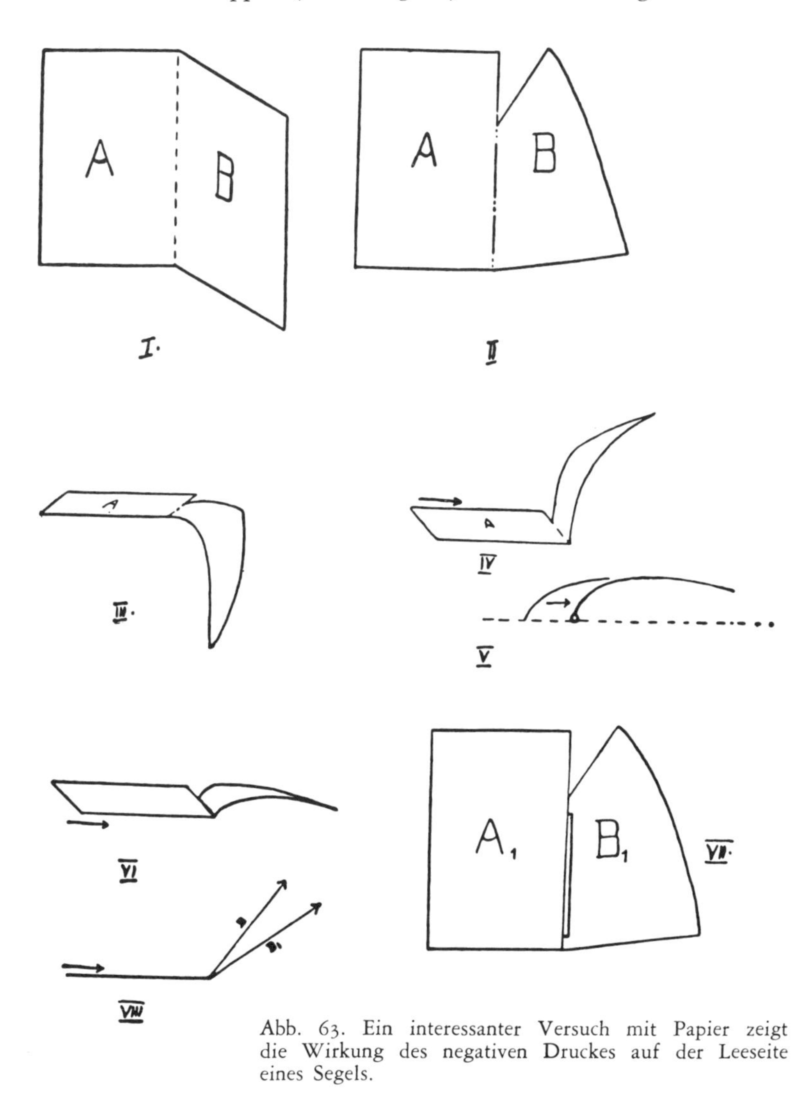

Abb. 63. Ein interessanter Versuch mit Papier zeigt die Wirkung des negativen Druckes auf der Leeseite eines Segels.

Wir bemerken die erstaunliche Tatsache, daß sich das Segel dem Luftstrom entgegenhebt, obwohl wir auf diese, also seine Leeseite, blasen (Abb. IV), ähnlich wie es das Vorsegel tut (Abb. V). Wir können das Papier natürlich auch senkrecht halten. Das Experiment wird jedoch bei horizontaler Lage (Abb. III) eindrucksvoller, da der Luftstrom nicht nur das Gewicht des Papiersegels überwindet, welches in dieser Stellung nach unten hängen würde, sondern das Segel über die Horizontale entgegen der Blasrichtung nach oben hebt.

Bläst man entlang der Fläche A auf die untere Seite des Segels, was der Luvseite entspricht, wird dasselbe nur bis zur Horizontalen, aber nicht darüber hinaus, gehoben (siehe Zeichnung VI).

Dieses Experiment beweist 1. die Richtigkeit der Saugwirkung im Lee des Segels, die bedeutend größer ist als der Druck im Luv desselben; 2. den Vorteil einer starren Fläche, was beim Segel durch Latten erreicht werden kann; 3. den günstigen Einfluß des Vorsegel-Abwinds (durch mehr oder weniger starkes Blasen demonstriert), welches den Luftstrom im Lee des Großsegels beschleunigt und hiedurch die Saugkraft desselben erhöht, wenn das Segel durch Latten fixiert ist.

Ich glaube, daß dieses einfache Experiment, das sich jeder mühelos in einigen Minuten vorführen kann, meine Theorie besser beweist als komplizierte Windkanalversuche.

Wenn der Leser sich von dem Gesagten überzeugt hat, so kann er noch folgendes Experiment anschließen: Man vergrößere die Schlitze am Vorliek des Großsegels, wie in Fig. VII gezeigt. Dieser Versuch demonstriert uns den Nachteil eines Schlitzes zwischen Mast und Großsegel. Man bläst nun wie vorher entlang der oberen Seite von Fläche A, wie in Zeichnung III und IV gezeigt. Wir sehen, daß sich jetzt das Segel (trotz gleicher Wölbung) nicht so hoch hebt, als dies vorher bei kleinen Schlitzen der Fall war (Abb. VIII). Das Experiment beweist, daß die Kraftentwicklung durch einen Schlitz zwischen Mast und Segel wesentlich vermindert wird. Eine Erscheinung, auf die ich schon bei den Windkanal-Versuchen hingewiesen habe.

Das kleine Experiment beweist eindrucksvoll, daß der so gefürchtete Abwind des Vorsegels, der auf die Leeseite des Großsegels aufprallt, nicht nur nicht schädlich, sondern sogar günstig im Sinne einer Kraftvermehrung des Großsegels wirkt, *wenn dieses in gewölbtem Zustand erhalten werden kann, also mit durchgehenden Latten versehen ist.*

An dieser Stelle sei eine kurze Notiz erwähnt, die in der amerikanischen Zeitung «Yachting» erschien.

«Erprobung durchgehender Latten in amerikanischen Gewässern»
von Herbert L. Stone, Herausgeber der Zeitschrift «Yachting».

«Während der letzten Zeit wurden mehrere 20-m²-Renner, erbaut nach Ideen von Dr. Manfred Curry, nach Amerika gebracht, um dort versuchsweise an Regatten teilzunehmen (da es diese Klasse in den Vereinigten Staaten nicht gibt). Das erste dieser Boote wurde von C. T. Ludington erworben und von ihm in Florida, in der ‚Biscayne Bay', gesegelt. Es hieß ‚Barracuda'. Der Herausgeber von ‚Yachting' hatte hier Gelegenheit, das Boot zu beobachten und selbst zu steuern. Die Resultate waren hochinteressant und die Vorteile des Lattensegels eindeutig.

Die ‚Barracuda' ist 28 Fuß lang (ca. 9 m) und hat ein Segel von 212 Quadratfuß (20 m² vermessene Fläche) und etwa 280 Quadratfuß (ca. 27 m²) absolute Fläche, wenn die Ueberlappung mitgerechnet wird.

Das Schiff war bei leichtem Wind überraschend schnell. Es bewegte sich bei dem leichtesten Hauch vorwärts. Zweifellos war hierfür auch die Form des Schiffs mit seiner kleinen benetzten Fläche verantwortlich. Bei einer Windstärke von 5—12 Meilen trat der Wert des Lattensegels und der sog. Schlitzeffekt deutlich in Erscheinung, und die ‚Barracuda' hatte keine Schwierigkeit, ihre Konkurrenten auf allen Kursen, besonders aber auch raumschoots, zu überlaufen. Bei gut bedienten Schooten fuhr das Boot zeitweise eine Strecke von 3 Fuß, verglichen mit 2 Fuß ihrer Konkurrenten, während mit halbem Wind seine Geschwindigkeit noch größer war. Bei einer Windstärke von 15 Meilen oder mehr war das Schiff mit vollen Segeln übertakelt (es hat keinen Ballast), jedoch mit einem Reff versehen, schien es genau so schnell zu sein und seine relative Ueberlegenheit schien ausgesprochen. Das Boot war leicht zu handhaben, wenn man sich einmal an den Typ gewöhnt hatte; aber zweifellos holten wir nicht alles aus dem Boot heraus, da uns die Besegelung noch einigermaßen fremd war. Auch war die Konkurrenz nicht derart, um die wirkliche Fähigkeit des Bootes zu beurteilen. In den 5 Regatten, an denen die ‚Barracuda' teilnahm, segelte sie u. a. gegen ein Starboot, ferner gegen das beste Schiff der ‚Suicide'-Klasse und den Herreshoff centerboard sloop ‚Water Lilly', das etwa dieselbe oder eine etwas größere Segelfläche hatte. Alle diese Boote schlug der 20-m²-Renner um ½ bis ¾ Meilen über einen Dreieckskurs von 3 Meilen.»

Versuche im Aerodynamischen Laboratorium von Prof. Junkers

Ausgehend von der Tatsache, daß ein Luftstrom, der wirbellos auf eine Fläche auftrifft, eine um 60 % größere Arbeit leistet als gestörte Luft, waren mein Freund C. A. Bembe und ich schon vor Jahren mit dem Gedanken beschäftigt, ein Segel zu konstruieren, in dem der Wind ungestört arbeiten könnte, was bei unseren jetzigen Segeln vor allem am Wind wegen des Mastes nicht der Fall ist. Dies war unserer Ansicht nach nur durch eine zweckmäßige Profilierung des Mastes bzw. Segels *nach der Form des Vogelflügels* zu erreichen, wodurch bewirkt werden sollte, daß erstens der schädliche Widerstand herabgedrückt und zweitens die großen Wirbelbildungen im Lee und in Luv hinter dem Mast (die mittels Flaumversuch nachgewiesen wurden), bzw. das frühzeitige Abreißen des kontinuierlichen (wirbellosen) Stromes auf der Sogseite vermieden wird. Das Ideal-Segel müßte nämlich in Kreuzkursstellung die Windfäden *biegen* und nicht unter der Erzeugung von Wirbeln *brechen.*

Prof. Junkers, der uns freundlicherweise sein Interesse entgegenbrachte, hat uns in seine Versuchsanstalt nach Dessau eingeladen und für diese Versuche den Windkanal zur Verfügung gestellt. Es wurden dort Blechsegel mit Mast und Spieren angefertigt, welche in ihrer Form, einschließlich der oberen Verwindung (d. h. der durch das Auswehen der Gaffel bedingten Veränderung), unseren Regatta-Segeln genau entsprachen.

An einem *Marconi-Blechsegel* wurden im Windkanal u. a. folgende Versuche bzw. Messungen in bezug auf Druckentwicklung vorgenommen — dem Blechsegel wurden durch Hämmern und andere Kunstgriffe acht verschiedene Formen in bezug auf Wölbung, Verkleidung des Mastes etc. (vgl. Profile I bis VIII, Diagramm Abb. 65) gegeben:

Versuch I: Dem Blechsegel wird die Form des *üblichen* Marconi-Segels gegeben, es ist mäßig gewölbt, oben verwunden und hat einen Schlitz zwischen Mast und Vorliek, durch welchen die nach vorne strömende Luft auf der Luvseite des Segels nach Lee

Abb. 64. Modell-Blechsegel.

entweichen kann (vgl. Profil I). Die abgelesene Kurve ist im Diagramm (Abb. 65) unter I eingetragen. Der Einfallwinkel des Windes ist an der Kurve selbst angegeben. Die Höhe der Kurven veranschaulicht die Größe der entwickelten seitlichen Kraft; der dabei entstehende Widerstand entspricht dem Abstand der Kurve vom linken Außenrand des Diagramms.

Versuch II: Das gleiche Blechsegel I wird verwendet, nur der Schlitz zwischen Mast und Vorliek wird durch Plastilin verschlossen (vgl. Profil II). Die Druckmessungen an diesem Segel sind durch Kurve II des Diagramms dargestellt, dessen Verlauf im Durchschnitt eine *höhere* Druckentwicklung aufweist; also eine bemerkenswerte Verbesserung gegenüber Kurve I; bei mittelgroßen Anstellwinkeln, etwa raumem Kurs entsprechend, wird *vorübergehend* eine Verschlechterung beobachtet. Ganz der Erwartung entsprechend, scheint hier ein Schlitz zwischen Mast und Segel einen kleinen Vorteil zu bieten, während

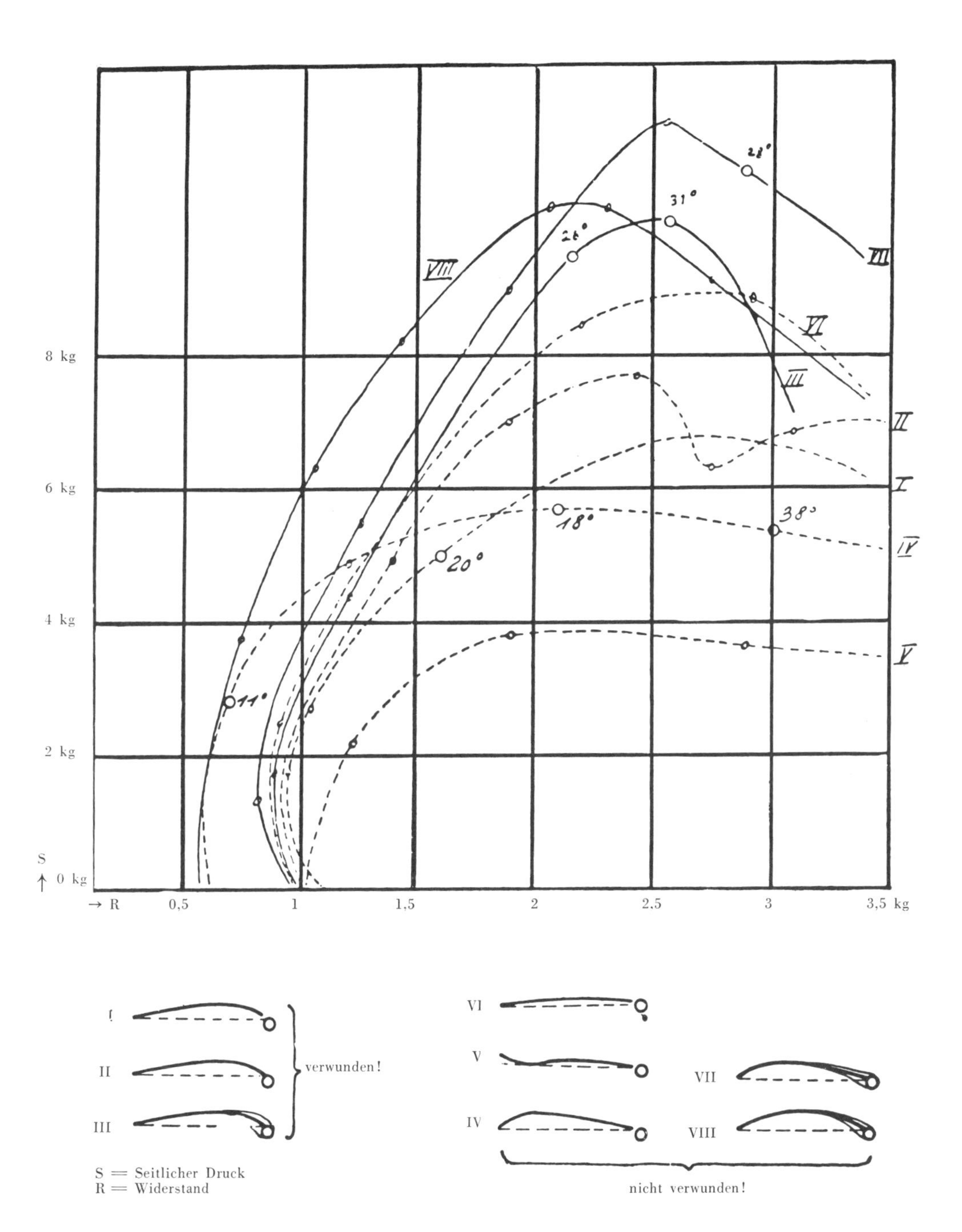

Abb. 65. Versuche mit Blechsegeln verschiedener Form (Kurven I—VIII) im Windkanal von Prof. Junkers (am 18.—19. X. 1923).

bei *allen* übrigen Kursen durch den *Verschluß* des Spaltes ein gewaltiger Vorteil erzielt wird.

Versuch III: Die doppelseitigen Ecken (bzw. die Winkel) zwischen Mast und Vorliek des Blechsegels I werden mit Plastilin ausgefüllt, wodurch die vorher erwähnte vogelflügelähnliche, profilartige Fläche entsteht (vgl. Profil III). Die Messungen an diesem Segel, welche durch Kurve III im Diagramm graphisch dargestellt sind, bestätigten zu unserer großen Freude die Richtigkeit unserer Vermutungen. Eine außerordentlich überraschende Vergrößerung des Druckes, der um über 1/3 im Vergleich zum gewöhnlichen Segel (siehe Profil I) anwächst, beweist die Zweckmäßigkeit dieser Formänderung am Segel — der Verkleidung des Mastes. Bei den ersten drei Versuchen wurde dem Blechsegel die in der Praxis übliche Verwindung des oberen Segelteils (dem Auswehen der Segelspitze bzw. Gaffel entsprechend) gegeben.

Bei allen folgenden Versuchen wurde das Blechsegel absichtlich so gehämmert, daß der obere Teil des Segels im selben Winkel zum Winde stand, wie der untere, d. h. es fand kein Auswehen der Segelspitze statt (Profile IV bis VIII).

Versuch IV: Das Blechsegel I (jedoch ohne Verwindung) wird relativ flach gehämmert. Die außerordentlich ungünstige Kurve IV dieser nur noch wenig gekrümmten unverkleideten Fläche zeigt einen geringen Druck. Ein Vergleich zwischen den Kurven I, II, III und den Kurven IV, V, VI, VII und VIII zeigt uns, wie ungünstig die in den ersten drei Versuchen auftretende Verwindung ist, wonach gefolgert werden kann, daß das in Versuch IV erprobte flache Segel, jedoch «mit» Verwindung — wie es in der Praxis besonders durch das Auswehen der Gaffel bei Gaffelsegeln der Fall ist — eine noch ungünstigere Kurve als die besagte Kurve IV ergeben hätte.

Versuch V: Das flache Segel IV wird so gehämmert, daß das Achterliek abhängt (vgl. Profil V), wie dieses so oft in der Praxis beobachtet werden kann, daß die Segel gegen das Liek zu flach werden und sogar häufig etwas nach Lee auswehen. Es tritt, wie uns die zugehörige Kurve V zeigt, ein beträchtlicher weiterer Kraftverlust ein, und wir dürfen diese Form von Segel als die denkbar ungünstigste bezeichnen, da dieses Segel nur etwa die Hälfte des Zuges entwickelt als ein Segel, bei welchem die Wölbung *bis zum Achterliek* durchgeht. Damit ist der Beweis erbracht, daß es falsch ist, wenn man glaubt, durch ein gerades oder gar hängendes Achterliek das Abfließen des Windes zu begünstigen.

Versuch VI: Das Blechsegel I (jedoch ohne Verwindung) erhält eine starke Gesamtwölbung, die jedoch mehr gegen das hintere Drittel (Achterliek) zu gelegen ist (Profil VI). Die entsprechende Kurve ist auffallend günstig, und der Vorteil, verglichen mit Kurve I, scheint nicht nur darin zu bestehen, daß dieses Segel die ungünstige Verwindung *nicht* besitzt, vielmehr scheint wider Erwarten auch diesmal der Bauch im Achterliek rätselhaft günstige Eigenschaften zu zeigen.

Versuch VII: Das Blechsegel VII behält die gleiche Form wie das Segel VI, wird aber am Mast *profiliert,* ähnlich wie in Versuch III (vgl. Profil VII). Der Druck steigt hier auf ein Maximum und beträgt fast das *Doppelte* der üblichen Segelform, wie man aus der zugehörigen Kurve VII ersieht.

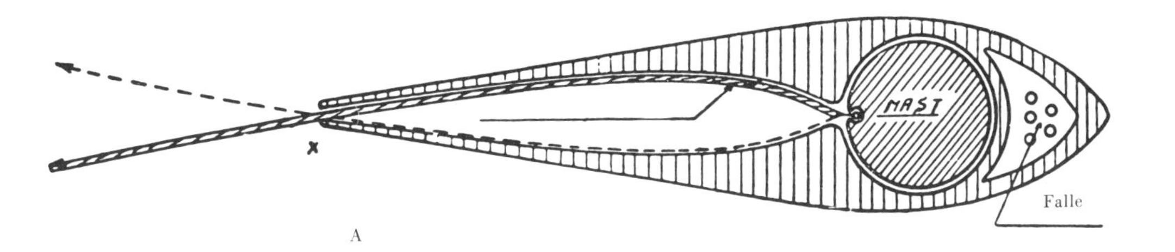

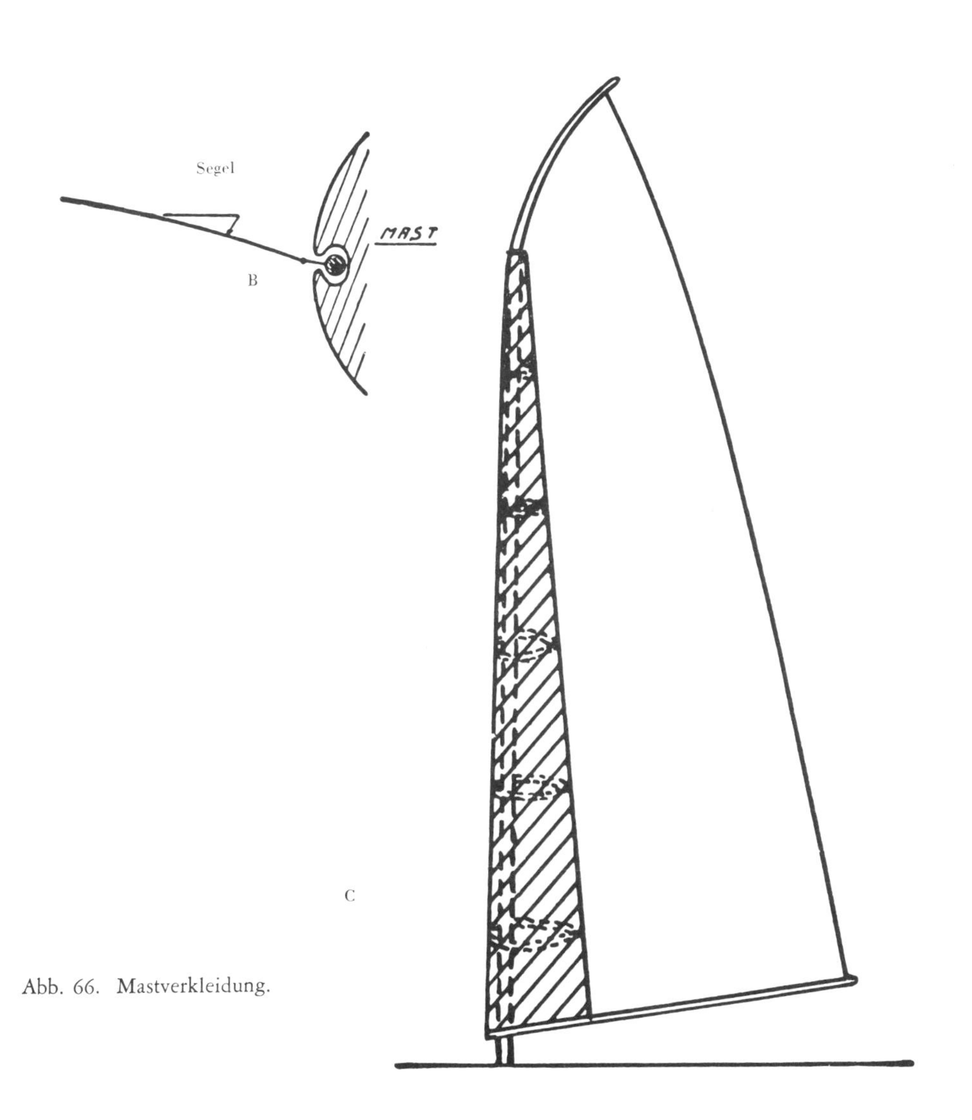

Abb. 66. Mastverkleidung.

Versuch VIII: Das Blechsegel VIII (vgl. Profil VIII) besitzt die gleiche Verkleidung wie das Segel VII, hat aber die größte Wölbung in der Mitte. Die Druckentwicklung ist hier durch die Kurve VIII dargestellt.

Mit diesen letzten zwei Versuchen waren die für uns günstigsten Linien erreicht, von denen besonders Kurve VIII bemerkenswert ist, in der zwar der Druck nicht ganz so hoch ging wie bei Kurve VII, bei welcher jedoch ein sehr geringer Widerstand auffiel, der trotz der verhältnismäßig starken Wölbung selbst kleiner war als der des geraden, fast flachen Segels.

Kurz zusammengefaßt haben die Versuche folgendes ergeben:

1. Durch Vermeidung des Schlitzes zwischen Mast und Segel wird der durchschnittliche Druck um etwa 15 % gesteigert.
2. Das Auswehen des Segels bringt eine Schädigung von 20—30 % mit sich.
3. Eine Verkleidung des Mastes, deren Linien ohne Knick auf das Segel überleiten, bedeutet einen Kraftgewinn von 30—50 % gegenüber unseren jetzigen Segeln — einer Druckzunahme von 6 kg/m² auf 10 kg/m² entsprechend, außerdem eine Verringerung des Widerstandes um etwa die Hälfte.

Dem Mast Stromlinienform zu geben, brächte aber keinen Vorteil, da hiedurch der Knick zwischen Mast und Segel nur noch größer würde. Nur wenn ein Stromlinienmast *drehbar* angeordnet ist, wird ein aerodynamischer Vorteil erzielt.

Dieser bietet den zweifachen Gewinn, daß erstens die Stromlinienform des Mastes sich zum Winde immer in richtige Position einstellt und zweitens die ungünstige Verdrehung des ganzen Segels vor Wind vermieden wird, wodurch das Segel auf diesem Kurs wie auf allen anderen gleich schön steht.

Die Anschauung, daß ein Segel im Achterliek gerade oder nach Lee auswehen soll, scheint von den Flugzeugen übernommen worden zu sein unter Nichtbeachtung des Umstandes, daß das Aufwölben eines Flugzeugflügels an seiner Hinterkante früher das Hauptstabilisierungsmoment in der Flugtechnik war, die Tragkraft aber dadurch verschlechtert wurde.

Um mit der genaueren Beschreibung weniger wichtiger Versuche nicht zu ermüden, sei nur kurz erwähnt, daß auch verschiedene Versuche vergleichender Art von Gaffel- und Hochsegeln gemacht wurden und daß auch diese Messungen die aufgestellten Behauptungen bestätigt haben.

Betreffs der Art der Messungen möchte ich noch nachholen, daß der erzeugte Windstrom auf alle Stärken von 3 m/sec bis zu 33 m/sec eingestellt werden konnte, daß aber dadurch kein erwähnenswerter Unterschied im Verhältnis der Kräfte festgestellt wurde, daß weiterhin auch die Größe der Modelle im Vergleich zu den großen Jachtsegeln keine in Erwägung zu ziehende Rolle spielt.

Profilsegel werden heute auf der ganzen Welt auf Eisbooten verwendet. Eine der vielen Konstruktionen ist in Abbildung 66 Fig. A, B und C skizziert. Die Verkleidung des Mastes muß aus Holz sein, um seine Form beizubehalten. Versuche, zwischen den

Abb. 67. Eisboote verwenden drehbare Masten mit Verkleidung und durchgehenden Latten.

Bügeln Stoff zu verwenden, schlugen fehl, da dieser die Form nicht hält. Vor allem *drehbare Masten* mit Stromlinienquerschnitt haben sich glänzend *bei Jachten und Eisbooten bewährt und werden in Amerika weitgehend verwendet* (Abb. 67).

Abb. 68, 69. Barken auf dem Genfersee. Beachte das lose Fußliek ohne Baum.

Einige Monate später wurden in der Versuchsanstalt auf meine Veranlassung noch zwei Messungen vorgenommen, denen folgende Ueberlegungen zu Grunde lagen:

Vergleichen wir in Abb. 34 die Druckentwicklung im richtig gewölbten Segel und im flachen Segel, so entnehmen wir, daß das flache Segel nicht halb soviel Kraft erzeugt als das gewölbte. Daraus ergibt sich, daß der Großbaum einen ungünstigen Einfluß auf das Segel ausüben muß, da er das Unterliek sowohl als auch die unteren Streifen des Segels abflacht, ihnen somit die Hälfte ihrer Kraft nimmt.

Der Vogelflügel aber behält seine Wölbung bis zum Vogelkörper hin bei. Auch die Barken und Fischerkähne der südlichen Gegenden (Mittelländisches Meer) fahren gewölbte bzw. lose Unterlieken (Abb. 68, 69).

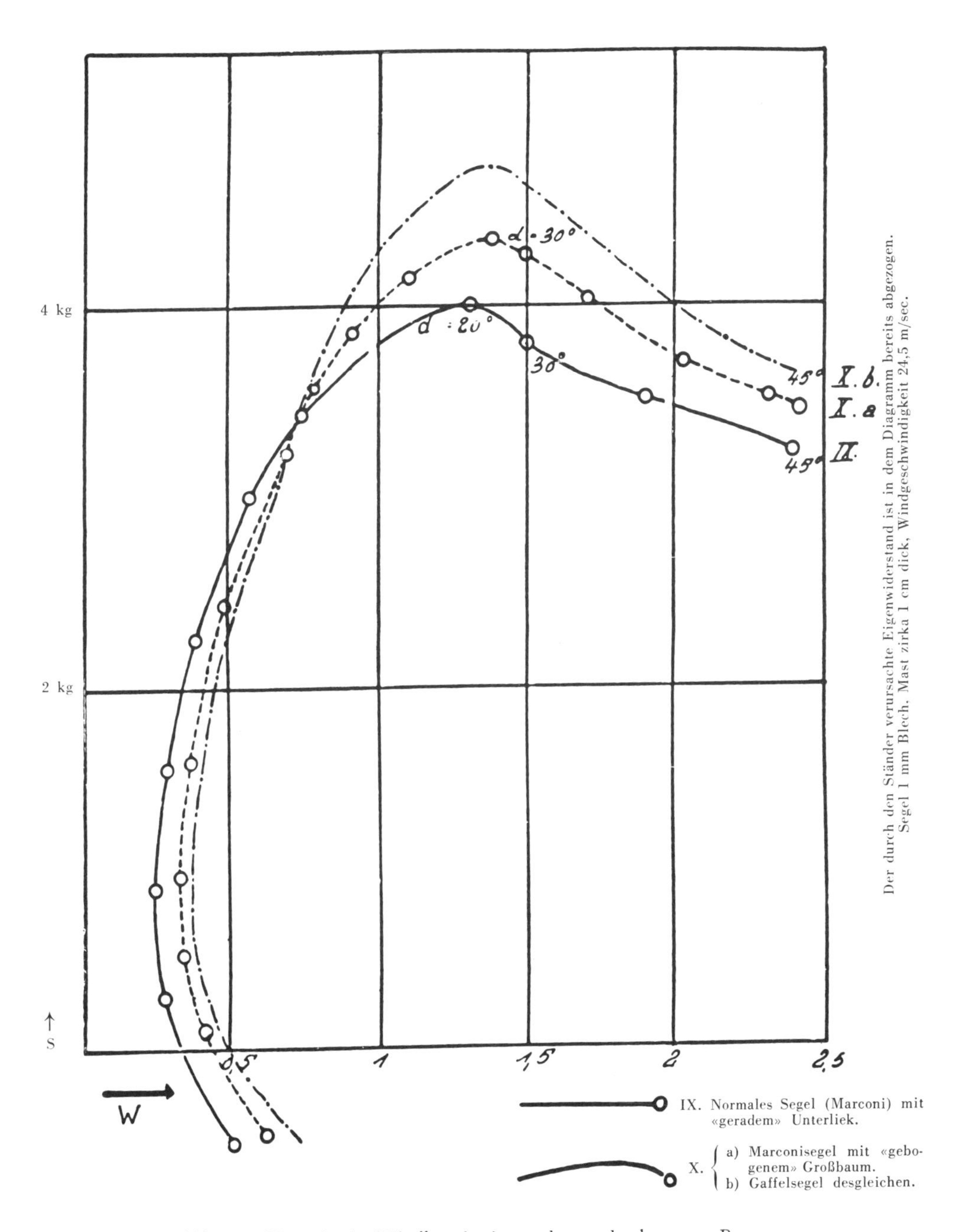

Abb. 70. Versuche im Windkanal mit geradem und gebogenem Baum.

S = seitlicher Druck
W = Widerstand

Es wurden also folgende Messungen gemacht:

Versuch IX: Ein Marconi-Blechsegel vom Seitenverhältnis 1 : 3, also dreimal so hoch als breit, wird gemessen mit geradem Unterliek (also mit geradem Großbaum). Das Druckmaximum wird bei einem Anstellwinkel von 20° erreicht und beträgt hier genau 4 Kilogramm, wie aus der sich ergebenden Kurve IX des Diagramms ersichtlich ist (Abb. 70).

Versuch X: Dasselbe Segel wird im Unterliek gewölbt, erhält somit einen der Wölbung des Segels ($^1/_{13}$) entsprechenden «gebogenen» Großbaum. Die zugehörige Kurve 10a zeigt, daß der Druck von 4 kg auf fast 4,5 kg steigt (Abb. 70).

Da diese Messungen bei einem äußerst kurzen Großbaum (1 : 3) gemacht wurden, läßt sich für den doppelt so langen Großbaum, wie wir ihn z. B. bei unseren Gaffelsegeln vom Seitenverhältnis 2 : 3 fahren, auf einen Druckzuwachs von 20 %, demnach auf eine Kraftzunahme von 4 kg auf etwa 5 kg schließen; dies würde ungefähr der Kurve Xb entsprechen, die aus den Kurven IX und Xa berechnet wurde.

Wir ersehen aus dem Versuch, wie wichtig es ist, die bis zum Mast durchgehenden Spreizlatten bis in die unteren Regionen des Segels auszudehnen, und stehen nun vor der Aufgabe, einen weiteren Vorteil dadurch zu erreichen, daß wir dem Segel einen gebogenen Großbaum geben. Von Vorteil dürfte der gebogene Großbaum für Jachtsegel sein, da diese keine auch unten durchgehenden Latten besitzen und das Segel durch den geraden Großbaum bis fast zur halben Segelhöhe ungünstig beeinflußt wird.

Während die Konstruktion für die verschiedenen anderen Neuerungen noch nicht überall gefunden ist, habe ich den gebogenen Großbaum schon selbst ausgeführt und kann darüber folgendes berichten:

Es hat sich in der Praxis gezeigt, daß der gebogene Baum für leichtes Wetter und Mittelwetter das Boot ganz auffallend verbessert hat. Die sonst leegierige Jacht wurde sogar luvgierig, ein weiterer absoluter Beweis, daß im Großsegel mehr Kraft entwickelt wird. Bei schwerem Wetter schien das Boot eher langsamer geworden zu sein. Die Konstruktion des gebogenen Unterlieks kann natürlich auf verschiedene Weise ausgeführt werden: Man kann beispielsweise auch einen geraden Großbaum verwenden, das Segel aber in Form einer Tasche rechtwinklig abknicken, mit anderen Worten ein horizontal liegendes, auf der einen Seite rundlich geschnittenes Stück Tuch zwischen Großbaum und Segel einschalten. Eine durchgehende Latte am Unterliek ist hier natürlich notwendig. Diese sog. «*Segeltasche*» hat sich bei allen Versuchen als die beste Lösung erwiesen (Abb. 71). Sie hat den Vorteil, daß man bei starkem Wind die durchgehende Latte herausnehmen und das Segel nach Anbänselung am Großbaum auch reffen kann.

Die Konstruktion des gebogenen Großbaums, dessen Nachbau ich jedoch nicht empfehlen möchte, sei nachfolgend geschildert. Der 7 m lange, aus 3 Teilen gebaute Großbaum besitzt seine größte Wölbung (35 cm) im ersten Drittel; hinten verläuft er ziemlich gerade. Am Mast ist er mit einem Kardangelenk befestigt und kann so durch eine Drehung nach oben von der einen Seite zur anderen umgewendet werden, was mit der Hand (oder auch automatisch) beim Ueberstaggehen geschieht. Es hat sich als notwendig erwiesen, im Kardangelenk eine Hemmvorrichtung anzubringen, welche das Durchhängen des Baumes mit seiner Wölbung nach unten verhindert. Während nun der Baum eine Drehung um 180° macht, gleitet das Segel mittels eines Drahtseils an zirka 20 kleinen Leitwagen um den Baum herum. Dieser Mechanismus ist jedoch noch keine

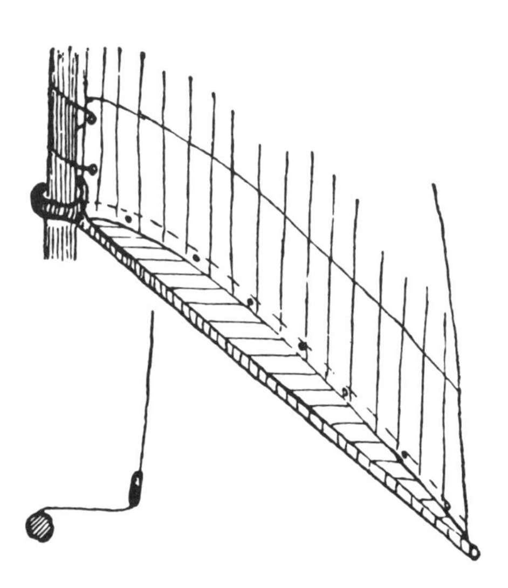

Abb. 71. Segeltasche bei geradem Baum.

Abb. 72. Gebogener Baum.

Ideallösung, obwohl er dem Segel einen fabelhaft schönen Stand mit einer *gleichmäßigen* Wölbung von oben bis unten gab. Abb. 72, 73, 74 zeigen den gebogenen Großbaum, welcher allerdings in dieser Ausführung ein Reffen des Segels nicht erlaubt, was aber bei dem betreffenden Schwerwetterboot nicht notwendig war.

Wir kommen nun zu dem letzten Versuch Nr. XI; ich will zum besseren Verständnis die dem Versuch zu Grunde liegenden Erwägungen vorausschicken:

Möge sich der Leser nochmals die Druckmessungen (im Kapitel Druckverteilung) vor Augen führen: Wir haben gesehen, daß der Sog auf der Leeseite des Segels das 3—5fache des positiven Drucks auf der Luvseite beträgt, und daß das Sogmaximum im ersten Drittel liegt.

Wir wissen auch aus dem Kapitel «Gegenseitige Beeinflussung der Segel», daß der Sog durch den *Unterdruckraum* auf der Leeseite hervorgerufen wird. Auch die Flaumversuche haben uns das Vorhandensein dieses Unterdruckraums angezeigt, und wir konnten beobachten, wie sehr die Luft bestrebt war, diesen auszufüllen. (Nach dem Gesetz, daß die Luft von Orten höheren Druckes zu denen niederen Druckes strömt.)

Abb. 73. Gebogener Großbaum.

Die Luft strömt also sowohl von der Segel-Vorder- und Hinterkante in Form von Wirbeln als auch von der *Unterkante* (Großbaum) dem luftverdünnten Raum zu. Wir sahen ferner, daß der unter dem Großbaum (in der Nähe des Mastes) gehaltene Flaum mit großer Beschleunigung um diesen herum nach Lee gesogen wird. (Siehe Abb. 23, 49 und 52.)

Abb. 74.
Die Leitwagen am gebogenen Baum.

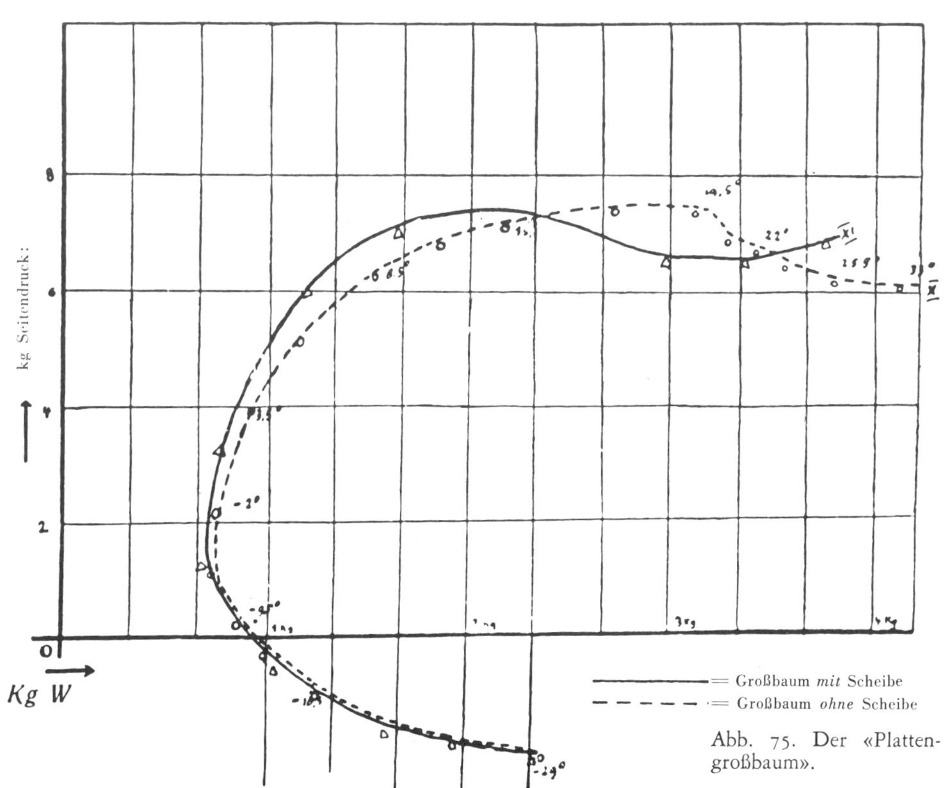

Abb. 75. Der «Plattengroßbaum».

Der Leser weiß auch bereits, daß wir durch eine richtig geformte und entsprechend gestellte Fock leitflächenähnlich die von vorne um den Mast eilende Luft ablenken, bzw. die Ausfüllung des Unterdruckraumes durch diese Ablenkung erschweren können.

Nicht aber haben wir versucht, die von unten (und oben) einströmende Luft abzuhalten! Wäre es denn nicht auch möglich, *diese um den Großbaum kommende Luftzufuhr zu verhindern?*

Diese Ueberlegungen waren es, die mich auf den Gedanken gebracht haben, an dem Großbaum eine *horizontale Platte* anzubringen. Weder kann nun die Luft auf der Luvseite nach unten ausweichen (wird folglich komprimiert), noch kann sie um den Baum herum auf der Leeseite nach oben in den Unterdruckraum strömen.

Dieser «Platten-Großbaum» wurde von der Versuchsanstalt Junkers nachgeprüft, und die Ueberlegung erwies sich als richtig.

Versuch XI: Ein Marconi-Segel, an dessen gebogenem Großbaum an der Leeseite eine horizontale Platte angebracht ist, wird im Windkanal gemessen (Abb. 75). Die erhaltene Kurve XII zeigt uns beim Vergleich mit der Kurve XI, welche an demselben Segel, jedoch ohne Platte, vorgenommen wurde, daß bei allen Anstellwinkeln bis zu 15,5 ° sowohl ein höherer seitlicher Druck als auch ein geringerer Widerstand erzielt wird, was die Gesamtkraft um 15—20 % erhöht.

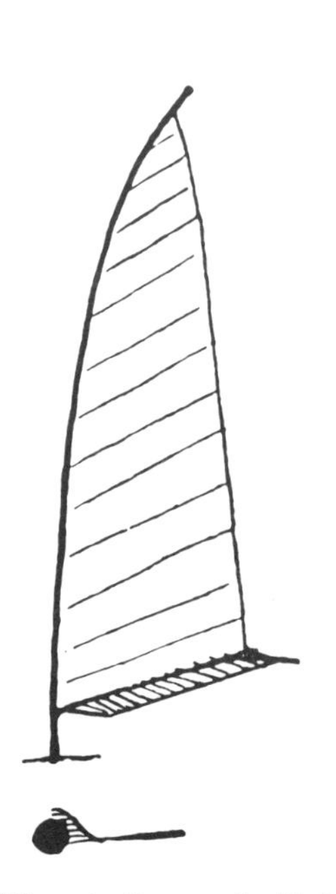

Abb. 76. Baum mit Platte im Lee.

Abb. 77. Baum durch Platte ersetzt.

Abb. 78. Der Plattengroßbaum auf der siegreichen Pokaljacht «Enterprise».

Leider wurde der Versuch mit einseitiger Platte (im Lee) ausgeführt; es ist jedoch anzunehmen, daß die Druckvermehrung durch eine doppelseitige Platte bedeutend größer ausfallen würde. Desgleichen müßte der Vorteil bei unseren längeren Großbäumen (der gemessene war relativ kurz, Seitenverhältnis ⅓) noch mehr hervortreten.

Ob die beschriebene Platte an einem geraden oder an einem gewölbten Großbaum angebracht wird, ist in der verbessernden Wirkung jeweils gleichbedeutend. Eine Kombination dieser beiden Ideen dürfte freilich den zweifachen Vorteil bringen. Die Kurven (Abb. 75) geben den Vergleich zwischen dem gewöhnlichen Segel und einem Segel mit gebogenem Großbaum *und* daran befindlicher Platte.

Auch die Natur hat diesen Vorteil ausgenützt, indem auch hier die Luft nicht um das eine (innere) Flügelende herum auf die Flügeloberseite strömen kann, weil hier der *Vogelkörper* die Funktion der Platte, bzw. des Hindernisses übernimmt. Desgleichen hat auch Flettner diesen Vorteil bei seinem Rotor verwendet. Er bringt am oberen wie am unteren Ende seines Rotorzylinders je eine *Scheibe* an. In der Göttinger Versuchsanstalt wurde nachgewiesen, daß die Kraft des Rotors *ohne Scheiben* nicht viel mehr als die Hälfte betragen würde.

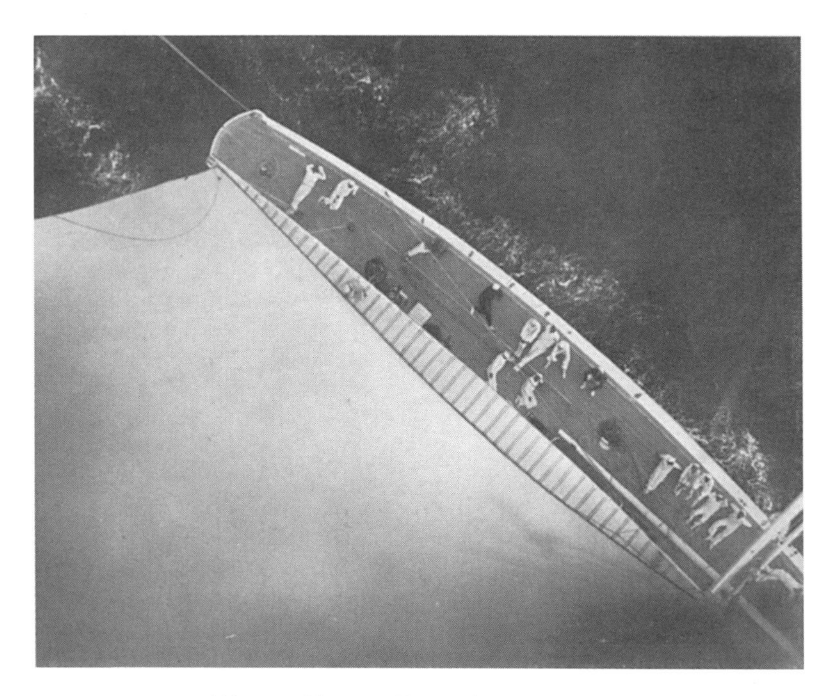

Abb. 79. Plattengroßbaum der «Enterprise».

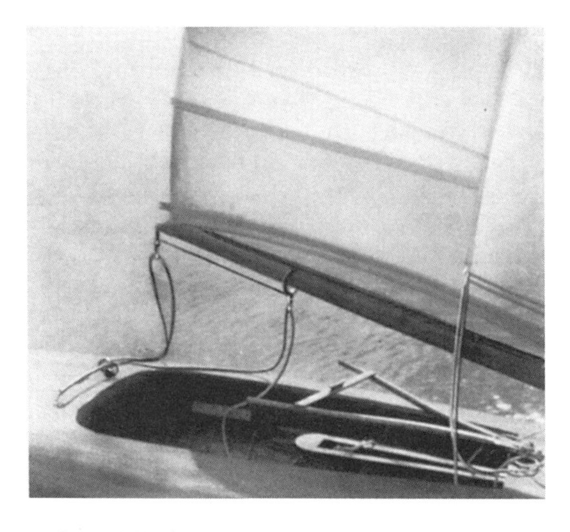

Abb. 80. 10-m²-Rennjolle des Autors mit Segeltasche und anstellbarem Schwert.

Abb. 81. Pokaljachten nach dem Start.

Das Anbringen der Platte an einem geraden Großbaum bringt keine allzugroßen Schwierigkeiten mit sich; man könnte sie abnehmbar gestalten. Auch können wir uns mit der Form im genaueren nach den Druck- bzw. Soglinien richten und der Platte im vorderen Viertel (an den Punkten größten Sogs) eine größere Breite geben als gegen das Ende zu. Dies würde ungefähr Stromlinienform ergeben. Auch könnte man *statt* eines Großbaumes eine Platte verwenden, auf der das Segel an kleinen Leitwagen jeweils *in gewölbter Form* hin und her gleitet, wie dies aus den Abb. 77, 78, 79 ersichtlich ist.

Dieser Plattengroßbaum wurde mit Erfolg auf der «Enterprise», der Jacht, die den Goldpokal für Amerika gegen Sir Thomas Lipton's «Shamrock» gewann, verwendet. Später durchgeführte Versuche zeigten, daß die beste Lösung die Lattentasche darstellt, die in den Abb. 71 und 80 gezeigt wird. Der Plattengroßbaum erwies sich als zu schwer, und die quer verlaufenden Gleitschienen ergeben einen relativ großen Luftwiderstand.

Flugzeugprofile und Jachtsegel

In Abb. 82 sehen Sie acht verschiedene Flugzeugprofile, die hinsichtlich ihrer Wirksamkeit im Windkanal von Professor Prandtl in Göttingen untersucht wurden. Obwohl die projizierte Fläche aller Systeme gleich groß ist, zeigen die Profile doch eine verschiedene Kraftentwicklung. Diese ist zahlenmäßig am rechten unteren Rande des Profils angegeben. Wenn wir diese verschiedenen Flügel, die sich im wesentlichen durch die Stellung des Leitflügels und durch die Zahl der Unterteilung (d. h. durch die Schlitzzahl) unterscheiden, vergleichen, so sehen wir, daß z. B. Flügel Nr. III, der einen breiten Schlitz besitzt, dem Flügel Nr. IV, der einen engeren Schlitz zeigt, nicht nur bedeutend unterlegen ist, sondern daß bei ihm erst auf raumem Kurs (bei 32 Grad) der Maximaldruck entsteht. Der Unterschied beträgt über 10 % (195 Einheiten zu 169 Einheiten). Interessant ist ferner die Ueberlegenheit dieser beiden Schlitzflügel gegenüber dem einfachen Flügel Nr. I (137 Einheiten).

Profil Nr. V, bei dem die Leitfläche nicht in der Verlängerung des Großbaumes — um in der Segelsprache zu sprechen — liegt, sondern etwas nach Lee davon, was der Stellung unseres Vorsegels zum Großsegel am Winde genau entspricht, ist sogar noch etwas besser als Profil Nr. IV (die durchbrochene Linie entspricht bei Nr. V etwa der Bootmittellinie).

Das günstigste Profil von allen hat Nr. VI. Alle Flügel zeigen eine gewisse Ueberlappung, welche zur Erzeugung der günstigsten Düsenwirkung unbedingt notwendig ist. Infolge der doppelten Schlitzwirkung steigt der Druck auf 228 Einheiten, somit eine fast 100prozentige Verbesserung gegenüber Profil I erreichend. Von Interesse sind hier die Längenverhältnisse der drei Flügel, bzw. der Abstand ihrer Vorderkanten voneinander. Fläche 1 steht nämlich bedeutend näher an Fläche 2, als diese von Fläche 3 entfernt ist. Die Abstände verhalten sich etwa wie 1 : 1½. Diese Gedankengänge sind für die Unterteilung von Segeln von Interesse. Sie legen die Vermutung nahe, daß bei der Verwendung von mehreren Vorsegeln der Abstand zwischen dem vordersten Vorsegel zum zweiten kleiner sein sollte als der vom zweiten zum dritten Segel (bzw. Großsegel).

Doppelmastbesegelung

Ausgehend von der Ueberlegung, daß der Mast vor dem Segel (wenn er nicht stromlinienförmig und drehbar angeordnet ist) einen störenden Einfluß auf den Strömungsverlauf der Luft ausübt (siehe Abb. 83), konstruierte ich eine Doppelmastbesegelung. Hierbei schwingt das Großsegel mit freiem Vorliek zwischen den gabelförmig angeordneten beiden Masten. Es wird durch einen Strecker, der durch das Deck läuft, nach unten geholt. Die Masten sitzen auf Deck in Gelenken und lassen sich nach hinten umklappen. Die Falle verlaufen innerhalb der Masten. Das Vorsegel ist bei dieser Konstruktion an dem vorderen Ende des Großbaums befestigt und schwingt somit nach Luv, wenn das Großsegel nach Lee schwingt. Das ganze System wird mit einer einzigen

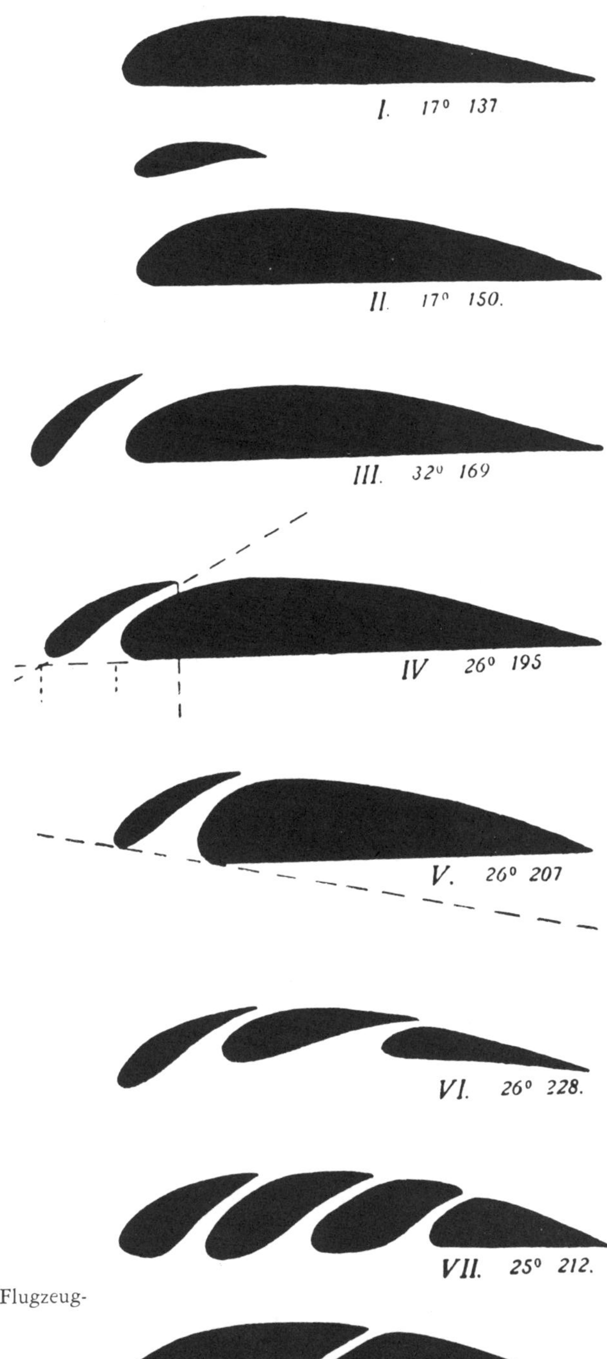

Abb. 82. Flugzeugprofile.

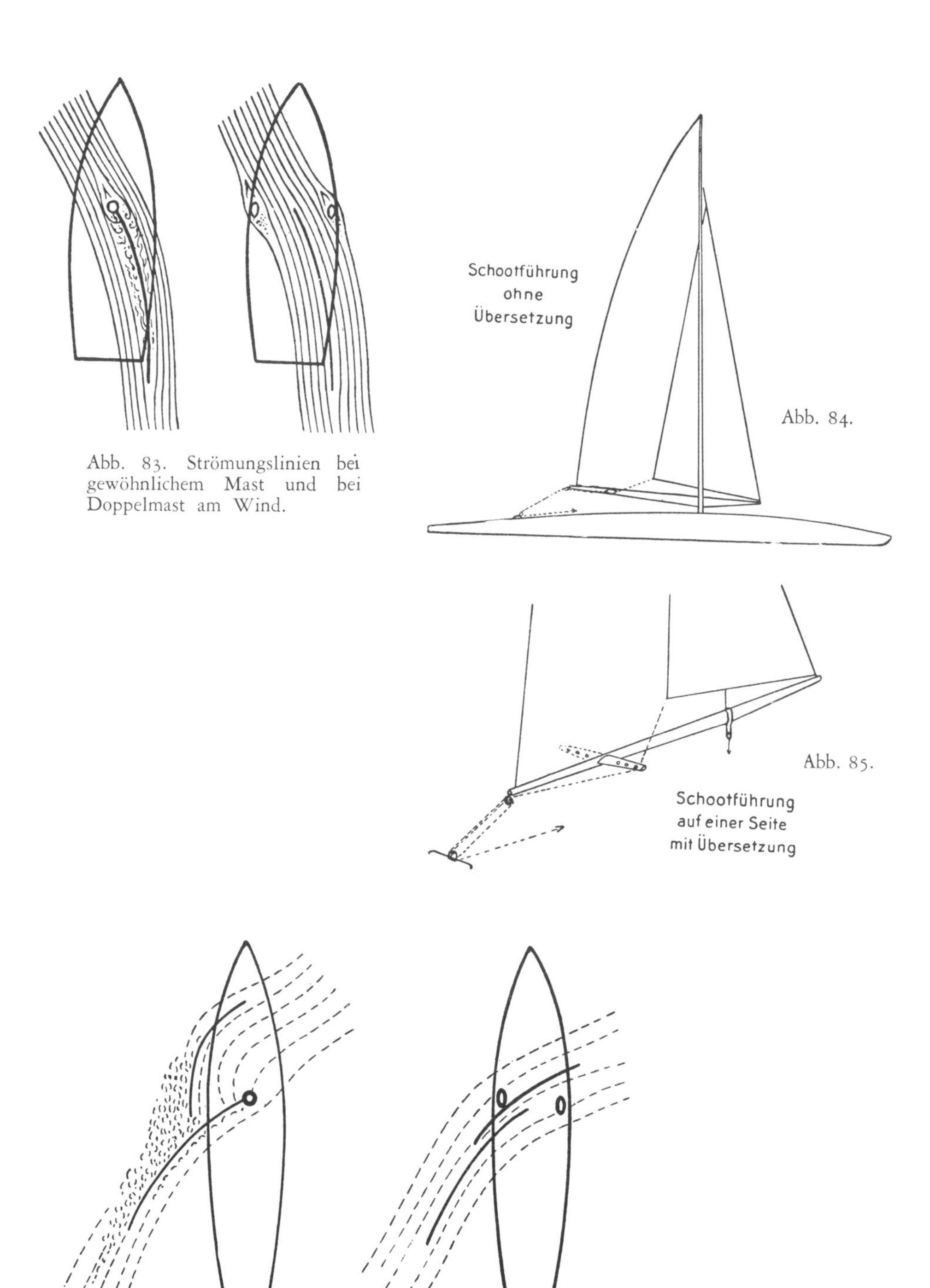

Abb. 83. Strömungslinien bei gewöhnlichem Mast und bei Doppelmast am Wind.

Abb. 84.

Abb. 85.

Abb. 86. Strömungslinien bei raumem Wind.

Abb. 87. 10-m²-Rennjolle mit Doppelmast.

Schoot bedient (siehe Abb. 84 und 85). Hierdurch ist die Einstellung des Vorsegels zum Großsegel auf allen Kursen die gleiche, was eine gute Düsenwirkung zur Folge hat und die Verwendung eines Spinnakers erübrigt (Abb. 86).

Das Boot ist mit einem nach Luv anstellbaren Schwert versehen, wodurch die Abtrift nach Lee aufgehoben wurde (siehe den dreieckigen Schwertkasten, Abb. 80). Ferner waren Vornsteuerung und Bremseinrichtungen ausprobiert worden. Das Boot erwies sich als sehr schnell.

Unter all diesen Neuerungen bewährte sich vor allem die *Bremseinrichtung*, die dann auch bei meinem 20-m²-Renner Anwendung fand. Vor allem vor dem Start und bei Bojenmanövern leistet die Bootbremse Hervorragendes, und ich möchte sie heute an kleinen Rennbooten ebensowenig missen, wie ich mir ein Fahrrad ohne Bremse nicht mehr gut vorstellen kann. Ferner bewährte sich die in Abb. 71 und 80 wiedergegebene Segeltasche, welche die einfachste und bestfunktionierende Lösung des Problems gewölbter Unterlieken darstellt, sehr gut.

Der Doppelmast eignet sich jedoch nur für kleine Boote (mit nicht mehr als 10 m² Segelfläche); bei größeren sind die beiden Masten zu schwer, und es traten auch andere konstruktive Nachteile auf, die nicht überwunden werden konnten. Die Takelage ist daher nur interessehalber hier beschrieben.

Die Bootform ist weitgehend stromlinisiert und zeigt einen sehr tief gehaltenen Bug. Hiedurch unterschneidet das Boot die Wellen, was den Vorteil mit sich bringt, daß es bei Seegang ruhiger liegt und nicht wie alle anderen leichten Fahrzeuge durch Stampfen an Fahrt verliert.

Mehrfache Unterteilung von Segeln

Nehmen wir an, daß wir eine große Jacht mit mehreren hintereinander angeordneten Segeln derart betakeln würden, daß alle Segel sich überlappen. Wenn jedes vorangelegene Segel mit seiner Windaustrittkante das dahinter gelegene Segel nicht backdrücken, also nicht stören soll, muß die Sehne seiner Krümmung wenigstens 10° steiler zum Winde stehen. Hiermit wäre im ganzen eine Abstufung von $5 \times 10° = 50°$ notwendig. Wenn also der Wind auf das erste Segel, sagen wir mit 10° von Luv auffällt, würde das letzte Segel in einem Winkel von 65° zum Winde stehen müssen. Mit anderen Worten: das Boot könnte keine Höhe mehr laufen (Abb. 88).

Da wir erfahrungsgemäß wissen, daß bei zwei Segeln ein Segel davon überlappen darf, können wir das System von sechs Segeln in drei gleiche Doppelsysteme derart aufgliedern, daß das erste überlappt, das zweite nicht überlappt, das dritte überlappt, das vierte nicht überlappt und das fünfte wieder überlappt. Da ein nicht überlappendes Segel von dem dahinter gelegenen unabhängig in bezug auf Anstellwinkel zum Winde ist, kann letzteres ungestört wieder in gewünschte Stellung zum Wind gestellt werden. Auf diese Weise können wir erreichen, daß wir trotz der Ueberlappung der Hälfte der Segel denselben Gesamtanstellwinkel zum Winde einhalten können, wie es bei einem nur mit zwei Segeln betakelten Boot der Fall ist. Der Gesamtwinkel ist also hier nur 25° (Abb. 89). Trotz eines sehr großen Bildermaterials konnte ich nur wenige Jachten finden, denen dieses System zu Grunde liegt. Um so erstaunlicher aber ist die Tatsache, daß die Engländer schon vor 40 Jahren eine Jacht gebaut hatten, welche diese Segeleinteilung besaß. Es ist geradezu bewundernswert, wie herrlich schon damals eine Takelage erraten wurde, die auch jetzt kaum übertroffen werden kann (Abb. 91). Beachte die

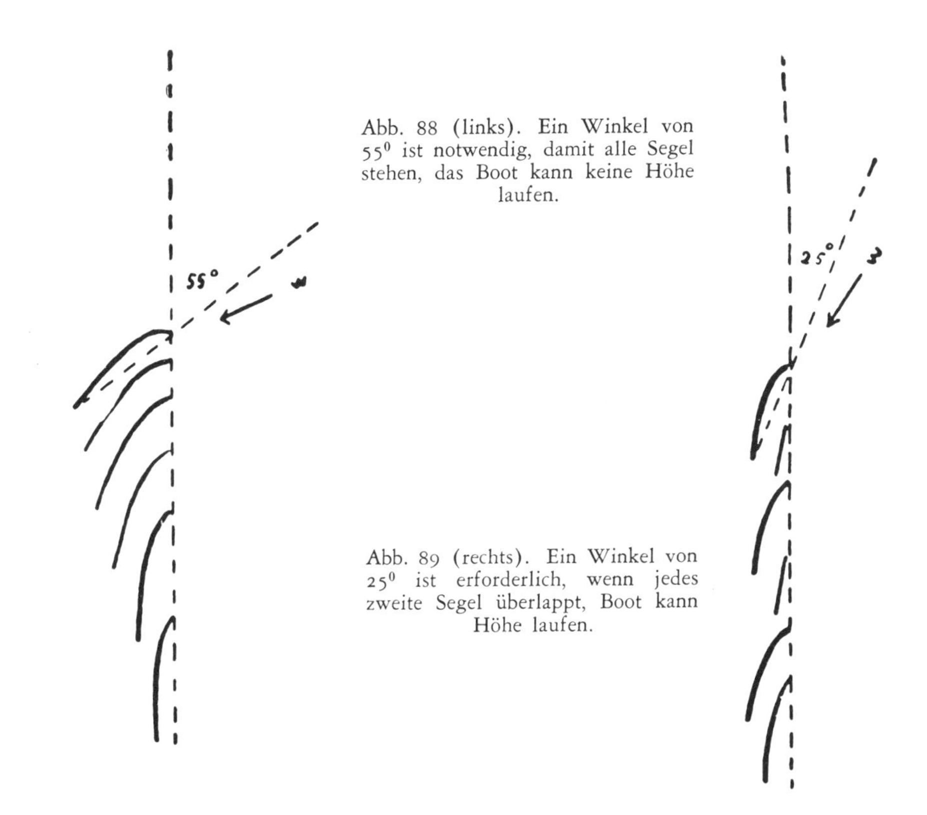

Abb. 88 (links). Ein Winkel von 55° ist notwendig, damit alle Segel stehen, das Boot kann keine Höhe laufen.

Abb. 89 (rechts). Ein Winkel von 25° ist erforderlich, wenn jedes zweite Segel überlappt, Boot kann Höhe laufen.

mächtige Ueberlappung *des ersten Segels,* was nur durch den gemeinsamen Fußpunkt der beiden Segel möglich ist. Auch die auffallend hohe Lage des Schoothorns steht in voller Uebereinstimmung mit den aufgestellten Gesichtspunkten. Weiterhin ist die Ueberlappung des *dritten* Segels von einem Ausmaß, das von unseren modernsten Jollenvorsegeln kaum übertroffen wird. Interessant ist, daß dieses Boot seinerzeit als die weitaus beste Jacht ihrer Klasse galt.

Die verschiedenen Möglichkeiten der Ueberlappung sind in Abb. 92 wiedergegeben. Die Segelanordnung der englischen Jacht finden wir in System Ia (bei 4 Segeln) aufgezeigt.

Nun bleibt noch die Frage zu beantworten: Soll man z. B. bei drei Segeln, von vorne nach hinten gerechnet, schon mit dem ersten Segel zu überlappen anfangen (System Ib) oder soll das erste Segel klein und das zweite Segel groß sein (System Ia)?

Meiner Ansicht nach entstehen die günstigsten Verhältnisse dann, wenn das letzte, also das Großsegel, überlappt wird von dem vor ihm gelegenen. Wenn man also von hinten nach vorne entsprechend in fortlaufender Weise verfährt, so wird also bei zwei Segeln (Großsegel stets mitgerechnet) das erste groß, bei drei Segeln das erste klein,

Abb. 90. Das letzte Vorsegel hat Backwind, durch falsche Form und Anordnung der anderen. (Keine Düsenwirkung.)

Abb. 91. Alte englische Jacht (System Ia).

I. System
a b

II. System

III. System
(nur raumschoots)

bei 3 Segeln

bei 4 Segeln

bei 5 Segeln

bei 6 Segeln

Abb. 92. Ueberlappung bei 3, 4, 5 und 6 Segeln.

Abb. 93.

bei vier Segeln das erste groß, bei fünf Segeln das erste klein und bei sechs Segeln das erste groß sein (Abb. 92, I. System a).

Diese Einteilung liegt darin begründet, daß einerseits die Ueberlappung des Großsegels eine *erprobte* Verbesserung ist, und daß die dem Großsegel zunächstliegende Fock das kürzeste Vorliek hat, das sich infolge geringerem Durchhängen besser für Ueberlappung eignet und auch einen niedriger gelegenen Segelschwerpunkt hat.

II. System: Wollte man mit noch größerer Vorsicht vorgehen, so kann man statt dieser Doppeleinteilung auch eine dreifache Zerlegung derart vornehmen, daß ein Segel überlappt, wobei je zwei Segel nicht überlappen (Abb. 92, II. System).

Es ist interessant, daß viele der schnellsten und erfolgreichsten Jachten, ohne zu wissen warum, aus praktischer Erfahrung heraus diese dreifache Unterteilung zur Grundlage ihrer Segelanordnung haben (Advance).

Auf raumem Kurs ändert sich das ganze Bild insofern, als wir entweder alle Segel überlappen lassen können oder wenigstens von drei Segeln je zwei, mit anderen Worten jedes dritte Segel nicht überlappt (Abb. 92, System III).

Abb. 94. «Ranger» der Goldpokalklasse. (Beachte die Schootenführung des einen Vorsegels).

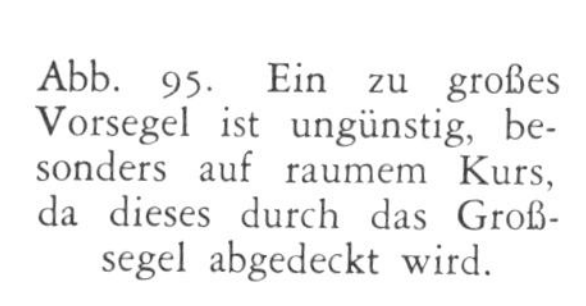

Abb. 95. Ein zu großes Vorsegel ist ungünstig, besonders auf raumem Kurs, da dieses durch das Großsegel abgedeckt wird.

Kinematographische Untersuchungen an Spinnakern mit Löchern

Ist es vorteilhaft, ein Segel an bestimmten Stellen mit Löchern zu versehen? Diese Frage tauchte schon vor vielen Jahren auf, fand aber bis heute noch keine Beantwortung.

In England, Deutschland und vor allem in Amerika sieht man immer wieder Spinnaker, die in der Mitte ein Loch haben oder eine Anzahl von Löchern entlang ihrer Mittellinie aufweisen. Die Frage des Vorteils solcher Löcher wurde je nach dem Erfolg der betreffenden Jacht, welche das Segel verwendete, verschieden beantwortet.

Man ging von dem Gedanken aus, daß durch das Abfließen des Windes durch die Löcher das schädliche und die Kraftentwicklung hindernde Luftkissen vermieden würde.

Aus zwei Gründen habe ich den Vorteil derartiger Windabflußlöcher immer bezweifelt. Erstens war ich der Ansicht, daß der Wind durch diese Löcher überhaupt nicht hindurchfließen würde, da ich annahm, daß eine derartige Strömung durch das vor dem Segel gelegene Luftkissen unmöglich gemacht wird. Zweitens befürchtete ich, daß dann, wenn der Wind wirklich durch Löcher größeren Ausmaßes hindurch ginge, immer noch kein Vorteil erzielt würde, da einer eventuellen Erhöhung des Druckes auf der Luvseite eine Verminderung des Sogs auf der Leeseite gegenüberstünde, da die Luft hier das Vakuum ausfüllt.

Da diese Frage nur durch einen Versuch mit Sicherheit beantwortet werden konnte, untersuchte ich die Strömung mittels Rauch an einem normalen Jollenspinnaker und ließ anschließend noch Messungen im Windkanal durchführen.

Beim ersten Versuch wurde das Segel mit einem Loch von der Größe einer Faust versehen (entsprechend den üblichen bei Spinnakern verwendeten Löchern) und bei einer Windgeschwindigkeit von 2—4 m in der Sekunde untersucht. Dem Luftstrom wurde Rauch beigemischt und die Strömung von vorne, rückwärts und von der Seite mit einer Filmkamera aufgenommen. Die Abb. 97, 98 und 99 dieser Rauchexperimente zeigen deutlich, daß die Luft nicht nur *nicht durch das Loch hindurchgeht,* sondern nicht einmal in die Nähe des Loches gelangt.

Das vermutete Windkissen trat deutlich in Erscheinung, und seine Wirkung ist in den Abb. 97 und 98 schön zu beobachten. Die Luft prallt auf diesem Luftkissen ab, streicht nach allen Seiten (hier vor allem nach unten und seitlich) ab und geht um das Segel herum. Abb. 99 zeigt die Leeseite des Segels. Auch hier tritt klar hervor, daß der Wind *nicht* durch das Loch im Spinnaker hindurchgeht. Die beiderseitigen Wirbel im Lee des Segels sind gut zu erkennen. Ein Vergleich dieser Strömung mit der von mir angenommenen und 1923 in einer Skizze gezeichneten beweist die Richtigkeit meiner damaligen Vermutung.

Abb. 100 zeigt das Segel von der Seite mit einem Loch doppelter Größe. Auch jetzt ist die Wirkung des Luftkissens unverkennbar. Die Luft prallt, lange bevor sie die Segelfläche erreicht, zurück und fließt wie vorhin nach den Seiten zu ab.

Abb. 101 demonstriert uns die überraschende Tatsache, daß die Luft auch bei einem Loch von 18 cm Durchmesser noch nicht durch dieses hindurchstreicht. Auch hier prallt sie auf das Luftkissen auf und wird zurückgeworfen.

Abb. 97. Die Luft geht durch ein kleines Loch im Spinnaker nicht hindurch, sondern weicht seitlich aus. Das Luftkissen im Luv des Segels bleibt bestehen.

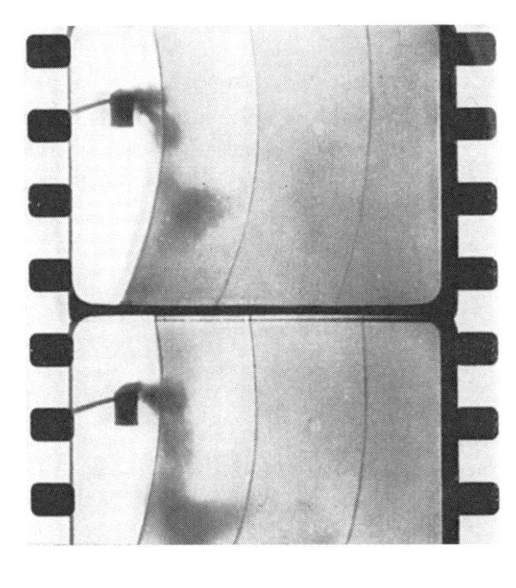

Abb. 98. Sobald der Rauch auf das Luftkissen auftrifft, wird er abgelenkt und geht seitlich um das Segel herum.

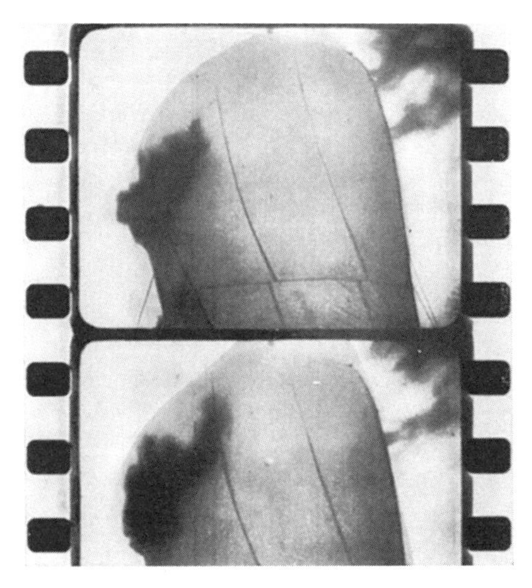

Abb. 99. Dasselbe Bild vom Lee aus gesehen.

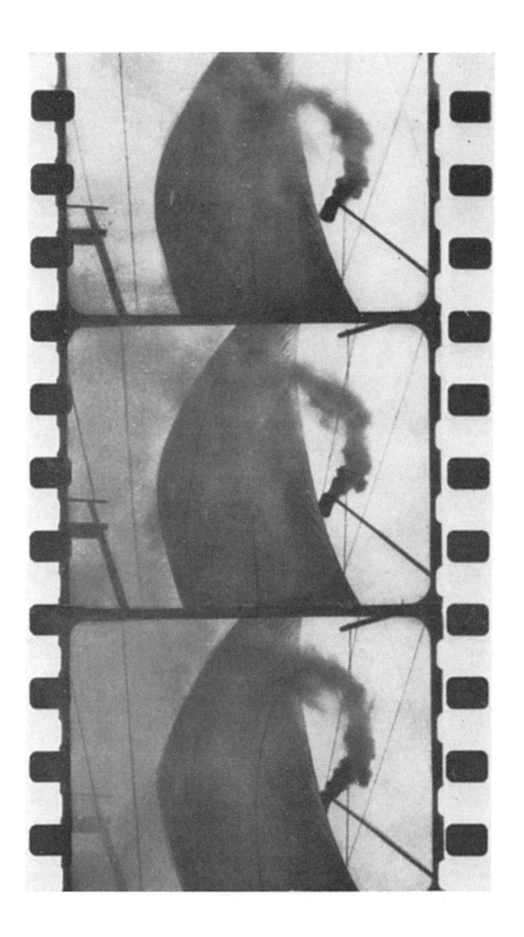

Abb. 100. Auch bei doppelter Lochgröße geht die Luft noch nicht durch die Oeffnung hindurch. Man sieht deutlich, wie der Rauch vom Luftkissen zurückprallt und im Bogen um das Segel herumstreicht (Vergleiche Abb. 107).

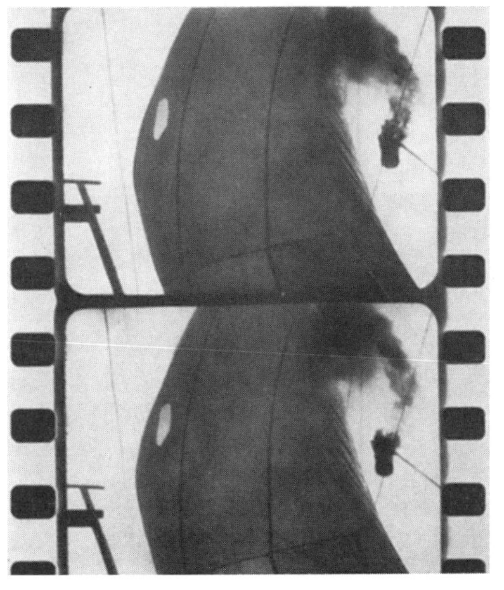

Abb. 101. Selbst durch ein Loch mit einem Durchmesser von 18 cm geht der Rauch noch nicht hindurch.

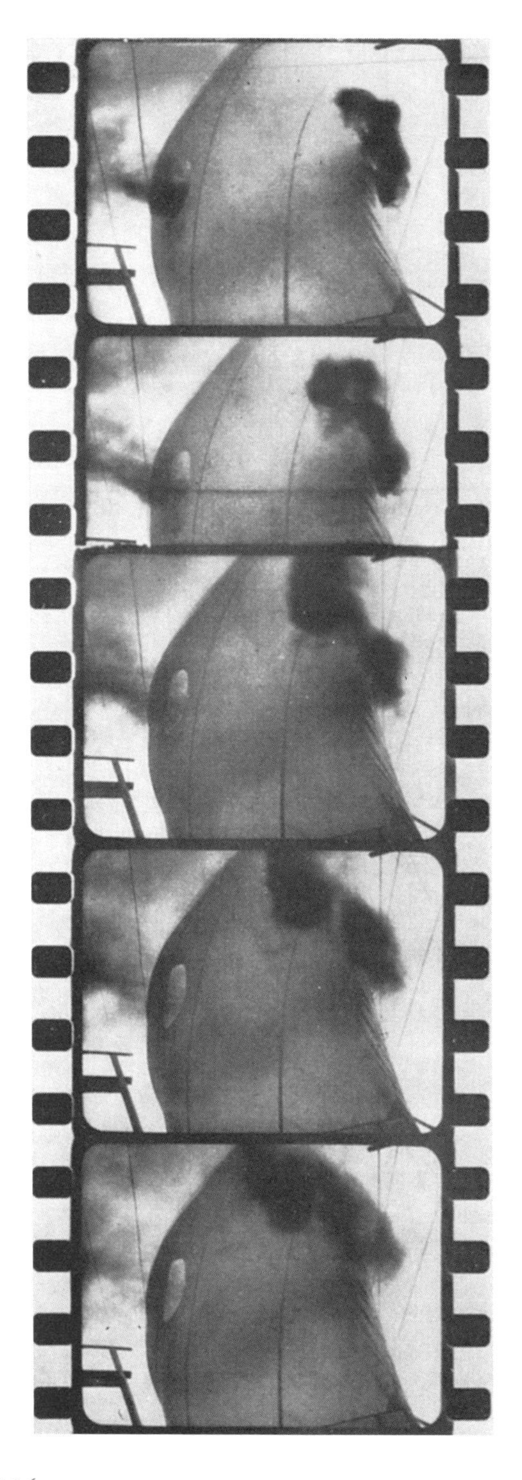

Abb. 102. Wird das Loch auf 28 cm vergrößert, so beginnt ein Teil des Rauches durch dieses hindurchzuströmen.

Abb. 103. Strömungsverlauf bei einem Loch von 32 cm Durchmesser (Luvseite des Segels).

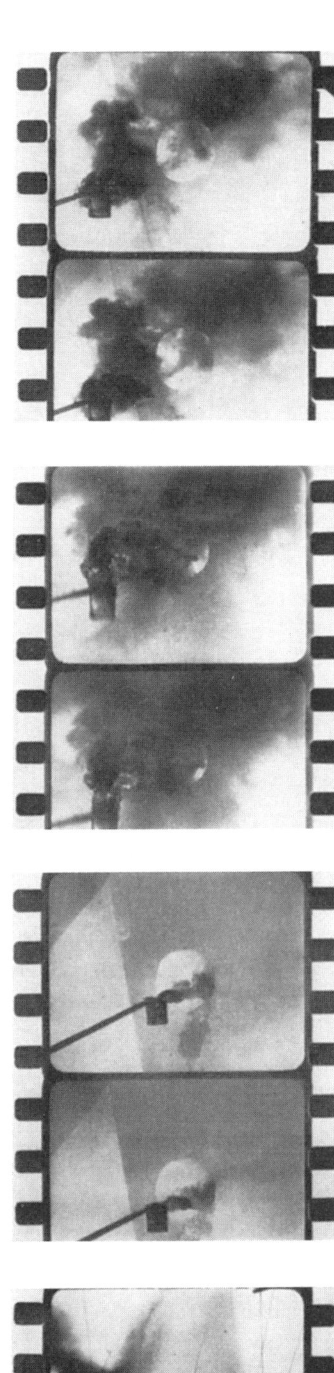

Abb. 104. Jetzt fließt der Rauch durch das Loch im Segel.

Abb. 105. Völlig veränderte Strömung bei großem Loch.

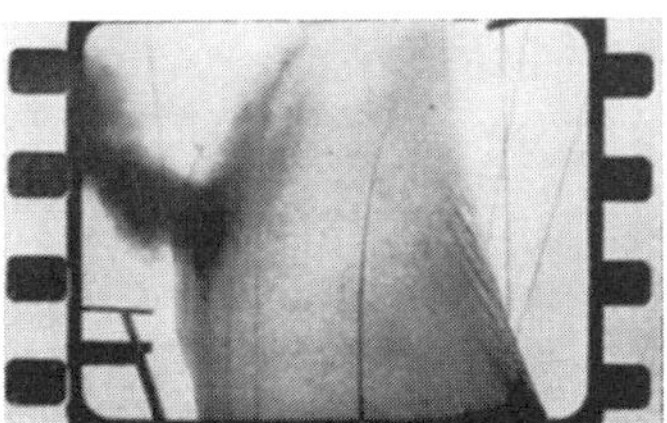

Abb. 106. Dasselbe Bild vom Lee aus gesehen.

Selbst bei einem Loch von 25 cm Durchmesser fließt der Wind noch um das Segel herum, ohne nur in die Nähe des Lochs zu gelangen.

Erst bei einem Loch mit einem Durchmesser von 28 cm sehen wir zum erstenmal eine Veränderung der Strömung (Abb. 102). Die Wirkung des Luftkissens ist jetzt vermindert, und ein Teil der Luft streicht durch die im Segel befindliche Oeffnung; selbst jetzt noch aber fließt der größte Teil über die Seiten ab. Interessanterweise ging die Luft vor allem dann durch das Loch hindurch, wenn der Wind mehr von der Seite auf das Segel zuströmte.

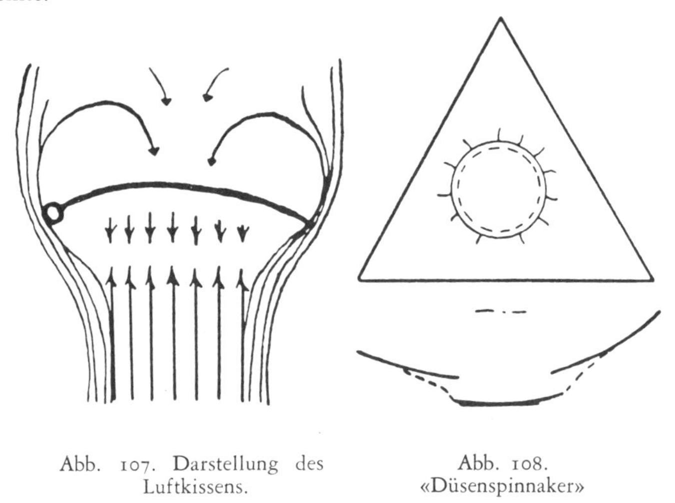

Abb. 107. Darstellung des Luftkissens.

Abb. 108. «Düsenspinnaker»

Der nächste Versuch mit einem Loch von 32 cm Durchmesser brachte eine *völlige Aenderung der Strömung* mit sich. Das Windkissen ist durchbrochen und die Strömung fließt ungehindert durch das Loch hindurch. Der Abfluß nach den Seiten hin hat aufgehört. Abb. 103, 104, 105 und 106 zeigen den Strömungsverlauf bei dieser Lochgröße, wobei Abb. 103, 104 und 105 von Luv und Abb. 106 von Lee aus aufgenommen worden sind.

Das Eintreten dieser Strömungsveränderung scheint von dem Verhältnis der Lochgröße zur Segelbreite abhängig zu sein. Es kann angenommen werden, daß bei einem kleineren Segel ein kleineres Loch genügt, während bei einer größeren Fläche das Loch wesentlich größer sein muß, um den Luftdurchtritt zu gestatten.

Es ist natürlich (und im übrigen auch im Experiment bewiesen), daß die Luft, die durch ein Loch in einem Segel hindurchstreicht, in ihrer Geschwindigkeit beschleunigt wird. So erschien es mir folgerichtig, daß es vielleicht von Vorteil sein könnte, diese Luft einzufangen und so nochmals zu verwerten. Ich befestigte daher genau hinter dem Loch am Spinnaker eine kleine Tuchfläche und konstruierte sozusagen einen «Düsenspinnaker». Da der Druck mit dem Quadrat der Luftgeschwindigkeit zunimmt, mußte also ein durch das Loch um das dreifache beschleunigter Luftstrom auf einer sich dahinter befindlichen Fläche den neunfachen Druck erzeugen; mit anderen Worten, einer Fläche von einem Quadratmeter käme die Wirkung von 9 m² zu.

Da es schwierig erschien, über die Kraftverhältnisse in natura Aufschluß zu erhalten, sandte ich einen kleinen Modellspinnaker aus Tuch, an dem hinter dem Loch mittels Fäden die kleine Fläche befestigt war, an die Versuchsanstalt von Professor Junkers mit der Bitte, die Druckverhältnisse bei verschiedenen Lochgrößen mit und ohne «Düsenfläche» (um dem kleinen Segel einen Namen zu geben) zu messen (Abb. 108).

Die nachfolgend aufgeführten Resultate erbrachten den Beweis: Erstens, daß ein mit einem Loch versehenes Segel weniger Kraft entwickelt als ein Segel ohne Loch. Der erreichte Druck im Segel nimmt ferner mit zunehmender Lochgröße ab.

Zweitens: Die Vermutung des Druckzuwachses durch Anbringung einer kleinen Fläche hinter dem Loch im Segel erwies sich als richtig. Ein derartiger «Düsenspinnaker» mit einem Loch von 12 cm Durchmesser (beim Modell) entwickelte schon beim ersten Versuch eine Kraft, die 6½ % größer war als ein Segel gleicher Größe ohne Loch.

Als wichtigste Gesichtspunkte für die Erreichung größtmöglichen Druckes erwiesen sich:

1. Das richtige Verhältnis von Lochgröße zur Größe der Düsenfläche.
2. Ein bestimmter Abstand der beiden Segelflächen zueinander. Bei den betreffenden Windkanalversuchen mit dem genannten kleinen Modellsegel erwies sich ein Abstand von 10—12 cm als der günstigste.

Wie weit sich ein derartiger «Düsenspinnaker» praktisch bewähren würde, bleibt vorerst noch unbeantwortet. In Anbetracht der Kompliziertheit und eventuellen Verteuerung jedoch möchte ich diesen nicht ohne weiteres empfehlen und die Versuche nur als Experimente aufgefaßt wissen.

Nachfolgend die
Resultate der im Windkanal von Prof. Junkers an einem Spinnakermodell durchgeführten Messungen:

(Höhe des untersuchten Segels: 600 mm, Durchmesser des Segels in der Höhe des Loches 260 mm).

Spinnaker ohne Düse:

Segel ohne Loch	10 270 g Druck
Segel mit Loch von 20 mm Durchmesser	10 050 g Druck
Segel mit Loch von 55 mm Durchmesser	9 640 g Druck

Düsenspinnaker:

Mit Düsenfläche bei einer Lochgröße von 55 mm Durchmesser	9 900 g Druck
Mit Düsenfläche bei einer Lochgröße von 120 mm Durchmesser	10 220 g Druck
Mit Düsenfläche bei einer Lochgröße von 160 mm Durchmesser	10 870 g Druck

Der Durchmesser der Düsenfläche war 160 mm; der Abstand zwischen den Segeln 90 mm. Die Kraftentwicklung jedoch war noch günstiger bei einem Abstand der Segelflächen voneinander von 100—120 mm.

Die Abdeckung

Dieses eigentlich der Praxis angehörende Kapitel bringe ich schon jetzt, da es sich in seiner nicht ganz einfachen Art und seinem Wesen in den Rahmen der vorausgeschickten Betrachtungen besser einfügt.

Die Praxis hat uns gelehrt, daß die Abdeckung, die eines unserer wichtigsten Kampfmittel darstellt (und ein Kampf, nicht ein Nebeneinanderherfahren soll die Wettfahrt sein), stets bei einer gewissen Entfernung am erfolgreichsten wirkt, welch letztere jedoch je nach Wind und Kurs verschieden ist und bald besser, bald schlechter erraten zu werden pflegt.

Ferner wird der Segler bemerkt haben, daß bei dieser günstigsten Abdeckungs-Distanz das Lee-Boot nicht nur abgedeckt, also windlos wurde, sondern daß häufig seine Segel mitsamt den durchgehenden Latten nach Luv hinübergedrückt wurden, mit anderen Worten, einen Druck (= Wind) aus *entgegengesetzter* Richtung erhielten.

Eine genauere Untersuchung mittels nachstehender Methode wird die Richtigkeit dieser Beobachtung bestätigen und die Erklärung dafür geben. Eiffel hat mit folgender Einrichtung die Reichweite der Abdeckung festgestellt und bei verschiedenen Entfernungen die positiven und negativen Drucke gemessen:

An einer horizontal gehaltenen Stange ist an dem einen Ende eine Fläche, welcher wir z. B. Segelform geben können, in ihrer Mitte befestigt, während auf der Stange eine ebensolche Fläche längs derselben verschiebbar angebracht ist (siehe Abb. 109). Wenn nun gegen das erste Segel Wind geleitet wird, so wird bei einem bestimmten Abstand von diesem das zweite bewegliche Segel entweder sich von diesem entfernen oder bewegungslos stehen bleiben — oder — sich gegen den Wind auf das feststehende Segel zu in Bewegung setzen. Der Moment der Ruhe wird bei einer Entfernung von etwa doppelter Breite des abdeckenden Gegenstandes eintreten. Dieser Punkt liegt bei starkem Wind etwas weiter, bei schwachem Wind um ebensoviel näher zum abdeckenden Segel.

Uebertragen wir nun die verschiedenen Eiffelschen Resultate mit Einberechnung sonstiger kleiner Verschiedenheiten auf die Praxis. Vorausgeschickt sei, daß sämtliche Abstände für einen Wind von 10 m/sec gelten und für leichteren Wind etwas verkürzt werden müssen.

Die Bilder von Abb. 109 geben uns für «*vor Wind und raumschoots*» die jeweiligen, in der Windrichtung oder ihr entgegengerichteten Druckgrößen in kg, welche im abdeckenden und abgedeckten Segel erzeugt werden. Wir stellen dabei folgendes fest:

I. Das abgedeckte Segel erfährt bei allen Stellungen, in denen es *näher* als die doppelte Mastlänge vom anderen entfernt ist, eine dem Winde entgegengesetzte Luftströmung (Zeichnung B C D), die bei *Mastlängenabstand* am stärksten ist (Zeichnung D). *Diese Entfernung gibt uns die wirkungsvollste Abdeckung.* Figur A zeigt uns die *Reichweite der Abdeckung: vierfache Mastlänge.* Die Abstände sind für Gaffelsegel auf Mastlänge berechnet, da dies in der Praxis ein leicht abzuschätzendes Maß darstellt. Bei Marconi-Takelagen sind die Abstände entsprechend kürzer zu wählen.

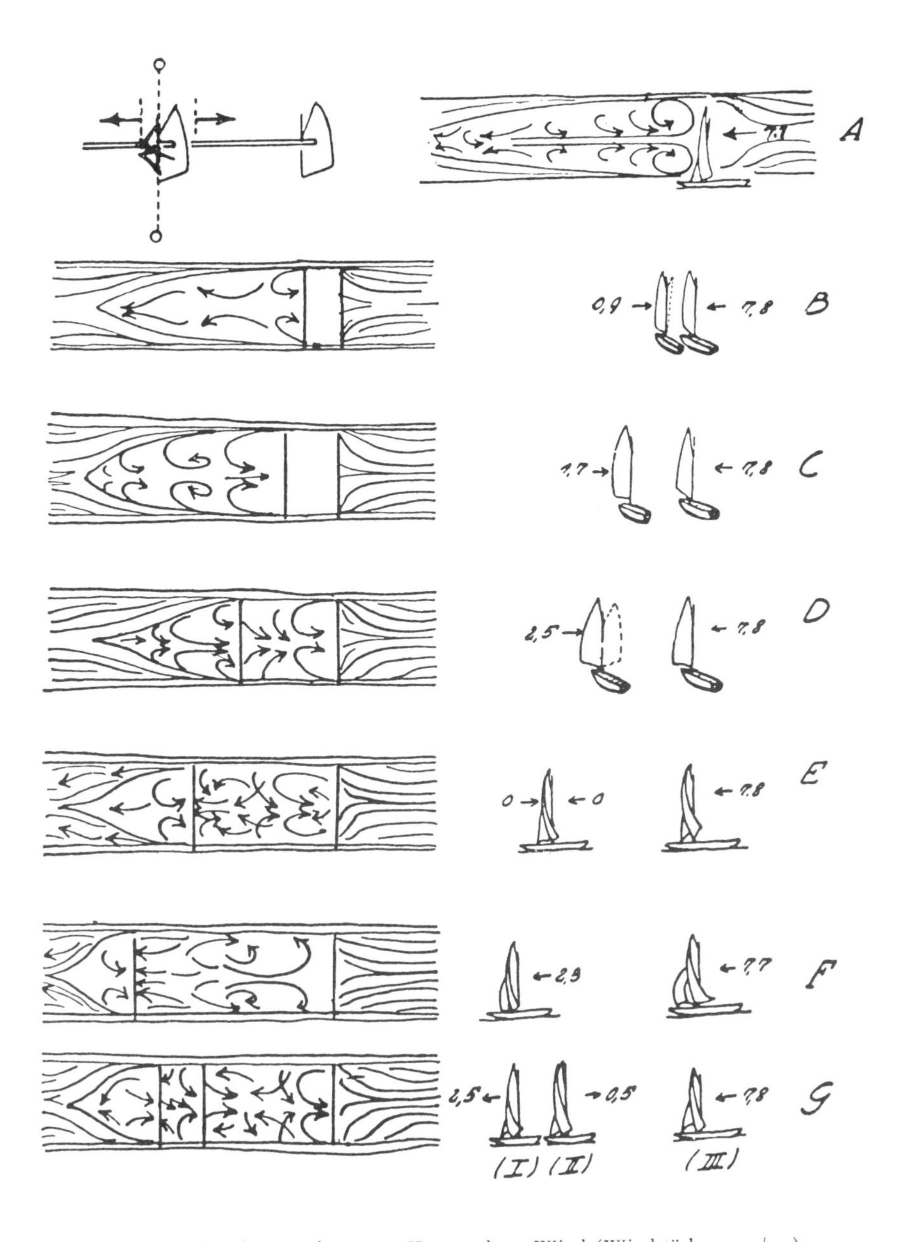

Abb. 109. Abdeckung auf raumem Kurs und vor Wind (Windstärke 10 m/sec).

II. Eine äußerst interessante und bis jetzt völlig unbekannte Tatsache ist die, daß nicht nur das abgedeckte Boot geschädigt wird, sondern auch das abdeckende Boot selbst durch den Akt des Abdeckens einen absoluten Vorteil erringt, d. h. einen um 15 % *erhöhten Druck* im eigenen Segel erzielt!
Genauer genommen: der positive Druck ist derselbe, aber der Sog erfährt infolge veränderter Wirbelbildung eine Verstärkung und mit ihm der Gesamtdruck (vergleiche den Druck von Fig. A mit demselben des abdeckenden Bootes von Zeichnung B C D E F G). Dies ist mit völliger Sicherheit durch Messungen ermittelt worden und somit die Vorstellung eines schädigenden Rück-Abwindes, vom Lee-Boot ausgehend, hinfällig.

III. Ferner ist für uns Fig. G I bedeutungsvoll: Es geht daraus hervor, daß der Windkegel, d. i. die Reichweite der Abdeckung, nicht, wie man vermuten sollte (wie in Fig. A), von jedem abgedeckten Segel neu gebildet wird, sondern daß er sich hinter diesem schließt (G II); die Folge ist, daß ein Boot (I) eventuell *unbehindert unter einem anderen Segel durchlaufen kann, wenn dieses (II) seinerseits von einem Dritten (III) abgedeckt wird* (Zeichnung G).

Wir wissen nun, warum es uns manchmal gelingt, im Lee durchzubrechen, und wir können in Zukunft beurteilen, *wann* dies gelingen wird und wann nicht. Bei sehr unstetem Wind natürlich werden die Verhältnisse komplizierter.

Die Abdeckung für Am-Wind-Stellung unterliegt völlig anderen Gesetzen. Schon bei halbem Wind ist das vorhin Gesagte nicht mehr zutreffend. Die Abdeckung ist infolge des spitzeren Kegels auf etwa *halbe Mastlänge* am wirksamsten. Wenn man näher kommt als eine halbe Mastlänge, wird das Lee-Boot, selbst wenn scheinbar nur noch sein Vorsegel zieht, doch häufig davonziehen können.

Luft- und Wasserwiderstände

Wenn wir kurzhin vom Widerstand sprechen, verstehen wir darunter die Summe zweier hemmenden Kräfte, die wir mit *Form- = Verdrängungs-Widerstand* und *Oberflächenreibung* bezeichnen.

Der Form-Widerstand entsteht durch die Form und ist durch das Auseinanderdrängen des zu durchdringenden Mediums bedingt.

Die Oberflächenreibung ist der Widerstand, der aufgewendet werden muß, um die an der Oberfläche haftenden Schichten loszulösen. Bei kleinen Körpern kann die Oberflächenreibung so stark wirken, daß diese trotz ihrer Schwere nicht zu Boden fallen, sondern in der Luft gleichsam kleben bleiben. Dies tritt z. B. bei Staubteilchen ein, die man im Sonnenlicht umherschweben sieht.

Bekannterweise ist auch die Beschaffenheit der Außenhaut des Bootkörpers von großer Bedeutung. Je glatter wir diese gestalten können, desto geringer wird die Oberflächenreibung sein. Wie die Schuppenhaut der Fische so aalglatt ist, daß es fast unmöglich ist, diese in Händen zu halten, so müssen auch unsere Bootskörper sich nach dem Vorbild der Natur richten. Man könnte sich fragen: «Wie produziert der Fisch diese schleimige Masse, und ließe sich diese nicht chemisch herstellen?» Hier sind wir jedoch auf einem Irrweg. Nicht der Fisch, sondern das Wasser ist der Fabrikant dieser Unterwasserschicht; nicht gesagt jedoch, daß sich dieser Schleim gleich gut an allen Flächen ansetzt. Wie präpariert nun aber der Segler die Bootshaut? Der eine fettet sein Unterwasserschiff ein, der andere seift den Bootskörper kurz vor dem Rennen, der dritte bereibt ihn mit einer Graphitmischung. Alle diese Verfahren sind umständlich und mühsam, und ihr Vorteil kann leicht angezweifelt werden. Das Fetten und Oelen des Unterwasserschiffs hat den Nachteil, daß alle Schmutzteilchen — von denen das Wasser erfüllt ist — ankleben und nach kurzem eine emulsionsartige rauhe Schmiere entsteht. Das Einseifen ist insofern ein Unsinn, als die Seife binnen weniger Minuten abgewaschen wird. Bei den Rennruderern, die ihr Boot ein paar Minuten vor dem Start ins Wasser heben, liegt der Fall natürlich anders. Die dritte Methode, das Unterwasserschiff zu glätten, ist die Graphitierung; ein Gemisch von Graphit und Leinöl wird mit einem Lappen auf die Außenhaut aufgetragen und glatt verstrichen. Diese letztere Art ist zweifelsohne die günstigste von den schon genannten, und ihr Vorteil ist erfahrungsgemäß erwiesen. Freilich ist es manchmal nicht sehr zusagend, wenn man ein schönes weißes Unterwasserschiff schwarz anschmieren soll. Ganz besonders für diesen Fall möchte ich ein anderes und zugleich das einfachste Verfahren empfehlen. Machen wir es den Fischen nach und überlassen wir die Glättung der Schleimproduktion dem Wasser. Wir nehmen also das Boot drei Tage vor dem Rennen aus dem Wasser, schleifen alle Unebenheiten sorgfältig ab und geben ihm sowie Schwert (Flosse) und Steuer einen neuen Anstrich mit gut verdünnter Farbe. Schon zirka am dritten Tage, nachdem das Schiff wieder zu Wasser gebracht worden ist, hat sich der besagte schleimige Ueberzug gebildet und die Außenhaut ist aalglatt. Diese einfachste und natürlichste Behandlung ist meinem Ermessen nach zweifellos die beste. Als Unterwasserfarbe scheint bei Blackvarnish die Schleimansetzung besonders günstig und beschleunigt. Wollen wir ganz besonders sorgfältig sein, so können wir auch dem Ueberwasserschiff eine Behandlung erteilen. Hier ist eine Oelung zweckmäßig. Während am Lack bei jedenmaligem Ueberlegen des Bootes Tropfen an der Außenhaut hängen bleiben, welche diese gleichsam reibeisenartig bedecken und jedesmal durch das Ueberliegen des Bootes wieder abgelöst werden müssen, bleibt das Wasser an einer eingeölten Außenhaut nicht hängen; es fließt reibungslos ab; die Tröpfchenbildung unterbleibt. Wir kehren nun zu unseren allgemeinen Betrachtungen zurück.

Von großer Bedeutung für einen möglichst kleinen Gesamtwiderstand ist das Verhältnis von Formwiderstand zum Reibungswiderstand. Dieser ist bei Luft und Wasser verschieden. Die Flächenreibung der Luft hat einen *relativ* größeren Wert gegenüber dem Formwiderstand als beim Wasser.

Wenn nun das günstigste, den geringsten Gesamtwiderstand erzeugende Verhältnis dann eintritt, wenn Flächenreibung gleich Formwiderstand ist, müssen wir bei den Tieren der Luft andere Formen antreffen als bei denen des Wassers. Das trifft tatsächlich zu. Schnellschwimmende Fische haben schlankere Körper als schnellfliegende Vögel, was auf die im Verhältnis größere Oberflächenreibung der Luft zurückzuführen ist. Würden wir z. B. einem Körper eine unverhältnismäßig große Länge zur Dicke geben, so würde die Oberflächenreibung den Formwiderstand übertreffen, und wir würden in bezug auf den Gesamtwiderstand einen Nachteil daraus ziehen. Schon bei vierfacher Länge zur Breite fängt die Oberflächenreibung an, eine Rolle zu spielen.

Abb. 110. Wilde Enten im Flug; nicht hintereinander, sondern in Pfeilform.

Was für uns weiterhin von besonderer Wichtigkeit sein dürfte, ist folgende, durch Versuche festgestellte Erscheinung: Man hat Körper zuerst durch ruhige Luft gezogen und dann mit gleicher Geschwindigkeit durch Luft, welche sich in wirbelnder Bewegung befand, und gefunden, daß der Widerstand in gestörter Luft um 60 % größer ist als in ruhiger Luft.

Dies spielt sowohl im Wasser wie in der Luft für uns eine nicht zu unterschätzende Rolle, und ich verweise hier auf die höchst unangenehme Erfahrung, die man macht, wenn man in das Kielwasser einer Jacht oder in deren gestörten Wind geraten ist. Beobachten wir einmal den Flug der Enten: sie fliegen nie hintereinander, sondern immer entweder in Pfeilform oder in ganz bestimmter Gruppierung, um ja nicht in die von den vorausfliegenden aufgewirbelte Luft zu geraten. Für uns folgt daraus: Nicht im Kielwasser eines Bootes fahren! (Abb. 110). (Nur bei Jachten mit großer Wasserverdrängung überwiegt manchmal die saugende Wirkung im Kielwasser den Nachteil vermehrter Wirbelbildung.)

Wir kommen jetzt zu dem Prinzip der Tropfenform. Der Ausdruck «Tropfenform» ist genau genommen falsch, da der Wassertropfen in der Luft nicht die früher vermutete Tropfenform besitzt, sondern vielmehr infolge seiner Oberflächenspannung fast rund ist. Dies wird auch durch die Kreisform des Regenbogens bewiesen. Man müßte also, um ganz korrekt zu sein, nur von «Stromlinienform» reden. Bei dieser idealen Form, dem sogenannten Stromlinienkörper, wird der an der stumpfen Vorderseite entstehende Formwiderstand durch das Zusammenziehungsvermögen des ihn umgebenden Mediums, das

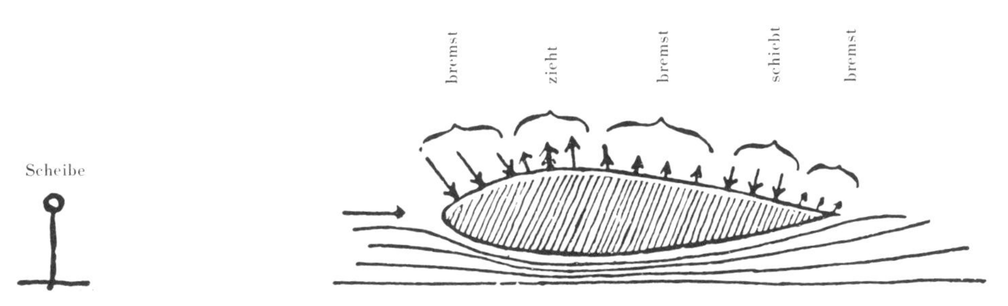

Abb. 111. Der Widerstand zwischen der oben abgebildeten Tropfenform und der links davon abgebildeten kleinen Scheibe ist *gleich groß*.

Abb. 112. Luftwiderstandsgrößen verschiedener Körper mit gleichem Durchmesser.

auf den hinteren Teil treibend wirkt, wieder gutgemacht, und es bleibt nur noch die Oberflächenreibung als hemmende Kraft übrig. Wir haben also in dieser Form, deren Linien erst seit relativ kurzer Zeit erkannt worden sind, die günstigste Form, um Wind und Wasser mit denkbar geringem Kraftaufwand zu durchschneiden. Durch Luftdruckmessungen längs der Oberfläche mittels eigener Meßapparate (Pitotrohre, die an die Oberfläche münden) findet man an den einzelnen Stellen des Stromlinienkörpers positive und negative Drucke. Wo wir positive Werte haben, prallen die Luftkörperchen auf, wo wir negative Werte haben, machen sie sich los, und wir bekommen saugende Wirkung. Diese Drucke, welche in Abb. 111 mit Pfeilen angedeutet sind, lösen sich von vorne nach hinten in dem Maße ab, daß sie sich theoretisch so ziemlich das Gleichgewicht halten. Sehr schön lassen sich diese Einwirkungen der umgebenden Luft bei Luftschiffen beobachten, bei denen die Bespannung, den verschiedenen Drucken entsprechend, hier nach innen gedrückt, dort nach außen gewölbt ist. Häufig bilden sich sogar

Abb. 113. Eisplatte, durch strömendes Wasser zu der Form des geringsten Widerstandes abgeschliffen.

Eisstücke, welche in strömendem Wasser durch irgend ein Hindernis festgehalten werden, zur Stromlinienform aus, indem der Fluß so lange heftig mit seinem reißenden Wasser an der Eisscholle nagt, bis *die* Form hergestellt ist, die ihm das kleinste Hindernis, den kleinsten Widerstand entgegensetzt. Es sind Schleppversuche mit Eisplatten vorgenommen worden, welche jedoch infolge des durch das voranfahrende Boot erzeugten unruhigen Wassers keine genauen Resultate geben können.

Wie schon früher erwähnt, ist die Länge des Tropfens abhängig von seiner Geschwindigkeit, bzw. von der Geschwindigkeit des ihn umströmenden Mediums, indem seine Form mit steigender Geschwindigkeit länger und schmäler wird.

Ich hatte das Glück, eine Eisplatte, welche sich von unten in einem Fluß verfangen hatte, photographieren zu können. Die Geschwindigkeit des Wassers entsprach etwa doppeltem Fußgängertempo. Da es eine große Seltenheit ist, so reine von der Natur gezeichnete Linien zu beobachten, bringe ich die beiden Bilder, welche den Eistropfen, von hinten und von der Seite aufgenommen, zeigen (Abb. 113, 114).

Auch wird sich mancher an die sog. «Tränen» erinnern, die beim Bleigießen entstehen können, welche auch nichts anderes darstellen als die günstigste Widerstandsform, welche das flüssige Blei annimmt, wenn es, im Wasser zu Boden gleitend, kalt wird und erstarrt.

Wie sehr der Widerstand durch die günstige Form vermindert werden kann, zeigen uns die auf verschiedenen Formen von gleichem Maximalquerschnitt wirkenden Luftwiderstandsgrößen, welche in Abb. 112 angegeben sind. Durch richtige Profilierung erreichen wir, wie ersichtlich, über 90 % Verbesserung.

Interessant ist der erreichte Vorteil, wenn Automobilkarosserien stromlinisiert werden. Vergleichen wir die beiden Skizzen. Im einen Fall (Abb. 115) entstehen große Wirbel, welche den Staub der Straße mit sich ziehen und die Blätter aufwirbeln lassen. Bei der stromlinisierten Karosserie tritt dies nicht ein. So hat Jarry als erster diese Tatsachen experimentell erfaßt und folgende beachtenswerte Zahlen für die Widerstandsgröße bei einem gewöhnlichen, geschlossenen Wagen und bei einem Stromlinienwagen ermittelt:

Geschwindigkeit (Meilen in der Stunde)	38	44	50	
Gewöhnliche Limousine	7,0	11,0	16,5	Pferdestärken
Stromlinien-Auto	2,4	3,8	5,7	Pferdestärken

Abb. 114. Die gleiche Eisscholle von rückwärts gesehen.

Abb. 115. Wirbelbildung bei altmodischem Auto. Die Saugwirkung ist größer als der frontale Widerstand.

Hieraus ersehen wir, daß zirka dreimal so viele Pferdekräfte notwendig sind, um mit einem nicht-stromlinisierten Wagen dieselbe Geschwindigkeit zu erreichen wie mit einem Stromlinien-Auto. Mit anderen Worten: bei einer günstig geformten Karosserie läßt sich ein schwächerer Motor verwenden und damit der Benzinverbrauch verringern.

Aehnliche Versuche lassen sich mit einem Fahrrad anstellen. Wenn wir daran denken, wie schwer es ist, ein Fahrrad gegen den Wind vorwärts zu bewegen, wird uns die Größe des Luftwiderstandes am besten bewußt. Abb. 117 illustriert den Luftwiderstand, der bei zwei verschiedenen Geschwindigkeiten (10 und 30 km je Stunde) von einem Radfahrer mit und ohne Stromlinienform, überwunden werden muß.

Es wäre falsch, anzunehmen, daß der Luftwiderstand nur bei großen Geschwindigkeiten eine Rolle spielt. Obwohl der Widerstand im Quadrat zur Geschwindigkeit zu-

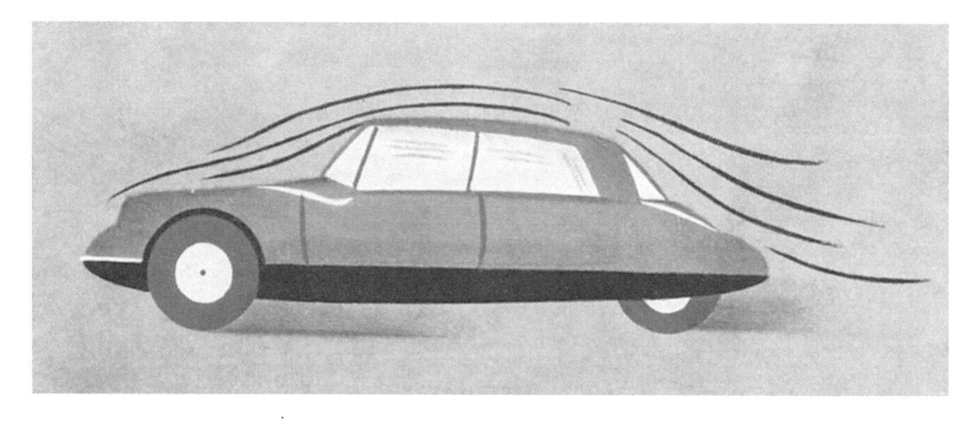

Abb. 116. Stromlinien-Karosserie; die Luft fließt ohne große Wirbel ab. Nur geringe Staubbildung.

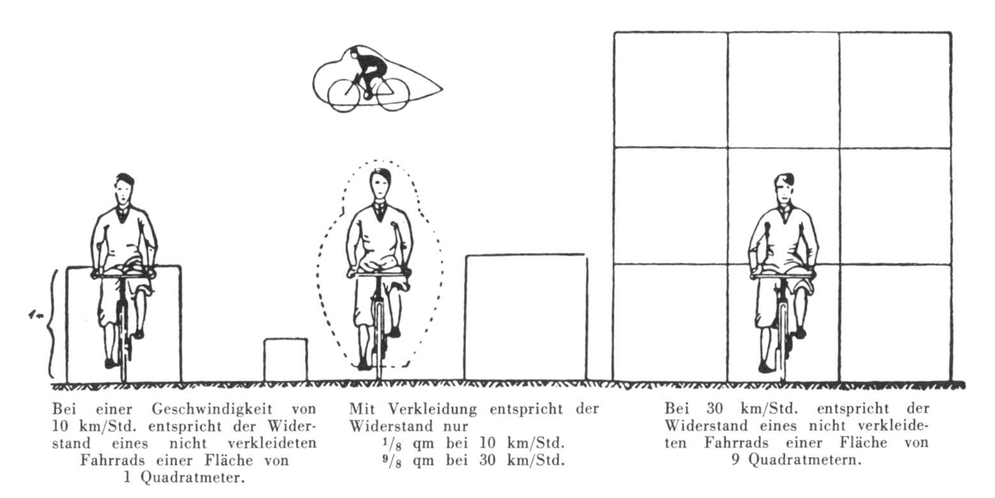

Abb. 117. Graphische Darstellung des Luftwiderstandes eines Radfahrers mit und ohne Verkleidung bei Geschwindigkeiten von 10 und 30 km/Std.

nimmt, kommt er doch dann schon bei geringeren Geschwindigkeiten zur Geltung, *wenn die antreibende Kraft gering ist,* wie dies z. B. bei einer Jacht bei leichtem Wind und Flaute der Fall ist. Hier kann sogar der Reibungswiderstand größer als die antreibende Kraft sein. Ein Boot mit glatter Oberfläche und Stromlinienform wird sich dann oft noch vorwärtsbewegen, wenn eine gewöhnliche Jacht dies nicht mehr tut. Aus diesem Grunde habe ich meinen Booten nach Möglichkeit auch über Wasser Stromlinienform gegeben (siehe z. B. Abb. 165, 256).

Diese Gesetze ließen sich sehr schön an einem Fahrzeug studieren, das ich in meinen Jugendjahren erfand und das ich als «Landskiff» bezeichnete. Gleichsam wie ein Skiff auf Rädern wird dieses mit Ruderbewegungen und bei Verwendung eines Rollsitzes fortbewegt. Die Vorderachse wird durch einen Lederriemen, der sich auf dieser auf- und abwickelt, angetrieben. Die Steuerung erfolgt mittels der Fußpedale auf die Hinterräder. Die Fahrzeuge selbst waren aus Aluminium gebaut, also sehr leicht. Vergleichende Fahrten von zwei Landskiffs, von denen das eine eine Stromlinienkarosserie besaß und das andere unverkleidet war (siehe Abb. 118 und 119), ergab für das stromlinisierte Fahrzeug eine Geschwindigkeit von über 50 km in der Stunde und für das andere nur 28 km Maximalgeschwindigkeit.

Es bedurfte großer Kraftanstrengung, die unkarossierte Maschine gegen den Wind zu rudern, während dies bei Windstille weniger Mühe machte. Im Gegensatz hierzu war es ein Vergnügen, das stromlinisierte Landskiff gegen starken Wind zu rudern, wobei kaum ein Unterschied zu merken war, ob das Fahrzeug bei Gegenwind oder Rückenwind fuhr. Bei diesen Maschinen, welche nur durch die Muskeln des Körpers vorwärtsgetrieben werden und wo nur ein Viertel Pferdestärke zur Verfügung steht, spielt der Luftwiderstand eine enorme Rolle. Der arbeitende Körper bemerkt die aufzuwendende Energie sehr genau.

Abb. 118. «Curry»-Landskiff, Doppelsitzer.

Abb. 119. «Curry»-Landskiff, Einsitzer mit Stromlinienverkleidung.

Diese Widerstandsfragen sind für den Segler von größter Bedeutung.

Z. B. ist eine noch so scharfe, dünne Schwertplatte mit Abstand schlechter als ein vorne profilartig verdicktes, gegen hinten scharf zulaufendes Schwert. Dies fällt besonders dann auf, wenn eine Fläche unter einem gewissen Anstellwinkel durch das Wasser gezogen wird, und das ist infolge der Abtrift eines Bootes um zirka 2—5 ⁰ beim Schwert immer der Fall. Auch resultiert aus dem ständigen Luven und Abfallen der kleinen Boote stets ein beträchtlicher durchschnittlicher Anstellwinkel des Schwertes gegen das

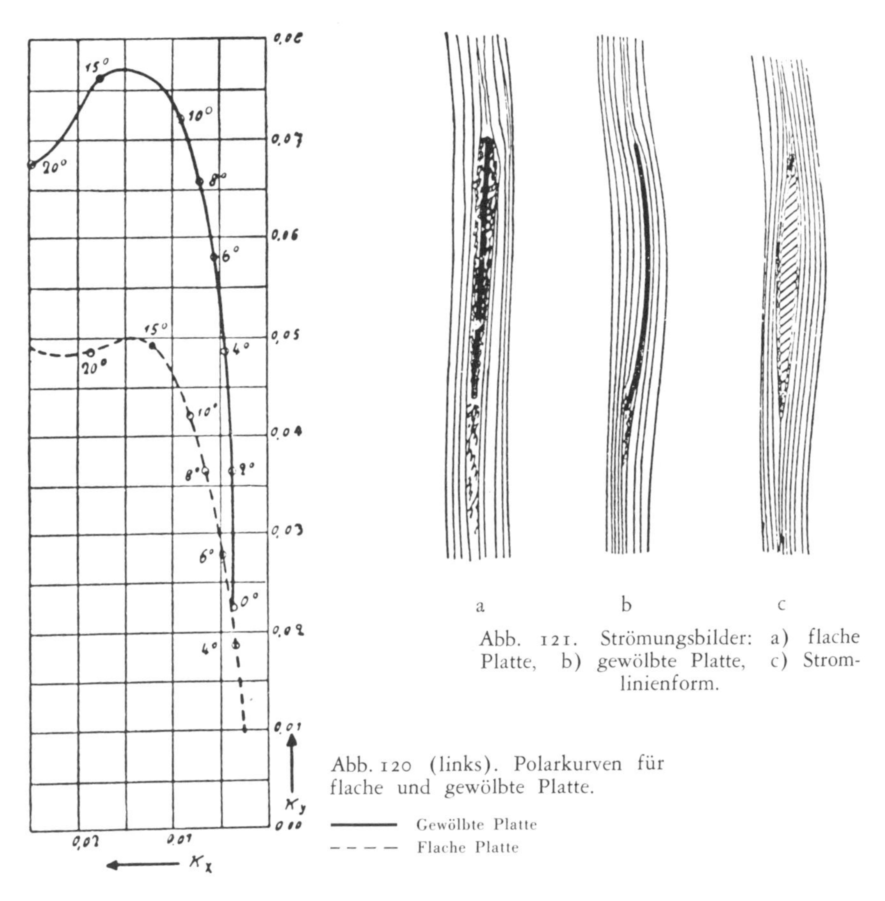

Abb. 121. Strömungsbilder: a) flache Platte, b) gewölbte Platte, c) Stromlinienform.

Abb. 120 (links). Polarkurven für flache und gewölbte Platte.

——— Gewölbte Platte

- - - - Flache Platte

Wasser. Bei unseren jetzigen scharfen Schwertern wird das Wasser bald links, bald rechts in Wirbel gepeitscht, was bei einem profilierten Schwert nicht eintreten würde. Der eventuelle Nachteil, daß man bei einem breiteren Schwertkasten auch mehr Wasser mitziehen würde, ließe sich durch entsprechende Konstruktion vermeiden. Das gleiche Gesetz wie für das Schwert gilt auch für die Form des Ruderblattes. Absolut fehlerhaft aber ist es, wenn man den Jachten Flossen mit scharfer Vorderkante gibt. Die Boote kleben, wenn sie nicht absolut ruhig gesteuert werden, d. h. wenn die Pinne nicht sehr

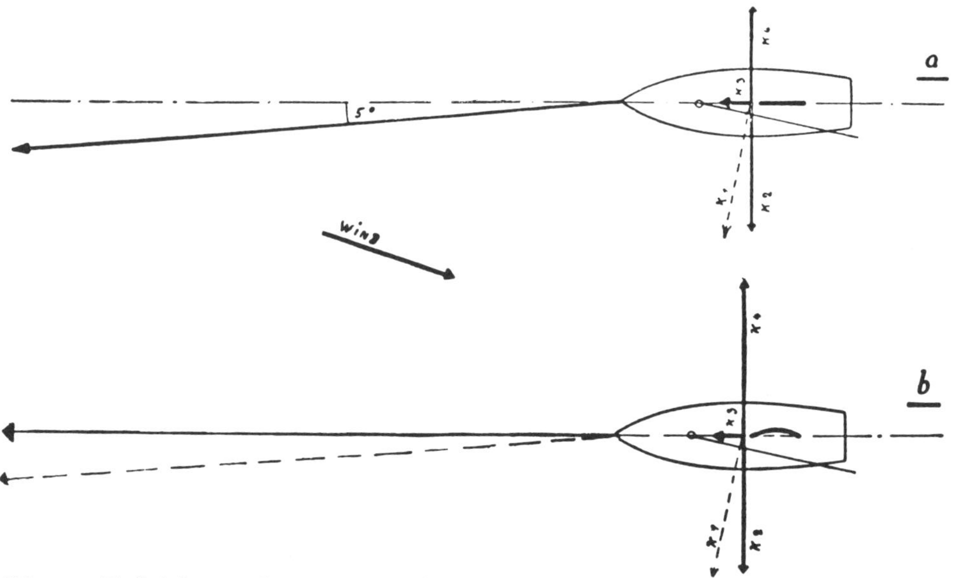

Abb. 122. Einfluß des gewölbten Schwertes auf den Kurs.

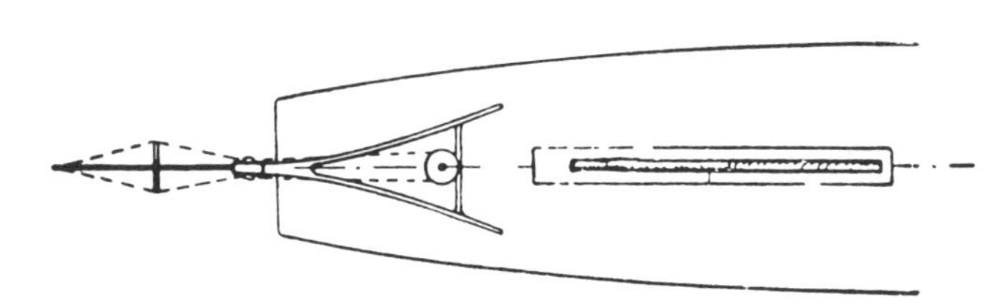

Abb. 123. Wölbbares Ruderblatt.

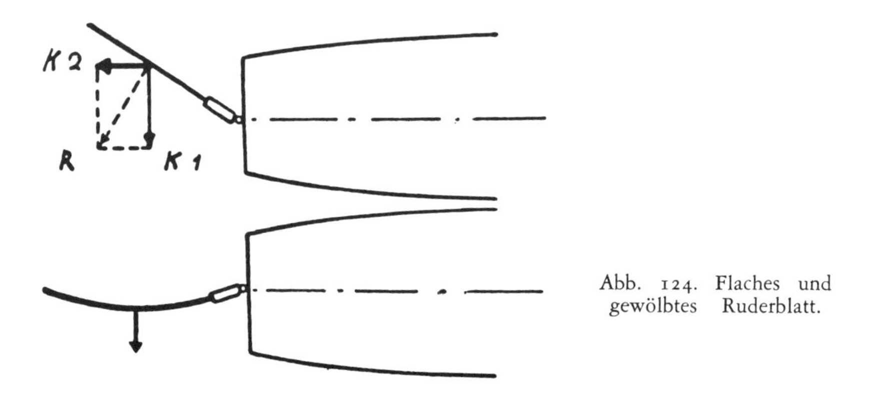

Abb. 124. Flaches und gewölbtes Ruderblatt.

ruhig, nur um wenige Zentimeter bewegt, geführt wird; außerdem verlieren sie beim Wenden und Bojerunden ihre ganze Fahrt.

Die Konstruktion gewölbter oder nach Luv angestellter Schwerter bringt gewisse Schwierigkeiten mit sich, so daß sich diese nur für ganz gewisse Bootsarten eignen. Sie werden mit gutem Erfolg bei den sog. *scows* in Amerika verwendet. Wir finden diesen flunderähnlichen Bootstyp (siehe Abb. 184) im Mittelwesten sehr zahlreich vertreten. Starts von 60 Booten sind keine Seltenheit. Die scows werden in verschiedener Größe und somit im Rahmen verschiedener Klassen gebaut, und es dürften weit über tausend Boote auf den Binnenseen segeln. Dieser Boottyp hat, wie in Abb. 125 skizziert, zwei

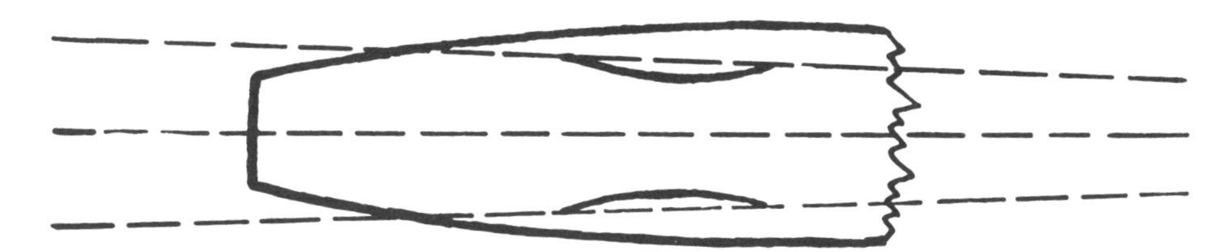

Abb. 125. Anstellbares Schwert.

Schwerter, von denen jeweils das in Luv befindliche aufgeholt wird. Die Schwerter sind in Verwirklichung meiner in früheren Auflagen meines Buches gemachten Anregungen schwach gewölbt und in ihrer Achse leicht nach Luv angestellt. Im übrigen sind auch zwei gekuppelte Steueroberflächen vorhanden, da bei Lage des Bootes immer nur eine Fläche zu Wasser kommt. Die Masten sind durchwegs drehbar angeordnet. Diese Boote gelten als die schnellsten Amerikas, und ich hatte Gelegenheit, mich davon während mehrerer Regatten, an denen ich teilnahm, zu überzeugen. Bei leichtem Wind allerdings sind die Schiffe wegen ihrer großen benetzten Bootoberfläche relativ langsam.

Abb. 126. Stromlinienschwert, das beste Profil.

Stromlinisierte Masten sind dann von großem Vorteil, wenn sie drehbar sind. Wir dürfen uns nicht vorstellen, daß hier der Vorteil allein in der Verminderung des Widerstandes zu suchen sei; es spielt hier ein viel wichtigeres Moment mit, und das möchte ich wiederholt betonen: Die Luftfäden werden bei der Am-Wind-Stellung nicht gebrochen, sondern gebogen. Wenn der gewöhnliche Mast die Luft anschneidet, so zerreißt er sie und übergibt sie dem Segel in Wirbelform. Diese Luft hat dann einen großen Teil ihrer Kraft verloren, der Sog in Lee ist stark geschwächt und das Segel bekommt die um 60% erhöhte Flächenreibung am Tuch zu fühlen.

Ebenso muß sich, wie erwähnt, die *Form der Flosse* streng an die des Stromlinienkörpers halten (Abb. 126); desgleichen z. B. auch der Querschnitt der Saling. Die Wanten sollten, soweit sie beim Ueberliegen des Bootes ins Wasser kommen, von einer tropfenförmigen Verkleidung umgeben sein. Sowohl der größere Widerstand als auch das Spritzen des Wassers ist dadurch behoben. Die Falle sollten nicht nebeneinander, sondern hintereinander am Mast herunterlaufen, denn ihr Widerstand, der sich schon bei mittelstarkem Wind durch das gewohnte Surren oder Pfeifen zu erkennen gibt, wird sehr unterschätzt; man bedenke, daß kleine Boote im Sturm allein durch den Widerstand des Mastes und des Tauwerkes umgeworfen werden können. Beachten sollte man auch die Möglichkeit eines verspannungslosen Mastes, in dessen Innerem die Falle laufen; wie bei den Flugzeugen die Tragflächen verspannungslos geradezu enorm große Drucke aushalten, so müßte ein gebauter Mast von richtiger Innenkonstruktion oder vielleicht aus Duraluminium herzustellen sein.

Zu guter Letzt sollte sich die Bootwasserlinie, von unten gesehen, ziemlich an die Stromlinienform halten und, soweit dies aus Vermessungsgründen nicht möglich ist, muß der Führer — und das ist eines der Hauptgeheimnisse der Führung — das Boot auf Stromlinienform legen. Dies kann durch Krängen oder Gewichtsverschiebung nach vorne in den meisten Fällen erreicht werden. Wir verstehen jetzt auch, warum manche Boote immer künstlich gelegt und auf die Nase gedrückt werden müssen. Auch bei den älteren Jollen war ein beträchtliches Krängen noch notwendig, was bei den neuen nationalen Binnenjollen nicht mehr gemacht zu werden braucht, da sie in normaler Lage bereits einen spitzen, richtig geformten Wasserabfluß haben.

Wir können uns denken, daß auch das Segel in der Luft einen gewissen Flächenwiderstand an der verhältnismäßig rauhen Fläche hervorruft. Es interessiert uns, ihn zu beachten. Zu diesem Zweck ist gewöhnlicher Segelstoff untersucht worden, und es hat sich herausgestellt, daß bei zirka 100 m^2 längsseits vom Winde bespültem Stoff ein Reibungswiderstand entsteht, der dem absoluten Widerstand von 1 m^2 senkrecht vom Winde getroffener Fläche entspricht.

Für eine nationale Binnenjolle würde der Flächenwiderstand des Segels auf die runde Form des menschlichen Körpers umgerechnet einem Widerstand von etwa zwei auf Deck sitzenden Personen entsprechen; bei einer 6-m-R-Jacht etwa dem Widerstand von vier Personen. Demnach ist also die hemmende Wirkung doch beträchtlicher, als man im allgemeinen vielleicht anzunehmen gewöhnt ist. Auch die Natur hat auf die *Glätte* der Flügel großen Wert gelegt. Für uns ist also die Stoffbeschaffenheit doch nicht so ganz gleichgültig, und Herr F. Skell hat, um die Wirkungsmöglichkeit des Windes besser zu veranschaulichen, für mich 4 Segelstoffe unter dem Mikroskop photographiert: Nr. 1 stellt einen guten, glatten Stoff dar, Nr. 2 einen rauheren Stoff und Nr. 3 einen mittelmäßig rauhen Stoff, von dem Nr. 4 in Petroleum getaucht ist (Abb. 127).

Der gewaltige Unterschied, den wir sonst kaum beachten würden, da wir die Unebenheit des Stoffes nicht mit dem bloßen Auge sehen, die aber die Luft fühlt, tritt hier deutlich hervor. Wir sehen auch, daß der in Petroleum getauchte Stoff keine wesentliche Aenderung in bezug auf Glätte erfährt, und daß die abstehenden Fäden durch diese

1 2

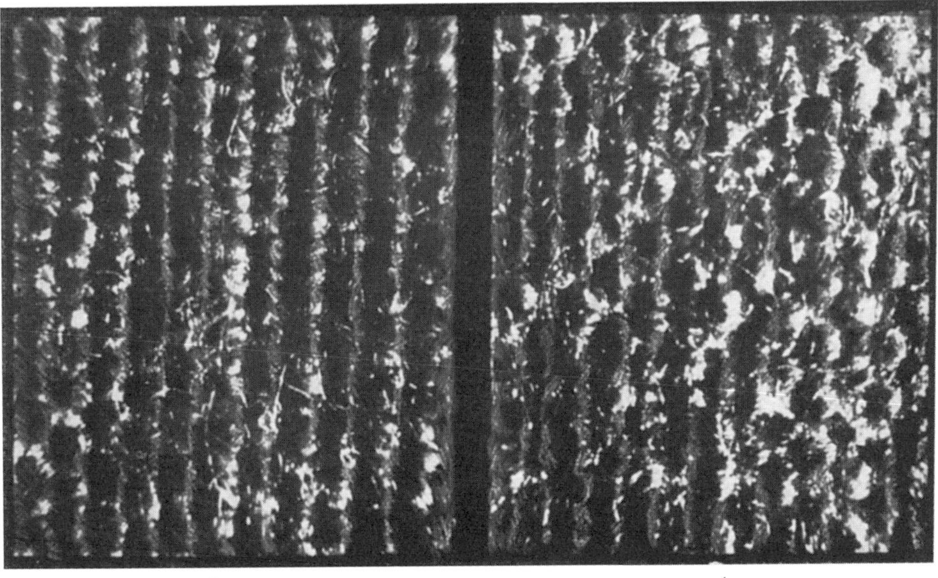

3 4

Abb. 127. Segelstoff unter dem Mikroskop.

(Der Leser sei auf ein optisches Phänomen aufmerksam gemacht: Wenn Photo Nr. 2 gewendet wird, so daß das Tageslicht von der anderen Seite auf das Bild fällt, so erscheinen die Erhöhungen im Stoffmuster als Vertiefungen oder umgekehrt.)

Behandlung sich nicht etwa anlegen. Messungen des Reibungswiderstandes an Stoffen, welche in der Versuchsanstalt in Göttingen vorgenommen wurden, ergaben folgende Werte:

Verhältniszahlen der Widerstandsgrößen:

Widerstandsgröße an gewöhnlichem glatten Stoff 83
Widerstandsgröße an demselben Stoff, nur sind die Fasern mit einer Flamme abgesengt 50
Widerstandsgröße an demselben Stoff mit dreimaligem Zellonanstrich . . . 47

Wir sehen, daß eine Verminderung des Widerstandes bis zur Hälfte möglich ist, was annähernd dem Widerstand einer auf Deck sitzenden Person gleichkommt, und wir wissen nun, daß wir in der Wahl des Stoffes diesen Punkt nicht übersehen dürfen. Es ist vorgeschlagen worden, Segel vor dem Rennen mit einem nassen Tuch in der Horizontalrichtung von vorne nach hinten abzustreichen oder große Segel anzuspritzen. Das mag höchstens das Anliegen der Stoffasern veranlassen! Ich verspreche mir nicht viel von dieser Methode, da meistens ein schlechter, faltenreicher Sitz des Segels die natürliche Folge ist. Sehr viel geringer ist die Oberflächenreibung bei Nylonsegeln.

Um zuletzt noch ein Bild von der hemmenden Gesamtwirkung des Mastes, der Wanten und der Falle zu geben, bringe ich von Herrn Dipl.-Ing. Schnell aufs genaueste ausgerechnete Widerstandsgrößen für ein 15-m²-R-Boot. Die Rechnung ergab bei 6 m/sec Windgeschwindigkeit eine vorwärtstreibende Kraft des Segels von 8 kg. Die Takelage erfährt jedoch einen Widerstand (ohne den Reibungswiderstand des Segels selbst) von 1 kg (Abb. 128A). Das ergibt eine vorwärtstreibende Kraft von 7 kg.

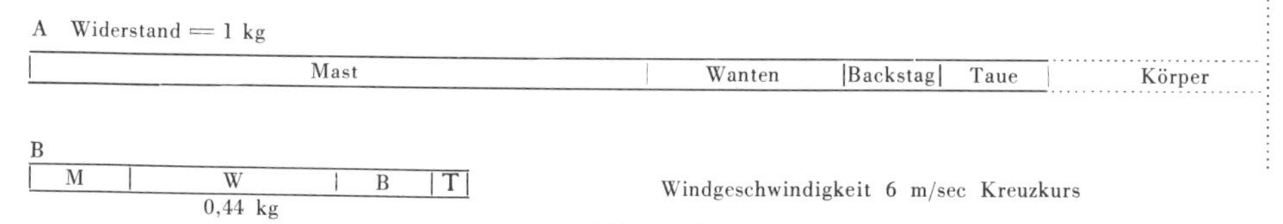

Abb. 128.

A } Segeldruck in der Fahrtrichtung: 8 kg, Widerstand der Takelage: 1 kg } = 7 kg für die gewöhnl. Takelage (A), 14 Pfund vorwärtstreibende Kraft.

B Widerstand bei Tropfenmast und Taue hintereinander ergibt 15,12 Pfund vorwärtstreibende Kraft.

Um die Wichtigkeit einer richtigen Mastform und eine eventuelle Verminderung der sonstigen Widerstände, welche die Takelage erzeugt, zu zeigen, ist dies ebenfalls rechnerisch festgestellt worden (Fig. B). Wir sehen, daß wir allein dadurch, daß wir dem Mast Tropfenform geben und die Taue hintereinander anreihen, einen Vorteil von 56 % in bezug auf W erzielen, was die vorwärtstreibende Kraft von 7 kg auf 7,6 kg, also von 14 Pfund auf 15,12 Pfund erhöhen würde. Was für ein Mehr an Kraft 1,12 Pfund ausmachen, das braucht wohl kaum erwähnt zu werden. Ich glaube mit Recht behaupten zu dürfen, daß wir Segler uns noch viel zu wenig mit diesen hemmenden Kräften abgegeben haben und daß wir immer mehr auf eine Beseitigung der noch bestehenden bremsenden Luftwirkungen hinarbeiten müssen.

Ueber die Durchlässigkeit des Segels

Ueber die Durchlässigkeit der Segel wird viel und eingehend disputiert; ich glaube aber, trotzdem ich jeden nur möglichen Faktor, der einen Vorteil bringen könnte, zu finden versucht habe, daß gerade die angebliche Undichtigkeit nicht die wichtige Rolle spielen kann, die man ihr zuerteilt, und habe aus diesem Grunde außer eigenen Versuchen mit Segeln auch noch gemeinsam mit Herrn Dipl.-Ing. Schnell einen speziellen Versuch ausgeführt, der die Richtigkeit meiner Vermutungen beweist.

Eine gewöhnliche Büchse, welche unten offen ist, wird am oberen Ende mit einem Loch versehen, in das ein Glasrohr eingefügt wird. Ueber die obere Oeffnung dieses Glasrohres wird ein stark winddurchlässiger Segelstoff gespannt (Abb. 129). Wenn nun

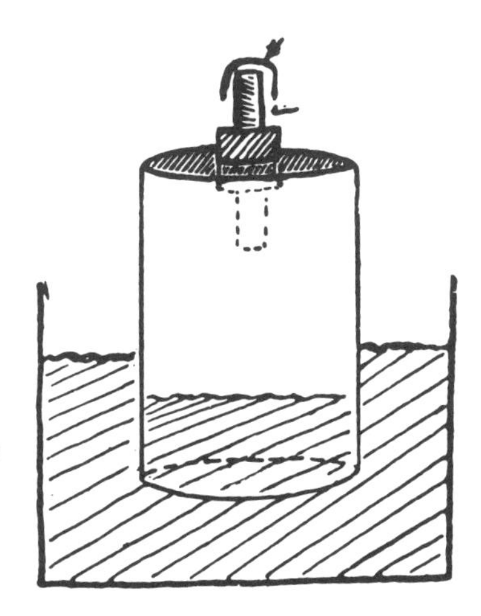

Abb. 129. Einrichtung, um die Durchlässigkeit von Stoffen zu messen.

die Büchse ins Wasser getaucht wird, so kann das Wasser in die unten vollständig offene Büchse nicht schneller eindringen, als die Luft durch die mit Segelstoff geschlossene Glasröhre oben austritt. Die Büchse sinkt infolge ihres Eigengewichtes in dem Maße langsam immer tiefer, als die Luft aus ihr verdrängt wird. Aus der Zeit, welche die Büchse braucht, bis sie gesunken ist, d. h. bis die Luft bei dem durch das Gewicht gegebenen Druck — entsprechend einer gewissen Windstärke — durchgedrungen ist, läßt sich die Durchlässigkeit des Stoffes berechnen.

Der Stoff hat bei einem anfänglichen Ueberdruck von 9,55 mm Wassersäule eine Durchlässigkeit von 0,0387 m^3 Luft pro m^2. Der Anfangsdruck war somit soviel wie 9,55 kg Winddruck pro m^2, der einer scheinbaren Windgeschwindigkeit von etwa 12 m/sec dem Segel entlang entspricht, während der Luftdurchtritt durch das Segel in der gleichen Zeit nur um 0,0387 m nach Lee stattfindet, also nur mit $^1/_{300}$ der vorbeistreichenden Luftgeschwindigkeit. Mit Einberechnung der Druckabnahme gegen das Achterliek ergibt sich ein Gesamtluftdurchtritt von etwa nur 1 cm.

Daraus folgt: das durchlässige Segel (nach dem verwendeten Stoffmuster leicht mit dem Munde zu durchblasen) führt also die Luft nach der gestrichelten Linie (Abb. 130).

Nachdem nun die Kraftentwicklung eines Segels darin besteht, daß die Luft durch eine Fläche von ihrer normalen Bahn um einen bestimmten Betrag abgelenkt wird, ist zu folgern, daß dieses durchlässige Segel genau so wirkt wie ein undurchlässiges Segel, welches um 1 cm am Achterliek weggefiert worden wäre; oder mit anderen Worten, wenn wir ein durchlässiges Segel um 1 cm dichter nehmen, erreichen wir denselben Druck wie bei einem luftdichten Segel. Der Vortrieb in der Kielrichtung jedoch wird nur um $^1/_{167}$ kleiner. Diese Werte sind so verschwindend klein, daß sie, praktisch gesprochen, vernachlässigt werden können; selbst wenn das Segel nicht angeholt wird, verliert es bei 10^0 Anstellwinkel nur $^1/_{50}$ seiner Triebkraft, während nur annähernd dichte Stoffe in ihrer Wirkung als undurchlässig betrachtet werden dürfen. Ein Vergleich

Abb. 130. Ablenkung des Windes bei durchlässigem Segel.

mit dem Vogelflügel zeigt uns, daß dieser in jeder Richtung *mühelos durchblasen* werden kann, und doch ist *er* die wirksamste Fläche, die existiert!

Viele unserer besten Segler werfen die Segel nach einjährigem Gebrauch weg, «weil sie nicht mehr dicht sind»! Wie falsch diese Annahme ist, kann hoffentlich als erwiesen betrachtet werden, und wir dürfen davon überzeugt sein, daß selbst der leichteste Stoff bei schwachem Wind als undurchlässig betrachtet werden und auch bei starkem Wind im schlimmsten Fall auf die Bootstabilität günstig einwirken kann.

Viel wichtiger — und das scheint weniger erkannt worden zu sein — ist die Stoffstärke! Alle die herrlichen dünnen Leichtwetterstoffe sind zu verwerfen, sofern nicht durchgehende Latten verwendet werden. Es ist in dieser Richtung in Amerika ausgiebig experimentiert worden, und man ist auch dort zu der Ueberzeugung gekommen, daß fast alle modernen Rennsegel zu dünn sind, besonders diejenigen der Jachten.

Ein Vergleich zwischen dem leichten und dem schweren Segelstoff möge dem Leser zeigen, worin Vor- und Nachteil liegt:

Schwerer Stoff:	Leichter Stoff:
Dauerhafter.	Weniger dauerhaft.
Läßt sich langsamer trimmen.	Läßt sich schneller trimmen.
Hält die Form besser.	Ist leichter wieder vertrimmt.
Verzieht sich in Regen und Wind wenig.	Wird bei großem Druck sackförmig verzogen.
Steht bei starkem Wind nicht zu bauchig.	Infolge zu großer Bauchigkeit bei starkem Wind ungünstig.

Bleibt bei Flaute besser in Form und faltenlos.	Hängt in Falten herunter (wenn keine Latten vorhanden sind)!
Ist weniger leicht zerreißbar.	Ist leichter zerreißbar.
Ist etwas schwerer.	Ist leichter.
Bei leichtem Wind ist die Windrichtung daran schwerer feststellbar (Stander!).	Windrichtung am Segel besser erkennbar.

Auch meinen Erfahrungen nach überwiegen die Vorteile des schweren Stoffes bei weitem. Natürlich gibt es auch hierbei gewisse, durch den praktischen Versuch festzustellende Grenzen. Bei Lattensegeln ist ein leichter Stoff vorteilhafter.

Ausdrücklich muß betont werden, daß das Gesagte *nur* für die Großsegel gilt. Ganz anders ist es mit den Vorsegeln. Diese, die ja meistens schon in verschiedenen Stärken angefertigt werden, können für leichten Wind gar nicht leicht genug sein, da sie bei wenig Wind infolge ihrer schrägen Aufhängestellung durch ihr Gewicht das Bestreben zeigen, einzufallen. Ein ganz leichtes Vorsegel wird die richtige Stellung schon bei dem leisesten Hauch einnehmen und durch die entstehende Wölbung mehr Kraft entwickeln.

Wir wollen nun noch die Eigenschaften des Gaffelsegels denen des Hochsegels gegenüberstellen, worin die Vorteile der Hochtakelung uns nochmals vor Augen geführt werden.

Hochtakelung:	Gaffelsegel:
Entwickelt am Wind infolge des günstigen Seitenverhältnisses mehr Druck.	Zeigt infolge kurzer Windanschnittkante schlechte Kreuzeigenschaften.
Das Segel weht weniger aus.	Das Segel weht mehr aus und verliert dadurch an Kraft.
Durch den kürzeren Großbaum ist der Hebelarm und somit raumschoots die Luvgierigkeit nicht so groß.	Raumschoots und vor Wind besteht starker Steuerdruck.
Entwickelt infolge des Seitenverhältnisses auf raumem Kurs weniger Kraft.	*Raumschoots* große Kraftentwicklung, aber schwieriger einzustellen.
Großbaum kürzer, daher geringeres Gewicht.	Großbaum lang — das Boot schwankt (rollt) vor Wind leichter hin und her.
Kein Gaffelgewicht.	Gaffelgewicht + Gaffelluftwiderstand.
Abgesehen vom Großbaum steht das Segel *bis zum Top* bauchig und somit wirkungsvoll.	Da zwei Spieren vorhanden sind, wird das Segel zweimal in die ungünstige gerade Form gezwungen (besonders wenn die Gaffel nicht sehr steil ist).
Der Wind trifft überall direkt aufs Segel.	Der Mast verursacht eine Störung des Windes im oberen Teil (der Gaffel gegenüber).

Da der Segelschwerpunkt sehr oft nur scheinbar höher liegt, wird die Stabilität wenig nachteilig beeinflußt.	Das Auswehen der Gaffel bei starkem Wind begünstigt die Stabilität.
Man kann ein feststehendes Achterstag fahren.	Man muß die Backstagen sorgfältig bedienen.
Durch die mehr gegen die Mitte des Bootes zusammengedrängte Segelfläche wird das Boot lebendiger und wendiger.	Die Pinne ist weniger empfindlich, d. h. die Fühlung mit dem Boot ist schwerer.
Die bei starkem Wind entstehende Luvgierigkeit ist gering.	Das Boot ist in den Böen stärker luvgierig.
Fängt den Oberwind unter Land.	Erreicht die höher gelegenen Luftschichten nicht so leicht.
Nützt den Vorteil der steigenden Windgeschwindigkeit bei zunehmender Höhe aus.	
Ist schwerer abzudecken.	Leichter abdeckbar.
Segel steht platt vor Wind etwas schlechter (drehbarer Mast empfehlenswert).	Steht vor Wind gut.
Leichter reffbar.	Man hat zwei Falle zu bedienen statt des einen.
Segel schneller zu setzen und zu bergen. Gleichmäßiger Druck am Mast.	Die Gaffel drückt den Mast im Angriffspunkt nach vorne durch und macht einen Jumpstag notwendig.

Rein praktisch gesprochen habe ich bei jeder Umtakelung vom Gaffelsegel zum Hochsegel eine wirklich wunderbare Verbesserung der Eigenschaften und der damit erzielten Erfolge beobachtet. Bei Kursen mit langen Raumschootstrecken hingegen ist das Gaffelsegel wesentlich überlegen. Wenn ich auch heute noch bei meinen 20- und 22-m^2-Rennbooten steile Gaffelsegel verwende, so beruht dies auf drei Gründen: Erstens wegen der Stabilität; zweitens, weil auf den europäischen Binnenseen Raumschootkurse bei den Regatten überwiegen und drittens, weil die Geschwindigkeit bei diesen sehr schnellen Booten auf raumen Kursen unverhältnismäßig stark gesteigert werden kann.

Wind und Wasser

Der Laie ist vielfach der Meinung, daß der Wind willkürlich und unbestimmbar in seinen Schwankungen und Richtungsänderungen sei. Wenn auch sein wankelmütiges Wesen uns manchmal zu täuschen vermag, so glückt es dennoch dem Kundigen, diesem wechselnden Gesellen des öfteren in die Karten zu schauen und zu erkennen, daß auch er bestimmten Gesetzen folgt.

Schon bevor der Sturm über uns hereinbricht, werden wir von seinen Vorboten gewarnt, deren Rufe wie ein hundertfaches Echo in unzähligen Naturerscheinungen sich auswirken: Wolken jagen dahin — wir können aus ihren Formen und Färbungen lesen, was sie uns sagen wollen. In der Ferne rauschen Wälder — der Klang von Glocken und Stimmen dringt, von unsichtbaren Schwingen getragen, an unser Ohr. Hier flattert eine Fahne am Land — dort bewegt sich der Rauch eines fernen Dampfers mit großer Geschwindigkeit fort, und die lange dunkle Rauchfahne zeigt die Richtung der atmosphärischen Strömung. Am Ufer schiebt sich eine Staubwolke wirbelnd über die Straße dahin — Blätter tanzen in der Luft — Getreidefelder wogen unruhig auf und nieder! Jetzt greift der Sturm auf die Wasserfläche über: Wir hören das Schlagen eines vom Sturmwind ergriffenen Segels. Das Wasser nimmt jene typisch stahlblaue bis schwarzgraue Färbung an — das Rauschen der Wellen kommt näher — der manchmal sehr deutliche Heu-, Wald- oder Wiesengeruch kann festgestellt werden — die Luft wird kälter — die wild durcheinander getriebenen Wolkenmassen sind bereits weit über uns hinweggezogen.

Alles Zeichen des drohenden Sturmes, die frühzeitig bemerkt werden von dem, der sie kennt und nach ihnen suchend sein Glas nach allen Richtungen wendet, der Gehör-, Geruch- und Gefühlssinn scharf auf die Erfassung jedes kleinsten verdächtigen Vorzeichens eingestellt hat. Er kann vorbeugen und die Gefahr findet ihn bewaffnet, wenn sie an ihn herantritt. All diese Sturmzeichen klingen so selbstverständlich und liegen doch dann für manchen so fern, wenn sie einzeln und nicht in so ausgesprochener Form auftreten, und mancher Segler wird aus angenehmen Träumen geweckt und in eine stürmische Wirklichkeit versetzt, wenn er, ungeahnt vom Sturm befallen, seine Segel in der Luft herumschlagen sieht.

Aber es gibt auch Sturmzeichen, von denen man — besonders nachts — getäuscht wird. Zu diesen gehört vor allem das Rauschen des Wassers. Dauert dieses Rauschen, das sowohl von hoher See als von einer Brandung herrühren kann, was besonders in der

Dunkelheit den, der es nicht kennt, in gespannte Erwartung versetzt, länger als einige Minuten, so ist nichts Bösartiges zu erwarten. Der Sturm ist in diesem Falle einige Kilometer vor oder hinter dem Boot vorbeigegangen (oder ein kurzer Windstoß ist in sich selbst wieder zusammengebrochen), während die rauschende Dünung noch lange Zeit nachher von dem vorbeigezogenen Sturm berichtet.

Manchmal ist es auch nicht ganz so leicht, Sonnen- und Regenstrahlen, die zwischen den Wolken hindurchschimmern, zu unterscheiden. Sonnenstrahlen breiten sich radial aus (divergieren); Regenstrahlen dagegen laufen parallel. Auch läßt sich an letzteren die kommende Windrichtung gut erkennen, wenn der Wind den Regen seitlich in der Richtung seiner Bewegung verweht.

Wir wollen nun auf das eigentliche Wesen des Windes näher eingehen:

Der Wind als solcher entsteht durch ein Abströmen der Luft von Gegenden höheren Druckes zu denen niederen Druckes; er ist somit abhängig von Druckschwankungen, ferner noch von Temperaturunterschieden. Damit wir uns von vornherein klar sind, was wir uns unter den Windgeschwindigkeiten vorzustellen haben, schicke ich folgende Tabelle voraus, die den immer wieder auftretenden Verwechslungen zwischen *Windstärke* x (nach Beaufort) und m/sec *Windgeschwindigkeit* vorbeugen soll:

Windstärke	m/sec	Art	Kennzeichen
0	0	still	Flaute
1	1,7	leicht	Blätter werden bewegt; der Stander weht aus. Das Wasser kräuselt sich.
2	3,1	mäßig	Wellenbildung beginnt — Zweige werden bewegt.
3	4,8	frisch	Das Boot legt sich merklich.
4	6,7	stark	Wind pfeift leise im Tauwerk. Jollen reffen zum Teil.
5	8,8	stärker	Alle kleinen Boote reffen — Baumstämme werden bewegt.
6	10,7	sehr stark	Die Jachten reffen — Ein Mensch wird beim Gehen merklich aufgehalten.
7	12,9	stürmisch	Jollen flüchten in den Hafen. Baumstämme werden durchgebogen.
8	15,4	Sturm	Großsegel bergen — Trisegel setzen.
9	18,0	starker Sturm	Bäume werden umgeworfen.
10	21,0	Orkan	

Ein sehr praktischer Behelf für die Umrechnung der Windgeschwindigkeit von m/sec auf km/std ist folgender: Man multipliziere mit vier und subtrahiere 10 % davon; für den umgekehrten Fall, für die Umrechnung von km/std in m/sec: dividiere durch vier und addiere 10 %. Z. B. 8 m Wind = 8mal 4 = 32, 32 — 3,2 = 28,8 km pro Stunde.

Abb. 131. Lokales Gewitter.

Für die Umrechnung der Beaufortgrade in m/sec gilt annähernd die Beziehung: 2 Beaufort — 1 = m/sec; z. B. Windstärke 5 = 2 × 5 — 1 = 9 m/sec.

Infolge der Erdreibung nimmt die Windgeschwindigkeit ab, je näher wir zur Erde bzw. zum Wasser kommen, und zwar in den höheren Schichten im allgemeinen um zirka 1,5 m/sec pro km. Die Unterschiede in den Windgeschwindigkeiten treten jedoch in unmittelbarer Erdnähe stärker hervor, und dies interessiert uns, da nur diese tieferen Schichten von uns ausgenützt werden können.

Auf ebenem Felde wurden z. B. nachstehende Werte gemessen:

0,2	m	über	der	Erde	1,5	m/sec	Windgeschwindigkeit
1	„	„	„	„	2,5	„	„
2	„	„	„	„	3,0	„	„
3	„	„	„	„	3,5	„	„
4	„	„	„	„	3,9	„	„

Da die Windgeschwindigkeit auf freiem Wasser fast zweimal so groß ist, infolge geringerer Oberflächenreibung, so ändern sich auch die Werte bei verschiedenen Höhen wie folgt:

0,2	m	über	dem	Wasser	2,5	m	Windgeschwindigkeit
1	„	„	„	„	4	„	„
2	„	„	„	„	5	„	„
3	„	„	„	„	5,5	„	„
4	„	„	„	„	6	„	„
6	„	„	„	„	6,4	„	„
8	„	„	„	„	6,7	„	„
10	„	„	„	„	7	„	„
15	„	„	„	„	7,2	„	„

Wenn auch die Windverhältnisse sich nicht immer genau in diesen Grenzen bewegen, so geben diese Zahlen doch die Werte aus Durchschnittsmessungen. Der Vorteil eines hohen Marconi-Segels wird auch hier wieder in die Augen fallen, besonders wenn wir bedenken, daß er bei abgedeckten Lagen, in denen vielleicht nur über eine Höhe von 6 m der Wind überhaupt weht, noch viel größer ist. In der Natur läßt sich das «rapide Ansteigen der Windgeschwindigkeit mit der Höhe» sehr schön an auffliegenden Vögeln beobachten. Wenn der Vogel vom Boden absetzt, so arbeitet er anfangs schwer und ohne viel Höhe zu gewinnen, ist er jedoch über 3 m hoch gekommen, dann steigt er plötzlich und steil; eine Folge der erhöhten Windgeschwindigkeit mit zunehmender Höhe.

Beachtenswert ist weiterhin die *Drehung* des Windes mit zunehmender Höhe. Mit anderen Worten, der Wind erfährt in den oberen Luftschichten — in einigen Kilometern Höhe — eine Drehung nach «rechts», die 15° und mehr betragen kann. Diese Erscheinung, die besonders im Sommer auftritt, ist für den Segler insofern nicht unbedeutend, als er an den in der Höhe dahinziehenden Wolken die Richtung des noch nicht auf die niederen Regionen übergegriffenen Windes *genau* bestimmen kann, indem er ihm eine um 15 ⁰ mehr von *links* gerichtete Richtung gibt.

Die *Windrichtung* ist nicht, wie im allgemeinen angenommen wird, eine horizontale! Der Wind weht, wie schon früher erwähnt, im Durchschnitt *um 4 ⁰ nach oben.* Schon Lilienthal hat diese Entdeckung gemacht; die Kurve in Abb. 132 ist eine der vielen, die von ihm stammen und die Windschwankungen angeben. Diese Schwankungen, deren

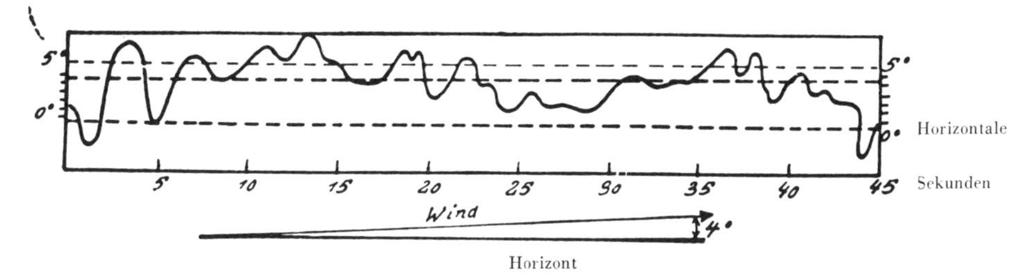

Abb. 132. Abweichungen der Windrichtung von der Horizontalen.

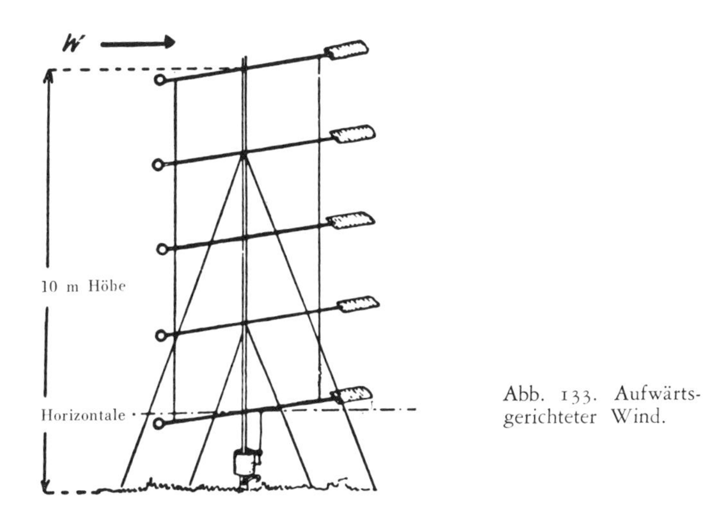

Abb. 133. Aufwärtsgerichteter Wind.

Maxima bei zirka + 16 ⁰ und — 9 ⁰ liegen, wurden von Lilienthal mit in Abb. 133 gezeigtem, äußerst einfachem Apparat auf einer sich drehenden Walze aufgezeichnet. Die Aufwärtsbewegung des Windes ist im großen und ganzen unabhängig von Windstärke, Windrichtung, Jahres- und Tageszeit. R. Schnell spricht von Turbulenzbewegung der Luft und erklärt den Vorgang so, daß die Arbeitsmengen, welche durch den Luftwiderstand an der Erde fortwährend in Turbulenz umgesetzt und in die Luft hineingeladen werden, senkrecht zur reibenden Oberfläche nach oben wandern und sich zum Teil erst in großer Höhe in Wärme umsetzen.

Eine Bestätigung für die Aufwärtsbewegung des Windes, die ihre Ursache in der größeren Geschwindigkeit der höher gelegenen Luftschichten, welche auf die unteren Schichten saugend wirken, zu haben scheint, erhalten wir, wenn wir den Rauch eines Schornsteins betrachten. Selbst wenn man hier einwenden könnte, daß die Gase infolge ihrer Hitze steigen, so ist doch anzunehmen, daß diese in wenigen Minuten abgekühlt sind — wie ja auch die Rauchfahne eines Kamins zuerst eine steile, dann eine flacher steigende, aufwärts ziehende Richtung hat. Hierdurch ist auch das Tieflagern des Rauches bei Windstille erklärt.

Anderseits kann es aber auch vorkommen, daß bei tiefem Barometerstand, besonders vor einem Gewitter, der Rauch trotz beträchtlichen Windes horizontal auf dem Wasser dahinzieht, also nicht steigt. Wenn die Ursache für die Aufwärtsbewegung des Windes in der saugenden Wirkung der höheren, schneller strömenden Luftschichten zu suchen ist, so wäre diese horizontale Luftströmung vor Gewittern geradezu ein Beweis für die Richtigkeit diesere Theorie: Da nämlich vor einem Gewitter stets in den untersten Luftschichten der sog. *Gegenwind* weht, der der relativ tief liegenden Hauptwindrichtung entgegengesetzt ist, nimmt die Windgeschwindigkeit mit zunehmender Höhe nicht zu, sondern infolge der gegenseitigen Reibung an der Grenzfläche der beiden gegeneinander ziehenden Luftströme ab. Demzufolge wird die Luft nicht nach oben, sondern nach unten, in die schneller ziehenden Luftschichten gesogen und die Windrichtung wird in diesem Falle horizontal, ja sogar abwärts gerichtet sein. So kommt es, daß der Rauch manchmal gleichsam «*auf*» das Wasser gedrückt dahinzieht.

Wie schon früher erwähnt, ist diese Aufwärtsbewegung des Windes das Hauptgeheimnis des Vogelfluges, und ich möchte in diesem Zusammenhang hier an das Beispiel des nach oben ziehenden Regenschirms bei Windböen erinnern.

Den Segler wird die Eigenart des Windes in Anbetracht folgender Erwägungen interessieren: Wenn wir ein senkrechtes Auffallen des Windes auf das Segel, d. h. senkrecht von vorne auf den Mast, anstreben, müssen wir dem Mast eine um zirka 4 ⁰ nach vorne gerichtete Neigung geben. Auf jeden Fall werden wir gut tun, den Segelbahnen und Lattentaschen einen etwas aufwärts gerichteten Verlauf zu geben. Genau genommen müssen die Bahnen des Segels wie auch die Lattentaschen der «*Abflußrichtung*» des Windes am Segel gerecht werden, d. h. parallel zu ihr liegen. Es müßten also die oberen Latten etwa 5—10 ⁰ steiler nach oben laufen als die unteren. Der Großbaum soll ebenfalls entsprechend stark nach oben verlaufen.

Ueber die *Richtungsänderung* des Windes im allgemeinen ist bekannt, daß der Wind bis zu etwa Windstärke 3 ziemlich konstant in seiner Richtung bleibt, während bei weiterer Zunahme der sogenannte turbulente Windfluß auftritt, der ein ständiges Drehen der Windrichtung mit sich bringt. Danach ist für uns jetzt der Moment gekommen, wo der Steuermann es nicht mehr wagen darf, nur eine Sekunde das Auge vom Stander abzuwenden, wenn er nicht gewärtigen will, daß eine raumende Böe unausgenützt vorbeigeht.

Nun aber die Frage: Wann raumt der Wind und wann schralt er? Es ist klar, daß ein guter Steuermann eine stark einsetzende Böe vor ihrem Eintreffen im Segel am Wasser beobachten und ihre genaue Richtung nach der Richtung der Kräuselung festzustellen versuchen wird. Schon früher ist besprochen worden, wie es kommt, daß die Böen scheinbar raumer einfallen, als die momentane Windrichtung es erwarten ließe (erste Eigenart). Unsere Erklärung ging dahin, daß der Stander die aus Bootgeschwindigkeit und Windgeschwindigkeit resultierende, scheinbare Windrichtung angibt, welche naturgemäß dann räumlicher wird, wenn die Windgeschwindigkeit in einer Böe steigt, die Fahrtgeschwindigkeit des Bootes jedoch nicht im selben Verhältnis, so daß der Stander in größerem Maße im Sinne der Windrichtung (raumer), in kleinerem Maße von dem durch die Bootgeschwindigkeit entstehenden Gegenwind beeinflußt wird.

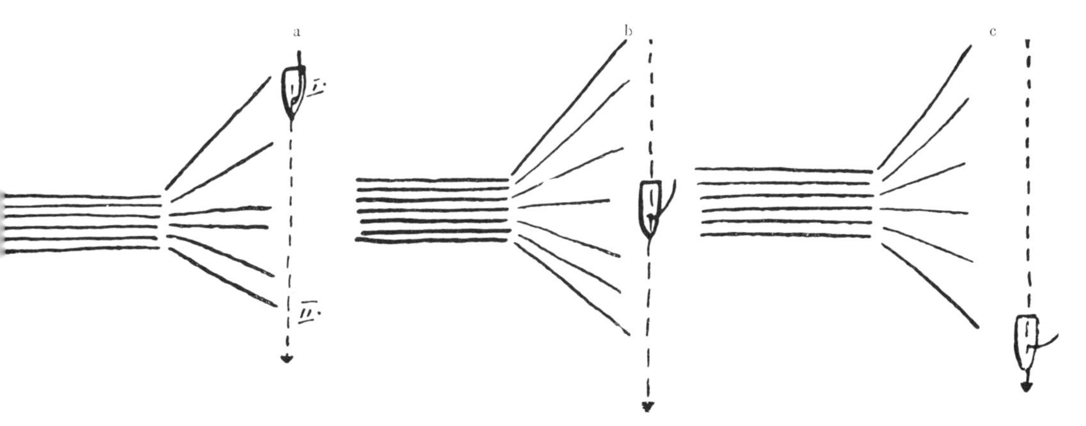

Abb. 134. Fächerartige Ausstrahlung der Böe.

Die zweite Eigenart, die jedoch noch nicht erwähnt worden ist, ist die, daß die Böe selbst in ihren verschiedenen Teilen verschiedene Richtungen haben kann; sie kann sogar manchmal schralend von vorne einfallen. Die Ursache davon ist folgende:

Die Böe, die gleichsam auf die Wasserfläche aufprallt — Fallwinde im engeren Sinne des Wortes —, strahlt beim Auftreffen auf diese fächerartig auseinander. Je nach dem Abschnitt des Windfächers, in dem ein Boot getroffen wird, kann man von schralenden oder raumenden Stößen sprechen (Abb. 134):

a) Das Boot bekommt den Stoß zunächst *vorlich;* beim Durchsegeln des «Fächers» wird die Windrichtung immer raumer (I—II).

b) Es wird von dem Windfächer getroffen, wenn es schon die vorliche Zone hinter sich hat; der Wind *raumt* nun.

c) Es wird nur vom äußersten Teil des hinter ihm auf das Wasser fallenden Stoßes getroffen; der Wind weht stark achterlich.

Fälle b und c bestätigen die Segleransicht, daß ein Stoß stets raumer einsetzt; Fall a ist keineswegs eine Ausnahme, aber dem Segler wird das Schralen nicht in dem Grade zum Bewußtsein kommen, da der «scheinbare Wind» durch die gesteigerte Windgeschwindigkeit ohnehin (vgl. erste Eigenart) im entgegengesetzten Sinne beeinflußt wird. Der Strahlenfächer kann *räumlich* groß (breit) sein; dann bekommt das Boot nur einen Teil desselben zu spüren; um ihn ganz zu durchsegeln, dauert er nicht lange genug an. Daher falle mit der Böe ab! Ist der Fächer klein, der Stoß also schmal, und setzt er kurz vor dem Boot auf dem Wasser auf, so segelt das Boot ihn ganz durch: Erst spitz vorlich, dann dwars, dann raum, dann achterlich.

Ein guter Beobachter wird bemerken, daß das fächerartige Aufprallen einer Böe dann am besten zu verfolgen ist, wenn in einem großen *Feld* von Booten, die alle denselben Strich anliegen, eine breite Böe einfällt: die Boote werden von demselben Stoß ganz verschieden getroffen! Das eine hat Vorteile davon, andere nur Nachteile.

Die nachfolgenden Ausführungen gelten der Windform im speziellen:

Das Aeronautische Observatorium bei Lindenberg hat wissenswerte Versuche in dieser Richtung gemacht, und ich gebe deren Böenregistrierungen, welche Mittelwerte aus jahrelangen Messungen darstellen, wieder.

Die Windmessungen, sog. Langsam- und Schnellregistrierungen, werden mittels Anemograph vorgenommen, der die jeweilige Windstärke auf einer langsam bzw. schnell drehenden Trommel aufzeichnet (siehe Registrierungen, Abb. 135).

Bei diesen Registrierungen fällt im allgemeinen die Eigenart des Windes auf, daß besonders bei mittleren Geschwindigkeiten die Stärkezunahme immer «plötzlich», die Stärkeabnahme im Gegensatz dazu «langsam» und zwar «stufenförmig» stattfindet. Diesen Rythmus zu kennen, nach ihm richtig zu steuern und ihn sachgemäß auszunützen, ist die Kunst, welche auch das leichteste Fahrzeug manchen Sturm noch wohlbehalten bestehen läßt. Der erste Anprall — das Windmaximum — muß pariert werden durch Auslassen der Schooten oder Anluven, wonach aber kein Bruchteil einer Sekunde zu verlieren ist; sofort wird wieder dichter geholt und Fahrt aufgenommen, um die Möglichkeit eines nochmaligen Luvens wieder zu erlangen, bevor das nächste Windmaximum einsetzt. Ein Boot mit Fahrt ist normalerweise nicht zum Kentern zu bringen, da es seine Pariermöglichkeiten noch besitzt; kein Wind kann so stark sein, daß nicht kurze Intervalle seines Nachlassens ausgenützt werden könnten. Unter der Voraussetzung, daß ein Mann das Steuer und ein zweiter die Schooten bedient und die Zusammenarbeit haarscharf und blitzschnell vor sich geht, ist ein Kentern, wenn nicht Unvorhergesehenes eintritt, bei normaler Takelung fast auszuschließen.

Außer diesem plötzlichen Ansteigen und darauffolgendem stufenförmigen Nachlassen der Windböen lassen sich auch sog. Windperioden in den Aufzeichnungen erkennen. Das ist ein periodenweises Anschwellen des Windes, das in gewissen *gleichen* Zeitabschnitten sich wiederholt. Diese Perioden scheinen durch gesetzmäßige, wirbelartige Gebilde von *außerordentlicher Größe* in der Luft hervorgerufen zu werden, da es sich um Zeitspannen nicht von Sekunden, sondern von mehreren Minuten handelt. Die Dimensionen dieser Turbulenzelemente stehen in gewisser Abhängigkeit von der jeweiligen durchschnittlichen Windstärke. Man kann aus der Dauer, d. h. aus dem Intervall der Perioden und der Durchschnittsgeschwindigkeit des Windes die Horizontalerstrekkung des Wirbels berechnen. Aufzeichnungen I und IX zeigen uns dieses periodenweise Auftreten des Windes. Für Aufzeichnung I kann aus der Windgeschwindigkeit und der Periodendauer eine Horizontalerstreckung des Wirbels von 4500 m, für Aufzeichnung IX eine solche von 12 600 m errechnet werden. Die Abhängigkeit dieser Messungen ist nicht

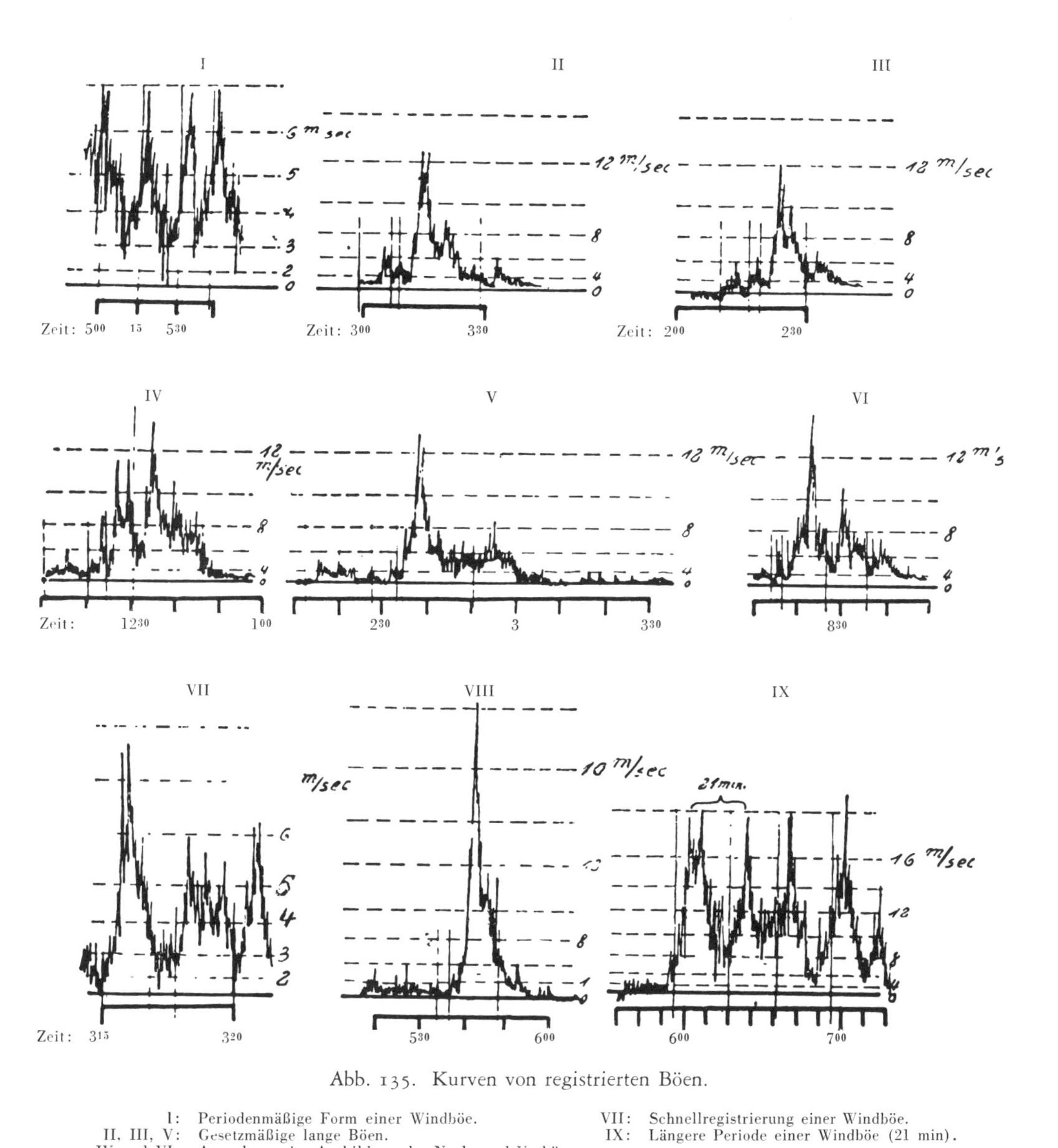

Abb. 135. Kurven von registrierten Böen.

I:	Periodenmäßige Form einer Windböe.	VII:	Schnellregistrierung einer Windböe.
II, III, V:	Gesetzmäßige lange Böen.	IX:	Längere Periode einer Windböe (21 min).
IV und VI:	Ausnahmsweise Ausbildung der Nach- und Vorböe.		

immer linear zur Windgeschwindigkeit, sondern bei steigender Mittelgeschwindigkeit des Windes wächst die Horizontalerstreckung der Wirbel in stärkerem Maße.

Ich erinnere hier an die merkwürdige Tatsache, daß bei bewegtem Wasser die «*großen Wellen*» immer in Gruppen von 3 (oder 5) Wellen daherrollen, und daß auch der Abstand zwischen den jeweiligen Gruppen immer der gleiche und von der Windstärke abhängig zu sein scheint. Sollte nicht etwa die Bildung dieser Wellen, die sich durch ihre

Größe von dem durchschnittlichen Seegang unterscheiden, in engster Beziehung zu der vorhin erwähnten Luftturbulenz stehen? Wäre es nicht denkbar, daß diese großen Wellen, welche doch, wie jede Welle überhaupt, ihre Energie aus der Luft beziehen, sowohl zeitlich als auch in ihrer Intensität in gewissem Grade mit den Windperioden im Zusammenhang stehen? Auch bei flacher, leicht gekräuselter Wasseroberfläche lassen sich besonders am Meer sehr charakteristische helle Streifen erkennen, welche quer zur Windrichtung und in ziemlich gleichem Abstand voneinander verlaufen. Diese hellen Streifen scheinen nichts anderes zu sein als windlose Stellen, die dadurch entstehen, daß hier die aufsteigende Kurve des Turbulenzwirbels liegt, während die absteigende Kurve beim Auffallen auf das Wasser jene «großen Wellen» erzeugt. Bei zunehmender Windstärke werden die Abstände größer. Scheint nicht auch hier ein Periodensystem vorzuliegen? Es würde jedoch zu weit führen, näher darauf einzugehen. Das Thema aber dürfte für manchen interessante Fragen enthalten.

Neben diesen Perioden kennen wir jene sekundlichen Schwankungen, welche während bzw. *zwischen* den Perioden stattfinden. Dies wären die Erscheinungen, die der Kurve eines starken, scheinbar kontinuierlichen Windes zu entnehmen sind, und wir haben nun noch die *Böen* genauer in Aufbau und Zusammensetzung kennen zu lernen.

Die Meteorologen unterscheiden zwei Arten von Böen, und zwar bezeichnen sie die eine Art als die «*Langen Böen*» und die andere Art als die sog. «*Windböen*».

I. Eine «Lange Böe», oder kurzweg «Böe» genannt, erleben wir in ausgeprägtester Form beim Gewittersturm, der aus Windruhe entsteht und wieder von Windruhe gefolgt wird.

II. Die «*Windböen*»» sind Windverstärkungen mit zeitweiser Abschwächung bei anhaltendem Wind, wie wir sie mit ihren Perioden schon besprochen haben.

Die «Langen Böen» werden folgendermaßen eingeteilt:

1. Erster Vorläufer, der der Böe *entgegengesetzt* weht.
2. Zweiter Vorläufer, ein schwacher Puff kurz vor der Hauptböe, der in der Richtung der Böe einsetzt.
3. Hauptböe: In ihr weht der Wind in Richtung des Zuges der Erscheinung.
4. Nachläufer: In der Richtung des Böenzuges, jedoch schwächer.

Aufzeichnungen II, III, V und VIII zeigen uns solche Böen. Beim allgemeinen Verlauf einer Langen Böe ist zwischen erstem und zweitem Vorläufer und auch zwischen diesem und der Hauptböe Windruhe; sodann fällt die Hauptböe mit ihrem Windmaximum «plötzlich» ein, worauf ein stufenförmiges Nachlassen folgt. Mehrere Minuten später folgt der Nachläufer, eine durch die Kontinuität bedingte Strömung, durch welche die durch die Böe fortgerissenen Luftmassen ersetzt werden. Dies ist die übliche Zusammensetzung der langen Böen. Es kommen jedoch Ausnahmen vor, in denen der Vorläufer oder der Nachläufer relativ stark ausgeprägt ist (Abb. 135 IV und VI).

Wieso die Kenntnis dieser Charaktereigenschaften des Windes dem Segler zugute kommt, wird der geübte Regattafahrer schon gemerkt haben: Erstens ist vor jedem Sturm der erste Vorläufer, der sog. «*Gegenwind*» zu erwarten, der oft schon stark und von längerer Dauer (¼ Stunde z. B.) sein kann. Man wird also, wenn am Horizont im Westen ein Gewitter aufzieht, nicht sofort an das Westufer eilen, sondern zuerst am Ostufer den bestimmt eintretenden Ostwind erwarten. Wenn man diesen voll und gut ausgenützt hat, darf man jedoch aus Gier nicht zu lange hier verweilen, denn *mit einem Schlag* wird dieser Wind, auf dessen Kommen man sich verlassen konnte, wieder einschlafen, und bevor dies eintritt, muß man schon gegen Westen hinübergedrängt haben, um auch dort als erster den Gewitterwind zu erwarten.

Zweitens: Hat sich nun erst die Hauptböe mit ihrer Kraft auf uns geworfen, so darf jetzt natürlich nicht mehr an ein Reffen gedacht werden. Meistens erschreckt dieser erste Anprall den Segler dermaßen, daß er sich zu Gegenmaßregeln entschließt, deren Ausführung in dieser Krise verhängnisvoll ist und, falls sie ihm gelingt, keinen Zweck mehr haben wird, da der Wind inzwischen abgeflaut und harmlos geworden ist. Es wäre also zu merken: Wenn man sich während der Windpausen, die zwischen 1. und 2. Vorläufer bzw. diesem und dem Einsetzen des Sturmes eintreten, nicht entschlossen hat, zu reffen, dann kann man, wenn die erste Minute des Sturmes abgewettert ist, getrost mit dem stufenförmigen Nachlassen der Böe rechnen.

Drittens: Nachdem die Hauptböe, die in ihrer ganzen Ausdehnung etwa 5—15 Minuten dauern kann, vorbei ist, somit das Wetter überstanden wäre, darf der Nachläufer nicht vergessen werden. Wir müssen wissen, daß trotz eingetretener Windstille der Nachläufer wiederum unter allen Umständen zu erwarten ist, und dürfen vorerst nicht an das Aufkommen einer Windströmung aus anderer Richtung hoffen. Später allerdings muß mit einer eventuellen Umkehr des Gewitters und dem damit verbundenen Windumschlag aus neuer Richtung gerechnet werden.

Wir kommen nun zu den *Windböen:* Ueber diese ist im speziellen nicht viel mehr zu sagen. Die Windböen liefern die höchstgemessenen Windwerte. Sie zeigen, wie schon am Anfang besprochen, ebenfalls das stufenförmige Abnehmen der Windstärke, nur in viel kürzerem Zeitintervall, als dies bei den langen Böen der Fall ist. Besonders bei den normal bögig wehenden Winden treten ebenfalls die schon besprochenen Perioden auf, und zwar nimmt die Dauer der Periode mit wachsender Windgeschwindigkeit zu, wie wir

in Aufzeichnung I bei 5 m/sec eine Periode von 15 Minuten und
in Aufzeichnung IX bei 10 m/sec eine Periode von 21 Minuten

feststellen können.

Ich möchte es nicht unterlassen, auf die räumliche Form einer Böe, sei es einer «Langen Böe» oder einer «Windböe», hinzuweisen. Sowohl der Verteilung der Intensität, als auch dem Bild nach, welches manche Böen aufs Wasser zeichnen, ist manchmal große Aehnlichkeit mit der Stromlinienform nicht zu leugnen. Die Böen scheinen häufig den Abdruck einer relativ schön abgerundeten Vorderkante auf das Wasser zu zeichnen und verlaufen, auch ihrer Stärke nach zu urteilen, spitz zu.

Der Vollständigkeit halber möchte ich noch einige vom Aeronautischen Observatorium festgelegte Gesetze anführen, welche das Wesen des Windes im großen kennzeichnen und auch den Segler interessieren dürften:

Abb. 136. Schönheit in Wolken und Wasser.

1. Die absolute Schwankung eines böigen Windes ist nahezu proportional der mittleren Windgeschwindigkeit, und zwar hat die Schwankungsamplitude etwa den 1,7fachen Wert der mittleren Windgeschwindigkeit. Bei böigem Wind von einer Mittelgeschwindigkeit von 5 m/sec kann z. B. das Maximum bei 1,9 × 5 m/sec = 9,5 m/sec liegen; das Minimum bei 0,2 × 5 m/sec = 1 m/sec.
2. Die Windminima haben einen besser definierten Häufungspunkt als die Maxima.
3. Die Amplitude des normal böigen Windes hält sich bei geringer Windgeschwindigkeit *unterhalb* des Windmittels. Bei einer Windgeschwindigkeit von 6 m/sec und *mehr* ist die Schwankung des normal böigen Windes gleich dem Betrag der Mittelgeschwindigkeit selbst.

In dem folgenden Abschnitt ist der Wind in seinen lokalen Eigenschaften vom rein *praktischen* Standpunkt aus ins Auge gefaßt.

Die erste Frage, welche sich jeder Regattasegler stellt, wenn er des morgens vor dem Rennen auf sein Boot kommt, ist: «Wird es heute Wind geben?»

Diese Frage ist am besten nach folgenden Gesichtspunkten zu beantworten:

1. Wie steht das Barometer? *Jede plötzliche Barometerschwankung ist ein Zeichen von Wind.* Fällt das Barometer, so kann das zum Beispiel in der Schweiz zwei Bedeutungen haben: entweder Föhnlage *ohne* durchhaltenden Wind, oder starker Westwind. Steigt das Barometer, so ist Nord-Ost-Wind wahrscheinlich. Sogar während der Regatta kann die Wahrnehmung einer plötzlich eintretenden Barometerschwankung wertvolle Dienste leisten.
2. Wie bewegt sich der Wind in den höheren Schichten? Ist diese Bewegung nur lokal oder am ganzen Himmel gleichgerichtet? Eine lokale Bewegung in den höheren Schichten greift seltener auf die niederen Luftschichten über, während eine allseitig beobachtete Windrichtung mit Sicherheit dann auch am Wasser durchkommt, wenn sie nicht zu hoch liegt. In diesem letzteren Falle jedoch, also wenn die Wolken in sehr großer Höhe dahinziehen, wird oft am Wasser ein Wind in *entgegengesetzter Richtung* aufkommen.
3. Welcher Art ist die Bewölkung? *Ein gleichmäßig bewölkter Himmel* spricht für Windstille. Ein *wolkenloser* Himmel oder einzelne zerrissene Wolken für Wind — entgegengesetzt der allgemeinen Meinung. Das spätere Aufkommen von Wolken oder Dunst untertags kann Wind bedeuten. Wir wissen, daß die Bewölkungsverhältnisse einen nicht unbedeutenden Einfluß auf die Schwankungen der Windstärke haben.

   Klarer Himmel wirkt, indem er unbehinderte Strahlung gestattet, in zwei Richtungen: Bei Tag vermehrt er durch Verstärkung der vertikalen Luftströmung den vertikalen Luftaustausch und damit die Windstärke in der «untersten Schicht». Diese ist für uns maßgebend. Bei Nacht erzeugt er durch Abkühlung der unteren Schichten stabiles Gleichgewicht in vertikaler Richtung, verhindert dadurch die vertikale Luftzirkulation und *entzieht* so die Luft an der Erd- bzw. Wasseroberfläche *dem Einfluß der oberen, stärker bewegten Schichten.* Es muß deshalb denselben Gradienten tags bei heiterem

Abb. 137. Herankommender Sturm.

Wetter stärkerer Wind als bei trübem entsprechen, nachts dagegen schwächerer, und ferner denselben Gradienten bei heiterem Himmel in der Nacht weit schwächerer Wind als bei Tag, während bei Tag das Verhältnis zwischen Windgeschwindigkeit und Gradient annähernd dasselbe zu allen Tageszeiten ist und nur unperiodischen Schwankungen unterliegt.
Ein *bewölkter* Himmel jedoch verhindert die Ausstrahlung, welche, wie gesagt, ein Verbindungsglied der niederen Luftschichten zu den höheren darstellt, und so kann es kommen, daß in der Höhe Wind, am Wasser jedoch Windstille ist.

4. Von welcher Richtung wird der Wind kommen?
Abgesehen von der speziell bei uns bekannten Winddrehung von Süd über Ost nach Nord im Laufe des Tages bei gutem Wetter läßt sich für unsere Gewässer (Zentraleuropa) noch sagen: Je länger der Südwind des Morgens dauert, desto schwächer wird der zu erwartende Nord-Ost-Wind sein. Ein Ostwind, der keinen nördlichen Einschlag hat, bedeutet Gefahr für die Wetterlage, ist meist stark, jedoch von kurzer Dauer. Wie überhaupt jeder *plötzlich* aufkommende Wind auch *plötzlich* abklingt.

Charakteristisch für Binnenseen ist folgende Stimmung: Ueber dem See blauer Himmel; außen herum jedoch lagern Wolken — im Osten, im Norden und im Westen. Stundenlang liegen die Boote in öliger Flaute. Nun ist die Frage: «Von welcher Seite wird der Wind heute durchkommen?» Dies ist nicht schwer zu beantworten: wenn überhaupt Wind aufkommt, so wird er aus der Richtung kommen, in welcher die Wolkenmasse die größte Dichte zeigt. Langsam ziehen sich die Wolken, welche aus anderen Richtungen an den See herangekommen sind, wieder zurück und verdunsten, während aus eben besprochener Richtung der ersehnte «Blaue Streifen» auftaucht. Dieser gegenseitige Kampf der Wolken ist ein wundervolles Bild für den Beobachter, und wenn dann in der Richtung, in der die Offensive in der Wolkenmasse zu erkennen ist, die Luft trübe wird und ein Dunst über dem Wasser erscheint, so ist für den Segler die Diagnose nicht mehr zweifelhaft.

Wir kommen nun zu Betrachtungen über den Wind unter Beeinflussung des *Landes* und stellen uns die Frage: Welchen Einfluß hat das Land auf die Atmosphäre? Das Land kann auf zwei Arten wirken:

I. *Windschaffend* (durch windaussendende oder windansaugende Wirkung),

II. *Windhemmend* (durch abdeckende oder stauende Wirkung).

Die Eigenschaft des Landes, Wind zu schaffen, ist nur bei schönem Wetter zu beobachten und hat seine Ursache im Temperaturausgleich zwischen Wasser und Land. Wie jeder Segler weiß, daß, wenn er nachmittags selbst stundenlang in Windstille am Wasser herumgelegen ist, er doch abends mit dem bekannten «Abendwind» rechnen darf, der vom Ufer ausgeht und spätestens in dem Moment aufkommt, in welchem die Sonne am Horizont verschwindet, so muß er auch wissen, daß derselbe Vorgang auch tags in umgekehrter Richtung stattfindet.

Die Eigenart des Landes, saugend zu wirken, oder mit anderen Worten, die Merkwürdigkeit, daß an windstillen «sonnigen» Tagen unmittelbar unter Land ein leichter auflandiger Wind weht, die Tatsache, daß Boote an solchen Tagen ganz in der Nähe des Ufers davonziehen, während zirka 100—200 m weiter außen kein Hauch weht, ist ebenfalls Ursache des Temperaturausgleiches, und dieser ist dann am stärksten, wenn der Temperaturunterschied zwischen Land und Wasser am größten ist; das nun tritt nachmittags zwischen 1 und 3 Uhr ein. *Demnach ist besonders bei den Mittagstarts bei sonnigem, windlosem Wetter der Kurs dicht an Land der richtige!* Wir werden auf den Saugwind später noch näher eingehen.

Der natürliche Vorgang des Temperaturausgleiches ist kurz folgender:

Tags erwärmt sich das Land stärker als das Wasser; die wärmere, über dem Land gelegene Luft steigt in die Höhe und saugt die kältere über dem Wasser sich befindliche Luft an ihre Stelle. So kommt ein ständiger Kreislauf durch den Luftaustausch zustande, der solange andauert, bis die Temperaturunterschiede ausgeglichen sind (vergleiche Abbildung 138 a).

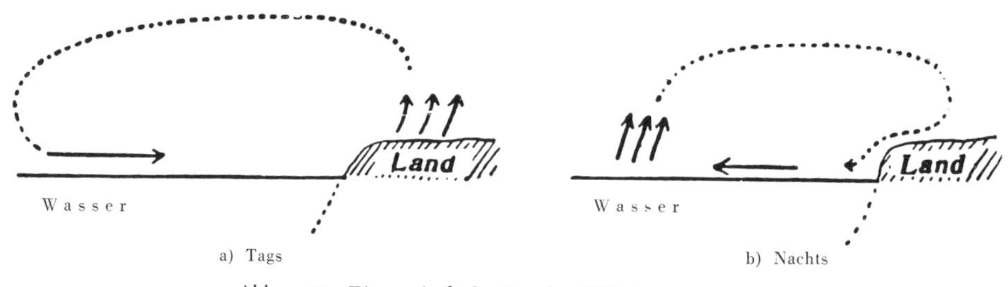

Abb. 138. Eigenschaft des Landes, Wind zu erzeugen.

Nachts bzw. abends tritt der umgekehrte Vorgang ein, das Land kühlt stärker ab als das Wasser. Ueber dem Wasser steigt die verhältnismäßig wärmere Luft in die Höhe und die kältere über dem Lande sich befindliche strömt auf das Wasser an die Stelle der aufgestiegenen Luftmassen. Dieser Vorgang ist in Abb. 138 b dargestellt.

Das gleiche Wärmeverhältnis, welches zwischen Wasser und Land vorhanden ist, besteht auch zwischen Erde und Stein und zwischen Wald und Feld.

Demnach erwarten wir den *Abendwind* am waldigen Ufer später und in schwächerer Form, während wir von Feldern und auch von felsigem Gelände (oder Quaimauern) einen frühzeitig auftretenden starken Landwind bekommen. Diese Tatsache wird uns bei nächtlicher Heimfahrt die Nähe des Landes dann abraten, wenn Wald an seinen Ufern liegt.

Untertags haben ebenfalls Steinmauern und Felder eine *stärker* saugende Wirkung, welche an windlosen Tagen im Gegensatz zu Waldufern einen stark abgegrenzten, stationären, auflandigen Wind verursachen.

Hiermit haben wir das Land in seiner windbildenden Eigenschaft besprochen und kommen nun zu seiner zweiten Eigenschaft, welche sich als windhemmend darstellt:

Die abdeckende Wirkung des Landes ist wohl jedem bekannt, und es wäre vielleicht nur noch zu ergänzen, daß, allgemein gesprochen, die Reichweite der Abdeckung ungefähr dem Vierfachen der Uferhöhe entspricht und daß die Abdeckung zunimmt, je näher man dem Ufer kommt. Ein Vergleich mit den bereits geschilderten Abdeckungsgesetzen von Boot zu Boot wird auch hier die Erklärung dafür geben, wieso es vorkommt, daß sich Boote, die ganz vom Land abgedeckt sind, sogar mit leichtem *Gegenwind,* d. h. einem Luftzug, der der allgemeinen Windrichtung entgegengesetzt ist, fortbewegen. Die Erfahrung hat uns auch gelehrt, daß die Abdeckungszone des Landes nicht nur von der Höhe des Hindernisses, sondern auch von seiner Art abhängig ist. So läßt z. B. ein Wald, welcher auf einem flachen Ufer steht, also eigentlich kein hohes Hindernis darstellt, einen auffallend großen Abdeckungsschatten erkennen. Messungen ergaben im Mittel eine

Abb. 139. Schneewehen — der Schnee kommt nicht bis an das Hindernis heran.

Reichweite von 500 m. Die Ursache ist die *Windverlangsamung* infolge der großen *Reibung* der Luft an den Baumkronen. Im eben besprochenen Falle kam der Wind von der Richtung des Landes.

Die zweite hemmende Wirkung tritt nun ein bei *auflandigem* Wind, d. h. dann, wenn der Wind vom See senkrecht gegen das Land weht; den meisten wird wohl der Begriff Parallelwind bekannt sein, d. h. sie werden die Erfahrung gemacht haben, daß man nicht nur in die von einer Mauer zurückprallenden Wellen geraten kann (Grund- und Brandungswellen), sondern auch in den von ihr zurückprallenden Wind (Abb. 147).

Diese hemmende Wirkung eines Hindernisses, wie sie jedes Ufer in mehr oder weniger starkem Maße darstellt, hatte ich Gelegenheit an Schneewehen zu studieren, von denen zwei Photographien wiedergegeben sind. Jeder Leser wird beim Anblick der

Bilder sich solcher Erscheinungen erinnern können, die meisten aber werden sich über das «Warum» nicht länger aufgehalten haben. Abb. 139 und 140 zeigen Strohhaufen, an die der Sturmwind Schneemassen herangeweht hat. Wir sehen also die Luvseite des Hindernisses. Jedoch der Schnee ist nicht dicht an den Haufen herangekommen, sondern hat ungefähr zwei Meter vor demselben Halt gemacht und so eine tiefe Furche zwischen sich und das Hindernis gelegt. Wie ist dies aber zu erklären? Derselbe Vorgang kann beobachtet werden, wenn man Schnee- oder Staubmassen betrachtet, welche gegen eine Mauer geweht werden. Der Staub (bzw. Sand) setzt sich in einem gewissen Abstand vor

Abb. 140. Schneewehen durch Wirbelbildung geformt.

der Mauer nieder, d. h. er fällt zu Boden, und nach kurzem kann man sehen, wie sich ein kleines Staubhäufchen vor der Mauer bildet, das ständig größer wird. Weiterhin kann man an den in der Luft wirbelnden Staubteilchen erkennen, daß vor der Mauer ein großer Wirbel im Gang ist, der am Boden — entgegengesetzt der Windrichtung — dreht. Im toten Punkt, d. h. da, wo die zwei Luftströmungen aufeinanderprallen, herrscht Windruhe, in deren Bereich sich der vom Wind mitgeführte Sand niederläßt und ansammelt. Interessant ist noch die Beobachtung, daß das Sandhäufchen genau so weit von der Mauer entfernt ist, als diese hoch ist. Abb. 141 A veranschaulicht den Vorgang. Weiterhin kann beobachtet werden, daß dieser kleine Sandhügel vor der Mauer, der wiederum dem Wind ein neues Hindernis entgegensetzt, eine zweite, noch kleinere Anhäufung erstehen läßt, die in gewissem Abstand zu dem ersten Häufchen liegt (Abbildung 141 B).

Die Messung des Neigungswinkels des ersten Sandhaufens ergibt 45 ^{0}, also genau die Hälfte des Mauerwinkels zur Horizontalen (90 ^{0}); die des zweiten Haufens 22,5 ^{0}, also wiederum die Hälfte des ersten Sandhaufens. Wir sehen hier, daß die Reichweite des Wirbels gleich der Höhe des Hindernisses ist, daß aber die Wirkung mit abnehmendem

Winkel schwächer wird. Am drastischesten macht sich der nach oben ziehende Wirbel vor einer Mauer dann bemerkbar, wenn Frauen sich zufällig in erwähnter Distanz vor derselben befinden. Erbarmungslos erfaßt der Luftzug die Röcke und hebt sie fallschirmartig über die Köpfe der Ueberraschten! — Ein nicht immer ästhetischer Anblick!

Die Versuche haben folgendes bestätigt: Man soll bei auflandigem Wind — wenn dieser von einer durchgreifenden Windströmung herrührt und nicht Temperaturausgleich zur Ursache hat — nie zu nah an das Ufer gehen, da die Prallwirkung eine Mindestreichweite von der Uferhöhe besitzt.

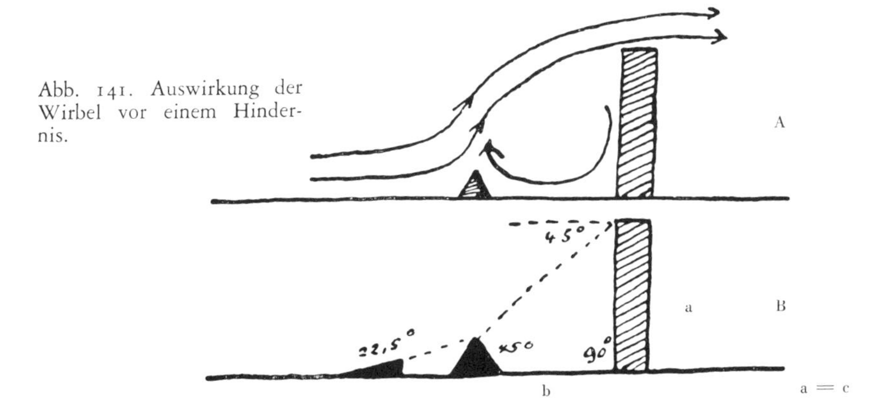

Abb. 141. Auswirkung der Wirbel vor einem Hindernis.

Diese Beobachtungen haben mich zu einem kleinen Versuch veranlaßt, den ich dem Leser nicht vorenthalten will, weil er in bezug auf die Segeldichtigkeit und punkto Luftwiderstand interessant ist. An eben denselben Tagen, an denen ich die Schneewehen photographierte, hatte ich ein Drahtgitter mitten auf einer flachen Wiese aufgestellt und nach eintägigem Schneewehen beobachten können, daß sich vor dem Gitter, dessen Maschenzwischenräume fast faustgroß waren, der Schnee, genau wie vor dem Strohhaufen bzw. wie vor jedem «dichten» Hindernis, in Abstand der Gitterhöhe angesammelt hatte. Wie eine nicht besonders dicke Hecke, z. B. völligen Windschutz bietet, so war auch das Verhalten der angewehten Schneemassen vor dem Drahtgitter mir ein weiterer Beweis

I. für die absolute Luftdichtigkeit eines noch so dünnen Stoffes; denn, wenn ein Gitter den Wind so gut wie kaum durchläßt und wenn z. B. ein Segel aus Gaze (Verbandgaze) erst bei relativ enorm großem Druck luftdurchlässig wird, so ist eine Luftdurchlässigkeit bei unseren Segelstoffen vollständig ausgeschlossen.

II. dafür, daß der Luftwiderstand an einem Gitter *nicht* der absoluten Fläche entspricht, also nicht der Summe der Widerstände der einzelnen Drähte, sondern daß dieser bedeutend größer ist. Mit anderen Worten — in das Seglerdeutsch übersetzt: Mehrere nebeneinander am Mast angeordnete Falle haben nicht den ihnen allein zukommenden Luftwiderstand, sondern jedes Tau erzeugt in der Eigenschaft gegenseitiger Beeinflussung eine vielleicht mehr als doppelte Bremswirkung.

Nun aber zurück zu unseren Betrachtungen, die sich auf die Beeinflussung des Windes und der Windrichtung durch das Land beziehen. Während im vorausgegangenen der Einfluß des Landes auf die *Windstärke* besprochen wurde, soll im folgenden sein Einfluß auf die *Windrichtung* erwähnt werden.

Die Fähigkeit des Landes, in seiner Nähe die Windrichtung zu beeinflussen, den Wind zu drehen, ist wohl die am häufigsten beobachtete Erscheinung. Bei ablandigem Wind, der schräg zum Ufer weht, erfährt der Wind in der Nähe des Landes eine

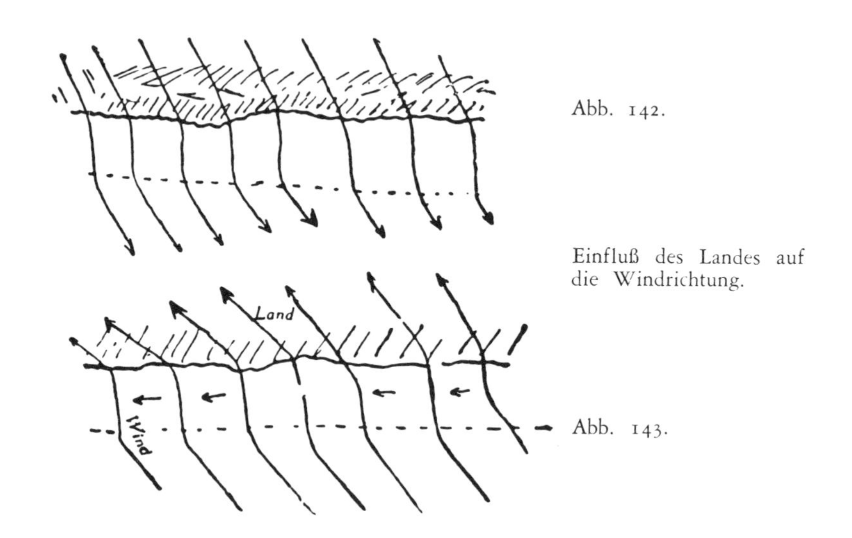

Abb. 142.

Einfluß des Landes auf die Windrichtung.

Abb. 143.

Drehung, welche ihm eine zum Ufer mehr senkrechte Richtung gibt. Mit anderen Worten, je näher man dem Lande kommt, desto mehr weht der Wind direkt vom Lande her (vgl. Abb. 142). Einen praktischen Wert findet man in dieser Tatsache dann, wenn man z. B. den Vorteil nützt, mit langen Streckbugen und nur kurzen Seitenschlägen dem Ufer entlang aufzukreuzen, während andere sich weiter außen zu Tode kreuzen.

Dieselbe Drehung erfährt auch der auflandige Wind, der, wenn er in die Nähe des Landes kommt, von seiner schräg zum Lande wehenden Richtung eine mehr senkrecht zu ihm verlaufende annimmt, um dann über dem Lande wieder die ursprüngliche Richtung einzunehmen. Dieser zweite Fall der Winddrehung bei auflandigem Wind hat die Wirkung, daß in der Nähe des Ufers eine Wasserströmung geschaffen wird, welche dem Ufer parallel läuft. (Die Energie des Windes ist gleichsam ins Wasser übergegangen. Abb. 143). Mit Rücksicht auf diese Strömung wird man unter Umständen die Nähe des Landes beim Aufkreuzen vermeiden müssen. Anderseits aber läßt sich die raumende Tendenz des Windes unter Land oft gut ausnützen, indem man dann dort sehr hoch laufen kann.

Kurz zusammengefaßt: Bei schräg zum Ufer wehenden Winden:

Im Kreuzkurs: Bei ablandigem Wind dem Land entlang kreuzen; bei auflandigem Wind sich nach der Strömung richten.

In anderen Kursen: Bei auflandigem Wind meide die Nähe des Landes (Staukissen!).

An heißen Flautentagen: Ganz unter Land gehen (besonders mittags! Saugwind durch Temperaturausleich). — Abends: Ganz unter Land gehen (wenn nicht waldiges Ufer) — Abendwind.

Von besonderem Interesse ist, wie bereits erwähnt, der *Saugwind,* den wir im folgenden eingehender untersuchen wollen.

Der Saugwind

Ganz besonders gut läßt sich dieser im *Frühjahr* und *Herbst* beobachten, da hier die Temperaturunterschiede zwischen Land und Wasser außerordentlich groß sind. Der Saugwind, der natürlich nur durch Sonne verursacht wird, entsteht dann jeweils an dem Ufer am stärksten, welches senkrecht von den Sonnenstrahlen getroffen wird; also *auf* welches — nicht über welches hinweg — die Sonne scheint. Da die Reichweite dieses Windes z. B. bis zur Mitte eines Sees, manchmal sogar über den ganzen See sich erstrecken kann (und zwar dann, wenn speziell ein Ufer von der Sonne erwärmt wird), ist es oft schwer zu sagen, ob es sich um Saugwind oder um «richtigen Wind» handelt. Der Unterschied beider Winde liegt in erster Linie darin, daß der *Saugwind sich entgegengesetzt seiner Strömungsrichtung am Wasser ausbreitet.* Dieses sehr interessante Erkennungszeichen erklärt sich folgendermaßen: Wenn man Zigarrenrauch mit dem Munde einsaugt, so bewegen sich zuerst die dem Munde zunächst gelegenen Luftschichten auf diesen zu, und erst wenn man stärker saugt, fangen auch die ferner gelegenen Luftschichten an, sich gegen den Mund zu bewegen. Die Ausbreitung dieser Luftbewegung ist also bei abnehmender Stärke dem Luftstrom entgegengesetzt.

Nun wird der Leser die berechtigte Frage aufwerfen: Welche Vorteile hat es denn für den Praktiker, ob dieser Wind als «Saugwind» oder als «richtiger Wind» diagnostiziert wird?

Abgesehen nun davon, daß man schon am frühen Morgen voraussagen kann, vormittags wird Wind an diesem Ufer liegen — nachmittags jedoch an jenem, ist für den Regattasegler die Tatsache von Wichtigkeit, daß der Saugwind oft stationär bleibt, also man im allgemeinen zu ihm kommen muß, daß also der Wind stundenlang am selben Platz liegen kann. Oft zieht sich diese Windgrenze zurück, und man kann ihr lange nachlaufen. Ist man jedoch innerhalb der Windgrenze, soll man sich nicht damit begnügen, sondern ein gutes Stück in diesen Bezirk hineinsegeln, damit man im Falle eines Rückzuges der Windfront nicht plötzlich in der Flautenzone sitzt. Am späten Nachmittag z. B. hat es keinen Zweck mehr, dem Winde nachzujagen, da dieser ohnehin dann meist *mit einem Schlage* zu Ende ist. Dieses plötzliche Aufhören des Saugwindes ist ein besonderes Charakteristikum.

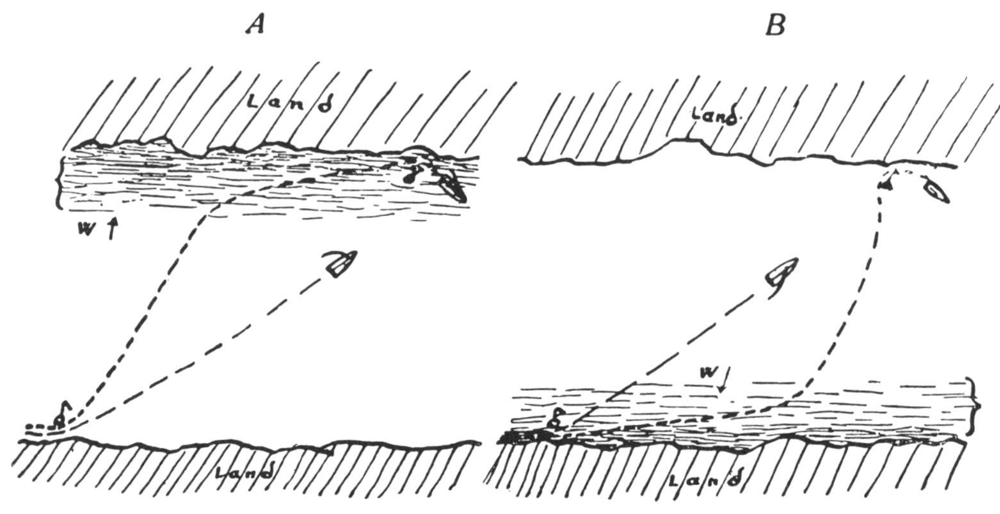

Abb. 144. Kurs bei Saugwind.

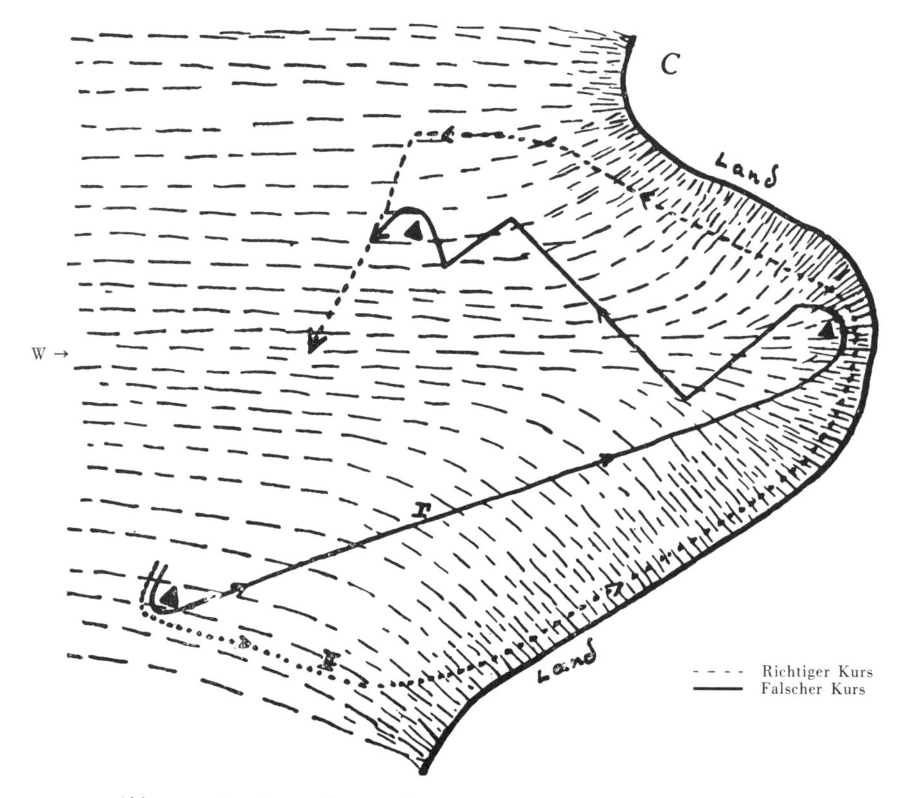

Abb. 145. Aenderung der Windrichtung durch die Saugwirkung des Landes.

Eine weitere Eigenart des Saugwindes ist die, daß dieser *seine Richtung nur wenig ändert,* er weht stets senkrecht, also *im rechten Winkel zum Ufer.* Weiterhin zeigt er die Neigung, besonders Buchten auszufüllen. Im Sommer sind die Abend- (bzw. Nacht-) Saugwinde stärker als die Tagsaugwinde (Sonnenwinde). Im Frühjahr und Herbst dagegen kann der Abendwind meist nicht erwartet werden, weil das Land nur um weniges oder gar nicht kälter wird als das sehr kalte Wasser.

Betrachten wir nun einmal an Hand der Abbildungen einige praktische Fälle:

Abb. 144 A soll uns zeigen, daß man bei auflandigem Winde, der am entgegengesetzten Ufer liegt, bei einem Regattakurs, der schräg über die Wasserfläche ausgelegt ist, ausnahmsweise nicht diesem Kurs folgen, sondern quer über das Wasser auf die Windzone zusteuern soll, in der man erhöhte Fahrt laufen kann und trotz des längeren Weges meist früher am Ziel anlangt. Im umgekehrten Fall — der Wind, sagen wir, läge am diesseitigen Ufer — fahren wir an dem Windufer entlang so lange wir können und gehen dann erst quer über das Wasser (Abb. 144 B).

Abb. 145 stellt einen Regatta-Kurs in einer Bucht dar. Da der durch die gestrichelten Linien angegebene Saugwind am Ufer am stärksten weht, gehen wir schon auf dem ersten Kurs ganz nah unter Land. Da nun aber, wie wir wissen, Saugwind stets senkrecht zum Land weht, darf die hiedurch bedingte Winddrehung nicht außer acht gelassen werden, und es wäre nun z. B. ein großer Fehler, in dem hier folgenden Kreuzkurs jetzt schon einen Schlag hinaus zu machen, wie dies in der ausgezogenen Linie angedeutet ist. Aehnlich wie in dieser Zeichnung verhält sich der Saugwind in allen Buchten, und die Kenntnis von Entstehung und Verhalten von Saugwinden wird nicht zum mindesten manchmal die Ursache eines Sieges über andere Boote sein.

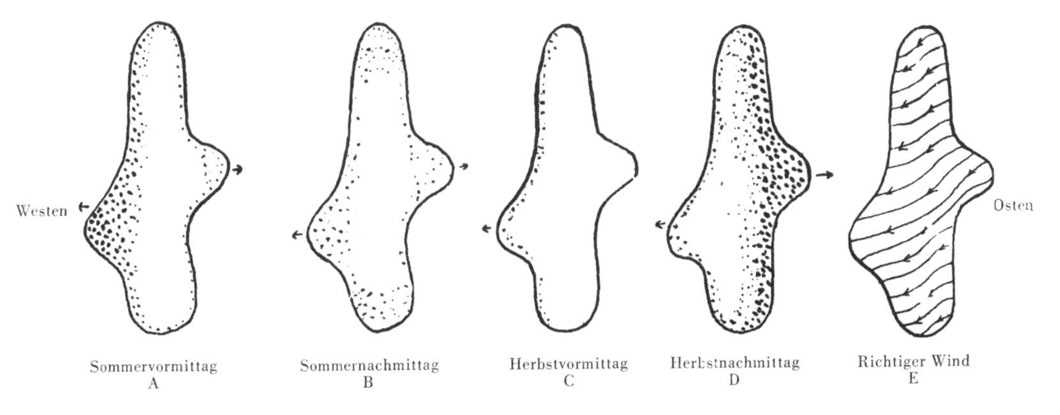

Abb. 146. Verteilung des Saugwindes zu verschiedenen Jahreszeiten.

Die Abbildung 146 zeigt einen See und die ihm zukommenden Saugwinde zu verschiedener Jahreszeit. A und B gibt die Verteilung des Windes an einem sonnigen Sommertag. Vormittags (Zeichnung A) erwärmt sich das West-Ufer, das unter dem langen Einfluß der im Sommer sehr früh aufgehenden Sonne liegt, zuerst und überwiegend, während das Ostufer nur leichten Saugwind aufweist, nachmittags (Zeichnung B) liegt der Saugwind rings um den See ungefähr gleichmäßig verteilt.

C und D gibt die Saugwindverteilung im Herbst: Infolge der später aufgehenden Sonne, die meist erst gegen 10 Uhr die dichten *Nebel* des Sees durchbricht, ist der Saugwind entweder gar nicht (spiegelglatter, windloser Herbsttag!) oder nur in Spuren am Westufer zu entdecken (Zeichnung C). Ein ganz anderes Wind-Bild jedoch bietet uns

Abb. 147. Stauwirkung des links gelegenen Landes auf den Wind.

ein Herbst-Nachmittag. Fast alle Seen haben einen zum Teil sehr schönen starken Ostwind, der sich am stärksten am Ostufer bildet und sogar meist bis zur Mitte des Sees reicht (Zeichnung D). Da das Wasser bekanntlich im Herbst schon sehr kalt ist, das Land am Ostufer aber durch die lange Nachmittagssonne doch noch stark erwärmt wird, ist der Temperaturunterschied häufig ein so großer, daß der Saugwind sich über den ganzen See erstrecken kann. In diesem Falle ist es manchmal schwer, den Saugwind von dem richtigen Wind zu unterscheiden, und dann bleibt uns, wenn wir das Aufkommen des Windes (seine Ausbreitung!) nicht beobachtet haben, nur noch der Stärkenunterschied an den beiden Ufern und seine Richtungsbeständigkeit als Erkennungszeichen übrig.

In Zeichnung E ist im Gegensatz hierzu der richtige Wind eingezeichnet.

Die *wichtigsten Eigenschaften* des Saugwindes, nach denen wir suchen müssen, um unterscheiden zu können, ob es sich um einen richtigen Wind oder um einen Saugwind handelt, sind also zusammengefaßt folgende:

1. Der Saugwind existiert nur bei Sonne. (Daher auch «Sonnenwind» genannt!)
2. Seine Ausbreitung ist seiner Windrichtung entgegengerichtet.
3. Er bleibt stundenlang am selben Fleck, ist also mehr oder weniger stationär.
4. Seine Stärke wird mit zunehmender Entfernung vom Land geringer.
5. Er setzt sich besonders gerne in Buchten fest.
6. Er ist charakteristisch in seiner Richtung, d. h. er weht stets senkrecht zum Lande.

Das Wasser

Obwohl dieses Kapitel nicht unmittelbar in mein Buch gehört, soll es doch im Beobachtungskreis des denkenden Seglers nicht fehlen, und es wird sicherlich nicht unnütz sein, auch dieses Element etwas näher kennenzulernen, mit dem wir doch indirekt in so inniger Verbindung stehen.

Für die Entstehung der Wellen gibt Prof. Ahlhorn von Hamburg, der sich mit diesen Fragen eingehend beschäftigt hat, folgende Erklärung:

«Die Wellen sind Reibungsphänomene an der Grenze zweier flüssiger Medien.» Die Luft, die über das Wasser streicht, wird durch die Reibung verlangsamt, während die der Luft entnommene Energie sich in Wirbel umbildet. Diese Wirbel, welche auf dem Wasser dahineilen, graben sich in die Wasseroberfläche ein und bilden an diesen Stellen Wellentäler, bzw. saugen das Wasser zu Wellenkämmen hoch. Je größer die Streichweite und die Stärke des Windes über dem Wasser ist, desto größer werden die entsprechenden Wirbel und desto höher werden auch die Wellen aufgeworfen. Somit ist jede Welle durch einen Wirbel hervorgerufen, der durch die Oberflächenreibung entstanden ist. Bei den großen Wellen jedoch geht die Meinung der Fachleute insofern auseinander, als die einen die Ansicht vertreten, daß im Wellental Windruhe herrsche und der Wind nur die Kämme berühre; während die anderen behaupten, daß auch hier große Luftwirbel in die Wellentäler hinabreichen. Ich hatte den Eindruck, daß die Wirbel auch im Wellental vorhanden seien, was ich an dem kleinen Gekräusel des Wassers auch in den Vertiefungen zu erkennen glaube (siehe Wüstenbilder). Auffällig ist auch, wie gut die Möwen über den Wellen schweben und wie relativ schlechter über dem Land. Man hat den Eindruck, daß sie die Wirbel in ihrem aufsteigenden Verlauf auszunützen vermögen. Diese Wirbelbildung und somit Wellenerzeugung tritt, wie schon erwähnt, bei der Reibung aller flüssigen und ähnlichen Medien auf und ist z. B. auch im Sande sehr hübsch zu beobachten, wenn das Wasser am Strande heraufrollt. Wie zwischen Wasser und Sand, so werden auch die *kleinen* Sandwellen vom Wind in den Dünen gebildet. Ein außerordentlich schönes Bild mit großen langgestreckten Wogen und zierlichem Gekräusel auf und zwischen den Wellen selbst bietet uns die Wüste. Das starrgewordene Bild des Meeres! Auch hier ist das Gekräusel im Wellental anzutreffen. Ebenso tritt an der Grenze zweier Luftschichten von verschiedener Temperatur (Dichte)

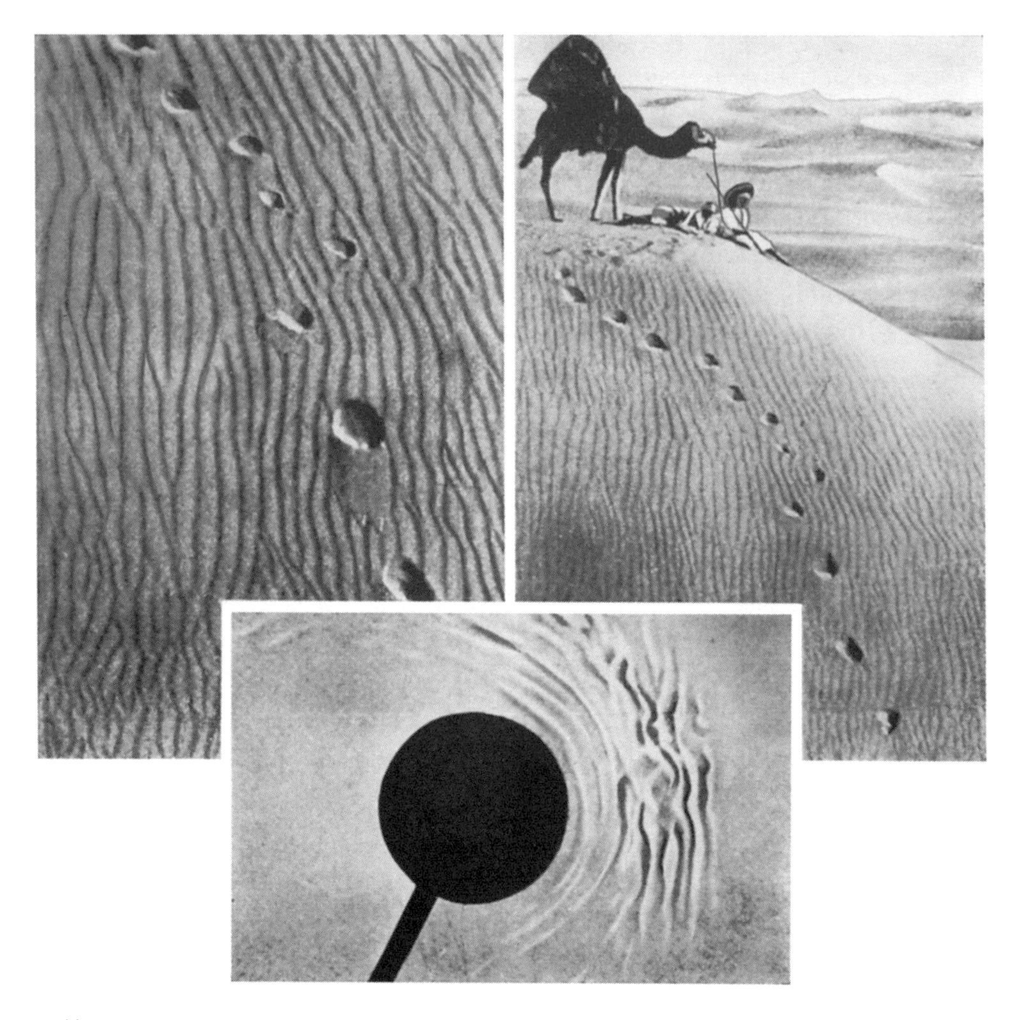

Abb. 149. Interessanter Vergleich von Sandwellen und Strömungsverlauf vor einem Zylinder.

der Vorgang der Wirbelbildung auf: Die sog. Altocumuli oder Lämmerwolken sind nichts anderes als Erscheinungen, die durch die Reibung zweier Luftschichten von verschiedener Temperatur entstanden sind. Prof. Ahlhorn, der der Natur des Wassers und seiner Wirbel durch Unterwasserphotographien näher gekommen ist, hat weiterhin folgende interessante Beobachtung gemacht: Er bestätigt die von Prof. Morey (Paris) auch photographisch festgestellte Tatsache, daß die oberen Teilchen einer Welle in elliptischen Bahnen schwingen. Die senkrechten Achsen dieser Ellipsen werden nach der Tiefe zu kürzer, bis endlich in der etwa hundertfachen Tiefe der Wellenhöhe die Wasserteilchen nur noch eine horizontal oszillierende Bewegung haben (Abb. 150).

Abb. 150. Elliptische Bahn der Wasserteilchen im Inneren einer Welle.

Betrachten wir nun aber einmal die Wellen, die durch den Bootskörper hervorgerufen werden. Wenn sich ein Schiff durch das Wasser schiebt, erzeugt es je nach der Geschwindigkeit, mit der es sich bewegt, kleinere oder größere Wellen. Je günstiger die Bootform ist, desto geringer muß die aufzuwendende Kraftquelle für seine Vorwärtsbewegung sein und desto weniger Energie wird im Wasser in der Form von Wellen verloren. *Wir können also nach der Größe der erzeugten Wellen auf die Güte der betr. Bootform schließen.*

Bei Betrachtung eines sich in Bewegung befindlichen Schiffes sind nun mehrere Wellenbildungen zu unterscheiden:

Erstens die allbekannten *Bugwellen,* die je nach der Bootform einen mehr oder weniger parabolischen Verlauf nehmen und deren Kämme durch den Zusammenstoß zweier gegeneinander gerichteter Wassermassen entstehen.

Zweitens die Heckwellen, welche *schräg* zur Fahrtrichtung laufen und sich mit den Bugwellen in einer gewissen Entfernung vom Boot schneiden. Der Verlauf der Heckwelle ist je nach der Geschwindigkeit ein gerader oder bei größerer Fahrt ein hakenförmig nach vorne gebogener. Die Heckwellen entstehen durch den vom Schiffboden nach oben drehenden Wasserwirbel.

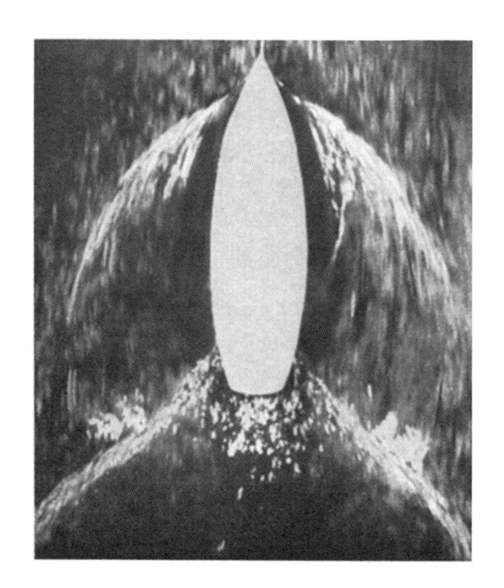

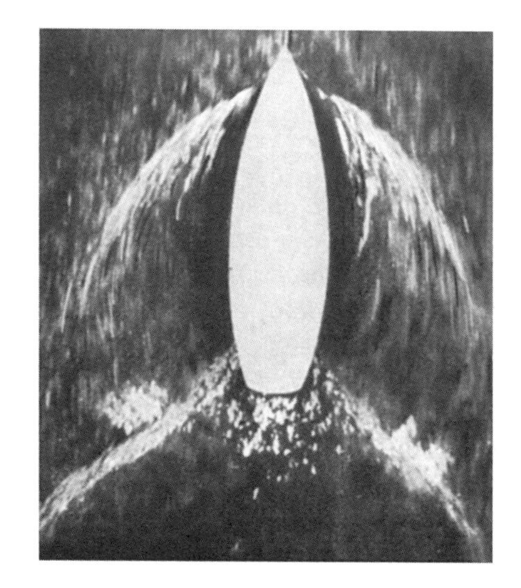

Abb. 151/152. Wellenbildung durch ein Modellboot.

Endlich entstehen noch *quer* zur Kielrichtung besonders klar erkennbar ausgebildete Heckwellen, welche dem Fahrzeug in gleichbleibendem Abstand *nacheilen* und mit den schräg verlaufenden Heckwellen in weiterem Abstand vom Schiff interferieren. Ihre Höhe nimmt mit der Entfernung vom Heck ab. Sie entstehen dadurch, daß das Wasser das Bestreben zeigt, die hinter dem Boot entstehende Leere auszufüllen. Das bekannte Steigen der Boote bei schneller Fahrt, was besonders bei den Motorbooten stark hervortritt, kommt dadurch zustande, daß die Bugwelle weiter hinten entsteht und den vorderen Teil des Schiffes hebt, während die erste quer zur Fahrtrichtung verlaufende Heckwelle ebenfalls nach rückwärts verschoben wird, und, da das Wasser nicht Zeit findet, die Leere im Achtern des Bootes auszufüllen, nicht mehr unter, sondern hinter das Boot zu liegen kommt, was ein Tieferliegen des Hecks zur Folge hat.

Beobachtungen dieser dem Boote nacheilenden Querwellen haben die sehr interessante Tatsache ergeben, daß diese hinsichtlich ihrer *Länge* von der Form und Größe des Fahrzeuges vollständig unabhängig sind, *jedoch in Beziehung zur Geschwindigkeit stehen* (während hingegen die *Höhe* der Heckwellen sich nach der Form und besonders dem Tiefgang des Bootes richtet). Mit anderen Worten, es nimmt der Abstand der Wellenberge (die Wellenlänge) bei allen Fahrzeugen in gleicher Weise mit der *Geschwindigkeit* zu, und daher läßt sich diese Erscheinung für die Bestimmung der Fahrtgeschwindigkeit des Bootes äußerst praktisch verwerten, indem man nur den Abstand des einen Wellenberges vom nächstfolgenden zu schätzen braucht, um nach folgender bereits von anderer Seite in der «Yacht» veröffentlichten Tabelle (entsprechend v = 1,25 Länge) die Bootgeschwindigkeit berechnen zu können:

Wellenlänge m	Geschwindigkeit in Stunden/km
0,20	1,8
0,65	3,6
1,43	5,4
2,55	7,2
4,00	9,0
5,75	10,8
7,80	12,6
10,20	14,4
12,90	16,2
16,00	18,0
18,40	19,8

Praktisch gesprochen braucht man sich nur drei folgende, leicht merkbare Zahlenpaare einzuprägen, zwischen denen man dann nur zu interpolieren hat:

1½	m	Wellenlänge	5½	Std./km
2½	„	„	7	„
4	„	„	9	„

Ferner dürften folgende Ergebnisse von *Schleppversuchen* für den Rennsegler von Interesse sein:

Diese sind für die Bootdiagnose von großem Wert, werden aber leider nur selten vorgenommen. Mit einem Motorboot kann man Jachten mit annähernd der gleichen Geschwindigkeit schleppen und vergleichenderweise die Günstigkeit von deren Formen (bei aufrechter Lage) mittels Federwage feststellen. Z. B. schleppt sich eine Jacht um einige Kilogramm leichter als eine andere, wird jedoch von dieser auch bei leichtem Wind (also bei aufrechter Lage) ständig geschlagen, so ist daraus zu folgern, daß der Unterschied der Güte der beiden Boote in der Takelage zu suchen ist; anderseits läßt sich die Diagnose stellen, ob z. B. bei einer auf einem Buge zu stark leegierigen Jacht der Fehler der Ungleichheit in den Segeln (z. B. schiefer Mast) oder im Bootrumpf

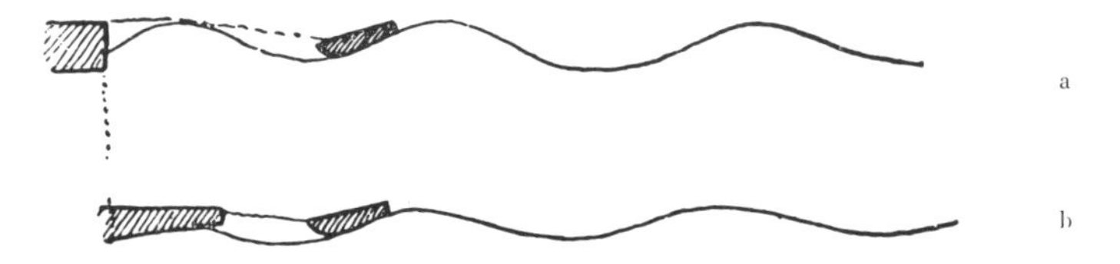

Abb. 153. In welchem Abstand soll ein Beiboot geschleppt werden?

liegt. Nur so läßt sich ein verworfener Bootrumpf oder eine verzogene Flosse nachweisen, was mit dem bloßen Auge nicht immer erkennbar ist. Je größer die Schleppgeschwindigkeit ist, desto stärker wird auch jetzt der fehlerhafte Druck an der Pinne des zu untersuchenden Bootes, was uns die Krankheit in der Flosse (und nicht in den Segeln) lokalisiert. Ist z. B. die Flosse von vorne nach hinten verbogen oder verzogen, so zeigt sich dies in dem Bestreben der Jacht, aus dem Kurs zu laufen, wenn sie in gerader Lage geschleppt wird. Ist die ganze Flosse nach einer Seite verbogen, so liegt das Boot schief im Wasser und das geübte Auge wird den Defekt finden, trotzdem der Mast vielleicht gerade steht.

Eine weitere Frage: Wie lang soll ein Beiboot belegt werden, um in möglichst geringem Maße bremsend zu wirken? Natürlich ist dies keine für den Rennsegler direkt in Betracht kommende Erwägung, aber auch er kann in die Lage kommen, mit einem Beiboot im Schlepp gegen eine andere Jacht vorübergehend regattieren zu wollen. Die Lösung ist sehr einfach: Das Beiboot schleppt sich dann am leichtesten, wenn es auf der zweiten der Jacht nachlaufenden Heckwelle abwärts gleitet (Abb. 153a). Es ist klar, daß bei Jachten mit langen Ueberhängen die erste Heckwelle unter dem Ueberhang liegt und man in diesem Falle das Beiboot auf die *erste* sichtbare Heckwelle legen muß (Abb. 153b). Ob die Eigenschaft des leichteren Geschlepptwerdens allein darauf zurückzuführen ist, daß das Beiboot gleichsam bergab gleitet, oder darauf, daß die von ihm gebildete Heckwelle mit der zweiten Welle der Jacht zusammenfällt, sei dahingestellt. Unbekannt wird jedoch den meisten Seglern die genaue Größe des Druckunterschiedes bei verschieden langer Schleppleine sein. Darüber sollen einige von mir gemachte Resultate von Schleppversuchen Auskunft geben, wie ähnliche auch schon von anderer Seite ermittelt worden sind. Bei diesen Versuchen hat sich gezeigt, daß das Beiboot mit zunehmender Länge der Schleppleine nicht proportional schwerer schleppbar wird, sondern abwechselnd, bald leichter, bald schwerer. Außerdem übt es z. B. auf der dritten Welle abwärtsgleitend einen geringeren Zug aus als auf der vierten Welle in gleicher Lage usw. *Dieses wellenförmige Schwanken des Zuges ist uns eben ein Beweis, daß es von der Stellung des geschleppten Bootes zu der betreffenden Heckwelle herrührt und nicht, wie man glauben könnte, vom Sog des voranfahrenden Bootes direkt verursacht wird.* Der Zug eines richtig und eines mit langer Leine geschleppten Beibootes betrug bei einer Geschwindigkeit von 10 km/Std. zwischen 9 und 22 kg. Um die Zuggrößen des Beibootes auch im Kielwasser einer Jacht im Gegensatz zu denen im Kielwasser des Motorbootes zu bekommen, wurde eine Jacht mit 8 km Geschwindigkeit geschleppt und hinter dieser das Beiboot befestigt. Das Zugminimum war auch wieder bei beschriebener Distanz und belief sich auf 7 kg gegenüber 16 kg Maximum. Bei einer Geschwindigkeit von 6 km in der Stunde schwankte der Zug an der Schleppleine zwischen 6 und 12 kg.

Die Resultate dieser Versuche ergeben:

Durch zweckmäßiges Belegen des mitgeführten Bootes, das auf der zweiten, bzw. ersten Heckwelle abwärts gleitet, kann der die Bootgeschwindigkeit hemmende Zug «*über die Hälfte*» reduziert werden. Dies ist natürlich in gewissem Grad von der Höhe der Heckwellen abhängig, welche ihrerseits durch die Schiffsform bedingt wird.

Zum Schluß noch einige Worte über die *Wasserwärme:*

In den Binnenseen ist das Wasser bekanntlich (im Sommer) bei auflandigem Wind wärmer als bei ablandigem. Dieser Temperaturunterschied ist besonders bei schönem Wetter ein erheblicher (bis zu 6 ^{0}) und hat seine Ursache darin, daß die oberen, von der Sonne stärker erwärmten Wasserschichten durch den Wind gegen das auflandige Ufer hin getragen werden. So entsteht ein Kreislauf: das kalte Wasser der Tiefe füllt den Platz des fortgetriebenen Wassers am ablandigen Wind-Ufer aus.

Bei der *Beurteilung* der Wasserwärme darf man nie vergessen, daß Schätzungen sehr unzuverlässig und insofern stets nur relativ sind, als wir die Wasserwärme im Vergleich mit der Hauttemperatur unseres Körpers setzen. Sind wir z. B. durchnäßt oder ist die Luft kalt oder der Wind frisch, so erscheint uns das gleiche Wasser, das uns bei Sonnenschein kalt vorkam, brühwarm. Der Laie ist geneigt, auf diese Täuschung hereinzufallen.

Amerikanische Versuche mit Segeln

Die im folgenden beschriebenen Versuche mit Segeln unterscheiden sich von den von mir durchgeführten dadurch, daß sie direkt an einer *segelnden Jacht* vorgenommen wurden. Anregung zu diesen Versuchen boten meine schon zu einem früheren Zeitpunkt in Deutschland gemachten Windkanal- und Flaum-Versuche, die diesen zu Grunde gelegt wurden. Erfreulicherweise decken sich die Resultate in allen Einzelheiten.

Der so häufig gemachte Einwand, ob sich die Verhältnisse am segelnden Boot wohl genau so verhielten wie die am Modellsegel, das in den künstlichen Windstrom im Windkanal gebracht wird, ist durch diese neuen Forschungen entschieden.

Druck- und Sogmessungen am Segel einer fahrenden Jacht

Die nachfolgenden, genau beschriebenen Experimente wurden ausgeführt von Prof. Edward P. Warner und Mr. Shatswell Ober von der Technischen Hochschule in Boston (Mass.), Leiter des dortigen Windkanals, unter Mitarbeit der in Amerika als praktische Segler bekannten Herren John Markham, W. Laurence Le Page und James B. Ford.

In Verbindung mit mehreren Messungen im Windkanal, auf die ich später genauer eingehen werde, ging man daran, Versuche am Segel einer *segelnden Jacht* anzustellen. Es wurde hierfür ein etwa 25 Fuß (7,6 m) langes Boot mit einer 35½ Fuß (10,8 m) hohen Hochtakelage verwendet, welches in Abb. 155 gezeigt wird.

Als *Meßapparat* benutzte man ein für diesen Zweck besonders gebautes Druckmanometer, welches sich aus vier Teilen zusammensetzt: Drucköffnungen, Verbindungsschläuche, Meßinstrumente und Aufzeichnungsapparat. Als erstes wurden an den in der Zeichnung der Segeljacht durch Kreuze angegebenen Punkten kleine Löcher in die Segel geschnitten (Abb. 155). Diese Oeffnungen wurden mit Gummischläuchen versehen, durch die der durch den Winddruck an diesen Löchern erzeugte Ueber- und Unterdruck (Sog) auf 30 vertikal in einem Gestell angeordnete Glasröhren übertragen wird. Die mit Alkohol gefüllten Röhrchen stehen durch eine Horizontalröhre, welche als Flüssigkeitsbassin dient, miteinander in Verbindung.

Ein auf das Segel erfolgter Winddruck, der mit verschiedener Kraft auf die an den verschiedenen Stellen angebrachten Löcher — somit auf jede einzelne im Tuch befindliche Oeffnung — einwirkt, pflanzt sich durch das mit der Oeffnung luftdicht verbundene Gummirohr fort und gelangt in die mit dem anderen Ende des Gummischlauches verbundene Glasröhre, in der er die darin befindliche Flüssigkeitssäule verschiebt. Ein Ueberdruck am Segel preßt somit, seiner Stärke entsprechend, den Flüssigkeitspiegel

Abb. 155. Segelriß des Versuchsfahrzeuges «Papoose».

Abb. 156. Das mit Schläuchen versehene Segel.

herab, ein Unterdruck (Sog genannt) saugt ihn hoch. Da jedes Glasrohr mit einem im Segel befindlichen Loch in Verbindung steht, wird durch den betreffenden Flüssigkeitstand, der durch den sogenannten Flüssigkeitsmeniskus deutlich sichtbar ist, eine in vertikaler Ebene verlaufende Kurve gebildet. Diese Kurve, die nichts anderes als die Druck-, bzw. Sogkurve für die in einer Linie liegenden Punkte des Segels darstellt, wird durch eine elektrische Lampe beleuchtet und von einem vor dem Manometer befindlichen photographischen Apparat festgehalten. Diese Einrichtung, die auf dem Deck der in Fahrt befindlichen Jacht aufgestellt ist und durch die bereits erwähnten 30 Gummischläuche mit dem Segel in Verbindung steht, ist in ihrer Gesamtanwendung in Abbildung 156 wiedergegeben.

Von den großen Schwierigkeiten, die zu überwinden waren, bis es gelang, vollständig einwandfreie, fehlerlose Messungen zu machen, erwähnen wir kurz folgende:

Zuerst war es die Luftdichtigkeit des ganzen Systems, die besonders schwer an den Verbindungsstellen der Gummischläuche mit den Löchern am Segel zu erreichen war. Diese konnte aber dann durch die Verwendung metallener Anschlussröhrchen überwunden werden. Fernerhin mußte die Schwankung des Bootes, welche sich auf die Flüssigkeitsspiegel sehr unangenehm auswirkte, ausgeschlossen werden. Schließlich gelang es nach wochenlangen Versuchen, diese Schwierigkeiten zu überwinden. Die hier wiedergegebenen Kurven zeigen die auf Grund einer sehr großen Zahl von Photographien erhaltenen Resultate, und zwar sind die dem Vorsegel entsprechenden Messungen auf der gleichen Tafel aufgetragen wie die Großsegelmessungen, wobei die Breite des Vorsegels der des Großsegels angeglichen ist. Um den Druck auf der Luvseite sowohl als den Sog auf der Leeseite zu messen, brauchte man nur zu wenden, bzw. auf dem anderen Bug zu segeln. Im übrigen wurden alle Messungen, bei denen es nicht speziell erwähnt wird, «hart am Wind» gemacht. Die gemessenen Punkte (ersichtlich aus Abbildung 155) liegen

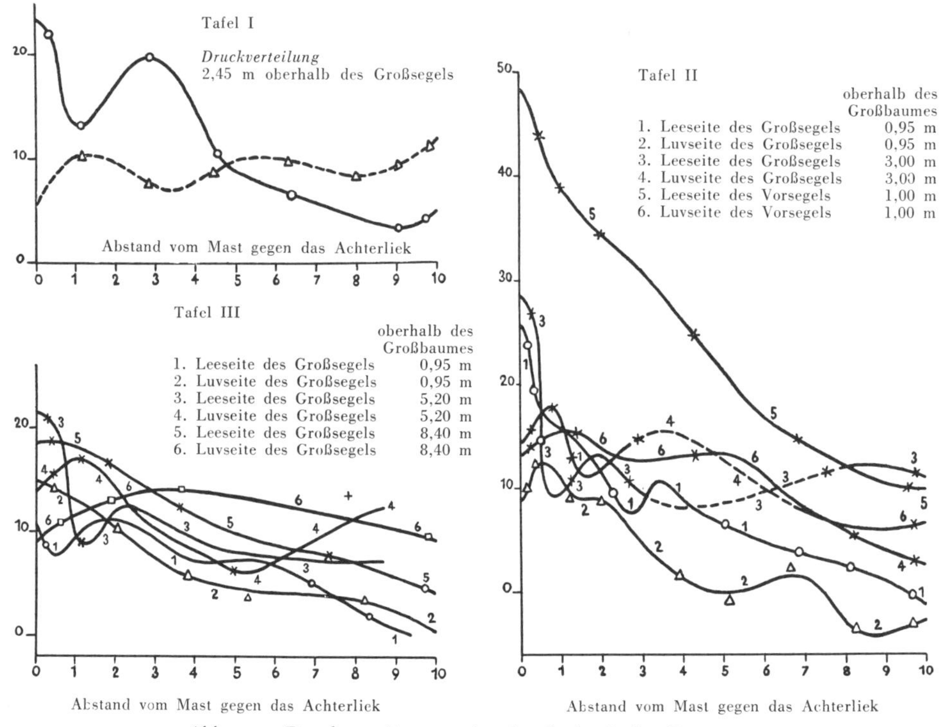

Abb. 157. Druckverteilung an den Segeln der Jacht «Papoose».

in Reihen parallel zum Großbaum, von denen die unterste 1 m, die zweite 3 m, die dritte 5 m und die vierte 8,4 m oberhalb des Großbaumes verläuft.

Nun zu den Messungsergebnissen, die in den Tafeln (Abb. 157) registriert sind:

Tafel I: Gibt die Sog- und Drucklinien, die ganz zuerst durch einen hier nicht näher beschriebenen, etwas primitiven Meßapparat ermittelt wurden.

Tafel II: Gibt ähnliche Kurven für beide Seiten des Segels (für Druck und Sog), für zwei Messungsreihen, sowohl für das Großsegel als auch für die Fock, welche jedoch wie alle folgenden mit dem neueren im Text beschriebenen Apparat gemessen worden sind.

Tafel III: Zeigt die Druck- und Sogkurven für drei Messungsreihen am Großsegel, jedoch bei Abwesenheit des Vorsegels, um die Beeinflussung des Vorsegels auf das Großsegel zu ermitteln.

In den Tabellen ist der Druck (negativer sowohl wie positiver) als Ordinate, der Abstand des gemessenen Punktes vom Vorliek des betreffenden Segels als Abszisse eingetragen.

Bei näherer Betrachtung und Vergleich der drei Tabellen fällt uns folgendes auf:

1. Wir finden es bestätigt, daß die größte Kraftentwicklung im ersten Drittel des Segels lokalisiert ist.
2. Der im Lee des Segels entwickelte Sog ist im ganzen etwa zweimal so groß als der auf der Luvseite entstehende Druck.

Von großer Wichtigkeit ist die Tatsache, daß der Sog ganz nahe dem Vorliek sein Maximum erreicht, während der Druck mehr oder weniger auf die ganze Segelfläche verteilt ist. Wenn wir in Abbildung 158 die Richtung der Kräfte vergleichen, so sehen wir, daß der nahe des Vorlieks gelegene Teil der entwickelten Kraft in viel größerem Maße vorwärtstreibend wirkt, d. h. eine zur Fahrtrichtung günstiger gerichtete Komponente besitzt. Da nun der Sog hier am konzentriertesten ist, übernimmt dieser zum weitaus größeren Teil den Vortrieb des Bootes, während der Druck eine mehr krängende Wirkung auslöst. Durch diese Feststellung gewinnt die Valenz des Soges dem Druck

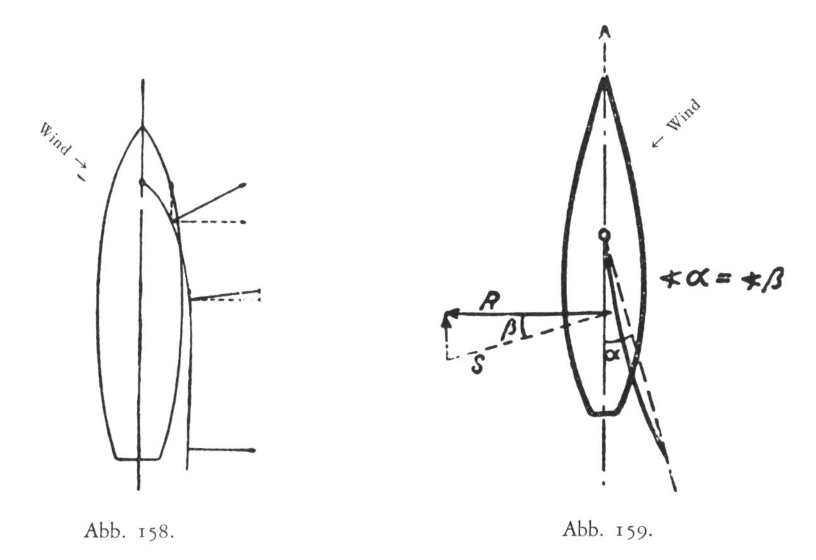

Abb. 158.

Abb. 159.

gegenüber dermaßen, daß wir ruhig sagen dürfen, daß selbst, wenn der Sog nur vielleicht zweimal so groß ist als der Druck, die durch den Sog erreichte vorwärtstreibende Kraft durch ihre Lokalisation doch über 75% der Gesamtkraft ausmacht, wodurch also der Sog in bezug auf die für uns in Frage kommende Wirksamkeit 4—5mal höher einzuwerten ist als der Druck.

Ich will es nicht unterlassen, an dieser Stelle einen Versuch zu beschreiben, den ich mit allen zu untersuchenden Takelagen anzustellen pflege, und der ein Licht auf die

Günstigkeit der *Kraftrichtung* des betreffenden Segels wirft: Man nimmt bei diesem Versuch den Großbaum am Winde über mitschiffs so lange dicht, d. h. man preßt ihn nach Luv, bis das Boot zu laufen aufhört. In diesem Moment ist also die vorwärtstreibende Kraftkomponente gleich Null, mit anderen Worten, die in dem betreffenden Segel erzeugte vorwärtstreibende Kraft ist um so viele Grade von der senkrechten zum Segel nach vorne gerichtet, wie der Winkel, den der nach Luv gehaltene Großbaum mit der Kursrichtung oder genauer gesagt Bootachse bildet. Hierbei muß natürlich die Verwindung des Großsegels gegen oben zu abgerechnet werden. Immerhin aber läßt sich bei gleicher Verwindung sagen, daß, je weiter wir bei einem Boot den Großbaum nach Luv halten können, ohne daß das Boot zum Stehen kommt, desto günstiger ist das Segel. — Das Kräftebild in Abbildung 159 zeigt uns die Wirkungsweise dieses Experimentes, und zwar gibt Pfeil R die Richtung der im Segel erzeugten Kraft, die natürlich im rechten Winkel zur Bootachse wirkt, da das Boot sich ja weder vorwärts noch rückwärts bewegt. Auf diese Weise ist die Richtung der im Segel erzeugten Kraft durch den Winkel β, der mit der Senkrechten (S) zum Segel gebildet wird, ermittelt. Da β gleich α, ist die im Segel erzeugte Kraft um so mehr nach vorwärts geneigt, als der Großbaum nach Luv gehalten werden kann, bevor das Boot steht.

Schädigung des Luftstromes durch den Mast (Tafel I)

Eine weitere besonders gut in Diagramm I (Abb. 157) zu beobachtende, aber auch in anderen Tabellen wiederkehrende Charakteristik der Kurven ist das plötzliche Sinken derselben mit darauffolgendem Ansteigen. Hiervon ist die Druckkurve wie auch ganz besonders die Sogkurve betroffen. Es besteht kein Zweifel darüber, daß diese bei allen anderen Flächen wie Flugzeugflächen usw. nicht vorhandene Schwankung der Kurve durch die Anwesenheit des Mastes vor dem Segel hervorgerufen wird.

Daß diese Annahme richtig ist, beweist der regelmäßige Verlauf der Vorsegelkurve, welche natürlich durch keinerlei Hindernis vor der Fläche beeinflußt wird. Aber nicht nur macht die Großsegelkurve diese ungünstige Schwankung, die Schädigung erstreckt sich, wie aus Vergleichskurven mit Flugzeugflächen und der Vorsegelkurven ersichtlich ist, auf den ganzen Verlauf der Kurve. So würde diese schon gleich von Anfang an eine beträchtlich höhere Lage aufweisen, wenn keine windstörende Wirkung vorhanden wäre. Wenn wir den Schaden der Maststörung mit 25% Kraftminderung einsetzen, so beträgt der Widerstand des Mastes doch nicht mehr als höchstens 3%. Es ist also nicht der Mastwiderstand der schädliche Faktor, sondern die Tatsache, daß der Mast gerade vor der kraftspendenden Fläche steht und die Luftfäden für das ganze Segel abschwächt. Ungefähr so, als wenn wir mit einem sehr breiten Messer, an dessen scharfer Kante wir einen Bleistift befestigt haben, einen großen Ballen Butter durchschneiden wollten. Der Bleistift durchbricht die Butter, und die beiden Flächen des Messers (das unserem Segel entspricht) bleiben von der Butter unberührt.

Außer der Schädigung der Kraftentwicklung durch den Mast haben wir uns noch mit der unangenehmen Tatsache abzufinden, daß am Winde die erreichbare Höhe bedeutend geringer ist, als wenn wir eine mastlose Fläche zur Verfügung hätten. Als Beweis hierfür führe ich an, daß das Vorsegel, trotzdem es immer um 15 ⁰ spitzer zum Winde steht als das Großsegel, doch nicht früher zu killen anfängt als dieses. Die Gründe hiefür habe ich in den vorhergehenden Kapiteln angeführt. Im Gegensatz dazu ist der Punkt des erwähnten Kurventiefstandes im *Großsegel* deutlich und frühzeitig an dem uns allen bekannten Zittern des Segels hinter dem Mast (mit oder ohne Vorsegel unverändert!) erkennbar. Nach diesem Sturz der Kurve zeigt das darauffolgende Ansteigen derselben das Bestreben der Luft, ein nochmaliges Druckmaximum aufzubauen, was ihr in sehr bescheidenem Maße auch gelingt. Die Steigungstendenz der Kurve am Ende derselben in Diagramm I ist bei dieser Messung durch den ungünstigen Sitz des Segels, welches lattenlos gefahren wurde und dessen Achterliek eingerollt war, bedingt. Die Richtung der betreffenden Kraft ist hier natürlich sehr ungünstig.

Die Druckmessung am Vorsegel (Tafel II)

Eine wahrhaft unglaubliche Ueberraschung bringen uns die Messungen am Vorsegel. Die Ueberlegenheit der Kraftentwicklung der Fock ist derart enorm, daß man nur sagen kann: «Es lebe die Fock!» Betrachten wir die in Diagramm II eingezeichnete Linie Nr. 5, die wie vom Himmel herkommt, so sehen wir, daß dies die Soglinie des Vorsegels ist. Die Drucklinie dagegen hält sich in normalen Grenzen. Wir stehen vor der unglaublichen Tatsache, *daß das Vorsegel pro Quadratmeter zwei- bis dreimal soviel Kraft entwickelt wie das Großsegel.*

Der Großsegelsog verhält sich zum Vorsegelsog am Vorliek wie 2,5 zu 4,7, etwas weiter hinten (vgl. Linien 1 und 5) wie 0,85/zu 3,10. Hier entwickelt das Vorsegel also annähernd viermal soviel Sog als das Großsegel. Zu dem gleichen Resultat gekommen, habe ich mich schon 1923 dazu entschlossen, möglichst lange, d. h. hoch am Mast hinaufreichende Vorsegel zu versuchen. Die Ursachen dieser gewaltigen Unterschiede wird sich der Leser wohl schon selbst an den Fingern abgezählt haben, die prozentuale Ursächlichkeit der schadenden Momente aber mag noch von Interesse sein. Wenn wir bescheidenerweise sagen, daß das Vorsegel dem Großsegel nur um 100% überlegen wäre, so dürfen wir die schädlichen Faktoren folgendermaßen bewerten:

1. Maststörung 50% (aus späteren Tabellen ersichtlich),
2. Seitenverhältnis 30%,
3. keine Wölbung des Unterlieks 20%.

Wer jetzt noch an der großen Schädlichkeit des Mastes zweifelt, wird auch von keinem weiteren Versuch mehr überzeugt werden können. Erst waren es nur ganz wenige, dann aber immer mehr, die zu dem Schluß gekommen waren: «Weg mit dem Mast von der Fläche!». Jahre sind verstrichen, ohne daß wir auch nur einen Schritt vorwärts kamen. Immer wieder mißglückten Profilierungsversuche (Flettner, Schulmann, Croseck, Curry) an der schlechten und kostspieligen Lösung der technischen Fragen.

Beeinflussung der Segel zueinander (Tafel III)

Um zu ermitteln, ob und in welchem Maße das Vorsegel die Kraftentwicklung des Großsegels beeinflußt, wurden weitere Messungen der Fock gemacht (siehe Tafel III). Die in meinem Buche veröffentlichten Resultate finden auch hier ihre Bestätigung. Die Soglinien des Großsegels erfahren ohne Vorsegel eine beträchtliche Schädigung. Diese Schädigung ist besonders ausgesprochen in den unteren Seiten des Großsegels (vgl. Kurven und nächsten Abschnitt). Daß die Ursachen hiefür das Fehlen der jetzt wohlbekannten Düsenwirkung ist, kann nicht bezweifelt werden. Die Unterschiede wären sicherlich noch bedeutend größer, d. h. der Druck im Großsegel noch stärker, wenn das Vorsegel ein Stück überlappen würde und vor allem, wenn durchgehende Latten zur Verwendung kämen. Man kann ruhig sagen, daß sich die Amerikaner damals mit ihren kleinen nicht überlappenden Vorsegeln darüber noch wenig Gedanken gemacht haben. In Deutschland jedoch ist dieses Thema das Steckenpferd der Aerodynamiker geworden — und mit Recht, denn hier liegt der Schüssel zur «Kraft des Segels».

Ungünstige Beeinflussung des geraden Großbaumes auf die Kraftentwicklung des Segels (Tafel III)

Ein Vergleich der Kräfte, die in größerer Höhe am Segel gemessen wurden, mit denen in der Nähe des Großbaumes zeigt deutlich die Unterlegenheit der Kraftentwicklung in den niederen Segelabschnitten. Der ungünstige Einfluß des Großbaumes, der das Segel in seinem unteren Teile abflacht, ist auch hier wieder offensichtlich. Die Umgehung dieser Schädigung durch gebogenen Großbaum, Großbaumplatte oder, was das beste ist, *Großbaumtasche* oder loses Unterliek wurden in vorhergehenden Kapiteln erwähnt.

Die Verwindung des Großsegels

Auch die Amerikaner stehen der Verwindung, d. h. der Verdrehung des Segels (Auswehen) gegen oben zu feindselig gegenüber. Interessant ist ihre Auffassung über die *Abhängigkeit des Verwindungsgrades:*

1. von der Windstärke,
2. vom Großbaumgewicht,
3. von der Größe des Segels.

Ein schwerer Großbaum zieht das Segel bekanntlich mehr nach unten, wie auch der Zweck der Leitwagen kein anderer ist, als durch das Herunterholen mittels der Schooten das Auswehen des oberen Segels zu verringern. Die Amerikaner ziehen sogar raumschoots ihren Großbaum auf Jachten mittels eines speziellen Flaschenzuges nach unten.

Interessant ist auch Punkt 3, wonach die Größe des Segels auf den Grad des Auswehens einen Einfluß hat. Messungen der Gaffelstellung zur Großbaumstellung von kleinen und großen Booten zeigt, daß die kleinen Segel oben bedeutend mehr auswehen als die großen. Man fand z. B., daß das Segel eines 75-Fuß-Bootes bei einem 10-Meilenwind nicht mehr auswehte als das ähnliche nur kleinere Segel eines 18-Fuß-Bootes bei 5-Meilen-Windstärke. Aus dieser sehr interessanten Beobachtung geht hervor, daß alle Windkanalmessungen mit Tuchsegeln diesbezüglich falsche Resultate geben müssen. So wurde an einem Tuchsegelmodell im Windkanal bei 20 Meilen Windgeschwindigkeit mit dichten Schooten ein Winkelunterschied von Großbaum zu Gaffel von 43° und bei losen Schooten sogar 67° gemessen. Für Windkanalmessungen sind daher Blechsegel erforderlich.

Rauchversuche

Um die Luftströmung am Segel selbst zu ermitteln, hatte ich mich der sogenannten Flaumversuche bedient. Mit einem an einem Faden befestigten Hühnerflaum wird das Segel auf Strömungsgang und Wirbelbildung untersucht. Der Vorteil dieser Methode ist die große Einfachheit, da nur ein Flaum, ein Faden und für höher gelegene Untersuchungen eine Stange, an welcher der Faden befestigt ist, notwendig ist.

Die Amerikaner bedienen sich einer weit besseren und vor allem anschaulicheren, aber auch kostspieligeren Methode. Aehnlich den Windkanaluntersuchungen wird die zu beobachtende Fläche in Rauch versetzt. Es kommen hierbei eine große Anzahl sogenannter Rauchkerzen, die nebeneinander auf einer Stange montiert sind, zur Verwendung. Diese Rauchquelle wird kursaufwärts von dem segelnden Boote mitbewegt, so daß die zu beobachtende Jacht in einen dichten Nebel gehüllt wird.

Die auf diese Weise sichtbar gemachte Luftströmung an Boot und Segel konnte nun von den im Boot segelnden Beobachtern als auch von einem die Jacht begleitenden Motorboot aus verfolgt werden. Zu gleicher Zeit wurden von beiden Seiten aus kinematographische Aufnahmen gemacht — eine ganz ausgezeichnete Methode, die Strömungserscheinungen festzuhalten. Während man bei dieser Methode nur wenig Zeit zur Verfügung hatte, um alles genau beobachten zu können, brachte der Film alles mit größter Klarheit an den Tag.

Die Versuchsergebnisse am Wind

die sich übrigens ganz genau mit den durch die Flaumversuche erzielten Ergebnissen decken, waren, kurz zusammengefaßt, folgende:

I. Am auffallendsten war die ausgesprochene Tendenz der Luft, um den Großbaum herum zu gelangen und von da nicht nach achtern, sondern im rechten Winkel zum Segel zu entwischen. Sogar der 3/4 m oberhalb des Baumes gelegene Rauch nahm mit großer Beschleunigung den Weg nach unten um den Großbaum nach Lee, um sich dort zu dem in meinem Buche beschriebenen Zopfwirbel auszubilden. Der gleiche Vorgang war beim Vorsegel zu beobachten.

II. Eine weitere sehr interessante Beobachtung war die, daß die Luftströmung, nachdem sie das Segel und Boot verlassen hatte, bis zu *zwei Bootlängen hinter der Jacht die vom Segel erhaltene Ablenkung in ihrer Richtung beibehielt.*

Diese durch die Regattapraxis ermittelte Richtungsänderung des Windes, welche wir daran zu erkennen glaubten, daß wir am Wind im Kielwasser eines anderen Bootes nie die gleiche Höhe laufen konnten, ist eine Hauptcharakteristik der sogenannten «hoffnungslosen Stellung», auf die ich im zweiten Teil des Buches eingehen werde.

III. Als nächstes wurde die *Luftströmung am Bootkörper* untersucht. Hier gelang es den Amerikanern, eine soweit unbekannte Eigenart der Strömung zu entdecken. — Die Rauchkerzen wurden im Luv vom Boot und etwas voran ganz dicht über die Wasseroberfläche gehalten. Der die Luvseite der Jacht in einem Winkel von 45 ⁰ von vorne treffende Rauch nahm nun nicht etwa den Verlauf in der Richtung des Bootkörpers von vorne nach hinten, sondern stieg im rechten Winkel zu seiner vorherigen Richtung an der Bordwand in die Höhe, strich mit großer Beschleunigung fast quer über das Deck und ging auf der Leeseite des Bootes in ebenso steilem Verlauf, der Bordwand folgend, wieder aufs Wasser nieder (vgl. die Veränderung der Windrichtung bei auflandigem Wind, Zeichnung Abb. 145). Eine Erklärung für dieses sonderbare Benehmen der Luft ist nicht gegeben. Es scheint, daß die Leeseite des Bootes, die, wie beim Segel auch die Sogseite (nur natürlich in bezug auf die Fahrtrichtung im allgemeinen nach rückwärts saugend) darstellt, diese gewaltige Saugwirkung verursacht. Daß es das Segel selbst nicht ist, kann dadurch festgestellt werden, daß die Luft im Lee auch ohne Segel nicht nach oben, sondern nach unten aufs Wasser zu sich bewegt, also vom Bootkörper angesaugt wird.

Daß diese seitlich und nach rückwärts wirkende Saugwirkung die Fahrtgeschwindigkeit ungünstig beeinflußt, ist zweifellos. Wieso dieser Umstand durch einen niederen Bootkörper mit abgerundeten Deckkanten verbessert werden kann, hat sich durch die später folgenden praktischen Versuche herausgestellt. *Die Luftströmung über dem Bootdeck* steht also unter doppeltem Einfluß: Erstens, der quer über das Deck verlaufenden Bordwandströmung, die in Lee nach unten abbiegt, zweitens der unter dem Großbaum in gleicher Richtung erfolgenden Segelauswirkung, welche sich zum Teil in Zopfwirbelbildung zu erkennen gibt und zum anderen Teil nach oben oder horizontal im rechten Winkel zum Baum abbiegt. Es ist interessant, daß diese Deckströmung weder durch die Windstärke noch durch die Bootgeschwindigkeit in ihrer Richtung beeinflußt wird.

Man sieht, daß eine auf Deck sitzende Kerze, wie sie häufig bei Flautenregatten zur Ermittlung der Windrichtung verwendet wird, eine falsche Windrichtung angibt.

Untersuchung der Leeseite

Die Versuche bestätigen, daß die Luftgeschwindigkeit im Lee des Segels etwa 3mal so groß ist als die im Luv desselben — eine den Aerodynamikern wohlbekannte Erscheinung, die beim Flugzeug als Zirkulationsströmung angesprochen wird. Je größer die Luftgeschwindigkeit an einer Fläche, je geringer der atmosphärische Druck — daher Steigerung des Soges bei zunehmender Luftgeschwindigkeit im Lee der Segel.

Scharfe Demarkation der Stromlinien

Wenn vor dem Mast stromaufwärts eine Rauchkerze gehalten wurde, so nahm der Rauch seinen Weg entweder nach der Leeseite des Segels oder nach der Luvseite. Eine Bewegung der Kerze um einige Zentimeter vom kritischen Punkt nach einer Seite genügte, um den Rauch von der Leeseite zur Luvseite abzulenken und umgekehrt. Es war praktisch unmöglich, die Kerze so zu halten, daß der Rauch geteilt wurde, um den Weg nach beiden Seiten des Segels zu nehmen. Interessant war zu beobachten, daß schon weit stromaufwärts vor dem Mast eine scharfe Trennung der zwei Stromliniengruppen zustande kommt. Würde diese frühzeitige Trennung nicht bestehen, so wäre eine Vermischung des Rauches und beiderseitiger Fluß am Segel zu erwarten, da der Wind bekannterweise ausreichend turbulent ist, um eine selbst von einem Punkte ausgehende Rauchbildung schon kurz nach dem Verlassen der Rauchquelle in Form einer Rauchwolke über eine ziemlich große Fläche zu verteilen.

Strömung am Großsegel ohne Vorsegel (am Wind)

Die Strömung auf der Luvseite des Großsegels sowohl als die quer zur Bootachse gerichtete Deckströmung bleibt *unverändert.* Ein ganz anderes Bild bietet aber die Leeseite. Bei vollständig verändertem Stromverlauf besteht größte Turbulenz! Das Auftreten der mittels des Flaums ermittelten und aufgezeichneten Wirbel wird durch den Rauchversuch bestätigt.

In entsprechender Weise ist auch die Gesamtgeschwindigkeit des Luftstromes bedeutend herabgesetzt.

Ohne Großsegel — Fock allein gesetzt (am Wind)

Es war schwierig, das Boot auf Kurs zu halten. Die wesentlichste Beobachtung und für uns sehr interessant war die, daß die über das Deck hinstreichende Transversalströmung unverändert vorhanden war. Sie ist somit *unabhängig vom Großsegel* und *ausschließlich vom Bootkörper* hervorgerufen.

Raumschoots

Die *Luv*seite der Segel ist unverändert. Die Tendenz der Luft, unter dem Großbaum zu entweichen, ist geringer als am Wind. Der Weg der Luft verläuft mehr parallel zum Großbaum (Sog kleiner!). Die *Lee*seite zeigt einen zerrissenen, wirbelerfüllten Verlauf, der auch vom Vorsegel nicht mehr beeinflußt werden kann. Zwischen Vorsegel und Großsegel bildet sich eine Tasche, in der sich ein Luftkissen festsetzt. Der Abwind der

Fock fällt auf das Großsegel. (Dieses ganze Stömungsbild ist durch eine nach Luv schwingende Fock, die zum Großsegel in festgestellter Düsenwirkung steht, mit einem Schlage zu verändern — siehe Doppelmasttakelage!)

Messungen im Bostoner Windkanal

Die Wölbung: Die im Windkanal der Bostoner Technischen Hochschule vorgenommenen Messungen, die Wölbungen des Segels betreffend, sind identisch mit den in Deutschland erzielten Resultaten. Man empfiehlt bauchige Segel für leichten Wind — und zwar soll der Bauch bis zum Achterliek durchlaufen, das Segel also am Achterliek nicht ganz flach werden — und flachere Segel für starken Wind. Schwache Wölbungen nämlich haben im Verhältnis zur krängenden Wirkung eine relativ größere Triebkraft als große Wölbungen. Diese haben zwar eine größere absolute Triebkraft, jedoch eine unverhältnismäßig große krängende Wirkung, die oft aus Stabilitätsgründen nicht mehr vertragen wird.

Maststörung

Um auch den Grad der Wirksamkeit eines Segels mit und ohne Mast im Windkanal nachzuprüfen, wurden Blechsegel mit Rundstab an ihrer Vorderkante und ohne Rundstab (mit scharfer Windanschnittkante) dem künstlichen Windstrom ausgesetzt.

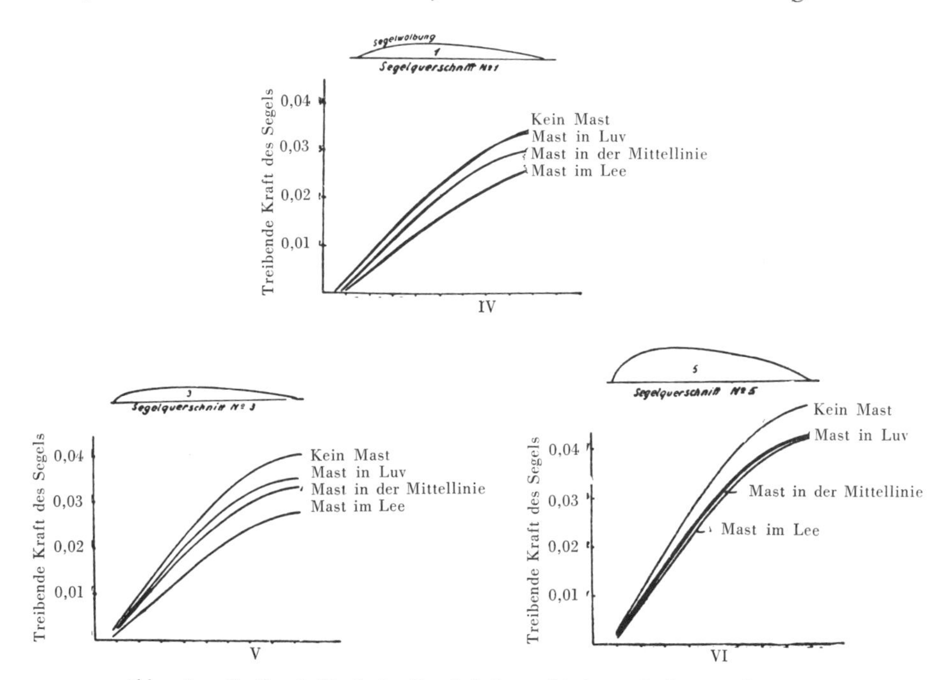

Abb. 160. Treibende Kraft des Segels bei verschiedenen Stellungen des Mastes.

Obwohl der den Mast vorstellende Rundstab von kleinstem Durchmesser war, ergab sich doch am Wind ein Kraftverlust von über 18%, und was besonders interessieren dürfte, auch *raumschoots* einen Kraftverlust, der 15% betrug. Sogar vor Wind entwickelt ein mastloses Segel über 15% mehr treibende Kraft als ein mit Mast versehenes Segel. Hier sowohl als raumschoots kann man doch sicherlich nicht behaupten, daß es der *Mastwiderstand* sein könne, der an der Kraftschwächung schuld sei.

In den Kurventafeln IV, V und VI sind die genauen Messungen registriert, die bei drei verschiedenen Segelwölbungen vorgenommen wurden, bei welchen *der Mast abwechselnd am Luv des Segels, in der Mittellinie des Segels und am Lee des Segels an diesem befestigt war;* zuletzt wurde dann die Messung ganz ohne Mast gemacht (vgl. Segelquerschnitte Abb. 160, 161).

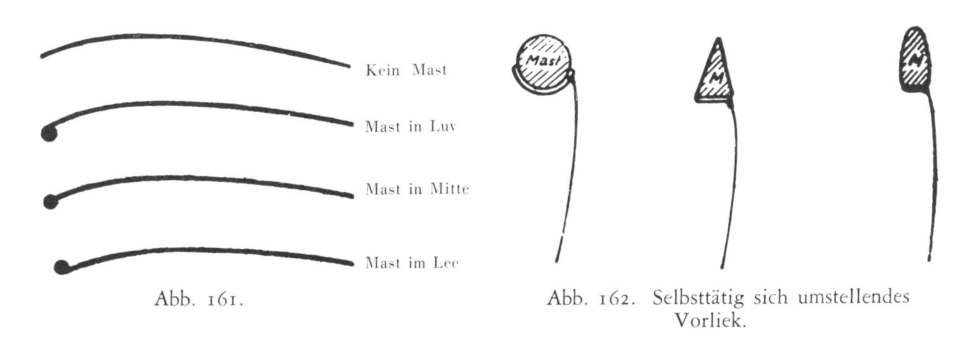

Abb. 161.

Abb. 162. Selbsttätig sich umstellendes Vorliek.

Wir sehen, daß nach dem mastlosen Segel der Mast am Luv des Segelvorlieks die günstigste Stellung ist, während die zwei anderen Positionen zunehmend ungünstiger werden. (Ursache: Störung des Sogs!) Hieraus ergibt sich, daß dann, wenn ein Mast vorhanden sein muß, eine Reihleine günstiger ist als eine in der Mitte des Mastes angebrachte Schiene, da bei der Reihleine das Segel nach Lee um den Mast rutscht, der Mast also mehr im Luv vom Vorliek zu stehen kommt. Nachstehende Konstruktionen (Abb. 162) dürften vielleicht diesem Zweck dienen.

Das durch den Bootkörper hervorgerufene Vakuum

Verwechseln wir zuerst nicht, daß das Bootvakuum dadurch hemmend wirkt, daß es infolge der Windrichtung zur Fahrtrichtung, bzw. zum Bootkörper eine rückwärtssaugende Kraftkomponente besitzt, während das Segel, das zum Winde und somit auch zum Bootkörper in einem andern Winkel stehend in bezug auf die Fahrtrichtung eine nach vorne wirkende Kraftkomponente erzeugt.

Es ist verständlich, daß das schädliche Bootvakuum, das nicht allein von der Windgeschwindigkeit, sondern auch noch durch die durch die Bootgeschwindigkeit erzeugte Luftströmung gebildet wird, bei einem plumpen Bootkörper mit Kajütenaufbau größer ist als bei einem schlanken Bootrumpf. Wenn wir bedenken, daß zwar das Unterwasserschiff (die geringe Abtrift vernachlässigt) in Richtung der Bootachse fortbewegt wird, das Oberwasserschiff aber stets in einem Winkel von bis zu 20° und 30° *seitlich gegen den Wind vorgeschoben wird,* so darf es uns nicht wundern, daß hier sehr starke hemmende Kräfte auftreten.

Die im Rauchversuch gemachte Entdeckung der Zirkulationsströmung der Luft um den Bootkörper, die von der Wasseroberfläche an der Bordwand ansteigt, dann quer über das Deck verläuft (wir wollen diese als Transversalströmung bezeichnen), um an

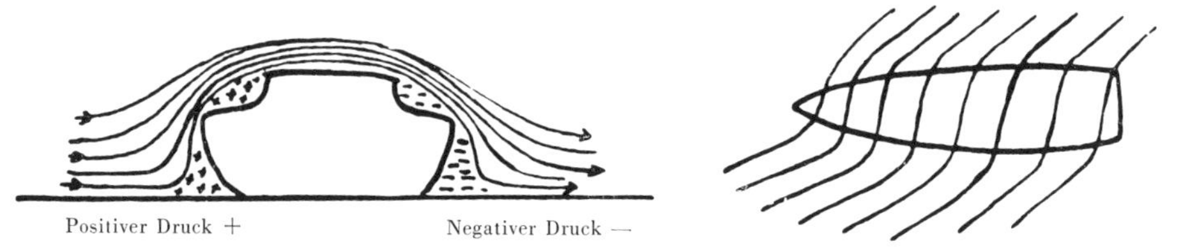

Abb. 163. Ablenkung der Windbahn durch den Bootskörper.

der Leeseite der Bordwand wieder nach unten gesaugt werden, und die hier das Bootvakuum ausfüllt, läßt auf die Größe dieser hier angreifenden hemmenden Kraft schließen und legt uns nahe, alles aufzubieten, um diese zu vermindern. Das Vakuum wird besonders dadurch gestärkt, daß die Luft nicht von allen Seiten, sondern nur von der oberen Seite dem Vakuum zufließen kann (Abb. 163).

Leider ist weder praktisch noch im Windkanal jemals ein Versuch gemacht worden, diese hemmenden Kräfte zu messen. Ich bin jedoch überzeugt, daß wir von beträchtlichen Zahlen überrascht würden.

Um diese schädliche Wirkung zu vermindern, sollten wir besonderes Gewicht auf eine gute, der Stromlinienform ähnliche Oberwasserform legen. Kajütenaufbauten usw. müßten vermieden, zum mindesten mit abgerundeten Kanten versehen sein. Es ist vorteilhaft, die Kanten des Bootes bis zum Heck abzurunden, was der Luft ein leichteres Umströmen des Bootkörpers ermöglicht und dadurch die Bildung des Vakuums hinten hält. Von diesem Gesichtspunkt aus gesehen dürfte es von Vorteil sein, wenn wir den Booten so wenig Freibord als möglich geben.

Ohne von diesem Strömungsverlauf der Luft an Bootkörpern zu wissen, habe ich schon von jeher meinen kleinen Booten (10 und 20 m²-Rennern) Stromlinienform mit abgerundeten Deckformen und tiefliegendem Bug gegeben. Vor allem der tiefliegende Bug dürfte wesentlich dazu beitragen, die Transversalströmung und den hiedurch bedingten großen Luftwiderstand zu reduzieren. (Siehe Abb. 165 und 256.)

ZWEITER TEIL

Das Rennsegeln

Einleitung

Wie schon erwähnt, wird die Führung des großen Bootes und die des kleinen nebeneinander beschrieben. Dem Leser ist ohne weiteres verständlich, was dem einen und dem andern gilt. Auch würde es zu weit führen, das ABC des Regattasegelns nochmals durchzunehmen, sondern es soll möglichst Neues gebracht werden. Dabei ist es allerdings manchmal notwendig, daß manches Erwähnung findet, was dem einen oder anderen längst bekannt ist, was aber zum Verständnis des Ganzen nicht fehlen darf.

Für diejenigen, denen der Vorgang der Kraftwirkung, bzw. die Erklärung dafür, wie es möglich ist, gegen den Wind anzukreuzen, nicht mehr geläufig sein sollte, sei an dieser Stelle eine kurzgefaßte Erläuterung vorausgeschickt.

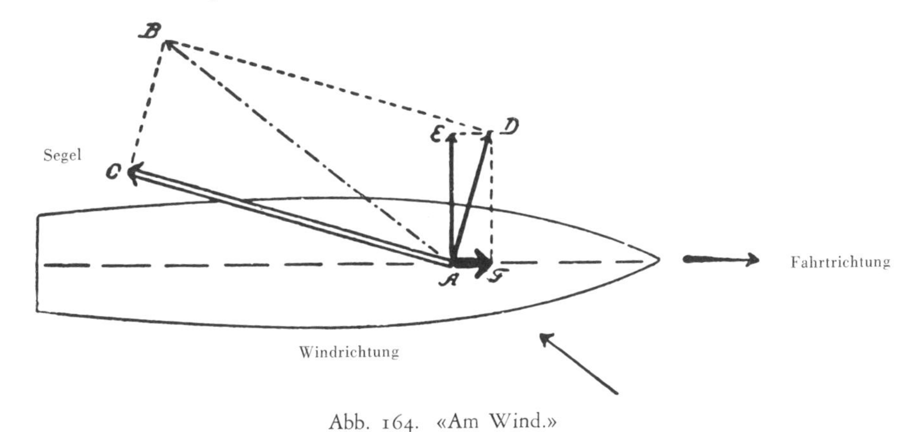

Abb. 164. «Am Wind.»

An Hand von Abb. 164 sehen wir:

Das Boot liegt hoch am Wind. Die effektive Windrichtung und die Größe der Windkraft sei durch die Linie A B gegeben. Diese Kraft wird nach dem Kräfteparallelogramm in zwei Komponenten zerlegt, von denen die größere A C (abgesehen von einer gewissen Oberflächenreibung am Segel) wirkungslos nach achtern abstreicht, während die kleinere A D senkrecht zum Segel wirkt. Diese Kraftkomponente, welche zwar senkrecht zum Segel, aber durch die Stellung des Segels zum Boot in bezug auf das Boot eine nach vorwärts gerichtete Neigung hat, ist wiederum in zwei Komponenten zerlegbar: Eine größere A E, die senkrecht zum Schiff wirkt, und eine kleinere A F, die nach vorne zieht. Der nach der Seite wirkenden Kraft leistet der Lateralplan, d. h. Schwert (Kiel) und Bootrumpf, einen so gewaltigen Widerstand, daß sie so gut wie aufgehoben

Abb. 165. «Aero», die 20 m^2-Rennjolle des Autors, Gewinnerin von über 200 ersten Preisen.

wird; es bleibt nun nur noch die Kraft A F übrig, welche genügt, um das Boot vorwärts zu treiben. — Abtrift nennen wir das seitliche Abtreiben des Bootes, was dadurch entsteht, daß die seitlich wirkende Kraft A E durch das Schwert doch nicht restlos aufgehoben wird. Die Abtrift ist abhängig von:

1. Der Bootform (Lateralplan).
2. Der Fahrtrichtung. Je höher ein Boot am Wind läuft, je mehr treibt es ab.
3. Der Geschwindigkeit. Je größer diese ist, je mehr unbewegte Wasserteilchen werden vom Schwert berührt, und um so größer ist der geleistete Widerstand. Die Abtrift beträgt am Wind zwischen 3° und 10°.

Vor dem Start

Wir wollen uns jetzt einmal auf den Standpunkt eines Steuermanns stellen, der ein ihm unbekanntes Boot betritt, das er am nächsten Tag schon steuern soll, und fragen uns, wie lernen wir das Boot schnell kennen und was haben wir zu trimmen.

Was die Behandlung des Segels betrifft, so sind wir ja schon so ziemlich im Bild, und nur noch folgendes ist vom praktischen Standpunkt aus zu erwähnen. Viele verstehen unter Segeltrimmen nichts anderes als ein konstantes Ausrecken des Segels an den Spieren. Nach kurzem jedoch ist die schöne, nach außen geschwungene Linie des Achterlieks verschwunden und seine Krümmung wird konkav — somit ist das Segel getrimmt und zugleich für immer vertrimmt! Es sei jedem Segler ans Herz gelegt, nur während der Regatten an den Lieken das Segel etwas zu strecken, es sonst aber sehr locker zu fahren. *Nie wird es schaden,* wenn ein Segel an Gaffel und Großbaum zu wenig angespannt ist; sollte es dann einmal naß werden, so braucht man es nicht loszuwerfen, und das Liek zieht sich gerade soviel zusammen, daß es stramm wird (Abb. 166).

Bei einer Hochtakelung kann das Segel durch ein *bewegliches* Vor- und Achter-Stag sehr schön reguliert werden. Die Stage laufen vom Mast durch eine Rolle auf oder noch besser durchs Deck ins Cockpit und können von hier aus durchgeholt oder losgeworfen werden. So muß z. B., nachdem die Fock stramm durchgesetzt worden ist, das obere Vorstag auch nachgeholt werden, da sonst der obere Mast der Hochtakelung sich nach hinten verbiegt.

Was die Maststellung anbelangt, so habe ich schon früher darauf hingewiesen, daß der Mast am vorteilhaftesten gerade steht. Das Nach-achtern-Trimmen des Mastes bringt aerodynamisch nur Nachteile und höchstens gelegentlich einen vermessungstechnischen Vorteil.

Ich möchte die Gelegenheit ergreifen, an dieser Stelle kurz auf die verschiedenen Nach- und Vorteile des nach vorne, bzw. hinten getrimmten Mastes einzugehen und die Tatsache vorausschicken, daß ich mehrere Boote (Fünfzehner, Jollen, 35er, 45er, Sechser und Achter) mit Erfolg umgetrimmt habe, von denen ein jedes wesentlich dadurch verbessert wurde, daß der nach hinten hängende Mast in seiner Stellung korrigiert wurde.

Als geringer Vorteil des nach hinten hängenden Mastes wäre anzuführen:

I. Die Boote *sollen* im Seegang weniger stampfen, indem die peitschenförmige Bewegung des Marconi-Mastes nicht über die Vertikale nach vorne schwingen kann, und so das für Seegang weniger empfindliche Heck mehr belastet wird als der Bug.

II. Das Marconi-Segel steht, soweit es lattenlos ist, infolge seiner mehr hängenden Lage besser. (Bei unseren durch Latten durchwegs fixierten Segeln fällt dieser Vorteil naturgemäß fort.)

III. Die übergroße Leegierigkeit des Bootes kann durch einen nach hinten hängenden Mast «etwas» verbessert werden, soweit ein Zurücksetzen des ganzen Mastes unmöglich sein sollte.

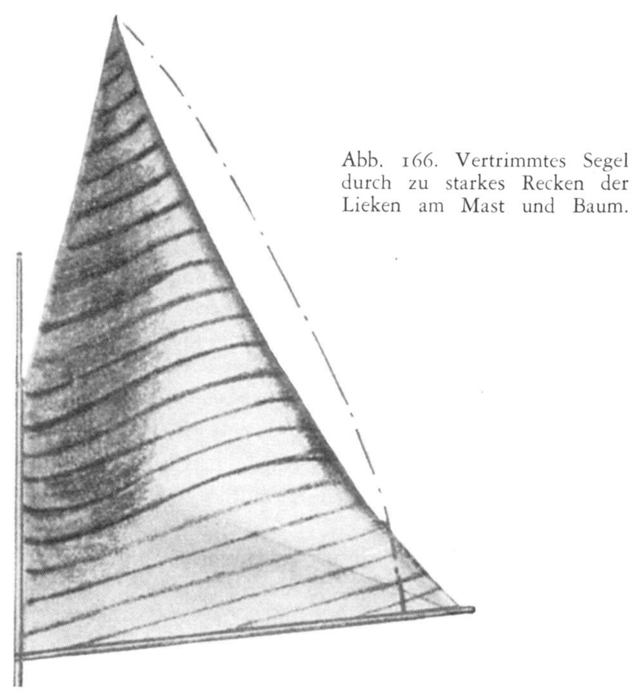

Abb. 166. Vertrimmtes Segel durch zu starkes Recken der Lieken am Mast und Baum.

Die wesentlichen Eigenschaften des geraden, bzw. nach vorne getrimmten Mastes sind folgende:

I. Der Segelschwerpunkt kommt durch den nach vorwärts geneigten Mast höher, was besonders bei leichten Winden nicht unangenehm auffällt, während bei starken Winden die entstehende Luvgierigkeit des Bootes in günstiger Weise beeinflußt, d. h. vermindert wird.

II. Die Mastabstützung, besonders durch die Vorstage, welche stumpfer gegen den Mast laufen, wird bedeutend günstiger; auch läßt sich die Fock gut durchsetzen, was beim hängenden Mast infolge seiner Fixation durch die seitlichen Wanten ein Ding der Unmöglichkeit ist.

III. Das Hauptgeheimnis des geraden, bzw. nach vorne getrimmten Mastes aber ist folgendes: Davon ausgehend, daß die günstige Wirkung im Segel dann entsteht, wenn der Wind auf die Windanschnittkante — und diese ist der Mast — senkrecht (= 90 ^{0}) auftrifft, müßte der Mast zum mindesten (bei gerader Lage des Bootes) eine Neigung nach vorne von 4 ^{0} haben, da der Wind eine um ca. 4 ^{0} nach oben geneigte Richtung hat. Somit fällt der Wind senkrecht zum Mast auf, und die Wirkung der gewölbten Fläche ist voll ausgenützt. Im Gegensatz dazu wirkt der Segelbauch beim nach rückwärts hängenden Mast zum Teil nach *oben* ziehend (K^2) statt nach vorne (K^1) (Abb. 167).

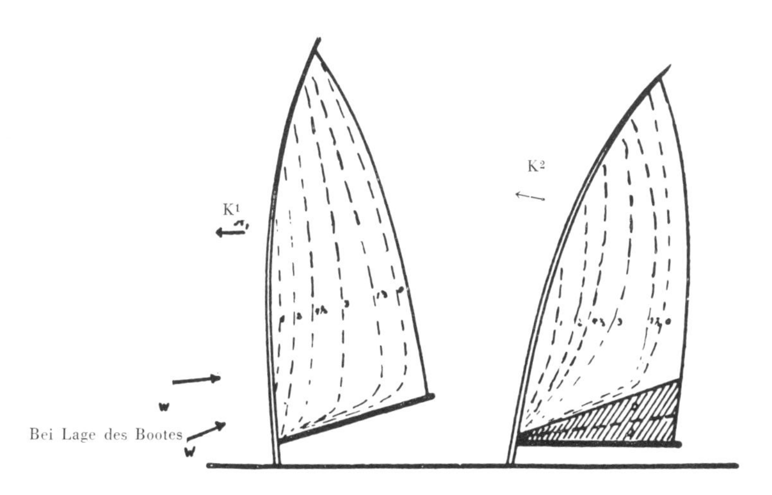

Abb. 167. Einfluß der Maststellung auf die Kraftentwicklung im Segel.

Noch ausgesprochener werden die ungünstigen Eigenschaften, wenn das Boot überliegt. In diesem Falle fällt der Wind zunehmend mehr von unten nach oben streichend über den Großbaum ein und läuft mehr parallel zum Mast. Durch ein Vorwärtsneigen des Mastes wird auch dieses Uebel gebessert, indem der Mast wieder in größerem Maße zur Windanschnittkante wird als der Großbaum (siehe Zeichnung). Der Lage des Bootes ist es zuzuschreiben, wenn manche Segelmacher erkannt haben, daß es günstig ist, die Segelbahnen nach rückwärts *stark* ansteigend zu schneiden, da der Wind bei geneigtem Schiff mehr von unten nach oben als von vorne nach hinten im Segel streicht. Abgesehen davon, daß der Bootkörper den infolge des nach hinten hängenden Mastes herunterhängenden Großbaum und somit das Segel raumschoots abdeckt, ist außerdem noch beachtenswert, daß der in Abb. 167 schraffierte Teil des Segels beim Ueberliegen des Bootes so gut wie nicht mitzieht. Wie schon früher erwähnt, ist großer Wert darauf zu legen, daß der Großbaum nach achtern zu wenn möglich ansteigt, und nicht — wie es meist eine Folge des hängenden Mastes ist — herunterhängt oder horizontal verläuft. Schon bei gerader Lage des Bootes haben uns die Kraftlinien im Segel gezeigt (Abb. 33), daß am

Unterliek, besonders gegen das Achterliek zu, fast keine Druckwirkung zustandekommt. Es ist leicht einzusehen, daß dieser Nachteil bei gekrängtem Boot noch ausgesprochener zutage tritt.

Auch in bezug auf die Sogseite erfahren die schon bekannten Zopfwirbel bei hängendem Mast eine ungünstige Veränderung.

IV. Bei Vor-Wind-Stellung zieht das Segel nicht in seiner ganzen Ausdehnung, sondern in der Projektion der Fläche, welche umso kleiner wird, je mehr der Mast nach hinten geneigt ist. Auch fällt das Segel ständig ein, d. h. es kommt ungewünschterweise mitschiffs und muß immerwährend gehalten werden.

Es folgen einige Messungen, die Professor Prandtl im Windkanal in Göttingen an zwei Flugzeugmodellen durchführte. Bei dem einen standen die Tragflächen im rechten Winkel zum Rumpf (Flügel Nr. I), bei dem anderen waren sie um 23 ⁰ nach rückwärts geneigt.

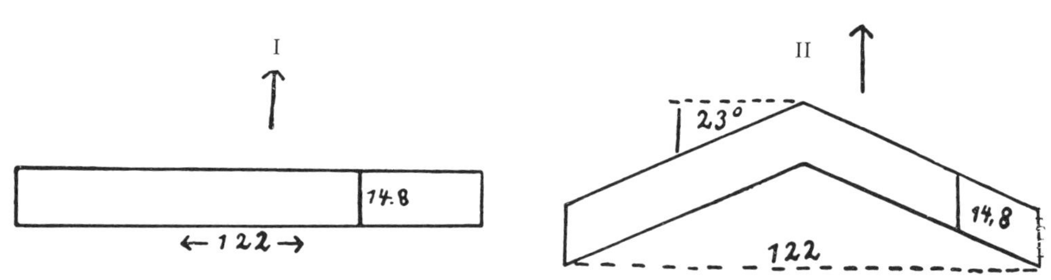

Abb. 168. Modelle von Flugzeugflügeln.

Flügel Nr. I		Flügel Nr. II	
Anstellwinkel:	Auftrieb:	Anstellwinkel:	Auftrieb:
11,6 ⁰	133 Einheiten	11,6 ⁰	122,1 Einheiten
14,5 ⁰	142,7 Einheiten	14,5 ⁰	128,8 Einheiten

Die gerade Tragfläche (Nr. I) läßt sich mit einem geradestehenden Mast, die nach rückwärts geneigte Tragfläche (Nr. II) mit einem nach achtern geneigten Mast vergleichen.

Im Einklang zu meiner Ansicht, daß geradestehende Masten günstiger sind, zeigen diese Versuche, *daß die gerade Vorderkante* (bei ganz geringer Widerstandsvermehrung) *um etwa 11% mehr Druck* (senkrecht zur Fläche wirkende, hebende, bzw. das Boot treibende Kraft) *entwickelt als die nach rückwärts geneigte Fläche.* Ein bedeutsamer Unterschied!

Wir fahren nun fort in der Untersuchung des uns noch unbekannten Bootes und gehen in folgender Weise vor:

Was die Wölbung des Segels betrifft, so wird der Bauch — an der Stelle größter Tiefe (von der Sehne aus) gemessen — durch die Spreizlatten je nach Windstärke auf ca. $^1/_{20}$—$^1/_{12}$ reguliert.

Die Nummer des Segels soll gut angenäht sein und besonders an den vorne liegenden Teilen eng anliegen, da sonst leicht taschenähnliche Oeffnungen entstehen.

Wir stellen sodann fest, ob das Boot übermäßig lee- oder luvgierig ist, und haben zur Beseitigung dieser Fehler folgende Hilfsmittel:

Die Luvgierigkeit wird vermindert durch:

I. Aenderung am Segel:
   a) Vergrößerung des Vorsegels.
   b) Verkleinerung des Großsegels.
   c) Versetzen des Vorsegels (auf Deck).
   d) Setze statt Gaffeltakelung Hochtakelung.
   e) Ein weniger gewölbtes Segel.

II. Aenderung der Maststellung:
   a) Versetzen des Mastes nach vorne.
   b) Neigen des Mastes nach vorne.

III. Aenderung des Lateralplanes:
   a) Verschiebung des Schwertes nach hinten.
   b) Kreuze mit etwas aufgeholtem Schwert.
   c) Verlegung der Mannschaft nach hinten.
   d) Fahre das Boot gerade.

Die Leegierigkeit wird vermindert durch:

I. Aenderung am Segel:
   a) Verkleinerung des Vorsegels.
   b) Vergrößerung des Großsegels.
   c) Zurücksetzen der Fock (auf Deck).
   d) Setze statt Hochtakelung Gaffeltakelung.
   e) Ein stärker gewölbtes Segel.

II. Aenderung der Maststellung:
   a) Versetzen des Mastes nach achtern.
   b) Neigen des Mastes nach achtern.

III. Aenderung des Lateralplanes:
   a) Verschiebung des Schwertes nach vorne.
   b) Schwert ganz unten lassen.
   c) Verlegung der Mannschaft nach vorne.
   d) Fahre das Boot gekrängt.

Ist das Boot vom Segel richtig ausbalanciert, wobei es bei leichtem Wind etwas leegierig, bei starkem Wind naturgemäß luvgierig sein muß, so sehen wir nach, ob das Boot auf beiden Bugen gleich gut läuft. Dies wird am besten dann sichtbar, wenn wir einen Gegner als Vergleich haben. Es kann der Fall eintreten, daß ein Boot auf dem einen Bug eine andere Segelstellung verlangt als auf dem anderen. Beobachtet man, daß in einem Rennen das Boot auffällig gut kreuzt bei einer gewissen Segelstellung, so merkt man sich die eben bestehende Segelstellung aufs genaueste und peilt den Großbaum mit dem Deck. Man kann dann in weiteren Rennen bei ähnlicher Windstärke genau dieselbe

Segelstellung wiederfinden. Auch fühlen wir nach, ob die Lee- bzw. Luvgierigkeit auf beiden Bugen gleich groß ist. Ist sie das nicht, so geben Schleppversuche Auskunft über die Ursache. Meistens aber liegt die Ursache in der Takelage.

Zunächst kontrollieren wir, mit welch größter Fock das Boot «noch» kreuzt und sehen, ob die Oese der Fockschoot am richtigen Platz auf Deck sitzt; meistens sitzt sie zu weit innen. Dies geschieht nach folgenden Gesichtspunkten: In der Längsrichtung muß die Oese so angebracht sein, daß das Unterliek der Fock gerade stramm steht, so daß der Wind nach oben abstreicht. In der Querrichtung muß die Oese auf Deck so liegen, daß die Fock genau dann anfängt zu killen, wenn es das Großsegel tut. Man wird also, um dies festzustellen, am Wind immer mehr anluven und dabei beide Segel gleichzeitig beobachten. Backwind soll im Großsegel nach Möglichkeit vermieden werden; kann jedoch bei größeren Focks dadurch behoben werden, daß man das Großsegel dichter fährt als das Vorsegel (was bei Jachten selten schädlich ist). Auf die Wichtigkeit des richtigen Zusammenwirkens von Großsegel und Vorsegel, wodurch eine Drucksteigerung von mehr als 30% erreicht werden kann, habe ich bereits im theoretischen Teil hingewiesen. Am besten wäre es, eine in der Längstrichtung auf Deck verschiebbare Fockschootöse zu haben, welche je nach Wunsch eingestellt werden kann. Diese ist technisch leicht ausführbar.

Sodann stelle man fest, wie hoch sich das Boot am Winde segeln läßt, ob man es pressen kann und wie dicht der Großbaum geholt werden darf. Ganz allgemein gesprochen darf man den Großbaum auf Jachten meistens so dicht nehmen, daß er gerade über dem einen Eck des Heckes liegt (jedoch abhängig von Bootbreite).

Gute Jollen wie auch moderne Jachten dürfen auffallend dicht gefahren werden; der Baum kann sogar fast mittschiffs stehen, ohne daß die Fahrt dadurch beeinträchtigt wird. Dieses übernatürliche Dichtnehmen bei den Nationalen Jollen ist dem Anfänger meist ungewohnt und widerstrebt ihm.

Der allgemeine Fehler, den sogar die besten Steuerleute machen und der aus dem Gefühl heraus entsteht, ist der, daß wohl die Großschoot lockerer gefahren wird, um das Boot nicht zu «pressen», anderseits aber der Wind zu spitz aufs Segel fällt. Es ist dies ein Charakteristikum, das besonders die guten Steuerleute kennzeichnet. Wenn wir uns jedoch den Vorgang überlegen, so wird uns die theoretische Erwägung eine Ueberraschung bringen; nach dem Gesetz des Kräfteparallelogrammes wird die vorwärts treibende Kraft durch geringfügiges Abfieren der Großschoot, verbunden mit entsprechendem Abfallen, vielleicht um $^1/_{10}$ vergrößert; während die vorwärtstreibende Kraft um zirka $^1/_3$ steigt, wenn wir ganz dicht lassen und durch «*gleiches*» Abfallen den Windeinfallwinkel um zirka 5^0 vergrößern (was wir den Polarlinien bei verschiedenen Anstellwinkeln entnehmen können). Es sei auch erwähnt, daß die Großschoot beim Kreuzen stets in Lee zu belegen ist, andernfalls das Segel eine ungünstige Verdrehung erfährt. Die Großschoot soll bei Jollen nie vom Deck aus in die Hand laufen. Sie muß vom Baum aus ins Cockpit führen, da nur so (in der Richtung der wirkenden Kraft) ein Gefühl an der Schoot möglich ist.

Bei leichten Winden oder Flaute die Großschoot mehrmals auszuscheeren wäre an und für sich gut und richtig; wenn nicht bei einem plötzlich aufkommenden Wind gerade in diesem Moment das Wiedereinscheeren so schwierig wäre, und meistens ist die Einbuße größer als der Gewinn. Hingegen kann eine Leichtwetterfockschoot schnell und einfach auch bei abgefierter Fock ausgewechselt werden. Die leichte Schoot ist hier besonders deswegen so vorteilhaft, weil sie das Einfallen der Fock verhindert, die gerade bei leichter Brise ihre Wölbung so überaus notwendig hat. Um für die Segelstellung zum Boot genaue Ausdrucksweisen zu besitzen, möchte ich schon hier in Ermangelung eines andern einige von mir verwendete Bezeichnungen anführen. Wir unterscheiden als Rennsegler nicht nur drei oder vier Ausdrücke, sondern die etwas genauere Einteilung: Gepreßt; hart; hart-räumlich; räumlich hart; raum; raum-achterlich; achterlich-raum; platt (vor Wind).

Ein weiterer wichtiger Punkt ist die Frage: Wie hoch soll man das Großsegel setzen?

Die Praxis hat gezeigt: Es darf unter keinen Umständen zu hoch gesetzt werden. Diesbezüglich habe ich ausgiebig experimentiert, und es war einwandfrei festzustellen, daß ein Boot mit zu hoch gesetztem Großbaum selbst bei ganz leichtem Wind immer schlecht lief; ganz besonders aber schlecht kreuzte. Die Ursache hiefür mag die schon erwähnte Zerstörung der Zopfwirbel durch die dadurch tiefer herunterreichende Fock sein, wie auch die günstige Beeinflussung des Vorsegels auf den oberen Teil des Großsegels reduziert wird, da die Fock jetzt zum Großsegel tiefer steht. Ferner zeigen die Boote mit hochgesetzten Segeln eine auffallende Unruhe. Schiebt man ein kleines Modellboot mit dem Daumen an den Mast gelegt vorwärts, so gleitet dieses ruhig dahin, wenn man die schiebende Hand tief am Mast anlegt. Schiebt man es jedoch höher am Mast (gegen die Spitze zu) an, so läuft das Boot unruhig in Zickzacklinien und schert aus dem Kurse. Außerdem treiben die Boote mit hochgesetzten Segeln, wie die Praxis zeigt, mehr ab.

Ueber die *Steuer- und Schwertbehandlung* ist folgendes zu bemerken: Bei einem Boot, das sehr luvgierig ist, kann man den Versuch machen, das Schwert selbst am Wind etwas aufzuholen. Dadurch kommt der Lateral-Schwerpunkt weiter nach hinten, und die Luvgierigkeit wird heruntergesetzt. Man muß jedoch bei diesem Experiment große Vorsicht walten lassen, und nur der geübte Segler kann beurteilen, ob die gesetzte Schwertfläche noch ausreicht. Bei flauem Wind soll man auf jedem Kurs ein Boot schneller zum Anspringen bringen, wenn man das Schwert für einige Sekunden hochholt. Es wird dadurch die benetzte Fläche um fast die Hälfte vermindert. Ich habe schon Flautenregatten gesegelt, bei denen das vorübergehende Schwertholen auf Jollen so zur Mode geworden war, daß das ganze Feld mit jedem frisch einsetztenden Hauch unter großem Gepolter und Geknacke die Schwerter aufholte und hinunter ließ.

Das verstellbare Senkruder der kleinen Boote, das gewichtshalber aus Leichtmetall angefertigt wird und naturgemäß dem festen Ruder weit überlegen ist, soll nur immer soviel Fläche im Wasser haben, als unbedingt zum Steuern notwendig ist. Es soll also möglichst aufgeholt gefahren werden. Sowohl die verminderte Reibung im Wasser als auch der längere Hebelarm des horizontal stehenden Ruderblattes, das mit geringer Bremswirkung einen großen Ausschlag erzeugt, bringt einen nicht zu verachtenden Vorteil gegenüber dem vertikal stehenden Ruderblatt, welches dem Wasser eine lange Anschnittkante entgegensetzt. Beim Start jedoch soll man etwas mehr Ruderfläche im Wasser haben, da schnelle Wendungen nötig sein können.

Wir kommen zur *Gewichtverteilung:* Wie soll das Boot schwimmen? Es ist zweckmäßig, das Boot mit vollzähliger Mannschaft vom Lande aus zu beobachten und es einige Male an sich vorbeisegeln zu lassen. Dann steuert man es am Wind (auf diesem Kurs ist die richtige Trimmlage am leichtesten wahrzunehmen) und verschiebt das lebende Gewicht solange nach vorne oder hinten, bis man das Gefühl hat, daß das Boot richtig schwimmt. Es ist lehrreich, wenn der Steuermann sich einmal auf das Heck legt und den Wasserabfluß unter diesem beobachtet. Natürlich muß zur gleichen Zeit ein Mann um ebensoviel gegen den Bug hin gehen, um das Boot während der Beobachtung auf normaler Schwimmlage zu halten. Wir beobachten nun 1. ob der Wasserabfluß bei gerader Lage des Schiffes der Konstruktionswasserlinie entspricht, 2. ob er spitz ist. Ist er rund oder nicht unter dem Heck, sondern am Heck selbst, wodurch er naturgemäß eine viereckige Form bekommen kann, versuchen wir durch Krängen des Bootes oder durch Gewichtsverlegung der Mannschaft nach vorne den Abfluß zu verbessern. Ist dies gelungen, so wird die richtige Trimmlage dadurch festgehalten, daß die Mannschaft ebensoviel nach rückwärts kommt, als der Steuermann nach vorwärts wandern muß, um an den Platz der Pinne zu gelangen. Liegt das Boot nun endlich auf richtigen Linien, so ist es nur noch wichtig zu wissen, wie sich das Boot verhält, wenn ein oder zwei Mann auf dem Vorschiff arbeiten. Manchen Booten schadet sowohl die Erschütterung als auch die vorübergehende Gewichtsverlegung nach vorne kaum merklich, während andere, besonders kleine Jachten, überempfindlich sein können und gleichsam zum Stehen kommen in dem Moment, in welchem der Vorschiffmann nach vorne geht. In diesem Fall läßt sich das Uebel nur dadurch umgehen, daß man beim Segelsetzen den Mann mit dem Fall nach achtern schickt und ihn von hier aus hochhissen läßt, während der Vorschootmann auf dem Vordeck mit dem Segelsetzen oder Auswechseln beschäftigt ist.

Unsere nächste Aufgabe ist es, das Moment des Schiffes, das bei Wendungen zum großen Teil von der Flossenschärfe abhängig ist, festzustellen. Hiernach ist zu beurteilen, ob man das Boot beweglich oder möglichst ruhig steuern muß; ebenso haben wir uns beim Ueberstaggehen und beim Bojerunden darnach zu richten, in welchem Maße das Boot durch die plötzliche Kursänderung den Schwung verliert. Probehalber kann man die Jacht zuerst übermäßig lebendig führen und dann ruhiger, und man wird dem Charakter des Bootes schnell näher kommen. Das Moment — d. i. der Schwung, den ein Schiff beizubehalten vermag — ist, abgesehen von der Unterwasserform, noch von dem Gewicht des Fahrzeuges abhängig. Es ist vielleicht nicht uninteressant, den Einfluß des Gewichtes auf die Schnelligkeit in Erwägung zu ziehen: Soll ein Boot so leicht als möglich oder etwas schwerer gebaut sein? Eine Frage, die nie mit Sicherheit beantwortet wird und wohl schon lange einer Beantwortung harrt und noch harren wird. Man nimmt im allgemeinen an, «je leichter, desto schneller», und doch ist es auffällig, daß manche schweren Boote den leichteren (vom gleichen Riß) des öfteren überlegen sind, und man kommt zu der Ueberzeugung: Ein Boot kann sowohl *zu leicht* als auch *zu schwer* sein, es müßte also ein richtiges Bootgewicht für jede Klasse geben. Desgleichen läuft z. B. dieselbe Jolle bei leichtem Wind einmal zu dritt schneller, das andere Mal zu zweit.

Der Grund dafür ist meiner Ansicht nach in der Windstärke bzw. *Windart* zu suchen. Vergleichen wir den Lauf eines leichten und eines schweren Bootes bei *böigem Wind,* so kommen wir auf folgende Verschiedenheiten: Das *kleine Boot* springt (bei gleicher Führung) zwar um ein weniges schneller an, verliert aber ebenso schnell den Schwung wieder und klebt dann gleichsam wie eine Feder am Wasser fest. Das *schwere Boot* dagegen besitzt die Fähigkeit, mittels seiner Masse mehr Energie in sich aufzunehmen und kann nach der Böe noch von diesem Energievorrat zehren, somit, den Schwung länger haltend, durch einen Flautenstreifen hindurch noch in den nächsten Windstreifen hineinrutschen, was das leichte Boot nicht mehr vermag (siehe graphische Darstellung). Erinnern wir uns daran, daß beim Rodeln einen Berg hinunter ein dicker, schwerer Mann anfangs zwar etwas langsamer mit seinem Schlitten vorwärts kommt als ein leichter, daß aber der Dicke weiter gleitet als der Magere, wenn der Berg zu Ende ist. Nur in den seltenen Ausnahmefällen, wenn nämlich die Böe so kurz ist (sog Puffböen), daß das leichte Boot während der Böendauer seine Höchstgeschwindigkeit erreicht, während das schwere Boot *noch nicht* so weit ist, nur dann ist das leichte Boot auch hier im Vorteil.

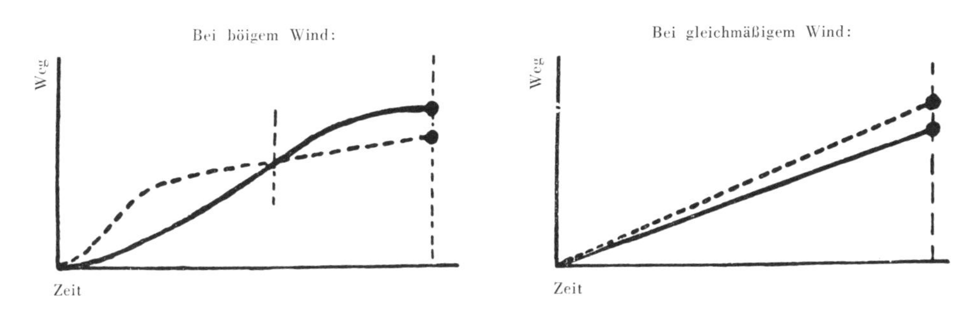

Abb. 169 Einfluß des Gewichts der Jacht auf die Geschwindigkeit bei unregelmäßigem Wind und bei regelmäßigem Wind.

——— = Leichtes Boot
- · - - = Schweres Boot

Bei *gleichmäßigem* Wind ist das leichtere Boot stets im Vorteil, da es weniger Wasser verdrängt und entsprechend weniger Reibung erfährt. (Siehe graphische Darstellung!) Daß bei Wellengang hingegen Gewicht *immer* vorteilhaft ist, ist allgemein bekannt.

Zusammenfassend geht meine Ansicht dahin: Das Gewicht eines Bootes soll möglichst leicht sein, jedoch soll die normale untere Gewichtsgrenze bei denjenigen Booten nicht überschritten werden, bei denen eine Gewichtsaufnahme in Form von beweglichem Ballast nicht möglich ist. Es ist eine falsche Ansicht, daß ein Boot für leichten Wind unbedingt leicht gebaut sein muß, da gerade Flautenwinde Böenwinde sind. So erinnere ich mich an manche Flautenläufer, welche die schwersten Boote ihrer Klasse waren.

Ebenso kommen oft die typischen Schwerwetterboote gerade bei böigem Flautentreiben wieder auf die Beine.

Was unsere kleinen Rennboote anbelangt, so wäre demnach eine Jolle zwar so leicht als möglich bzw. erlaubt zu bauen, bei böigem Winde (selbst wenn er schwach ist) aber zu dritt zu fahren. Desgleichen kann der Fünfzehner kaum zu leicht gebaut werden, da er mit zwei Mann immer noch überbelastet ist; das 10 qm-Rennboot dagegen muß, wenn nur von einem Mann bedient, genügendes Eigengewicht haben.

Somit wären die Hauptuntersuchungen beendet und der Regatta-Tag sei herangekommen:

Mehrere Stunden vor dem Rennen prüfen wir die Takelage, das stehende wie laufende Gut aufs genaueste. Wir übersehen nochmals alle Schäkel und Befestigungen, sehen nach, ob sich etwa die Wantenspanner gedreht haben, versichern die alten Falle der gesetzten Segel, indem wir das Tauende doppelt mit der Drahtkausche verbinden. Nichts ist ärgerlicher als einen Preis, der mit großer Mühe und Anstrengung erkämpft wird, durch Havarie, welche durch Nachlässigkeit verschuldet wurde, einzubüßen. Es «darf» einfach nichts brechen und wird auch nichts brechen, wenn das kritische Auge nur neue Falle und Schooten duldet und mit Verständnis das ganze Boot vor dem Rennen abtastet. Man sieht, daß «Pech» für manches nicht der richtige Ausdruck ist.

Es kommt nun noch einiges, das nicht übersehen werden darf — für den Regattasegler die sog. *zehn Gebote:*

I. Ist die Fock gut durchgesetzt?
Dies ist eine überaus wichtige Erwägung; ein ungenügend stramm gesetztes Vorsegel ist ausreichend, um jedem Boot alle guten Kreuzeigenschaften zu nehmen, insbesondere bei starkem Wind. Das Vorliek der Fock (oder der Vorsegel) muß so stark angespannt sein, daß das Vorstag absolut entlastet ist. Während des Rennens kann sich das Fockfall strecken und selbst dann darf noch kein Druck auf dem Vorstag liegen. Bei der Hochtakelung ist es empfehlenswert, das Vor- und Achterstag beweglich anzuordnen.

II. Ist ein Programm an Bord?
Nicht nur der Führer, sondern jeder einzelne Mann der Mannschaft sollte den Inhalt des Programms kennen. Ich will hier daran erinnern, wie oft es schon vorgekommen ist, daß bei Kursänderungen oder dgl. kurz vor einer Boje fieberhaft in den Blättern des Programms herumgewühlt wurde und daß dann die Boje doch falsch gerundet wurde. So kann durch eine kleine Gemütlichkeit die große Mühe, mit der man sich vorgearbeitet hat, illusorisch werden.

III. Sind alle vorschriftsmäßigen und auch notwendigen Gegenstände an Bord?
Außer der Pumpe darf ein Eimer, der bei kleinen Booten an einer Stange befestigt sein kann, damit man gegebenenfalls von oben auszuschöpfen vermag, nicht fehlen. Auch soll der Vorschootmann einige Schäckel und ein kurzes Stück dünnes Tauwerk in der Tasche haben, damit, wenn er am Vorschiff arbeitet, und das Pech haben sollte, einen Schäkel über Bord zu verlieren, nicht leise weinend zu

seufzen anfängt: «Nous avons, vous avez, nous er weg!» Worauf der Steuermann im Boot herumkriechen kann, um etwas zu suchen, das in zweiter Auflage oft überhaupt nicht vorhanden ist.
Auch Extratauwerk soll an Bord sein, um einen eventuellen Bruch reparieren zu können.

IV. Ein Messer mit einem Splisser ist unentbehrlich. Besonders günstig ist es, wenn man einen kleinen Werkzeugkasten dabei hat, in welchem Hammer, Zange, Splißnagel, Schraubenzieher, Takling, Nadel und Faden vorhanden sind. Leukoplast ist zum Segelflicken ausgezeichnet, und immer soll ein breiter Streifen mitgeführt werden. Das Ganze läßt sich in einer unter Deck leicht anzubringenden Schublade verstauen. Es klingt fast komisch, von Schubladen an Bord zu sprechen, und doch ist dies gerade hier eine äußerst zweckmäßige Einrichtung, zu deren Einbau ich bedeutend mehr raten möchte als zu dem Gebrauch von Netzen und sonstigen Einrichtungen, die meistens so tief und ungünstig liegen, daß alles darin naß wird.

V. Die Stoppuhr!
Mit gewöhnlichem Sekundenzeiger oder sogar ohne Uhr zu starten und gefühlsmäßig «54 — 55 — 56» zu zählen, um dann sagen wir schon bei 60 oder erst bei 99 mit dem Startschuß beglückt zu werden, sollte nach dem Bürgerlichen Gesetzbuch strafbar sein; und wenn wir einen Segler rühmen hören, daß er ganz ohne Uhr ins Rennen gehe, dann ist er erstens kein Sportsmann und zweitens ein Trottel. — Die Stoppuhr, welche einige Stunden vor dem Rennen noch einen kleinen Proberundgang zu machen hat, ob sie auch zuverlässig ist, oder infolge eines nassen Bades am Vortag ausgerechnet nach der vierten Minute stehen bleibt — wie manche Uhren ganz chronisch solche Lieblingseigenschaften zeigen — soll nicht in der Hand oder an einer Kette getragen werden, sondern einzig und allein als Armbanduhr! In erster Linie hat man im richtigen Moment beide Hände frei, kann in letzter Sekunde am Start Hand über Hand dichtnehmen und muß nicht erst die Uhr in der Aufregung ins Wasser fallen lassen oder unter dem Oelzeug nach einer Tasche für sie suchen. Als besonders angenehm hat es sich mir erwiesen, den Zeiger der Stoppuhr um etwa zwei Sekunden (auf 62) vorzustellen. Dies hat den Vorteil, daß man sich eine Sekunde Zeit nehmen kann, um die Uhr losgehen zu lassen und nicht schon minutenlang vorher die Hand am Druckknopf zu haben braucht. Die zweite Sekunde ist für die Schalldauer berechnet, die vom Moment des Abschusses bis zu dem Moment, in dem wir den Schuß hören, in den meisten Fällen ungefähr eine Sekunde (330 m) beträgt. Man kann also beim Schuß gemütlich seine Uhr loslassen und sie stimmt aufs Haar. Dieser kleine Kniff ist sehr empfehlenswert, besonders wenn man zum ersten Start gehört. Man braucht, um die Vorstellung der Uhr zu bewerkstelligen, den Zeiger nur abzuheben und auf 2 Sekunden wieder aufzusetzen. Bei großen maßgebenden Wettfahrten ist es ratsam, zwei Stoppuhren an Bord zu haben.

VI. Funktioniert der Reffapparat (und die Schootringe)?
Ist der zu seiner Bedienung bestimmte Mann stark genug dazu und kennt er die

Arbeitsfolge? Zuerst Großbaumstrecker los, dann hoch drehen, dann Fall abfieren, dann Großbaumstrecker fest.

VII. Funktioniert der Rennstander?
Er ist die Seele des Bootes und auf der Empfindlichkeit dieser Seele beruht die Feinfühligkeit des Steuermanns. Kein Führer soll sich einbilden, er beherrsche ohne Stander die hohe Schule des Regattasegelns. Weder kann er fehlerfrei kreuzen, noch die Segelstellung vor Wind oder raumschoots nur annähernd erraten. Die zweckmäßigsten Stander sind diejenigen mit Gegengewicht und ausgespannter Flagge (Abb. 170).

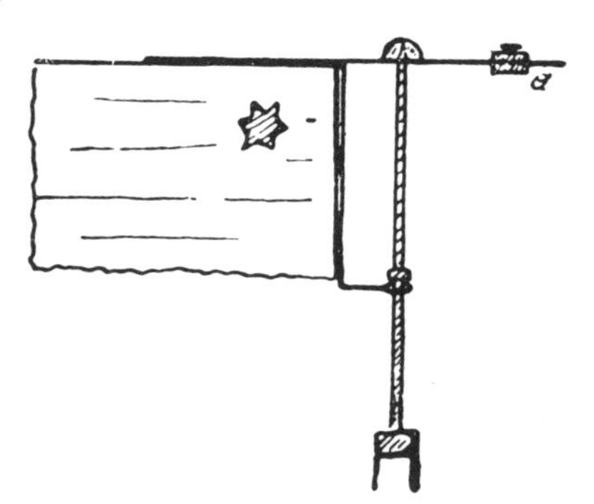

Abb. 170. Stander.

VIII. Ist das Fernglas an Bord?
Auf See sowohl als auch auf Binnengewässern ist ein Fernglas oft von großem Nutzen. Der Vorschootmann kann damit die Boje frühzeitig lokalisieren, einen unscheinbaren kleinen Windstreifen in der Ferne erkennen und das Land auf seine vielseitigen Windzeichen absuchen. Wie erwähnt, ist dies Sache der Mannschaft, und der Steuermann muß von dieser Arbeit während des Rennens verschont bleiben.

IX. Wo ist die Protestflagge?
Zwar wissen wir, protestieren ist meistens Sache des Unfähigen! Es charakterisiert im allgemeinen den Anfänger, denn nur dieser sucht auf einem anderen Weg als durch seine Fähigkeit Preise zu gewinnen; denn nur darum handelt es sich, und ein falsches Ehrgefühl soll uns nicht über diese Tatsache hinwegtäuschen. Nichtsdestoweniger gibt es Fälle, in denen man protestieren muß und soll, und für diesen Fall darf die Protestflagge als notwendige Waffe nicht fehlen. Wenn ein unfairer oder frecher Gegner eine Gemeinheit versucht, dann kann man ihm auch mit einer Gemeinheit antworten.

X. Ist eine Kerze oder sind Zigaretten sowie Streichhölzer im Boot?
Wenn wir den Rennstander als die Seele des Bootes bezeichnet haben, so dürfen wir allerdings nicht die Eigenarten einer Seele vergessen, denn gerade diese Seele kann schlafen gehen. Der Wind oder die Luft kann so temperamentlos werden,

daß unser Stander für die Strömungen in ihr kein Interesse mehr zeigt, und wenn man ihn selbst manchmal durch tüchtiges Rütteln aus seinem Traumzustand vorübergehend wecken kann, so wird er doch des öfteren seine Aufmerksamkeit auch für längere Zeit rücksichtslos verweigern. Was nun? Rauchen ruft der Raucher, der sich dabei besonders pflichtgetreu vorkommt, gerade als ob er sonst nicht geraucht hätte, jetzt aber peinlicherweise dazu greifen müsse; der Nichtraucher hingegen verlangt in seinem treuen Glauben, sein Leben verlängern zu können, nach einer Kerze. Während die Kerze nun von dem einen an verkehrter Stelle gehalten, die unglaublichsten Luftströmungen angibt, hat sie ein anderer aus Gemütlichkeit irgendwo auf Deck gesetzt, um dort ihren Rauch beobachten zu können, oder um sich in einem aufregenden Moment unbewußterweise darauf zu setzen und erst bei des Feuers plötzlicher Erwärmung aufzuspringen. Wie dem auch sei, halte oder setze man die rauchende Materie (es ist jedoch nicht die verbrannte Hose damit gemeint) an Stellen fest, an denen sie unbeeinflußt von den vom Segel verursachten Luftströmungen ist. Diese sind nach Betrachtung unserer Flaumversuche leicht zu ermitteln. Es soll hier aber vor allem ein Platz genannt werden, der sorgfältig zu *meiden* ist, und das ist die Region *unter* dem Großbaum. Außerdem ist ein kleiner Barometer (evtl. Armbandbarometer) nicht ganz überflüssig, da man aus seiner Veränderung etwa ein aufkommendes Gewitter wahrnehmen kann. Auf See ist selbstverständlich ein Kompaß unentbehrlich.

✶

Die Wettsegelbestimmungen muß der Führer im Kopfe mitnehmen. Was das Revier betrifft, so versteht es sich von selbst, daß man ein fremdes Gebiet zuerst auf seine Windeigenheiten studieren und die Lage der Bojen von verschiedenen Richtungen aus kennen lernen muß.

Auch über die Kleidung des Regattaseglers möchte ich noch einige Worte sagen:

1. Ein *wollener* Sweater ist bei kaltem und nassem Wetter unentbehrlich.
2. Als Bordschuhe dürfen erfahrungsgemäß keine Chromledersohlen verwendet werden, da diese rutschig werden, wenn sie naß sind. Dafür möchte ich eine Fußbekleidung angeben, welche ich für schlechtes Wetter als ideal empfunden habe und die jedem zusagen wird, der sie einmal ausprobiert hat. Es sind dies gewöhnliche, starke Stiefel mit Galoschen darüber. Wer jahrelang Regatten gefahren hat und bei Regenwetter stundenlang mit nassen, kalten Füßen am Wasser herumgesessen ist, der wird zu schätzen wissen, was warme, trockene Füße in solchen Fällen bedeuten.
3. Auch Handschuhe haben sich für schweres Wetter als ganz vorzüglich erwiesen. Weder rutschen die Taue in der Hand, noch wird diese aufgerissen, noch verbrennt man sie, wenn man die Schoot schnell fiert. Auch ermüdet man beim Halten der Taue nicht so schnell, was auf kleinen Booten, in denen man stundenlang die Schooten aus der Hand fieren muß, besonders angenehm empfunden wird. Man kann auch z. B. auf einer Jolle die Schoot «einfach» durch die Hand gelegt infolge der großen Reibung am Handschuh noch halten und somit diese im Notfall blitzschnell um ein

angemessenes Stück fieren, während man ohne Handschuhe die Schoot einmal um die Hand herumschlingen muß, um sie auf die Dauer halten zu können; die Hand wird dadurch eingeklemmt und im gegebenen Moment bringt man die Schoot nicht los oder muß sie dann meistens ganz fahren lassen. Bei kleinen Booten tut man am besten, die Schoot, wenn man nur eine Hand zur Bedienung frei hat, vorübergehend mit den Zähnen zu halten, während man mit der anderen Hand nachgreift.

Schließlich sei noch eine Maßnahme erwähnt, die sich bei mir in vielen Rennen bewährt hat. Man beobachtet den See oder das Meer, auf dem die Regatta stattfinden wird, etwa eine halbe oder ganze Stunde vor dem Start von einem erhöhten Punkt aus (Terrasse des Bootshauses oder Anhöhe) und studiert in aller Ruhe das Verhalten des Windes in den verschiedenen Abschnitten des Kurses.

Alle primären Vorbereitungen für das Rennen sind nun getroffen, und nur bei schwerem Wetter ist es besonders ratsam, einen Probeschlag zu machen, der die Bruchfestigkeit der ganzen Takelage nochmals unter Beweis stellen soll. Dieser muß jedoch einige Stunden vorher ausgeführt werden, da sonst ein eventueller Schaden nicht mehr repariert werden kann. Bei kleinen Booten soll man weiterhin nicht vergessen, vorher zu kontrollieren, ob die Wellen durch den Schwertkasten ins Boot schlagen, was durch Ausstopfen desselben mit einem Lappen etc. zu vermeiden ist. Auch darf unter keinen Umständen versäumt werden, noch kurz vor dem Start Schwert und Steuer nochmals hochzuholen, um eventuelle Anhängsel (deren Bremswirkung ganz überraschend groß sein kann) loszuwerden. Jachten läßt man am besten etwas rückwärts treiben, wobei sich verhängtes Schilf usw. losmacht.

Das Reffen: Der Führer richtet sich bei dem zu reffenden Segel nach zwei Gesichtspunkten:

I. *Nach der Stärke des Windes:* Ein etwas gerefftes Großsegel ist oft insofern von Vorteil, als die übergroße Luvgierigkeit des Bootes vermindert wird, und dieses besser ausbalanciert segelt. Vor jeder Sturmregatta soll ein Probeschlag gemacht werden, der den letzten Beweis für die Richtigkeit der Segelgröße bringen muß, da die Beurteilung derselben auf Grund von Schätzung nie genau das Richtige zu treffen vermag. Erfahrungsgemäß soll man so lange als möglich große Vorsegel fahren.

II. *Nach der Konkurrenz:*

a) Ist der gefürchtetste Gegner unter gleichen Bedingungen zu halten, so richtet man sich in der Beurteilung der Segelfläche nur wenig nach ihm.

b) Ist der gefährlichste Gegner — denn nur ihn hält man im Auge — normalerweise aber überlegen, so ist man gezwungen, zu unnormalen Mitteln zu greifen: Entweder man kann ihn (bei kleinen Booten) durch einen schweren und großen «Dritten Mann» übertrumpfen, oder, man fährt mehr Tuch, vielleicht sogar Vollzeug bis zur Verzweiflung. Freilich kann es passieren, daß man, wie die Berliner so schön sagen, dabei «in den Bach fällt»; es kann aber auch so kommen, daß der Wind nachläßt und man sein Tuch durchhalten kann.

Hat man vor, Vollzeug zu fahren, so braucht man dies der Konkurrenz natürlich nicht sofort auf die Nase zu binden. Entweder man zeigt seine Karten erst im letzten Moment, indem man als letzter auftakelt, oder was noch besser ist, man refft vor dem Rennen übermäßig viel weg, und schüttet dieses nach dem Vorbereitungsschuß wieder aus!!

Die Segel sollen bei schönem Wetter schon einige Stunden vor dem Start gehißt werden, damit sie ihre Falten verlieren (wichtig!).

Der Start

Der Zeitschuß fällt! — die Stoppuhr wandert!

Während der Steuermann bis jetzt die wahre Skepsis verkörperte, ist von dem Moment des Zeitschusses an das Selbstvertrauen und das unbedingte Vertrauen zum Boot seine erste Pflicht. Nur der Führer, der auf sich und auf sein Boot das allergrößte Vertrauen hat, ist am Platz. Eine alte bewährte Regel während der Wettfahrt besagt: «*Steigt das Vertrauen, so steigt auch die Geschwindigkeit des Bootes.*» Dazu aber kann die Mannschaft einen großen Teil beitragen. Von ausgezeichneter Wirkung ist es, wenn z. B. der Vorschootmann mit beruhigender Stimme dem Führer zuspricht: «Den werden wir gleich haben», oder «der kriegt uns niemals» usw. Ich hatte einmal eine Mannschaft, die mir während eines schweren Kampfes stets und ständig davon erzählte, «wie kolossal weit die Verfolger zurückgefallen seien», und wenn ich dann von dieser göttlichen Idee beruhigt gelegentlich umblickte, so war mir die Bande ganz erheblich aufgerückt, von Zurückfallen aber war keine Rede. Und doch, die wohlgemeinten Lügen sind letzten Endes meiner Führung zugute gekommen. So bin ich fest davon überzeugt, daß eine Stellung dann verloren gehen *muß,* wenn der Führer zu ihr kein Vertrauen mehr hat, oder wenn die Mannschaft mit Sprüchen ankommt wie: «Da ist nichts mehr zu machen» — «nun ist es aus» — und weiß der Teufel mehr verzweifelte Energielosigkeitskundgebungen dieser Art.

Es versteht sich von selbst, daß der Steuermann möglichst die Ruhe behält, und nicht mit Stentorstimme zu seinem Vorschootmann zu sprechen sich angewöhnt. Eine gute Mannschaft erhält ihre Befehle im Flüsterton und ist daran gewöhnt, auf jedes Wort ihres Führers haarscharf zu achten. Auch wird die Konkurrenz so nicht von jedem Manöver vorher unterrichtet. Während des Starts jedoch von sog. eiserner Ruhe zu sprechen, ist ein eiserner Blödsinn, denn wenn es sich um Zehntelsekunden handelt, hat die Gemütlichkeit ihr Recht verloren.

Die Hauptregeln für die Zeit vor dem Start sind folgende:

I. Die Verantwortung des Zusammenstoßes hat der Vorschootmann. Das ist eine wichtige Vereinbarung! Dieser muß den Führer auf jede den Weg kreuzende Jacht aufmerksam machen. Es wäre falsch, diese an und für sich beunruhigende Arbeit des Auf-der-Hutseins dem Führer aufhalsen zu wollen, welcher ohnehin

Abb. 171. Beachte die verschiedene Schräglage der Boote. Die erste Jacht segelt in ungestörtem Wind, alle andern nicht.

genug zu sehen und zu berechnen hat. Ebenso hat die Mannschaft, und zwar diesmal der Großschootmann, die Verantwortung für alle Signale. Er hat den Steuermann vom Kurs, von der abgekürzten Bahn etc. zu unterrichten. Die Mannschaft muß vollzählig die Kurse kennen und ihren Führer von der Lage der Bojen während des Rennens informieren können.

II. Mache vor dem Start keine überflüssigen Manöver, damit Ruhe ins Boot kommt. Bei mittelstarkem Wind flattert man in der Nähe des Starts herum; bei starkem Wind *muß* Fahrt im Boot bleiben, um gegebenenfalls *ausweichen* zu können. Bei flauem Wind fährt man möglichst «voll», um über *Reserve-Geschwindigkeit* zu verfügen.

III. *Beobachte schon jetzt die Konkurrenz, denn die meisten* (besonders Jachten) *probieren vor dem Start ihre für diesen Tag auserwählte Starttheorie aus.* Diese hat man sich genau zu merken und beim Entwurf des eigenen Starts darauf Rücksicht zu nehmen.

IV. Mache gegebenenfalls einige Probestarts nach der Uhr, um die Geschwindigkeiten und Abstände bei der momentanen Windstärke ins Gefühl zu bekommen. Frage dich: Wie groß ist der Weg in einer Minute? Unterrichte die Mannschaft über die Art des Startes, damit sie mitdenken kann.

V. Um wieviel sind die Start-Bojen aus der Peilung vertrieben? Genau in Metern feststellen.

Der Vorbereitungsschuß fällt! —
Die Uhr stimmt! — Signale beachtet?

VI. Nicht mit dem Startschuß, sondern mit dem Vorbereitungsschuß beginnt das Rennen: Schon jetzt muß in bezug auf die Konkurrenz gesteuert werden und gegebenenfalls ist eine neue Starttheorie sofort zu entwerfen. Hat man z. B. den Eindruck, daß die meisten den «Reindrängstart» versuchen werden, so läuft man in letzter Minute noch nach Lee und versucht mit lang aufzuspeicherndem Schuß dort möglichst frühzeitig und ungestört über die Linie zu gehen.

VII. Den besten Start hat nicht der, der seine Nase zuerst über die Linie streckt, sondern der, der *wenige Minuten nach dem Startschuß vorne liegt.*

VIII. Setze vor oder im Start *nie* ein anderes Beisegel. Spinnaker darf hergerichtet sein, jedoch unter keinen Umständen vor der Linie gehißt werden. Sozusagen mit Spinnaker zu starten, ist eine Luftschloßidee, die in dem Moment in der Luft zergeht, in der die Gefahr der Bewegungslosigkeit, der Berührung oder des Luvkampfes besteht.

Nun aber, wie soll ich starten? *Gut segeln ist angeboren, gut starten aber ist Uebungssache!* Diese goldene Regel besagt, daß man das Starten einerseits üben kann und soll, daß man anderseits aber über die Art des Startes einen absoluten Plan entwerfen muß, in welchem die später auftauchenden Eventualitätssituationen schon zum Teil *vorausberechnet* sind. Es ist verständlich, daß man hin und wieder fehl schlägt, jedoch liegt die

Ursache meist nicht bei den aus allen Richtungen anscheinend unberechenbar einstürmenden Booten oder in der langsamen Einstellung hinzukommenden Komplikationen gegenüber, sondern vielmehr in der unkorrekten Ausführung des korrekten Startplanes.

In bezug auf die verschiedenen *Boottypen* muß natürlich auch in anderer Form gestartet werden, und man kann nur ganz allgemein sagen: Die *Jolle* läßt man an die Startlinie heranflattern; d. h. schon nach der zweiten abgelaufenen Minute liegt man auf Kurs: «Richtung Startlinie». Man nähert sich der Linie mit killenden Segeln und hat nur ganz wenig Fahrt im Boot. In den letzten Metern erst heißt es «Achtung Schooten — dicht!», und das sprungbereite Boot flitzt durch die Peilung. Während die kleinen Boote blitzschnell Geschwindigkeit aufnehmen, wäre diese Startmethode für eine *Jacht* ihr Verderben. Man kann sich beim Kielboot — wiederum ganz allgemein gesprochen — nach folgendem Schema richten: Die erste Minute auf der Linie bleiben, dann 1½ Minuten (volle Geschwindigkeit) in ausgedachter Bahn vom Start fortfahren; ½ Minute zur Drehung verwenden. Nun hat man noch 2 Minuten bis zum Schuß, normalerweise aber nur einen Weg von 1½ Minuten zurückzulegen. — Auf den Start los! — Hält der Wind, so kann man durch Flattern der Segel die Fahrt entsprechend abbremsen, hält er nicht, so hat man noch ½ Minute Reservezeit!

So individuell die Ausführung des Starts bei den verschiedenen Boottypen ist, so verschieden ist sie auch bei den jeweiligen *Windstärken.* Bei Flaute kann man nicht nahe genug an der Linie bleiben, trotzdem soll man aber das Boot immer auf höchste Geschwindigkeit anpeitschen. Man sichert sich auf diese Weise gleichsam eine *Reservegeschwindigkeit* in der eigenen Masse, von der man zehren kann, wenn der Wind plötzlich nachlassen sollte. Während ein anderes Boot an einem Oelfleck, der ganz klein sein kann, in letzter Minute vergeblich versucht, die Flautenstellen zu durchlaufen oder zum Anspringen zu kommen, geht der «wilde» Segler wie eine «Kanonenkugel» über die Startlinie.

Der Windstärke entsprechend muß man bei flottem Wind mit größeren Anlauf-Distanzen rechnen; jedenfalls soll man aber in den letzten zwei Minuten *stets Kurs auf die Linie haben* und keine Wendung mehr riskieren, mit deren Dauer man sich leicht verrechnen kann.

Ebenso wichtig wie die Führung des Bootes ist die Führung der Schooten. Das unumstößliche Gesetz dafür lautet: *Zuerst mit dem Großsegel, dann mit der Fock starten* (bei Jachten)! Das soll heißen, während man die Fock seelenruhig flattern läßt, manövriert man sich mit dem langsamer einstellbaren Großsegel in die Nähe der Startlinie. Erst in letzter Sekunde greift die durch einen einzigen Zug in Aktion tretende Fock in die Situation ein und entscheidet die letzten Meter. Bei leichtem Winnd kann man auf der Jacht die Fock für den Start selbst führen, um die letzte Einstellung nach eigenem Ermessen noch schneller zu bewerkstelligen. Die Kommandos für den Start lauten z. B.: Fock flattern, Groß flattern! — Groß langsam dicht, Fock flattern! — Groß voll, Fock flattern! — Alles voll!!! — Es ist gut, wenn man der Mannschaft vorher klar macht, daß der Befehl «voll» nicht gleichbedeutend mit «knalldicht» sein muß, sondern die jeweils *günstigste* Segelstellung bedeutet. Selbst erfahrene Vorschootleute zerren bei jenem markerschütternden Kommando «voll» aus Versehen die Fock dicht, statt sie z. B.

auf raumem Kurs nur entsprechend hereinzunehmen. Bevor das Kommando «voll» gefallen ist, hat die Mannschaft sprungbereit zu warten und mit gestrecktem Arm bei der Schoot auf den Befehl zu horchen, und darf nicht, wie es so oft geschieht, von diesem überrascht werden. Die Verantwortung für eine Berührung des Großsegels mit einer anderen Jacht trägt naturgemäß der Großschootmann, wie auch er es ist, der dem Führer «Vorsicht Heck!» «Achtung Boje!» zuzurufen hat.

Beim Segeln von Pech zu sprechen, ist eine äußerst vorsichtig anzuwendende Redensart, und man darf es dem Sieger nicht übelnehmen, wenn er zu schmunzeln anfängt, wenn ihm der Gegner erzählt: «Ja, wenn ich nicht Pech gehabt hätte, hätte ich Sie leicht geschlagen!» Wenn man gekentert ist, so war dies nicht «Pech»; wenn etwas gebrochen war, so war dies nicht «Pech»; wenn ein Schlag sich schlecht bewährte, so war dies nicht «Pech»; und so ist es auch mit dem Start! Ein schlechter Start ist nicht Pech, sondern ein Rechenfehler! Das ist gerade das Schöne am Regattasegeln — ein Schachspiel ohnegleichen, nur mit dem Unterschied, daß man dabei den Kopf nicht auf die Arme stützen darf; wo man Zug um Zug vorausdenken muß und im Geist unzählige eventuelle Angriffe, die kommen können oder könnten, erwägen und parieren muß, nur daß man hier nicht Zeit, so viel man will, gegen einen einzelnen Gegner hat, sondern mit Geistesgegenwart — unter Schwierigkeiten, welche ein anderes Boot eventuell nicht zu überwinden hat — gegen *viele* kämpft.

Es gibt nicht «*eine*» Methode anzugreifen, sondern bei ein und demselben Fall unzählige, wie es ebensoviele Abwehrmittel gibt; und so kann es vorkommen, daß man fünfmal daneben schlägt und daß erst beim sechsten Mal der Gegner kein Verteidigungsmittel mehr findet oder es um eine Sekunde zu spät findet; schon aber ist er verloren! — Das war natürlich Pech!! Wenn es auch unmöglich ist, vorzuschreiben: *So* mußt du starten!, so gibt es doch Geheimnisse — der Laie bezeichnet sie mit «Tricks», welche demjenigen ohne Zweifel eine Ueberlegenheit geben, der sie kennt. Gleichsam wie man sich bei der Lösung einer mathematischen Aufgabe im klaren darüber sein muß, ob man sie algebraisch, geometrisch, arithmetisch oder sonstwie zu lösen gedenkt, und die betreffende Methode beherrschen muß, so gibt es auch bei jeder Windrichtung eine sog. *Grundstarttheorie.*

Bevor ich aber auf diese genaue Technik des Startens bzw. der verschiedenen Startmöglichkeiten eingehen kann, muß ich einige Bootstellungen besprechen, deren Verständnis für die Entwicklung dieser Startarten notwendig ist. Es ist dies in erster Linie eine spezielle Stellung zweier Boote zueinander. Diese äußerst wichtige Lage, deren Studium allein einige Wochen in Anspruch genommen hat und deren genaue Kenntnis der Grundstein für alle seglerische Technik ist, habe ich mit dem Namen

«Hoffnungslose Stellung»

bezeichnet. — Hoffnungslos habe ich diese Stellung genannt, weil sie bei gleichen Waffen eine wahrhaft hoffnungslose Situation ist, gegen welche es kein Mittel der Abwehr gibt. Hat ein guter Segler dieses «Herz-Ass» einmal in Händen, so können die anderen Boote die Karten hinlegen.

An Hand der Zeichnung, Abb. 172, soll der Grund für diese für den Leidtragenden anscheinend rätselhaft ungünstigen Verhältnisse geschildert werden:

Boot I liegt *hart am Wind* und fährt vor Boot II. Für Boot II ist unter normalen Voraussetzungen ein Vorbeikommen an Boot I unmöglich, denn es befindet sich in der «Hoffnungslosen Stellung»! Nicht nur kann Boot II in keiner Weise angreifen, es ist auch in bezug auf ein drittes Boot dermaßen von Boot I geschädigt, daß es, ich möchte sagen, statt mit vier mit nur zwei Zylindern arbeitet. Ist sich Boot II seiner hoffnungslosen Lage nicht sofort bewußt, so wird es in kurzem um nicht weniger als 50—100 m zurückgefallen sein.

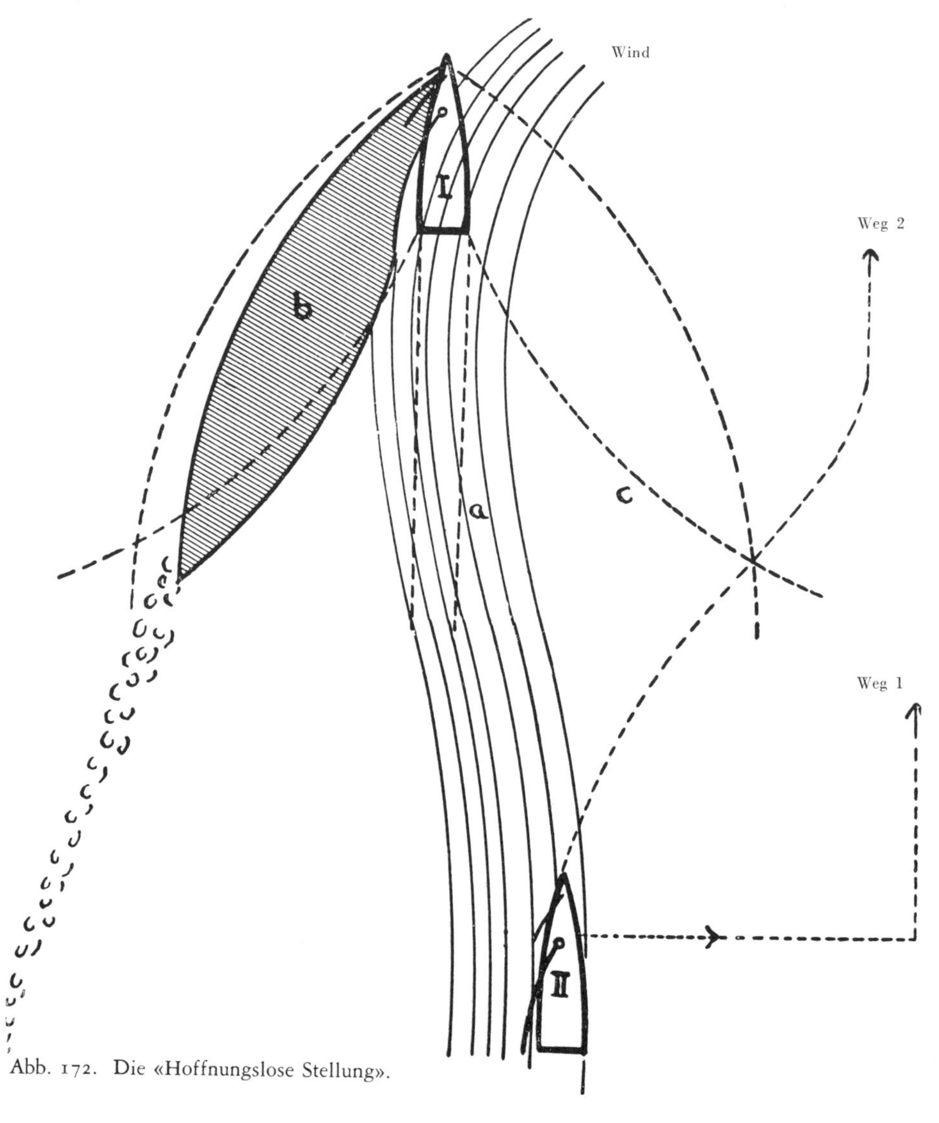

Abb. 172. Die «Hoffnungslose Stellung».

Nicht allein das übliche Zauberwort «Abwind» erklärt dieses Verhängnis. Vielmehr ist eine genaue Kenntnis der einzelnen Vorgänge in der Luft sowohl als auch im Wasser notwendig, um sich ein Bild von jener gefährlichen Situation machen zu können.

Die denkbar ungünstigste Lage, in die ein Boot geraten kann, finden wir bei a (vergleiche Zeichnung), kurzhin im Kielwasser. Die Ungünstigkeit nimmt mit sich vergrößerndem Abstand vom vorausfahrenden Boot ab, wirkt jedoch nachweisbar noch bis zu etwa 50 m. Die Ursache finden wir in der *Ablenkung* des Windes von seiner ursprünglichen Richtung durch das Segel des voranfahrenden Bootes. Die natürliche Folge davon ist, daß der Wind im Kielwasser *spitzer einfällt,* wie wir es aus den entsprechenden Windflächen kennen. Das nachfolgende Boot wird dementsprechend durch seine killenden Segel darauf aufmerksam gemacht, daß es nicht die gleiche Höhe laufen kann; ein Vorgang, an den sich sicherlich jeder Segler erinnern wird. Was geschieht nun? Nachdem man sich vergeblich eine Zeitlang im Kielwasser abgemüht hat, gleiche Höhe zu laufen, wird man durch die Einbuße an Fahrt auf den Fehler aufmerksam gemacht, und man fällt etwas ab und versucht voller zu fahren. Was ist die Folge? — Das Boot läuft nicht schneller — es wird unruhig, die Segel zittern! Was ist nun geschehen? Man ist von einem Uebel in das andere geraten: man läuft jetzt im Abwind, bzw. im Spitzenbereich der Abdeckung (Punkt b). Außerdem ist die im Kreuzkurs so notwendige Höhe verloren! Was nun? Man fällt noch mehr ab und kommt endlich in ungestörte Luft (nicht gesagt jedoch in ungestörtes Wasser). Wie aber, wenn Boot I auch gleichmäßig mit abfällt und ebenso voller läuft? So wird man den verhaßten Abwind des Gegners nicht los, und man kann sich, wenn man weit genug zurückgefallen ist, um ungestört segeln zu können, nur noch mit dem Spruche trösten: «*Ut desint vires, tamen est laudanda voluntas!*» (Selbst wenn die Kräfte fehlen, so ist doch der gute Wille zu loben!) oder wie ich an der Hochschule einmal falsch vorgetragen habe: «. . . est laudanda voluptas!» (Begierde). Damals haben die Kollegen gelacht und die hohe Obrigkeit drohte im Wiederholungsfalle solcher Witze Demission an; in unserem Falle aber lacht der *Gegner,* und wir — wir hatten natürlich Pech! Es war ja gar nicht anders zu machen!

Gehen wir genauer auf die *Situation* a ein, so unterscheiden wir folgende ungünstigen *Einflüsse:*

1. Die schon besprochene Ablenkung der Windbahn und das daraus resultierende spitzere Einfallen des Windes.
2. Die Tatsache wirbelerfüllter Luft, welche den größten Teil ihrer Kraft dadurch eingebüßt hat.
3. Wir laufen im Kielwasser eines Bootes, was nachgewiesenermaßen als ungünstig bezeichnet werden muß.

Bei *Situation* b, welche, wie ich schon jetzt bemerken möchte, *bei geringen Abständen* als die zweitungünstigste Lage zu bezeichnen ist, unterliegen wir:

1. Der Abdeckung; — bei größeren Entfernungen: aufgewirbelter Luft.
2. Der Windablenkung, welche auch hier in vermindertem Maße noch mitspricht.
3. Den Bug- und Heckwellen des voranfahrenden Schiffes, deren Schaden zwar nicht sehr groß, aber immerhin vorhanden ist.

2
22
18
25

Nun kommen wir zu einem anderen Weg des Angriffs. Was passiert, wenn uns ein rechtzeitiges Luven nach Platz c glücken sollte? — Auch hier bleiben wir hängen und erliegen der weithin nach Luv fühlbaren Windablenkung. Wir durchbrechen im Ausnahmefall die Heckwellen des Gegners, bleiben aber dann mit tödlicher Sicherheit in seinen Bugwellen hängen und fallen von da an durch diesen Einfluß, verbunden mit der Stauwirkung des in unserem Lee liegenden Segels, welches die Sogeigenschaften unserer Segel zerstört, solange zurück, bis unsere Niederlage letzten Endes doch besiegelt ist. Wie man es auch nimmt, bei gleichen Booten und annähernd gleich guten Führern ein vollständig hoffnungsloses Unternehmen!

Was nun tun? Es gibt zwei Ratschläge, von denen jedoch keiner als sicheres Heilmittel gelten dürfte:

a) Ist man in die Gewalt dieser hoffnungslosen Lage geraten, so soll man im Kreuzkurs «*sofort*» auf den anderen Bug gehen (siehe Zeichnung: Boot II Weg 1).

b) Oder man versucht durch «*sofortiges*» Hochluven einen vom Gegner unvorsichtig gesegelten Moment auszunützen; man luvt in einer raumenden Böe so hoch hinauf, daß man die Heck- und Bugwellen etwa in der Höhe ihres Schnittpunktes zu durchbrechen vermag (siehe Zeichnung Weg 2).

Die höchste Kunst aber liegt darin, die «Hoffnungslose Stellung» absolut zu *vermeiden,* ihr aus dem Weg zu gehen und sie zu parieren, *bevor* man den Lauf des Gegners auf sich gerichtet sieht — anderseits aber die aktive Gewalt derselben zu erlangen, um damit angreifen zu können.

Es sei jedoch ausdrücklich erwähnt, daß von der «Hoffnungslosen Stellung» nur am Wind, also bei dichten Schooten gesprochen werden kann; raumschoots ist das Bild ein ganz anderes!

Von den vielen Variationen, welche in der Zeichnung, Abb. 175, wiedergegeben sind, ist vor allem eine weitere Stellung einer genaueren Untersuchung wert. Es ist dies die von mir als «Sichere Leestellung» bezeichnete Position, welche mit ihren Luftstromlinien in Abb. 174 aufgezeichnet ist.

«Sichere Leestellung»

Zwei Boote liegen hart am Wind, durch irgendein Manöver in diese Stellung zueinander gekommen. A liegt nur um weniges voran und «scheinbar» von B abgedeckt. Der Laie glaubt, «jetzt wird B gleich an A vorbeilaufen»; der erfahrene Segler aber weiß, daß selbst bei einem *unterlegenen* Boot A keine Angst zu haben braucht, daß B ihm vorkommt.

Die Kenntnis dieser Situation, welcher ich infolge ihrer Eigenart den Namen «Sichere Leestellung» gegeben habe, bietet einen weiteren großen Vorteil als *Kampf-*

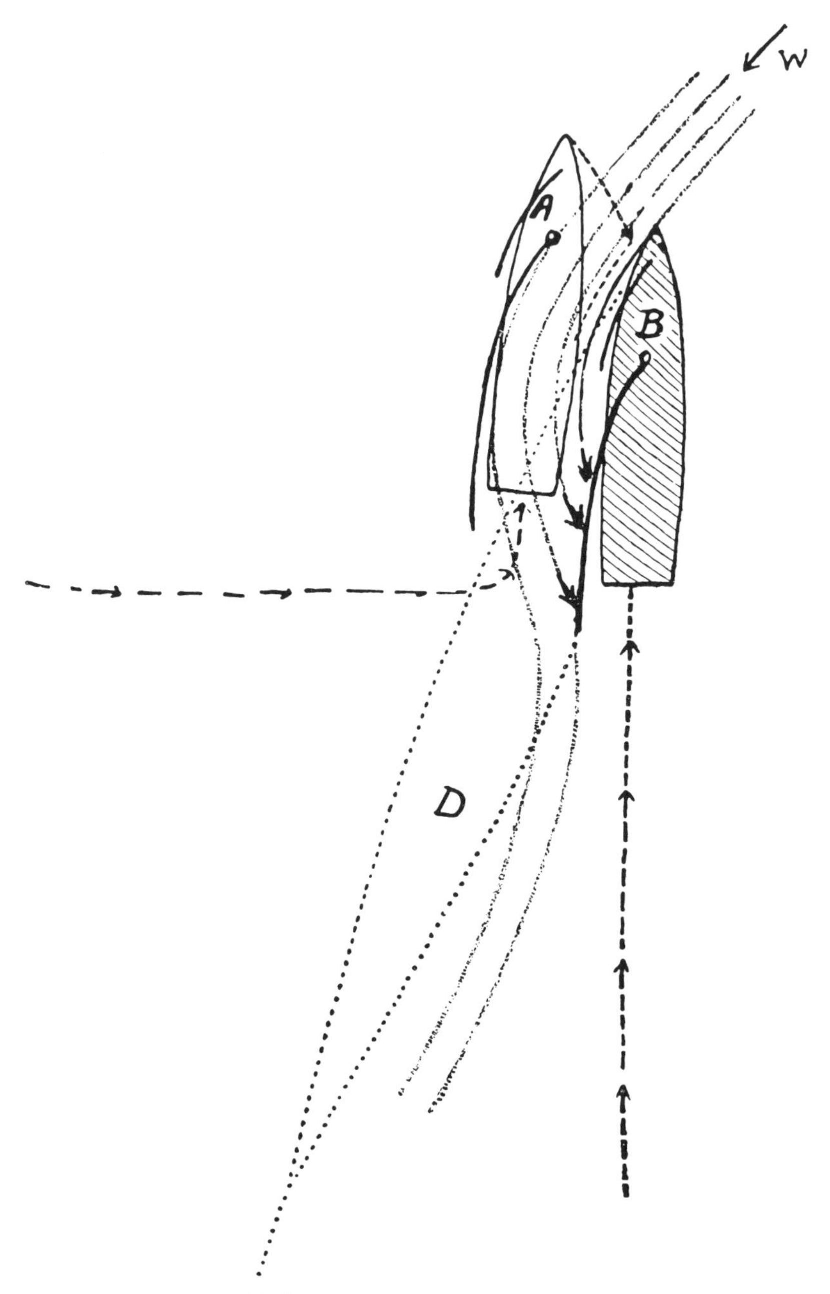

Abb. 174. Die «Sichere Leestellung».

mittel: Gesetzt den Fall, zwei Boote kommen im Kreuzkurs zusammen. Das Boot B auf Backbordbug fühlt sich wie immer durch das Bewußtsein des «vornehmen Buges» sicher —, da kommt ein anderes Boot A auf Steuerbordbug angebraust, jedoch nicht mit dem üblichen unangenehmen Gefühl, wie dies bei einem Boot ohne Wegrecht, das hinten um den Gegner herum abfallen muß, der Fall sein sollte, nein — mit dem Bewußtsein, auch auf Steuerbordbug die Situation zu beherrschen. Es fährt relativ nahe an den Gegner heran, fordert ihn gegebenenfalls noch freundlicherweise auf, ruhig und unbeirrt durchzuhalten, und geht dann dicht im Lee des Gegners herum auf den anderen Bug. B hat allerdings zuerst mehr Fahrt und läuft vorerst noch etwas schneller, doch welch ein Wunder! Beide Boote laufen schon nach wenigen Sekunden gleich schnell und — welcher Zufall: A läuft schneller, luvt etwas an, und nach kurzem liegt B scheinbar unverständlicher Weise im Kielwasser von A. Aus der Luvstellung ist für B die «Hoffnungslose Stellung» geworden!

Das Geheimnis und die Erklärung dafür ist nichts anderes als die Ablenkung der Windbahn durch das Segel des Leebootes (irrtümlicherweise oft mit Luftkissen bezeichnet), die dem anderen Boot den Wind in das Lee des Segels wirft, und was das Interessanteste und zugleich das Maßgebende ist, *den Sog desselben zerstört.* Ein weiterer praktischer Beweis dafür, daß wir mit dem Sog und nicht mit dem Druck im Segel fahren! Die Hauptbedingung bei dieser Stellung, wenn sie erfolgreich sein soll, ist die, daß man so nah als möglich an das andere Boot B herangeht. Auch die Bugwelle der in Lee liegenden Jacht strömt hindernd gegen die Bordwand der Luvjacht (Abb. 174).

Es versteht sich von selbst, daß nach Wendungen die «Sichere Leestellung» im Kreuzkurs *nur* bei kleinen Booten, welche ihre Fahrt wieder schnell genug aufnehmen können, als eine gewonnene Situation betrachtet werden kann; selbst hier aber muß das Wendemanöver klappen und die Fock sofort wieder dicht stehen. Wenn die Boote schon von vorneherein auf gleichem Bug in dieser Stellung zueinander liegen (z. B. beim Start), so ist am Wind die Leestellung immer, sowohl bei Jollen wie bei Jachten, die absolut vorteilhaftere. Der Clou der Sache aber liegt darin, daß die «Sichere Leestellung» nur solange für das Lee-Boot als gewonnen zu betrachten ist, *als dieses seinen Bug noch vor dem anderen Boot hat.* Die Grenzstellung (Abb. 175 E) ist die, bei welcher die Buge der beiden Boote gleich, d. h. nebeneinander liegen (siehe auch Abb. 176 und 177). Auch jetzt noch ist das Leeboot im Vorteil. Ist der Bug desselben jedoch hinter den Bug des in Luv laufenden Fahrzeugs geraten, so ist der Kampf von diesem Moment an für das in Lee liegende Boot verloren.

In den Zeichnungen, Abb. 175, sind sämtliche in Betracht kommenden Variationen zusammengestellt, bei denen das durch die Stellung begünstigte Boot weiß gezeichnet ist.

Als eine der ungünstigsten Stellungen für das in Luv liegende Boot ist hier wohl Position G zu bezeichnen, denn das in Lee liegende Boot hat nicht nur die Möglichkeit, seinen Abwind in das Lee des Segels des in Luv befindlichen Bootes zu werfen, es kann durch übermäßiges Dichtnehmen des Großsegels den Abwind sogar so leiten, daß dieser genau an *die* Stelle des feindlichen Großsegels trifft, an welcher — nach unseren Mes-

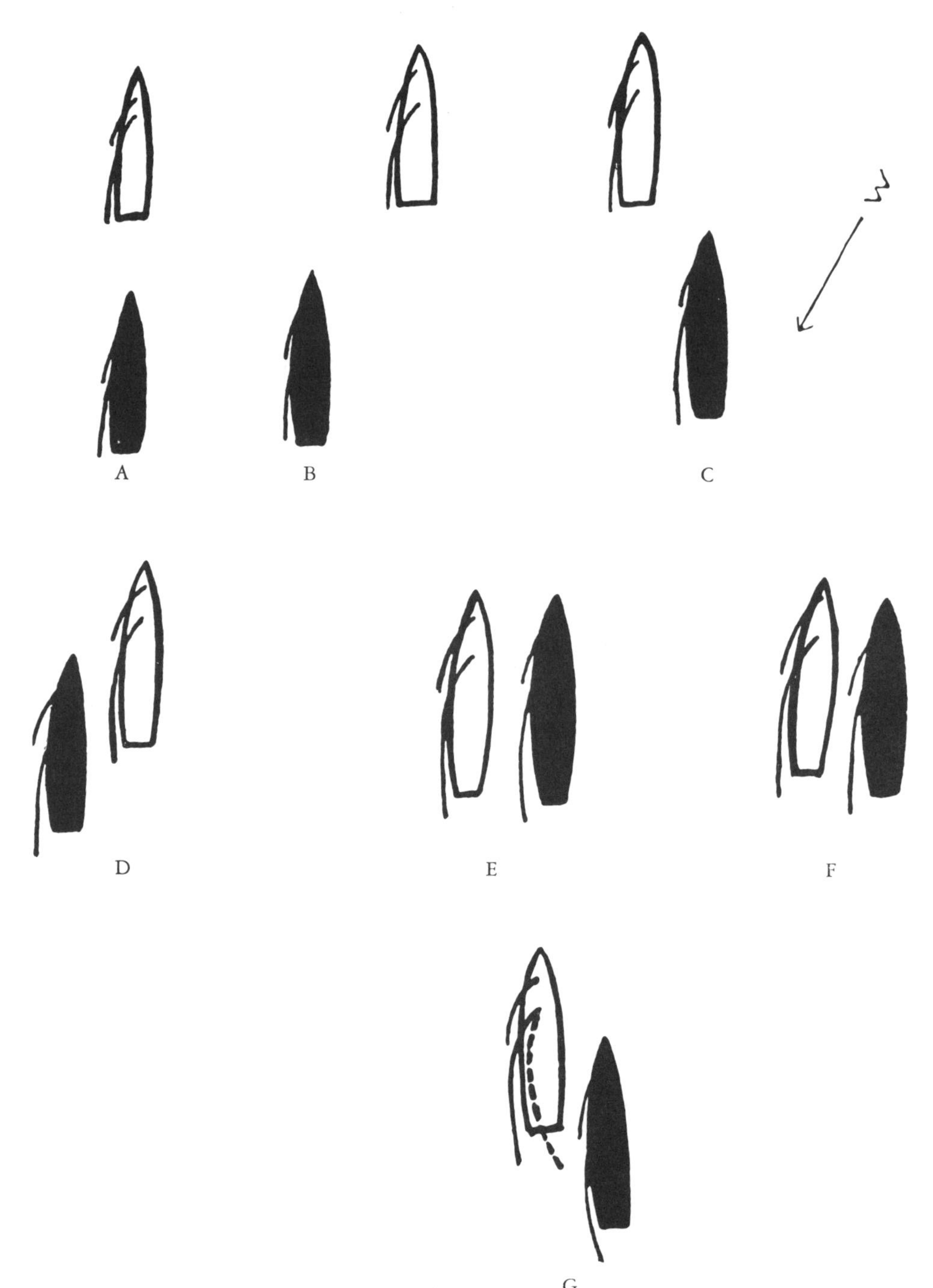

Abb. 175. «Hoffnungslose Stellung» A, B, C, D — «Sichere Leestellung» E, F, G.

sungen im ersten Drittel des Segels — die größte Saugkrauft stattfindet. So wird der Gegner an seinem empfindlichsten Punkt getroffen und die Gesamtwirkung am Segel fällt von 100% auf zirka 50% (Abb. 174).

Fernwirkung der «Sicheren Leestellung»

Obwohl die schädliche Wirkung des Abwindes, welche vom Segel des in Lee gelegenen Bootes ausgeht, auf kurze Entfernung am wirkungsvollsten ist, sind wir doch erstaunt, daß auch bei relativ großen Distanzen noch ein Einfluß besteht. Er kann bei Jachten bis zu Entfernungen von 100 m, wenn auch in sehr abgeschwächter Form, immer noch feststellbar sein. Dies wird nicht nur durch die Praxis, sondern auch durch das Experiment bewiesen. So läßt sich z. B. das Herannahen eines Dampfers mit sensiblen Druckmessern im Wasser bis zu Entfernungen von mehreren Meilen feststellen. Das Wasser wird nämlich nicht nur unmittelbar vor dem Bug des Schiffes nach vorne und den Seiten abgeschoben, sondern diese Bewegung ist bereits weit vor dem Dampfer angedeutet, indem die Wasserteilchen schon hier langsam anfangen, dem kommenden Schiffsrumpf auszuweichen.

Warum sollte die im Wasser beobachtete Wirkung nicht auch auf die Luft zutreffen? Ein Vergleich dürfte berechtigt sein, da es auf die relative Bewegung ankommt, d. h. es ist bezüglich der Strömung von Luft oder Wasser gleichbedeutend, ob der Dampfer sich in ruhigem Wasser bewegt oder in fließendem Wasser stillsteht, also etwa in einem Strom verankert ist. Der letztere Fall würde für die Verhältnisse beim Segel mehr oder weniger zutreffen. Die Luft nämlich bläst in Form von Wind auf das Segel und prallt zurück. Die Verlangsamung der Windgeschwindigkeit aber wirkt sich auch hier weit nach Luv hin aus.

Versuche mit Geschossen haben gezeigt, daß, wenn ein Geschoß z. B. gegen eine Glasplatte abgeschossen wird, das Loch entsteht, *bevor das Geschoß dieselbe erreicht hat.* Diese überraschende Tatsache wurde durch Zeitlupenaufnahmen entdeckt, die klar erkennen ließen, daß das Loch im Glas durch komprimierte Luft, die dem Geschoß vorauseilt, geschlagen wird, so daß das Geschoß dann nur noch durch das bereits gebildete Loch hindurchzugehen hat.

Wenn wir die Serie der kleinen Bilder der Abb. 178 und 179 betrachten, so bemerken wir, *daß das jeweils in Lee gelegene Boot mehr überliegt.* Dies ist beweisend für die größere Windgeschwindigkeit in Lee. Besonders schön tritt diese Erscheinung bei drei und mehr Booten zu Tage, wobei die am weitesten in Lee gelegene Jacht am meisten und die am weitesten in Luv gelegene am wenigsten überliegt. Die Stellung der Masten ergibt den Unterschied des Druckes im jeweiligen Segel. Verlängert man die Masten durch Linien nach unten hin (wie in Abb. 179), so schneiden sich diese annähernd in *einem* Punkt.

Abb. 176. «Sichere Leestellung». (Beachte Neigung der Masten!)

Abb. 177. Ein eindrucksvolles Bild von zwei «Sicheren Leestellungen», US 72 und US 79.

Abb. 178. «Sichere Leestellungen.»

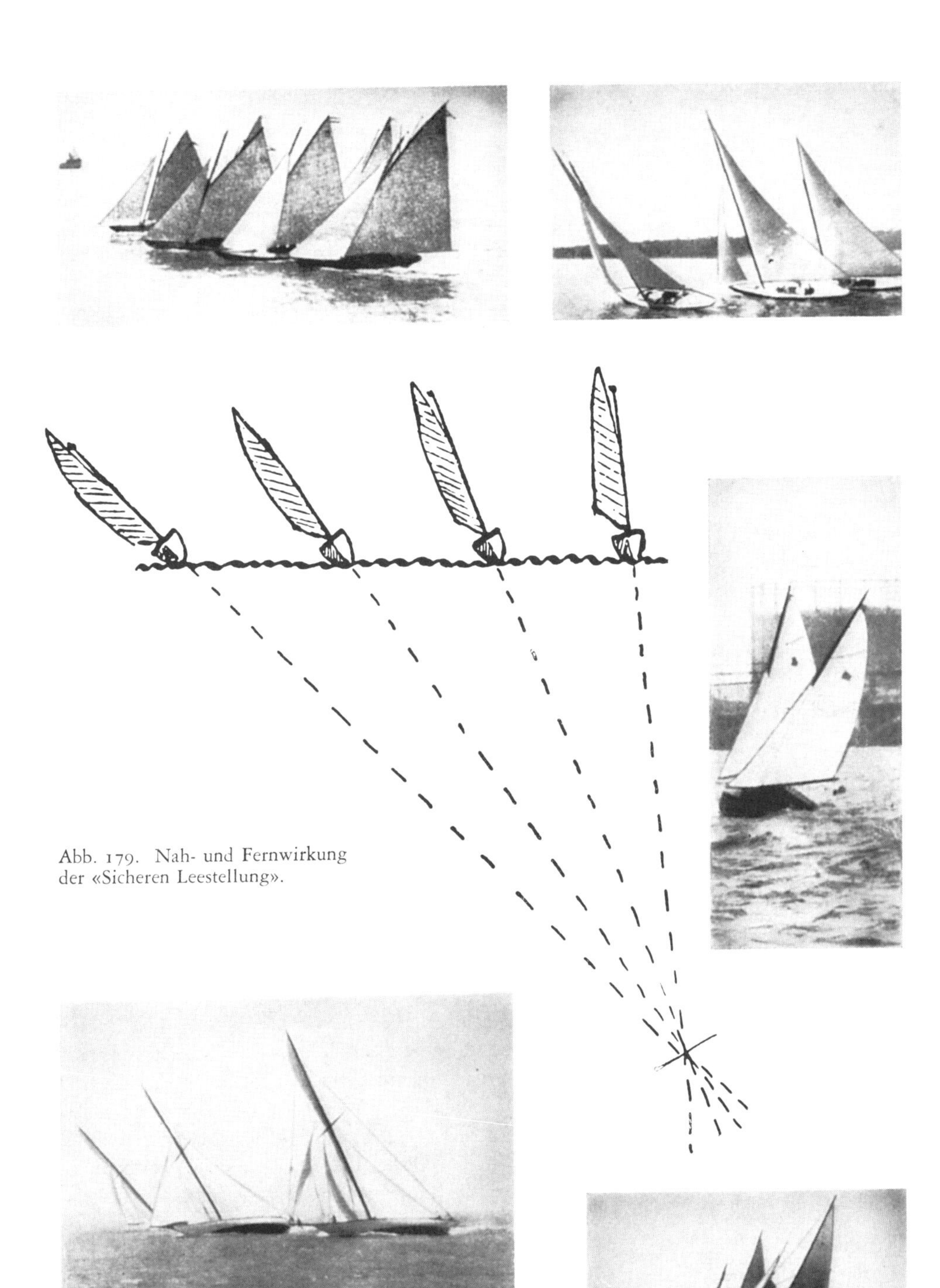

Abb. 179. Nah- und Fernwirkung der «Sicheren Leestellung».

Auf Grund dieser Ueberlegungen und genauerem Studium dieser Stellungen habe ich ein

Startsystem

aufgebaut, das bis zu einem gewissen Grad einen guten, bzw. den besten Start garantiert, soweit nicht Unvorhergesehenes eintritt.

Erinnern wir uns nun nochmals an die am Anfang besprochenen Umstände, von welchen zwar nicht die Start-Methode, jedoch die Ausführung derselben abhängig ist:

I. vom Boottyp,
II. von der Windstärke,
III. von der Konkurrenz

und fahren wir hier weiter. Abgesehen nun von der individuellen besseren oder schlechteren Ausführung — denn wenn zwei das gleiche tun, ist es nicht das gleiche —, kann man je nach *Windrichtung* ganz schematisch die betreffende Startart anwenden, von der ich nachstehend *fünf Hauptarten* unterscheide. Für alle *Am-Wind-Starts* möchte ich vorausschicken, daß hier der beste Start von außerordentlicher Tragweite ist! Wenn wir sagen: «Ein guter Start bedeutet mit 50% ein gewonnenes Rennen, so bedeutet der beste *Am-Wind-Start* mit 80% ein gewonnenes Rennen. Man soll also, selbst auf die Gefahr eines Frühstarts hin, *am Wind* «auf Leben und Tod» starten, denn man hat dann die «Hoffnungslose Stellung» für die anderen in Händen und kann selbst überlegene Gegner Schlag für Schlag halten. Ich stehe auf dem Standpunkt, daß ein wirklich guter Steuermann unter zehn Starts zwei Frühstarts machen muß, d. h. diese bei Sekundenstarts nicht vermeiden kann. Nur gute Segler nämlich machen hin und wieder Frühstarts.

I. Startart. *Am Wind:* Der Wind weht senkrecht zur Startlinie — Zeichnung I, Abb. 180. Der beste Start ist von größter Wichtigkeit.

Man geht nahe an der Startboje auf Backbordbug (Wegrecht!) ins Rennen. Selbst wenn hier der Reindrängstart die größten Vorteile hat, so ist doch dann davon abzuraten, wenn man beobachtet, daß «alle» denselben guten Gedanken haben. Man wählt dann die «*Sichere Leestellung*» und geht *mit dichten Schooten* im Lee der anderen Boote über die Linie. Man vergesse jedoch nicht, daß man auch hier einen Sekundenstart machen muß, um den Bug noch vor den von Luv kommenden Booten über die Linie zu bringen, da sonst die «Sichere Leestellung» eine äußerst «unsichere» werden kann. Auch von einer anderen Seite aus betrachtet, ist hier leider die «Sichere Leestellung» oft gefährlich: Die von Luv kommenden Boote brausen *raumschoots* mit guter Fahrt an und steigern ihre Geschwindigkeit noch dadurch, daß sie auf der Startlinie die Schooten dichtnehmen. Dieses Uebermaß an Fahrt reicht meist aus, um die mit dichten Schooten über die Linie gehenden Boote trotz ihres etwas frühzeitigen Starts zu überholen, so daß die «Sichere Leestellung» versagt. Ganz besonders auffällig ist es, wie Boote, die mit größerem Schwung ins Rennen gehen, davonschwimmen. Es liegt die Ursache dafür in dem Umstand, daß der Druck, also die im Segel entwickelte Kraft, im Quadrat der Geschwindigkeit zunimmt, daß also das eine Boot, welches mit einer Stundengeschwindigkeit von 3 km über die Linie

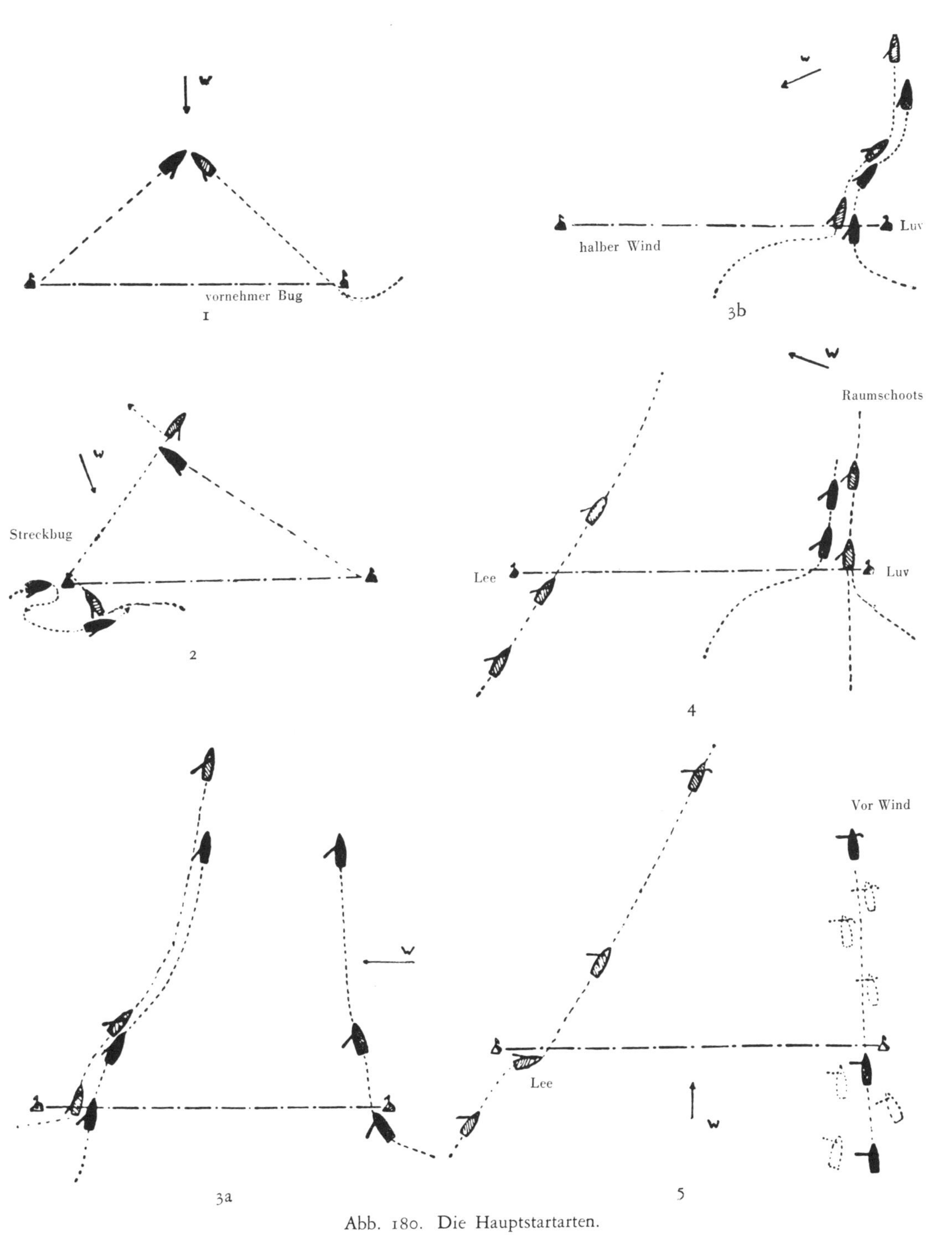

Abb. 180. Die Hauptstartarten.

geht, eine Kraft im Segel von sagen wir 9 kg Druck erzeugt, während das andere Boot, das mit 4 km Stundengeschwindigkeit über die Linie geht, einen Druck (nicht um $\frac{1}{4}$ mehr) von 16 kg erzeugt. Wenn das Boot auch mit der Zeit die Fahrt wieder verliert, so ist es jedoch nicht nur um «*das*» schneller gelaufen, was der Schwung des Bootes ausmachte, sondern auch um das, was das Segel während der schnelleren Fahrt *mehr* gezogen hat. Diese äußerst interessante Erscheinung dürfte nur wenig bekannt sein! Denselben Vorgang können wir beobachten, wenn wir ein leichtes Boot am Wind bei leichter Brise durch ganz schwaches Rudern unterstützen. Das Plus an Fahrt ist ganz unverhältnismäßig groß. Daher auch haben auf See so viele Segelschiffe Motoren, und es ist interessant, daß so durch einen kleinen Motor ein großer Geschwindigkeitszuwachs erzielt werden kann.

II. Startart. *Am Wind:* Jedoch «Streckbug». Der Wind fällt nicht senkrecht, sondern schräg zur Startlinie ein, und zwar so, daß die auf Steuerbordbug liegenden Boote im Kreuzkurs vor den auf Backbordbug liegenden noch vorbeikommen (Zeichnung 2). Trotzdem geht man *nicht* auf Steuerbordbug über die Linie, wie dies die meisten ausnahmslos machen, sondern man läuft «*ganz nahe*» an der Luvboje mit *Backbord-Schooten ins Rennen.* Dies hat den überaus großen Vorteil, daß man allen auf Steuerbordbug ankommenden Jachten den Weg zur Startlinie versperrt und auf diese Weise mit *vornehmen Schooten* oft ein ganzes Feld abrasieren, d. h. vor der Boje zum Wenden zwingen kann. Nach Passieren der Startlinie, was, wie schon erwähnt, unmittelbar an der Boje zu geschehen hat, geht man allerdings baldmöglichst auf den anderen Bug, um an den auf Steuerbordbug ankreuzenden Booten noch rechtzeitig vorbeizukommen und sie unter die Segel zu nehmen.

III. Startart. *Mit halbem Wind:*

A. Der Wind weht parallel zur Startlinie!

B. Der Wind weht etwas vorlich!

In beiden Fällen heißt der Schlüssel zum Schloß: «Sichere Leestellung!», nur mit dem Unterschied: In Fall A startet man als am weitesten in Lee liegende Jacht unmittelbar an der *Leeboje,* Zeichnung 3a, wodurch man einerseits den Vorteil der «Sicheren Leestellung» besitzt (vorausgesetzt, daß man einen zeitlich guten Start macht), anderseits bessere Fahrt voll und bei am Wind läuft als die in Luv liegenden raumer segelnden Boote. (Der moderne Rennsegler wird wissen, daß bei mäßigen Winden mit unseren neueren Booten *hart-räumlich* und *räumlich-hart* die schnellste Fahrt erzielt wird, nicht, wie vielfach angenommen, raumschoots.)

Einen ganz besonders schönen Schwung wie auch Sekundenstart erreicht man dadurch, daß man an der Linie hinausläuft und mit dem Startschuß durchdreht. Auch kann man öfters eine entgegenkommende Jacht so zu einem Frühstart zwingen (in der Zeichnung nicht angedeutet).

Im Fall B startet man möglichst in der Nähe der *Luvboje* (Zeichnung 3b), jedoch noch in *Lee* von den anderen unmittelbar an der Starttonne daherkommenden Booten. Man braucht dadurch nicht zu hart (gepreßt) zu fahren, sondern voll und bei und hat auch hier den Vorteil der «Sicheren Leestellung», der man durch frühzeitiges Luven noch Nachdruck verleihen kann. Die Gefahr, daß die von Luv ankommenden

Start der 5,5-m-J-R-Jachten vor Genua.

Photo: Ciemmefoto, Genua / Klischee: Schweizer Jachtsport Bern.

Boote größere Geschwindigkeit durch das nachfolgende Dichtholen der Schooten erhalten (wie dies beim Am-Wind-Start [I] der Fall war), ist hier gering, da diese fast platt vor Wind die Boje ansteuern müssen, dadurch wenig Fahrt haben und dann noch das Boot an der Boje totdrehen müssen.

IV. Startart. *Mit raumem Wind:* Hier gibt es zwei Möglichkeiten, jedoch wird nur die eine von den meisten erkannt: Der «Luvstart». Nur das in Luv liegende Boot hat ungestörte Luft, während alle Boote in Lee davon der Abdeckung rettungslos verfallen. Man soll jedoch auch in Luv «raumschoots» starten und nicht vor Wind ankommend sich dazwischen drängen, da man vor Wind mit *zu wenig Fahrt* meist zu spät kommt und wiederum durch die Drehung Fahrt verliert. Die andere Möglichkeit ist der Start ganz in Lee, was dann zu überlegen ist, wenn «alles» Luvbojentendenz zeigt und sich dann durch Luvingmatche gegenseitig zu schaden gezwungen ist, während man tief in Lee unbehindert seiner Wege zieht und mit dichteren Schooten mehr Fahrt läuft. Dies aber wird nur dann zur Wirklichkeit, wenn man «*allein*» in Lee startet!

V. Startart. *Vor Wind:* In 80% der Fälle ist der Leestart (soweit man eben hier von Lee oder Luv sprechen kann) der vorteilhaftere und zwar, weil man die Strecke räumlicher ablaufen kann und dadurch schneller vorwärtskommt.
Entscheidend kann jedoch die Frage sein: Wie muß ich liegen, um an der nächsten Wendemarke innenliegendes Boot zu sein? Ist die erste Wendemarke Steuerbord zu lassen, so muß auch die Startposition möglichst an der Steuerbordstarttonne sein. Umgekehrt natürlich, wenn die erste Wendemarke backbord zu lassen ist. Nur selten (bei sehr großen Feldern gar nicht) gelingt es, auf der anderen Seite liegend, später durch den Windschatten der nachkommenden Boote hindurch, kurz vor der Wendemarke, noch nach Luv zu laufen, um «Innenposition» zu erobern.

Bekannterweise braucht ein Vor-Wind-Start nicht unbedingt zeitlich sehr gut zu sein, denn die Boote kommen fast immer gleichzeitig, d. h. nebeneinander in Dwars-Linie an der Wendemarke an, was darin seinen Grund hat, daß ein etwas eiligeres Boot sofort unter den Fächer der Abdeckung genommen wird; das ganze Feld läuft mehr oder weniger unter einem *automatischen Geschwindigkeits-Regulator* (siehe Photographie Abb. 245 im Kapitel vor Wind). Die Ursachen dafür aber, daß ein etwas weiter hinten liegendes Boot nicht nur den einen oder den anderen schädigt, sondern dem *ganzen* Felde als solchem aufläuft, liegt — wie wir aus den Abdeckungsgesetzen wissen — darin, daß die Kraft im Segel des weiter hinten liegenden Bootes durch den Akt des Abdeckens um 15% *gesteigert wird.*

Es ist verständlich, welch entscheidenden Vorteil die Innenposition beim Bojenrunden in sich birgt, da nicht einige Meter, sondern infolge der meist nach dem Runden anwendbaren «Hoffnungslosen Stellung» 50—100 m dadurch gewonnen werden. So kann es vorkommen, daß ein guter Vorwindläufer, der richtig gesteuert wird, das Rennen in der Tasche hat, selbst wenn er auf dem folgenden Kreuzkurs das schlechtere Boot sein sollte.

Abb. 181. Boot 11 befindet sich in der «Hoffnungslosen Stellung», da es von 14 abgedeckt wird und von 19 den Abwind erhält. Wenden kann es nicht, da 22 Wegrecht hat.

Eine Startart wäre noch zu erwähnen und zwar gehört diese zu jenen Ausnahmefällen, die ausnahmslos oft vorkommen: Nehmen wir an, die eine Startboje ist um mehr als 2—3 m vertrieben und zwar so, daß sie *vor* der Peilung liegt. Man kann also die Boje schon passiert haben und trotzdem noch nicht über die Linie gegangen sein. Diese Bojenlage kann man gut ausnützen, indem man ungehindert sich frühzeitig der Linie nähert — und sollte man zu früh daran sein — kann man, von den anderen Booten ungestört zwischen Boje und Peilung laufend, hochluven.

Daß dies besonders bei einem Am-Wind-Start einen großen Vorteil bietet, ist klar, weil das an der Linie hinauffahrende Boot hoch im Luv zu liegen kommt. Manche haben es soweit getrieben, sogar einen Schlag zwischen Boje und Startlinie hindurch hoch nach Luv zu machen. Ob dies erlaubt ist, frage man die Schiedsrichter, jedoch nicht unmittelbar vor dem Rennen, weil diese sich sonst besonders auf dieses Kunststück einzustellen pflegen.

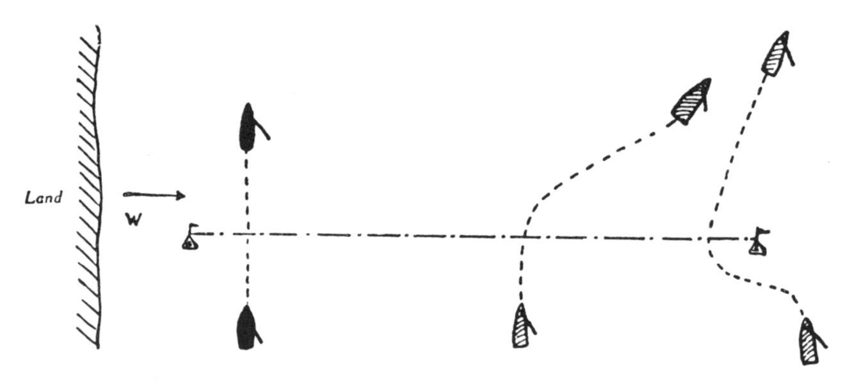

Abb. 182. Starte in Lee, wenn die Startlinie unter Land liegt.

Eine weitere Frage, welche man sich vor jeder Regatta stellen muß: Ist Abdeckung vom Land? Trifft dies zu, so greift man natürlich hier ganz besonders zur Leeposition (Abb. 182). Wie wir gesehen haben, ist diese — für manchen sicher überraschend häufig — die günstigere Lage am Start, und sie birgt auch noch den einen wiederum im Flüsterton gesprochenen Vorteil, daß ein Frühstart in Lee sehr oft dem wachsamen Auge der Starter entgeht, indem die anderen zu früh startenden Boote in Luv das Leeboot verdecken. In den Regattaberichten heißt es dann häufig: «Das führende Boot muß irgendwo mitdurchgeschlüpft sein!»

Nachdem nun die betreffende Starttechnik gewählt ist — und der Sekundenzeiger die letzten Sekunden abgelaufen hat —,

fällt der Startschuß

(wenn der Startschuß versagt, gilt der Ball)!

Das Boot springt über die Linie! Jawohl, ein guter Steuermann läßt sein Boot gleichsam springen, denn gerade das Anspringenlassen ist eine Kunst, die nur wenige verstehen. Wie kindisch klingt es, wenn man hört: «Mein Boot springt schlecht an!» Nicht das Boot springt schlecht an, sondern der *Steuermann* springt schlecht an! Ein guter Führer wird selbst mit einem verhältnismäßig schweren Boot immer noch schneller anspringen als ein anderer mit dem leichteren. Es kommt darauf an, jetzt — gerade jetzt — schneller zu laufen als die übrigen, um frei zu kommen, selbst wenn dies auf Kosten des Kurses gehen sollte.

Wie aber bringe ich das Boot zum Laufen?

1. Lege ein Boot «im Start» nie platt vor Wind. Dieses klebt sonst, besonders bei leichtem Wind, während eine raumschoots oder am Wind startende Jacht volle Fahrt läuft.
2. Bediene das Schwert (vergleiche Kapitel «vor dem Start» Seite 197).
3. Steuertechnik: Gesetzt den Fall, man liegt mit nur ganz wenig Fahrt in einer Flaute; es fällt ein Brisenstoß ein! Ohne Rücksicht auf den Kurs — ganz gleichgültig, ob man vor Wind oder raumschoots fahren sollte, luvt man das Boot im sog. «*Viertelskreis*» an, nimmt dabei die Schooten, die man noch kurz während der Flautenperiode mehr als notwendig abgefiert hatte, der Drehung entsprechend langsam dichter — und fällt *dann erst* vorsichtig wieder auf den Kurs ab. Das Boot hat jetzt Fahrt und ist in erreichbar kürzester Zeit angesprungen (siehe Abb. 183).

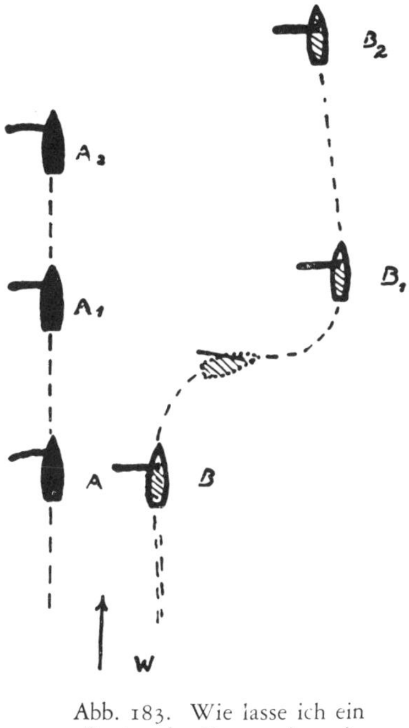

Abb. 183. Wie lasse ich ein Boot schnell anspringen?

Diese Art, ein Boot schnell anspringen zu lassen, durch entsprechendes bald stärkeres, bald schwächeres Luven kommt in erster Linie bei leichten Winden in Betracht und darf nicht mit der später zu besprechenden Technik des Raumfahrens bei schwerem Wind, wo in den Böen abgefallen und in den Zwischenzeiten geluvt wird, verwechselt werden.

Am Wind wird das Anspringen bei kleinen Booten so durchgeführt: Die Böe fällt ein! 1. In dem «ersten» Moment des Einfallens fiert man die Schooten etwas weg (= Abfedern der Böe) und fällt zugleich ab (man fährt voller). 2. Sodann nimmt man die Schooten wieder dicht, *ohne* jedoch zu luven. 3. Jetzt luvt man langsam an und kann mit denkbar größter Fahrt ruhig hoch laufen. Diese Technik ist bei leichtem wie bei schwerem Winde anwendbar.

Abb. 184. Trapezdemonstration einer Flying-Dutchman-Mannschaft.

Photo: Spy, Neuenburg / Klischee: Schweizer Jachtsport, Bern.

Der Kreuzkurs

Die Technik des Kreuzens

Wir nehmen an, der erste Kurs sei anzukreuzen und wollen uns vorerst mit der Technik des Kreuzens befassen; ist doch dieser Kurs der edelste von allen, der ein Höchstmaß von Kunst und *Technik* in sich birgt.

Bei der Kompliziertheit des guten, fehlerfreien Kreuzens nimmt es uns nicht wunder, wenn wir immer wieder hören, «mein Boot kreuzt nicht!» Es ist wohl richtig, daß in einer Klasse ein Boot bessere Kreuzeigenschaften zeigt als das andere und daß es dadurch vielleicht um einige Prozent schneller ist, daß aber der Unterschied *in der Führung* am Wind meistens nicht wenige Prozente, sondern viele Prozente ausmacht, wird weniger beachtet. Ein sicheres Barometer für die Beurteilung eines guten Steuermanns am Wind ist die «Höhe», die er ein Boot zu steuern in der Lage ist. Wir können das Boot meistens von der Schuld von vorneherein freisprechen, denn, mag das Boot an allem anderen schuld sein, so gibt es bei einigermaßen gleichen Booten doch zwei Eigenschaften, wofür das Boot wirklich fast nichts kann: «Das Anspringen» und das «Hochfahren». Ein guter Steuermann wird eben immer höher als andere anliegen können und doch die gleiche Fahrt machen, während der andere seine Fehler durch Abfallen am besten vertuschen kann.

Worin aber liegt die Kunst des steilen und doch schnellen Kreuzens?

a) in der Ruderführung,

b) in der Segelstellung.

Anscheinend äußerst einfach — und doch wie kompliziert!

Wir unterscheiden beim Am-Wind-Kurs *zwei Kreuzmethoden.* Die Wahl derselben ist vom Boottyp, von den Booteigenschaften oder von der Windart abhängig zu treffen:

I. Das Kreuzen nach der Fock.

II. Das Kreuzen nach dem Stander.

Das Kreuzen nach der Fock

kommt besonders bei Jachten mit großen Vorsegeln (Kreuzballon) oder bei «in ihrer *Richtung*» unregelmäßigen Winden zur Anwendung (immer bei starkem Wind)!

Der Steuermann beobachtet unablässig das Vorsegel und führt es bei leichtem Wind selbst aus der Hand. Er versucht ständig ein vorsichtiges Auslassen der Schoot, um sich gleichsam an den Wind heranzufühlen und ein eventuelles Raumen nicht zu übersehen. Zu gleicher Zeit läßt er sich vom Großschootmann, der seinerseits sein Auge von Stander und Großsegel nicht abwenden darf, unaufhörlich über den Stand des Großsegels «Bericht geben». Dies ist unter allen Umständen nötig, da es vorkommen kann, daß

Abb. 185. Hart am Wind.

das Großsegel killt, während die Fock noch voll steht, oder umgekehrt; oder daß sogar der obere Teil einer Marconi-Takelage nach der einen Seite gebläht ist, während der untere Teil nach der entgegengesetzten Richtung zieht. Mit anderen Worten: Während z. B. der hochgelegene Stander einen leichten Ost-Wind angibt, zeigt der beobachtete Rauch einer Zigarette Nord-Ost oder sogar West. In diesem Fall ist es natürlich nötig zu erkennen, welche Strömung die stärkere ist — die höhere oder die tiefere — und sich danach einzustellen oder bei kleineren Differenzen in der Windrichtung auf beide Rücksicht zu nehmen, d. h. den Mittelweg zu gehen. Das sonderbare, auch den guten Steuerleuten bekannte Gefühl «heute kreuzt mein Boot aber besonders schlecht», ist stets auf die wirbelreiche und in verschiedenen Höhen verschieden gerichtete Windart zurückzuführen, und man kann hier nichts anderes tun als rücksichtslos «voller» fahren. Das ist eine schmerzliche aber hier unumgängliche Notwendigkeit!

Wie erwähnt, darf also der Bericht des Großschootmannes nie ausbleiben und muß besonders im Endkampf wie eine Messe im Flüsterton gesprochen, sich ständig wiederholen. Z. B.: voll — killt — zittert — voll — voll — voll — zittert — killt — voll — voll — voll usw.

Bei *dieser* Arbeitseinteilung hat der Vorschootmann die sonst dem Großschootmann zufallende Pflicht, den Führer von der ihm folgenden Konkurrenz zu unterrichten, z. B.: A fährt im Kielwasser — läuft etwas höher — fällt wieder ab — immer noch im Kielwasser — muß stark abfallen — Achtung A wendet — usw.! Der Steuermann soll am Kreuzkurs nur ab und zu zurückblicken und dies nur dann, wenn er einen Schlag oder ein sonstiges Manöver auszuführen gedenkt, zu dem eine *genaue Situationskenntnis* nötig ist.

Ist der Wind zu stark, um die Fock aus der Hand führen zu können, legt der Steuermann seinen Arm oder seine Hand auf die schäg nach oben laufende, belegte Fockschoot (bei Jachten meistens möglich), um an der Spannung derselben die Windstärke sowie die Windrichtung zu fühlen. Er kann dadurch, daß er mit der Hand auf die nachgiebige Fockschoot drückt, an der Spannung derselben die einfallende Böe *sofort* fühlen, *schneller* als dies ihm durch das ca. eine Sekunde später erst erkennbare Ueberliegen des Schiffes zum Bewußtsein käme. Auf diese Weise ist er imstande, früher höher zu laufen und auch früher wieder abzufallen. Die Kunst des Hochfahrens nämlich beruht vor allem im «rechtzeitigen bzw. im frühzeitigen» Anluven und Abfallen. Ein Boot, einige Sekunden zu steil gesteuert, verliert an Fahrt und kann oft minutenlang nicht mehr auf Höchstgeschwindigkeit gebracht werden. Dagegen übersieht ein anderer eine räumende Böe oder *erkennt sie zu spät;* die Höhe ist verloren und kann nicht nachgeholt werden, während das Boot starkt überliegend abtreibt und Fahrt einbüßt. Vor allem bei starkem Wind soll die Böe spitzer angeschnitten werden; d. h. wir luven ausnahmsweise auch bei Jachten ruckartig, *vor* oder spätestens in dem Augenblick, in dem die Böe die Segel erfaßt. Unter keinen Umständen lassen wir das Boot in der Böe mehr überliegen. Wir setzen die zusätzliche Kraft in Höhe um, auch wenn die Segel teilweise flattern. Man nennt das «sich gegen den Wind vorwärts flattern».

Abb. 186. Kein Boot ist abgedeckt.

Nach der beschriebenen Methode nach der Fock zu steuern, kreuzt der Führer also mit folgenden Hilfsmitteln:

a) Mit seinen Augen (als Beobachter der Fock),

b) mit dem Gefühl seiner einen Hand an der Pinne,

c) mit dem Gefühl seiner anderen Hand an der Fockschoot,

d) nach dem Bericht über das Großsegel.

Die Ruderführung in ihrer spezifischen Behandlung richtet sich ganz nach der Art des Fahrzeuges. Eine Jolle z. B. kann verhältnismäßig lebendig geführt werden, während eine Jacht mit viel größerem Feingefühl zu behandeln ist. Gerade hier wird oft gesündigt. Jollensegler steuern Jachten und arbeiten mit der Pinne herum wie Irrsinnige. Dies bringt die Jacht außer Fahrt, denn jede scharfe Bewegung, welche man infolge des Drehmoments als eine leicht auszuführende und das Boot wenig hindernde Kursänderung glaubt, bremst wie ein Hemmschuh. Bei den langen Ueberhängen der modernen Boote, die gewissermaßen als riesige Schwunghebel wirken, ist die Drehung zwar eine leichte; daß aber die breite Fläche einer Flosse mit großen Widerstand die neue Richtung einnimmt und dabei wie ein schräges Brett sich gegen die Wassermassen anstemmt, daran denkt der Steuermann nicht, weil er die Hemmung an der Pinne selbst nicht fühlt. Da nämlich der leiseste Druck am Steuer die langen Schwunghebel (Ueberhänge) in Bewegung setzt, glaubt der Führer sich getäuscht und merkt nicht, daß dieser leichteste Druck unter Wasser eine fruchtbare Wirkung hervorruft (man versuche ein Brett von der Größe einer Flosse in vertikaler Lage nur um wenige Grad im Wasser zu drehen)! Die Pinne einer *R-Jacht* darf nicht mit der ganzen Hand, sondern nur mit zwei Fingern geführt werden und die steuernde Hand soll wie beim Zeichnen einer geraden Linie stets aufgestützt werden. Auch soll man die Pinne wegen dem sonst zu großen Ausschlag nicht in der Mitte oder beliebig, sondern nur am äußersten Ende anfassen, und während man z. B. den Arm am Knie aufsetzt, kann die linke Hand, die rechte steuernde Hand am Handgelenk erfassend, stützen.

Die Backstagen müssen selbstverständlich auch im Kreuzkurs bei starkem Wind so stark als möglich angeholt werden, da der Mast sonst in seiner Mitte vom Zug des Vorsegels nach vorne durchgebogen wird. Die Folge davon ist ein loses Vorsegelvorliek, d. h. eine seitlich durchhängende Fock, nach welcher man sich jetzt nicht mehr richten kann.

Das Kreuzen nach dem Stander

ist bei Booten mit kleinem Vorsegel und bei gleichmäßigen in ihrer *Richtung gleichbleibenden Winden* wohl die häufiger angewandte Methode.

Der Steuermann beobachtet den Stander (und das Großsegel) und läßt sich vom Vorschootmann über den momentanen Stand der Fock Bericht geben. Bei kleinen Booten führt er die Großschoot selbst, während bei Jachten dem Großschootmann diese Aufgabe zufällt. Ein Belegen der Schooten dürfte selbst im Kreuzkurs zu den Ausnahmen zählen und kommt lediglich auf Jachten bei schwerem Winde in Anwendung. Auf Jollen wird es besonders angenehm empfunden, wenn bei starker Brise der dritte Mann das Großsegel bedient; es muß allerdings dann zwischen der Führung der Pinne und der Großschoot eine besondere Harmonie bestehen. Es ist nicht leicht, im Einklang mit dem Steuermann die Großschoot fehlerfrei zu führen, die Böen richtig abzufedern, d. h. beim Einsetzen eines starken Stoßes entsprechend abzufieren, während der Steuermann etwas abfällt, um in Fahrt zu bleiben, und beim Nachlassen der Böe mit gleichzeitigem Anluven wieder dichter zu nehmen; entsprechend der Regel für schweren Wind auf *kleinen* Booten: Fall ab — fier ab — laß das Boot laufen in der Böe! Nimm dicht — schinde Höhe, wenn der Stoß nachläßt. Bei Jachten ist es genau umgekehrt; da die Schooten belegt bleiben, wird in der Böe geluvt. Ueber die Segelstellung ist bereits im theoretischen Teil darauf hingewiesen worden, daß man am Wind allgemein gesprochen auf Jollen bei zirka 3, auf Jachten bei zirka 5 m/sec Windstärke am dichtesten fahren kann.

Das *Ueberstaggehen* wird in folgenden Abschnitten ausgeführt: Man luvt das Boot in den Wind — Jachten langsamer als Jollen —, zu gleicher Zeit wird das Großsegel dichter — sogar — mittschiffs — genommen, was den Vorzug hat, daß das Segel bis zum denkbar letzten Moment noch zieht und so auch die Drehung erleichtert (nach Drewitz). Jetzt erst wird die Fock losgeworfen, welche durch die Drehung des vorderen Teils des Bootes ohnehin länger gebläht bleibt. Am neuen Bug fällt man zuerst ziemlich stark ab, um das Boot schneller zum Anspringen zu bringen und fährt die Schooten (besonders die der Fock) etwas loser. Erst nach mehreren Sekunden wird wieder dicht genommen und die übliche Höhe gesteuert. Wir kommen nun zur

Taktik des Kreuzens

I. *Man kreuzt allein, ohne Rücksicht auf die Konkurrenz.*
II. *Man wird unvorhergesehener Weise eingeholt (Defensive).*
III. *Man kreuzt in Führung gegen einen Verfolger (Defensive).*
IV. *Man kreuzt in Führung gegen mehrere Boote (Defensive).*
V. *Man kreuzt an zweiter Stelle oder weiter zurückliegend (Offensive).*

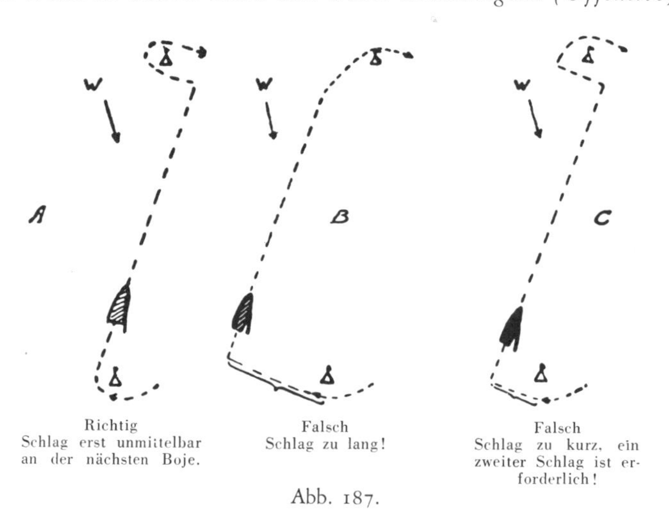

Abb. 187.

Fall I: Der einfachste Fall ist der, daß man ungestört von der Konkurrenz, sei es weit vorne (oder am Tampen) kreuzend, die Wahl seiner Schläge nach der Günstigkeit und nicht nach der Notwendigkeit einrichten kann. Wir halten uns hier an zwei altbewährte Regeln:

1. *Bleibe immer auf dem Bug, der dich der Boje näher bringt.* Man soll also nicht etwa gleich am Anfang einen Schlag nach Luv machen (Abb. 187 B, C),

denn erstens weiß man nicht, *wie groß* dieser anzulegen ist, da man auf größere Distanz nicht zu urteilen fähig ist, ob man die Wendemarke anliegen kann oder nicht; zweitens braucht der Wind nur etwas zu drehen und die der Boje zusteuernden Boote können unerwarteterweise diese ohne Schlag anliegen, während man selbst unnötige Höhe ersegelt hat. Auch kann bei wechselndem oder nachlassendem Wind derselbe umschlagen, wodurch der Gegner sowohl nach vorne als auch eventuell höher zu liegen kommt, während aus der eigenen Luvposition Leeposition geworden ist. Dieselbe Regel gilt auch, wenn man die Wendemarke fast anliegen kann: Man soll den nötigen Luvschlag bis *unmittelbar an die Wendemarke* hinausschieben, da man dann erst genau abschätzen kann, wie lang der Schlag zu sein braucht (Abb. 187, Zeichnung A).

2. «*Segle stets dem Winde entgegen!*» Wenn also ein Windstrich in erreichbarer Nähe ist, so soll man auf ihn losgehen, selbst wenn der damit verbundene Schlag gegen unsere erste Regel verstößt. Man muß sich selbstverständlich darüber im klaren sein, ob der Brisenstrich eine Temperaturausgleichserscheinung (dementsprechend unter Land liegend) vorstellt, in welchem Falle er mehr oder weniger *stationär* ist und man *zu ihm kommen muß;* oder ob er einen der Strömung der höheren Schichten gleichgerichteten Luftzug darstellt, der über die ganze Wasserfläche dahinziehend, den einen früher, den anderen später beglückend, *zu uns kommt.* Meist ist es auch dann richtig, dem Winde entgegenzugehen, jedoch gilt hier das Sprichwort: «*Laufe nie dem Glücke nach — entdecke es zuerst!*» Also rechtzeitig handeln oder gar nicht! *Nie Theorie wechseln!* Wenn man in Lee liegend Pech hat, nie nach Luv hinter die anderen laufen, sondern die Reaktion abwartend, durch *diese* die Führung wieder zu erlangen suchen; — oder mit *einer* Theorie zugrunde gehen! Ein Kompromiß ist stets das Verderben! Es ist eigenartig, wie gerecht im allgemeinen der Wind ist: zuerst laufen die einen, dann laufen die anderen! Wer natürlich ganz schlau ist, der sagt sich: «Zuerst laufe ich mit den einen, dann laufe ich mit den anderen!» (Näheres darüber später.)

Fall II: Wir kommen nun zu jenen unsympathischen Zwischenfällen, bei denen man zuerst der Ansicht war, mit absoluter Sicherheit unbehindert vorne zu liegen, plötzlich einem aber die große Ueberraschung zuteil wird, daß «die ganze Bande aufkommt», wie die Segler zu sagen pflegen. Der beste Führer mag sich hier an den Kopf greifen: «Was habe ich falsch gemacht?» Falsch hat er nichts gemacht, aber unvorsichtig war er, denn er muß wissen, daß es nur sehr selten vorkommt, daß man weit genug vorne liegt, um ganz ohne Berücksichtigung der Konkurrenz kreuzen zu können.

Wir nehmen den Fall an (siehe Abb. 188): Wir lägen vorne — unsere Konkurrenz ziemlich weit zurück — entweder im Kielwasser oder sogar etwas in Luv. Gelegentlich blicken wir um und entdecken, daß der Verfolger hinter uns «verdammt» hochgehen kann, und außerdem auch mehr Wind hat. Noch erscheint die Situation nicht beängstigend, denn wir führen ja mit großem Abstand. Jedoch der hinter uns läuft immer noch höher als wir, scheint also *eine räumende Brise nach der anderen* geschenkt zu bekommen! Die Situation wird immer unangenehmer und mit finsterer Miene bekennen wir uns zu dem schönen Ausspruch: «Es ist unwahrscheinlich, daß das Unwahrscheinliche nie geschehe!» Der Moment ist gekommen, daß wir, wenn wir einen Schlag nach Luv riskieren würden, *hinter* den Gegner zu liegen kämen. So peinlich die Lage für uns geworden ist, so heißt es doch gerade jetzt: «Nicht wenden!» Halte dich trotz allen Mißgeschickes an den unumstößlichen Satz: «*Mache nie einen Schlag, der dich hinter den Gegner bringt.*» Schlechter, als es gegangen ist, kann es nicht gehen — aber es kann besser gehen

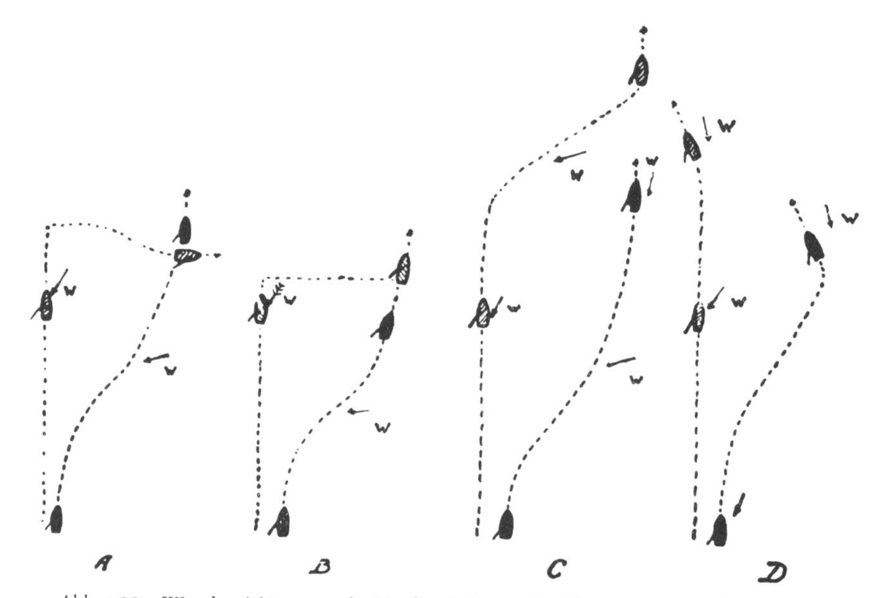

Abb. 188. Wende nicht, wenn du hierdurch hinter den Gegner zu liegen kommst.

— würden wir jetzt einen Luvschlag machen, so ist das Unglück besiegelt, und wir erkennen unsere Niederlage somit an (Zeichnung A). Wie aber soll uns geholfen werden? Oder können wir uns selbst noch helfen? Manchmal freilich können wir den Windgott anflehen: «Hilf uns zum Zweiten». Sehr oft aber kommt es so: Als Reaktion der räumenden Böen fängt der Wind für den Verfolger plötzlich zu schralen an, er fällt auf seinen Kurs zurück oder der Wind kommt so spitz, daß sowohl er wie wir stark abfallen müssen (Zeichnung D). Die alte Lage im Kielwasser ist wieder hergestellt. Ein zweiter guter Ausgang für uns ist der, daß der Wind, wenn auch etwas später, doch auch für uns raumer einfällt, während das zweite Boot wieder abfallen muß (Zeichnung C).
Wäre es aber nicht besser, die oben beschriebene Gefahr überhaupt zu vermeiden, indem wir ihr rechtzeitig entgegenarbeiten? Sicherlich! Es gibt einen Weg, und dieser ist besonders dann der richtige, wenn man sich auf die Qualität des eigenen

Bootes verlassen kann, wenn man also dem Gegner bei gleichen Chancen nicht unterlegen ist. Im Moment, in dem der Verfolger mehr Höhe zu laufen anfängt, geht man *sofort* auf den anderen Bug, je früher, je besser (Zeichnung B); der letzte Termin dafür ist der, solange man noch vor dem anderen vorbeikommt, so daß man ihn dann, wiederum wendend, mit der «Hoffnungslosen Stellung» beglücken kann. Man opfert freilich auf diese Weise einen Teil des eventuellen Vorsprungs, worauf man allerdings mit einem etwas unterlegenen Boot nicht verzichten und sich lieber dem eventuellen anderen günstigen Ausgang anvertrauen soll.

Fall III: «Man kreuzt in Führung gegen einen Verfolger.» Dies ist der häufigste Fall in der Praxis, da man meistens auch in dem größten Feld sich auf den nächsten Konkurrenten wirft; *und man kreuzt nun in bezug auf ihn:*
Hier zeigt die hohe Kunst des Segelns ihren vollen Wert, und es ist auch für den Zuschauer ein wahres Vergnügen, die Macht der richtigen Taktik beobachten zu können, welche es einem zweiten Boot ganz unmöglich macht (selbst wenn es schneller sein sollte), gegen das führende Boot aufzukommen. Wohl glauben die meisten diese Taktik erfaßt zu haben und sie zu beherrschen, indem sie sich sehr großzügig an die Regel halten: «Als führende Jacht decke im Kreuzkurs deine Gegner, d. h. halte dich immer in Luv von ihnen (solange sie dir nicht in Lee durchlaufen!) und gehe über Stag, sobald es die Konkurrenz macht.» Dies ist aber sicherlich mehr ein wohlklingender Satz als ein immer Glück bringender Ratschlag, denn es gibt keinen, dem man dabei nicht auskommen könnte und im gegebenen Moment nicht durch die Finger schlüpfen würde.
Der Grund dafür liegt in der Verschiedenheit der Abwehr, bei welcher drei verschiedene Kampfarten in Betracht kommen. Die Art und Weise dieser Defensive geht aus dem Studium der «Hoffnungslosen Stellung» hervor:

Erste Kampfart.

A. *Wenn der Gegner ganz dicht auf ist, wende* (bzw. *steuere) so, daß dieser ins Kielwasser zu liegen kommt,* sei es, daß seine Nähe auf verschiedenen Bugen laufend (Zeichnung A2, Abb. 189) zum Ausdruck kommt, oder daß die Boote dicht nebeneinander liegen (Zeichnung A 1, Abb. 189). In der beschriebenen Weise ist der Verfolger absolut erledigt, da er im Kielwasser liegend zuerst in die Ablenkung des Windes gerät, die auf große Nähe vernichtend wirkt («Hoffnungslose Stellung», Position a), und dann abfallend *auch noch* in den Bereich des Windschattens kommt («Hoffnungslose Stellung», Position b). Somit ist der Gegner durch zwei aufeinanderfolgende Kampfmittel geschädigt, von denen er keinem entgehen kann. Liegen die Boote nebeneinander, wie in der Anfangsstellung von A I (a_1, b_1, oder a_3, b_3), so muß man als führendes Boot unbedingt voller fahren, um das andere Boot zuerst in den Windschatten und dann ins Kielwasser zu bringen. Nur wenn der Gegner mit sehr großer Fahrt ankommt, ändert man diese Taktik etwas: Da man durch die Wendung manchmal an Fahrt soviel verliert, daß es der Konkurrenz in dem Moment glückt, in unserem Lee durchzuschlüpfen, ist es des öfteren günstiger, sich

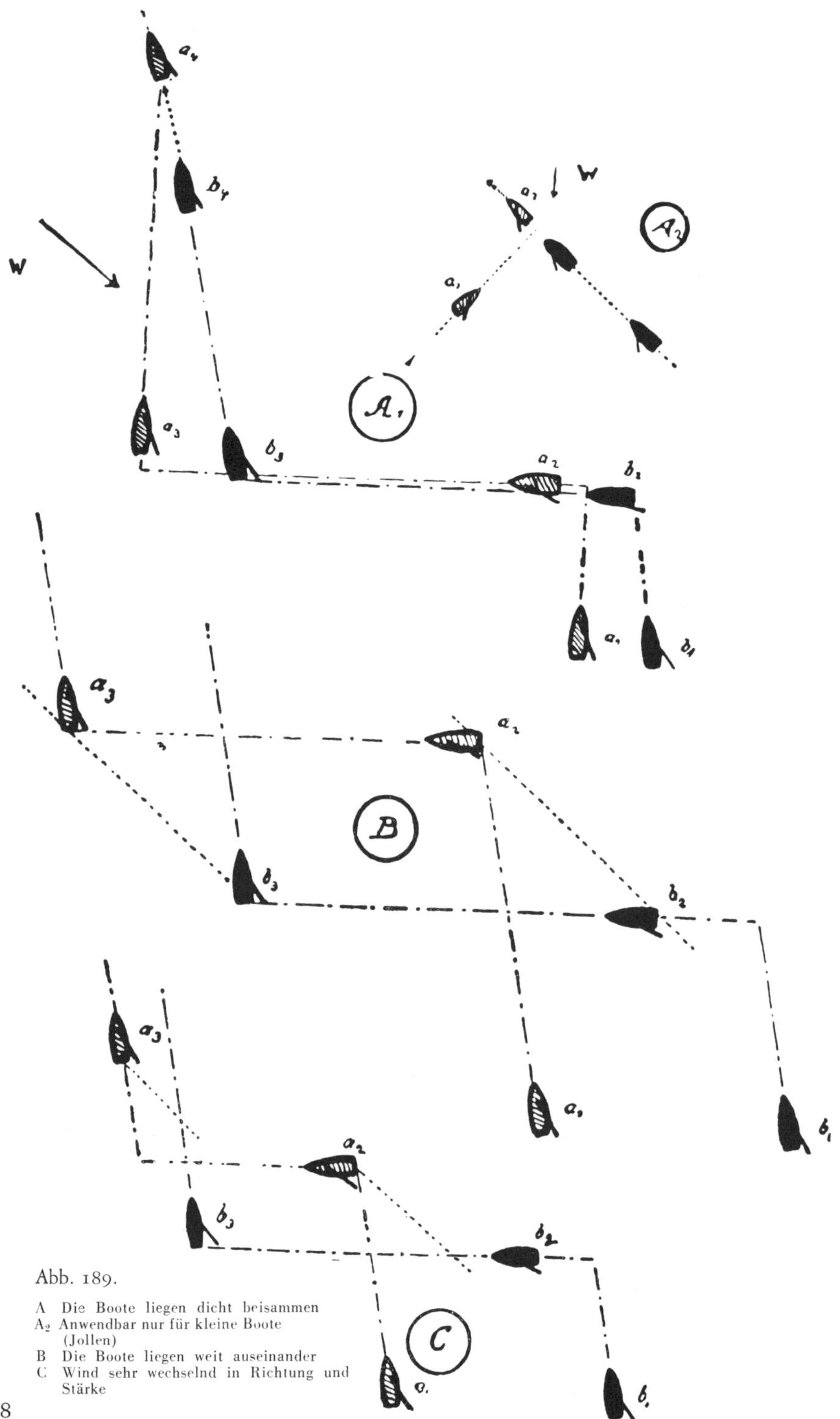

Abb. 189.

A Die Boote liegen dicht beisammen
A_2 Anwendbar nur für kleine Boote (Jollen)
B Die Boote liegen weit auseinander
C Wind sehr wechselnd in Richtung und Stärke

Abb. 190. Großsegel von 4144 ist abgedeckt; trotzdem arbeitet es sich vor mit der Fock dank seiner «Sicheren Leestellung».

vorerst für eine eventuelle «Sichere Leestellung» zu entschließen, d. h. die Wendung zu vollführen, bevor man die Kursrichtung des Gegners erreicht hat. Die «Sichere Leestellung» ist dann leicht in eine «Hoffnungslose Stellung» für den Gegner umzuformen.

Es wäre ein großer Fehler, sich nach Luv zu legen und sich auf die Wirkung des Windschattens allein zu beschränken, wie dies in Kampfart II beschrieben wird, da es für einen geschickten Führer ein leichtes ist, entweder mit einer Böe oder durch starkes Abfallen den spitzen Windkegel des gestörten Windes zu durchbrechen und dann in Lee davonzuziehen (Abb. 190).
Anderseits ist in Kielwasserlage dann für das führende Boot ein «rücksichtsloses» Höhepressen am Platz, wenn das verfolgende Boot dasselbe tut; denn läuft dieses aus dem Kielwasser nach Luv, so wird die Lage gefährlich.

Zweite Kampfart.

B. *Wenn man mit etwas größerem Abstand führt, lege man den Gegner in den gestörten Wind* (Zeichnung B, Abb. 189).

Wenn man so Schlag für Schlag mit der Konkurrenz mitmacht, ist ein sog. günstiger Schlag für den Gegner unmöglich! Dieser bewegt sich stets auf der Windrichtungslinie und das führende Boot hat auch bei größeren Abständen ein Raumen oder Schralen des Windes nicht zu befürchten, da der Wind «von uns zu ihm» weht und weil so dem im Lee liegenden Boot stets derselbe Tisch gedeckt wird — nur um einige Sekunden später!

Während bei erster Kampfart sowohl Position a als auch b der «Hoffnungslosen Stellung» auf den Gegner losgelassen bzw. als Abwehrmittel verwendet wurde, ist hier, bei größerer Distanz, der gestörte Wind (Position b, «Hoffnungslose Stellung») die wirksamere Waffe. Außerdem wäre es eine unsichere Sache, bei diesem Abstand den Gegner ins Kielwasser zu legen, da dieser in einer anderen Windparallele laufend, raumende Böen bekommen und auf diese Weise hoch nach Luv von uns laufen könnte, wie dies in der Zeichnung A, Abb. 188 veranschaulicht ist. Manchmal ist es freilich nicht leicht, den Gegner andauernd mit der Wirbelzone des Abwindes richtig zu treffen. Im allgemeinen aber läßt sich selbst auf *größere* Distanz genau erkennen, wann die Konkurrenz im Wirbelzopf läuft, da sie darin viel langsamer vorwärts kommt. Um aber einerseits den Gegner *fortdauernd* zu stören, anderseits aber ohne zu schnell zu laufen selbst einen zunehmenden Gewinn zu erzielen, schindet man Höhe und läuft jetzt gleiche Geschwindigkeit mit der Konkurrenz. (In der Zeichnung nicht ausgedrückt.)

Nach dieser Methode hält man den Karpfen im Teich und erzielt außerdem noch einen Vorteil. Kommt es aber vor, daß der Gegner die schädliche Luftzone durch volles Fahren durchbrechen sollte, so braucht man nur auch mehr abzufallen und kann dann, größere Fahrt laufend, den Ausreißer wieder in das ungünstige Gebiet zurückzwingen.

Dritte Kampfart.

C. *Wenn der Wind wechselnd in seiner Richtung ist, lege man sich voran und nach Luv* (Zeichnung C, Abb. 189).

Diese Taktik hat den Vorteil der absoluten Sicherheit und der Gegner kann uns nicht auskommen, selbst wenn er *stärkeren Wind* und *raumere Böen* bekommen sollte. Wir verzichten allerdings auf eine starke momentane Schädigung und somit auf einen sonst zu erreichenden größeren Vorsprung, haben dafür aber die zwei genannten Schädigungsmittel noch in Händen. Rückt der Gegner durch irgendeine Ungleichheit des Windes auf, so muß er zuerst durch den gestörten Wind, er hat also diese erste Schranke noch vor sich. Sollte es ihm gelingen, diese zu durchbrechen, so kann das führende Boot auch noch über sein zweites Abwehrmittel verfügen: Es fällt ab — fährt voller und gibt dem Verfolger Kielwasser. Diese Kreuzart ist wohl die sicherste, wenn auch nicht die günstigste, und dürfte für den Regatta-Anfänger bei allen Winden in erster Linie in Betracht kommen.

Fall IV: «Man kreuzt in Führung gegen mehrere Boote.»

A. *Mit gutem Vorsprung: Kreuze im Mittelweg und decke stets den, der dir aufläuft.* Sind z. B. zwei Verfolger im Angriff, jedoch beide ein gutes Stück zurück, so tut man am besten, wenn man, den goldenen Mittelweg wählend, *zwischen ihnen* voran kreuzt. Man kann sich dann jeweils dem nähern, der aufzulaufen scheint, d. h. man verschiebt die Mittelwegtaktik nach der Seite, von welcher die größere Gefahr droht, so daß man gegebenen Falls schon im Luv (bzw. voran) vom auflaufenden Boote liegt, um diesem den Weg zu verlegen, bevor es zu weit vorgekommen ist (Abb. 191).

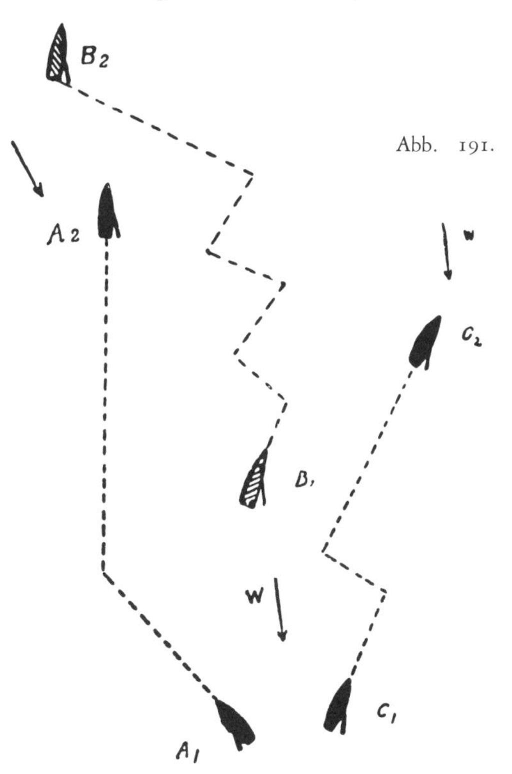

Abb. 191.

B. *Mit geringem Vorsprung.* Schwieriger wird die Abwehr, wenn mehrere Verfolger *dicht* auf sind und in zwei Richtungen auseinanderschwärmen; man ist dann vor die Frage gestellt: Welche Seite soll man decken, bzw. gegen welche Gruppe soll man kämpfen? Dies ist der *einzige* wunde Punkt im Kreuzkurs, welchen selbst der beste Regattasegler des öfteren nicht zu schützen vermag; hier braucht sich auch der Matador keinen Vorwurf zu machen, wenn er, die eine Gruppe siegreich ab-

Abb. 192. Im Wirbelbereich.

wehrend, der anderen unterliegt; denn er kann ja nicht immer im voraus wissen, welche Schlagrichtung die günstigere ist.

Ist man aber vor diese Frage gestellt und muß man wählen, welche Gruppe man in Schach halten soll, so gibt es leider keine Regel, vielmehr nur den guten Rat: «*Gehe mit dem mit, dessen Schlag dir an und für sich als der günstigere erscheint; oder kreuze gegen den, der als Gegner der Gefährlichere ist.*» Den Mittelweg zu wählen, ist falsch, denn man kann dann — ohne durch die Abwehrtaktik andere zu schädigen — *von beiden Seiten* ausgekreuzt werden.

Fall V: Man kreuzt an zweiter Stelle oder weiter zurückliegend (Offensive).

Es ist freilich schwer, hier eine Angriffstaktik vorzuschlagen, nachdem die obige tödlich wirksame Abwehrtaktik verraten wurde und dennoch — angreifen muß man — selbst wenn man nur «Kanonen» gegen sich haben sollte.

Nehmen wir jedoch zuerst an, das führende Boot kennt die beschriebene Kreuztaktik nicht, so gilt die Regel: «*Mache stets das Gegenteil von dem, was das voranliegende Boot macht.*» Das soll sagen: Wähle stets den anderen Schlag! Die Aktien stehen so normalerweise auf 50% Möglichkeit, daß man dem voranliegenden Boot näher kommt, eventuell bei dem nächsten Zusammenkommen sogar vor ihm liegt. Im Kielwasser dem führenden Boot zu folgen, ist ein unter allen Umständen aussichtsloses Unternehmen. Entweder man kämpft gegen die «Hoffnungslose Stellung» vergebens an oder, falls man weiter zurückliegen sollte, stellt man sich so unter *gleiche Windverhältnisse* und ist von vornherein verloren.

Betrachten wir die Kehrseite der Medaille: Der Gegner kreuzt nach hoher Taktik und läßt uns nichts Neues unternehmen — er macht getreu alles mit und geht Schlag für Schlag mit uns herum —, kurzum, er läßt uns nicht aus! Was nun? Einerseits allerdings können wir hoffen, daß die Konkurrenz früher oder später einen kleinen taktischen Fehler macht, denn — einige Sekunden zu spät oder zu früh gewendet und — wir sind frei — der Durchbruch gelungen! Ferner können wir auch dem Gewandten seine Taktik herzlich schwer machen und ihm eine Falle nach der anderen stellen. Wir versuchen z. B. zu allererst durch aufmerksameres Segeln oder eine räu-

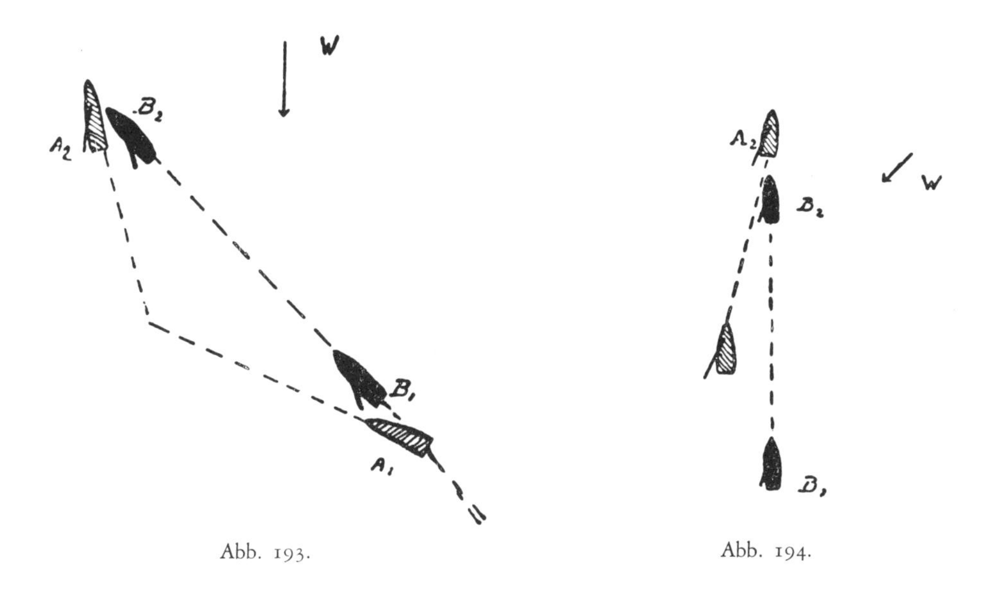

Abb. 193.

Abb. 194.

mende Böe aus dem Kielwasser nach Luv zu laufen; oder — und das ist das aussichtsreichere: wir fallen stark ab und versuchen den Durchbruch in Lee. Wissen wir nun, daß die Abdeckungszone in Kegelform verläuft, so werden wir verstehen, daß es nicht zu schwer sein dürfte, bei etwas größerem Abstand die *schmäler werdende Spitze dieses Kegels* zu durchlaufen. Wir geben dem Boot solange gesteigerte Fahrt, bis wir die gestörte Windzone durchbrochen haben. Erst jetzt versuchen wir wieder höher anzuliegen, und, kreuzen wir aufmerksam und mit aller Kunst, so mag es glücken, uns langsam vorzuarbeiten und die «Sichere Leestellung» zu erreichen (Abb. 193).

Ich möchte schon hier darauf aufmerksam machen, daß, sollte man je einige Meter voraus, aber noch 1—2 m in Lee vom Gegner liegen, man in diesem Falle rücksichtslos Höhe schinden muß, um dem Verfolger Kielwasser zu geben («Hoffnungslose Stellung»), selbst wenn man während des Verfahrens vorerst an Fahrt einbüßt (Abb. 194).

Nun noch eine dritte und letzte Angriffsart, die sogar die letzte Rettung sein kann, wenn die Konkurrenz, fehlerfrei kreuzend, jeden Durchbruch vereitelt: *Man geht so oft über Stag, bis das führende Boot die Lust am konstanten Wenden verloren hat und einen ausläßt.* Es ist ein äußerst amüsanter Anblick, wenn zwei Boote bis zur Verzweiflung fortdauernd gleichzeitig wenden, und die Gefahr liegt bei diesem Verfahren *für das führende Boot* in zwei Richtungen: Es kann einmal durch das viele Wenden in bezug auf die andere Konkurrenz so geschädigt werden, daß es das Spiel freiwillig aufgibt, um nicht inzwischen von einem Dritten überholt zu werden. Anderseits hat das zweite Boot die Möglichkeit, durch besseres Wenden und durch schnelleres Anspringenlassen sich immer näher an den führenden Gegner heranzuarbeiten und ihm so den Todesstoß zu versetzen, bevor er mit der Taktik zurecht kommt (siehe Abb. 195).

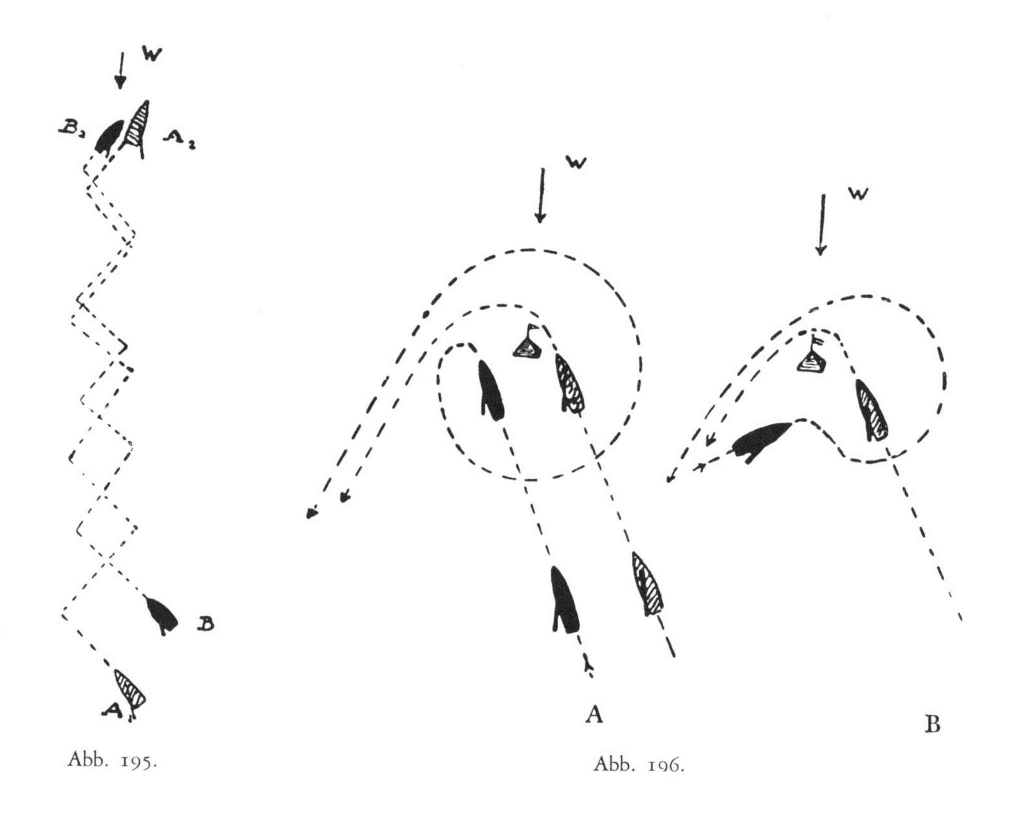

Abb. 195.

Abb. 196.

Das Zusammentreffen im Kreuzkurs.

Das große Machtwort im Kreuzkurs ist «der vornehme Bug»! Einmal mit Backbordschooten den Gegner zum Wenden zwingen kann das Rennen entscheiden; ausschlaggebend ist der vornehme Bug, wenn er für den richtigen Zeitpunkt aufgespart und im richtigen Moment angewendet wird.

Man kann z. B. den Gegner am Runden einer Boje hindern, wenn man auf diese mit Backbordschooten zukommt; die in Lee liegende Konkurrenz, welche auf gleichem Bug liegend die Boje z. B. *gerade nicht mehr* anliegen kann, darf nicht wenden, weil sie auf den vornehmen Bug zu liegen käme und muß wohl oder übel, um eine Kollision zu vermeiden, *über* die Wendemarke *in Lee* hinausfahren, bevor sie den notwendigen kleinen Luvschlag machen kann (Abb. 196 A).

Der Fall kann aber auch so liegen, daß das andere Boot auf Steuerbordbug die Boje anliegt. Auch hier muß es dem vornehmen Bug ausweichen, es darf sich nicht dazwischen drängen, sondern muß hinten um den Gegner herum abfallen (Abb. 196 B).

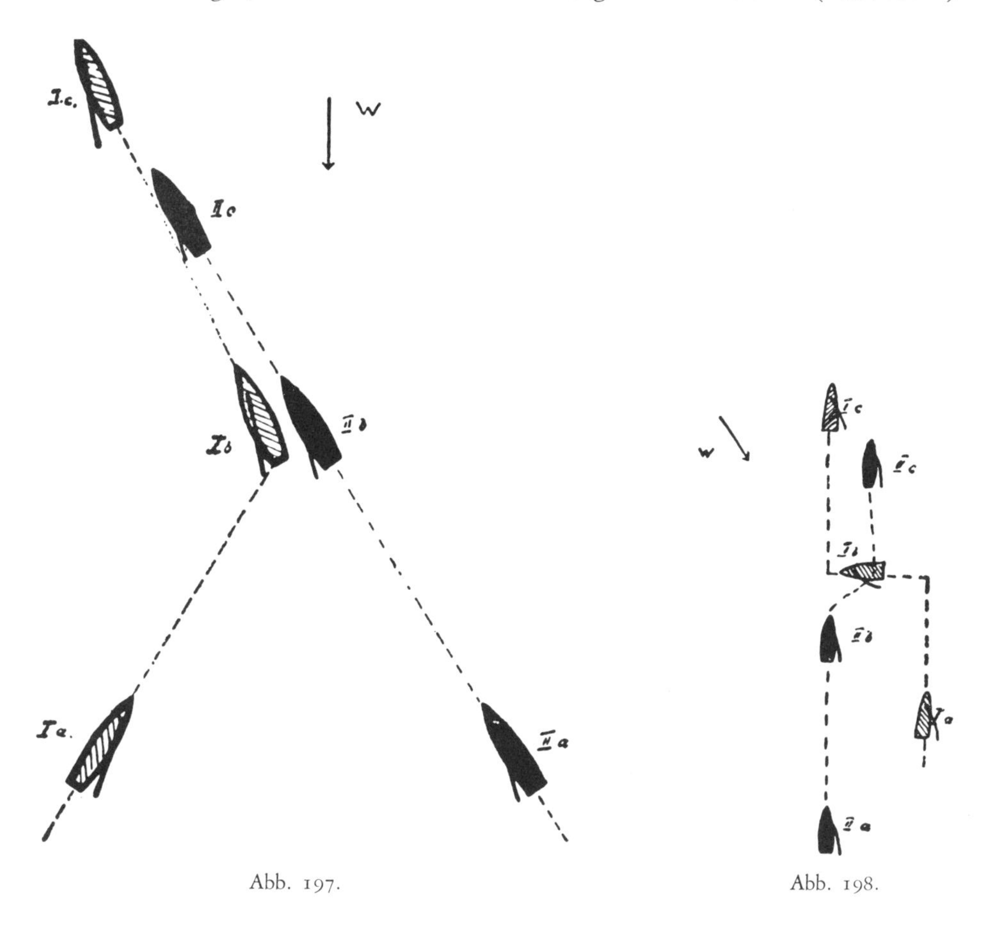

Abb. 197. Abb. 198.

So wichtig der vornehme Bug für die Allgemeinheit ist, so unwichtig wird er in den meisten Fällen für den Regattasegler, welcher die

«Kreuzwende in Lee»

ausprobiert und kennen gelernt hat. Diese Art, ein auf Backbordbug daherkommendes Boot durch ein Gegenmanöver unschädlich zu machen, ja ihm sogar die Führung mit Sicherheit zu nehmen, ist bereits im Kapitel «Sichere Leestellung» angedeutet worden. Die genauere Ausführung des Manövers soll hier nochmals kurz beschrieben werden.

Als Voraussetzung führe ich an, daß diese sog. «Kreuzwende in Lee» *nur für kleine Boote* mit Erfolg angewendet werden kann, da die Jachten nach dem Wenden zu langsam Fahrt aufnehmen. Der Vorgang ist folgender: Wir laufen auf Steuerbordbug, die Konkurrenz kommt auf Backbordbug auf uns zu. Wir fallen nun nicht, wie das ausnahmslos von der segelnden Welt gemacht wird, um das Heck des Gegners herum ab, sondern halten bis zum letzten Moment durch, drehen dicht in seinem Lee auf den anderen Schlag (somit gleichen Kurs) und ziehen ihm kurz darauf *unter* den Segeln davon. Ich habe dieses Manöver hunderte Male in Rennen angewendet und nur wenige Male die Stellung verloren. Vorbedingung jedoch ist, daß man noch so liegt, daß sich nach dem Wenden *der eigene Bug nicht hinter dem Bug des Gegners befindet* (Abb. 197).

Ganz anders liegen die Dinge bei Jachten. Hier läßt sich das Manöver nur selten in dieser Form ausführen, ganz abgesehen von der Gefahr des Zusammenstoßes, welcher bei großen Schiffen unabsehbare Folgen haben kann. Selbst wenn man im Lee des Gegners kunstgerecht über Stag geht, ist die Situation verloren, da das andere Boot mit großer Fahrt an uns vorüberzieht, während wir vergebens bemüht sind, Fahrt aufzunehmen und uns bald darauf in die «Hoffnungslose Stellung» versetzt finden. Ebenso falsch wäre es, noch vor dem Bug der gegnerischen Jacht durchzufahren und dann zu wenden, mit der Absicht, abzudecken. Bevor die eigene Jacht wieder Fahrt aufgenommen hat, ist der Gegner mit Schwung in Lee durchgebrochen. Man fällt Schritt für Schritt zurück unter dem Einfluß der windstauenden Wirkung der «Sicheren Leestellung» des anderen Bootes (siehe Zeichnung B, Abb. 199).

In Zeichnung A, Abb. 199, ist die Lösung des Falles dargestellt. Vorausgesetzt, daß wir noch einen kleinen Vorsprung über das andere Boot besitzen, wenden wir etwa 30—50 m im Lee des Kurses, welchen der Gegner steuert; wir tun dies also, trotzdem wir noch gut vor seinem Bug vorbeisegeln könnten! Hiedurch sichern wir uns einen Vorsprung in Richtung unseres neuen Kurses, der groß genug ist und von dem wir ohne Gefährdung einen Teil opfern können bzw. müssen, da unser Boot durch das Wenden ja Fahrt verliert und diese erst wieder aufnehmen muß.

Das Opfer aber bringen wir gerne, da wir damit die «Fernwirkung der Sicheren Leestellung» eintauschen. Der ungünstigste Fall, welcher eintreten kann, ist der, daß die beiden Jachten Bug an Bug, d. h. parallel, zu liegen kommen, nachdem wir wieder volle Fahrt aufgenommen haben. Fast immer wird es auch dann gelingen, durch vorsichtiges Höherlaufen früher oder später die «Sichere Leestellung» zu erreichen. Aber selbst, wenn uns dies nicht gelingen sollte, ist unsere Position doch völlig ungestört und aerodynamisch die günstigere.

Bei den verschiedenen Möglichkeiten des Zusammentreffens im Kreuzkurs sei noch ein Fall kurz erwähnt: Nehmen wir an, durch irgend ein Manöver — sei es nach einem Bojerunden oder nach einem Lee-Durchbruch — kommen wir in die in Abb. 198 beschriebene Stellung Ia gegenüber IIa. Nach unseren Betrachtungen in der Kreuztaktik stehen wir jetzt *zwangsweise* vor einem zu unternehmenden Angriff, denn der von uns befahrene Kurs ist, wenn ich so sagen darf, unter allen Umständen lebensgefährlich. Es *muß,* sobald es nur irgendwie wahrscheinlich erscheint, daß wir durch ein

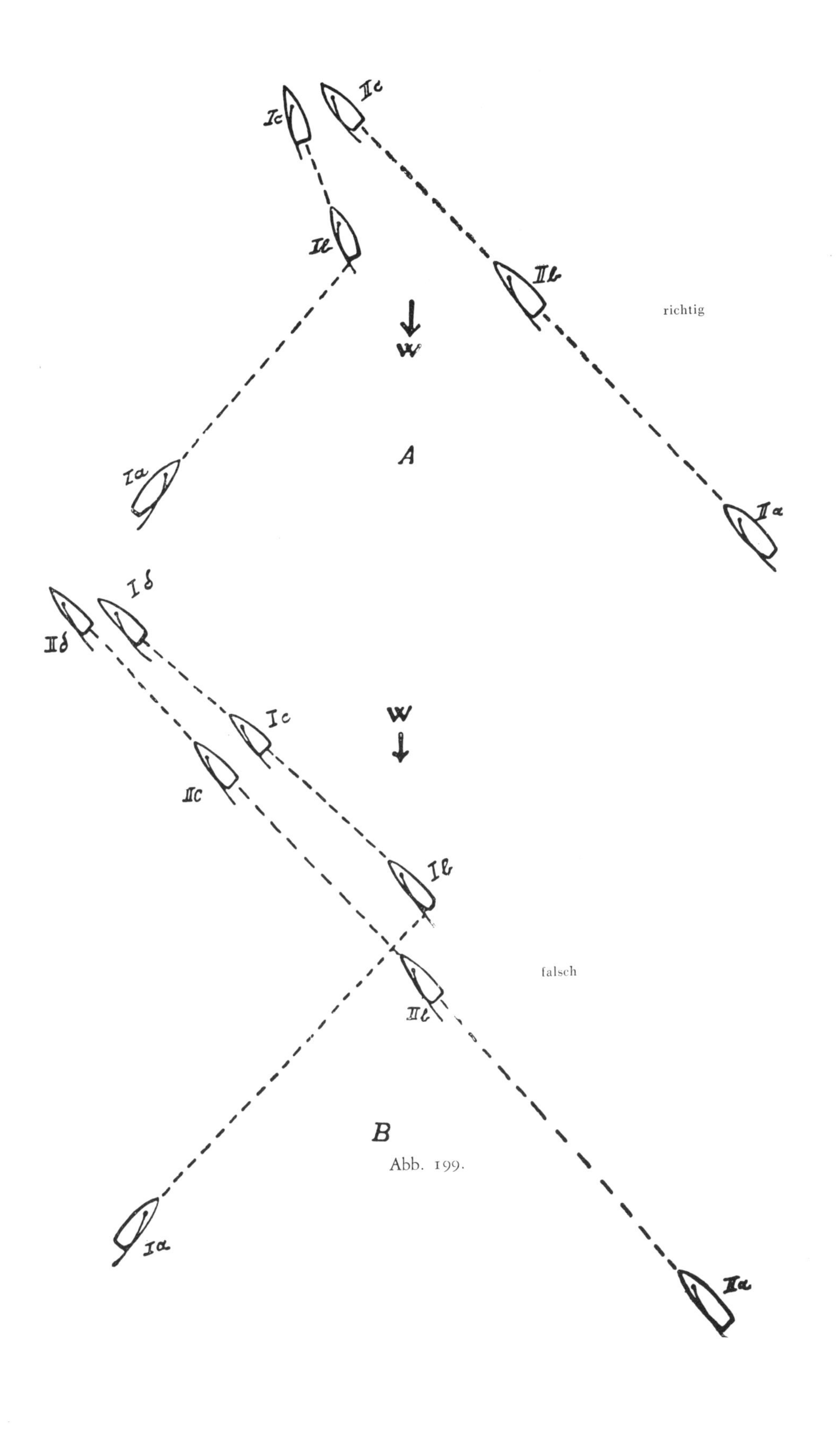
Ic
IIc
IIb
IIb
W
richtig
A
Ia
IIa
IId
Id
W
Ic
IIc
Ib
falsch
IIb
B
Ia
IIa

Abb. 199.

Wenden noch vor der Konkurrenz vorbeikommen, dieses ausgeführt werden (Ib), Erst jetzt ist unser Kurs gesichert und wir können mit unserer Kreuztaktik arbeiten (Ic), indem wir uns über bzw. vor den Gegner legen (erste Kampfart).

Das Bojerunden

Auch das Bojerunden ist eine gewisse Kunst, und derjenige, der eine Boje technisch fehlerfrei zu runden vermag, gewinnt dabei einem anderen gegenüber oft einige Bootlängen. Der am häufigsten vorkommende Fehler ist, daß die meisten die Boje zu scharf runden und dabei dem Boot, besonders Jachten, jegliche Fahrt nehmen (es tot drehen). Seltener kommt es vor, daß beim guten Segler der Bogen zu groß ausfällt. Wie aber ist eine Boje verhältnismäßig scharf zu nehmen, ohne daß dabei der Schuß

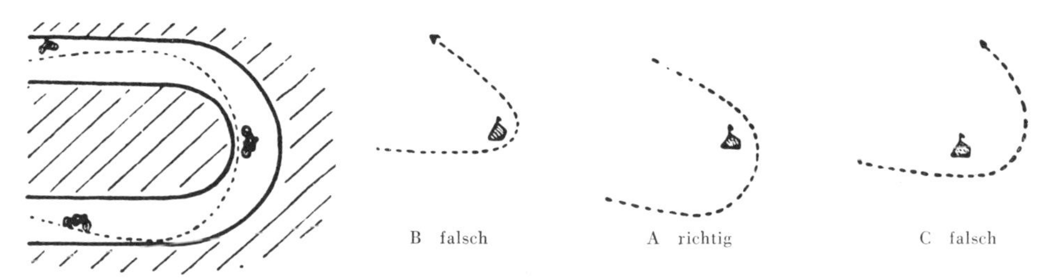

Abb. 200. Bojenrunden

im Boot abgebremst wird? Dies können wir wohl vom Automobil- oder Motorradfahrer am besten lernen. Wenn dieser eine Kurve scharf und doch schnell nehmen will, ohne dabei hinauszufliegen, so fährt er zuerst gegen die Außenseite der Straße, beginnt dann einen möglichst in die Länge gezogenen Bogen, fährt *scharf* am Innenrande der Straße vorbei und dehnt den Bogen dann wieder zur Außenseite möglichst weit aus (Abb. 200). Dieselbe Technik findet beim Bojerunden ihre Anwendung. Gesetzt den Fall, man käme vor Wind oder raumschoots an die Boje, so wird man schon, bevor man dort anlangt, etwas nach außen laufen, um dadurch den notwendigen Bogen mehr in die Länge ziehen zu können; man wird jedoch eben aus demselben Grunde so nahe wie möglich an die Wendemarke heranfahren (Zeichnung A). (Vorsicht jedoch bei Strömung!)

Eine *Ausnahme* ist folgende: «Ein Verfolger oder mehrere sind dicht auf und die darauffolgende Strecke ist Kreuzkurs.» Es besteht hier die Gefahr, daß sich die nachfolgenden Boote, die z. B. vor Wind oder raumschoots ankommen, Innenposition während des Rundens zu erobern suchen; dies ist nur dadurch zu vereiteln, daß man eine scharfe Kurve reißt, wie sie in der normalerweise als falsch bezeichneten Kurve B gezeigt ist. Auch wenn das folgende Boot *hinter* uns rundet (also noch klar von uns ist), müssen wir *unmittelbar* an der Boje hochdrehen und eine übermäßige Höhe wenigstens für die nächsten Sekunden anliegen (siehe Abb. 201). Es kann uns sonst passieren, daß, während wir in graziösem Bogen runden, der Gegner scharf an der Boje hochsticht, und in unser Luv läuft, ohne daß wir es verhindern können (Abb. 202). Das etwas

Abb. 201. J 226 rundet scharf und geht hoch an den Wind, wodurch der Verfolger in die «Hoffnungslose Stellung» gezwungen wird. (Er darf sich nicht mehr dazwischen drängen, da J 226 schon auf dem neuen Kurs liegt.)

ungünstige scharfe Wenden wird in diesem Falle stets durch den Besitz der Luv-Position («Hoffnungslose Stellung» für den andern) belohnt.

Der zweite wesentliche Punkt beim Bojenrunden ist die Segelbedienung. Man kann den Schwung eines Bootes nicht nur halten, sondern nach vorhergegangenem Vor-Wind- oder Raum-Kurs sogar bedeutend steigern, wenn man die Schooten fehlerfrei bedient. Darunter ist zu verstehen, daß die Segel in einer bestimmten Harmonie zur Kurve dicht genommen werden. Dies muß genau der Drehung entsprechen und die Segel dürfen ihren Windeinfallwinkel von 15—20 ⁰ nicht eine Sekunde lang verlieren. Es ist überraschend schwer, ein Segel auch *während* des Rundens stets unter «*Höchstem Druck*» zu halten. Wie bei schwachem Wind das langsame Wenden stets dazu verführt, die Segel zu *schnell* und zu *frühzeitig* dicht zu nehmen, so daß diese voll und bei stehen, *bevor* das Runden vollendet ist, so können die Schooten bei schwerem

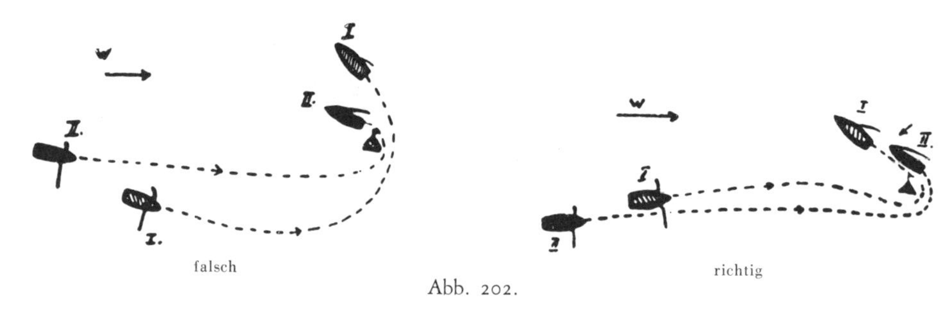

Abb. 202.

Wind nicht schnell genug hereingebracht werden. Der allgemeine Fehler aber ist wohl der erstere, da vor allem die Fock, welche nicht übersetzt ist, bei dem relativ langsamen Wenden (also bei leichtem Wind) einfach mit *einem* Zug angeholt wird, statt daß diese der Drehung entsprechend ebenso «langsam» und weich dichter gezogen wird.

Bei starkem Wind liegt die Lösung in der Gewandheit der Mannschaft. Wie aber sollen die Segel bei einem Wenden, welches nur 2—3 Sekunden in Anspruch nimmt, in eben derselben Zeit dichtgenommen werden? Folgende Vorschläge mögen uns die Ausführung erleichtern:

1. Die Großschoot soll auf *Jachten* womöglich von zwei Mann an ihren beiden Enden geholt werden, in welchem Fall man ausnahmsweise das Vorsegel schon *vor* dem Manöver dicht nehmen lassen kann, um so den Vorschootmann auch noch für die Bedienung des Großsegels frei zu bekommen. Richtig ist es, wenn das Dichtholen der Schoot mit voll ausgestreckten Armen und entsprechend großen Griffen ausgeführt wird und nicht mit gebeugten Armen und daher kleinen Griffen. Man muß jedoch darauf achten, daß man keinen Fehlgriff macht. Wie auch der Tennisspieler den Ball *so lange* beobachtet, bis dieser die Saiten des Schlägers berührt hat und nicht früher fortblicken darf, hat der Großschootmann seine Hand bei jedem Griff mit den Augen genau zu verfolgen. Dann wird es auch nicht vorkommen, daß man einmal daneben greift, wie dies so überaus häufig zu beobachten ist, wenn man bemüht ist, schnell zu arbeiten. (Dasselbe gilt bei den Fallen für das schnelle Hissen von Segeln.) *Auch bei kleinen Booten soll bei starkem Wind*

immer der Vorschootmann (bzw. der dritte Mann, nicht der Steuermann) *während dem Runden die Großschoot übernehmen.*

2. Bei sehr schnellem Wenden kann man ausnahmsweise sogar schon *vor der Boje* auch mit dem Anholen der Großschoot beginnen.
3. Der Steuermann muß sich nach der jeweiligen Segelstellung richten (was bei leichtem Wind umgekehrt ist) und muß seinen Bogen eben eventuell gezwungenerweise *so lange* ausdehnen, bis die Mannschaft mit den Segeln zurecht gekommen ist.

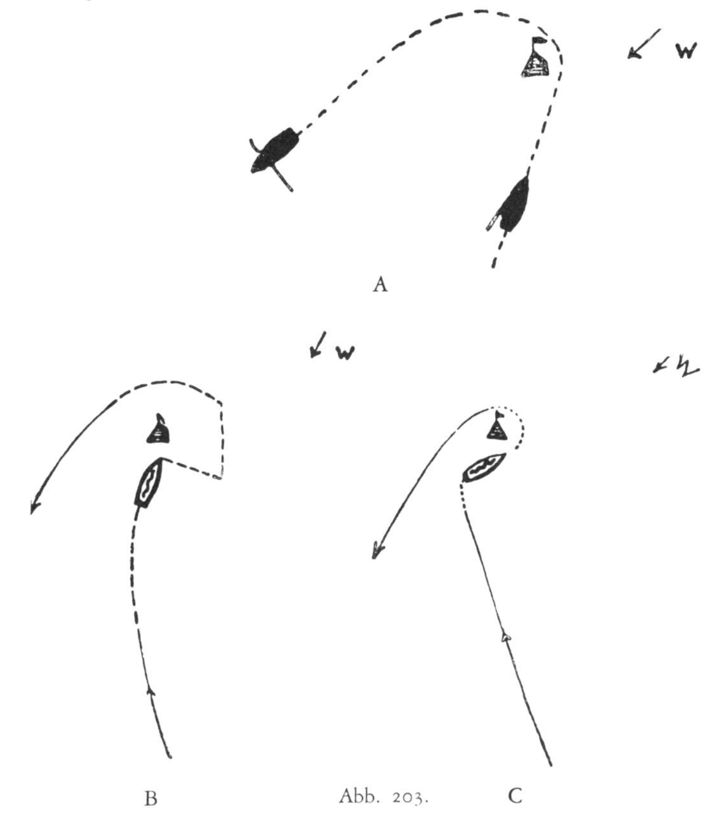

Abb. 203.

Wir wollen nun zur Technik des Bojerundens zurückkehren und den Fall annehmen, daß wir *am Wind* (Abb. 203 A) auf die Boje zukommen. Die Art der Kurve des Rundens richtet sich auch hier nach der momentanen Bootgeschwindigkeit, wird jedoch schon an und für sich dadurch anfänglich eine schärfere Form annehmen, da wir, um nicht überflüssige Höhe ersegeln zu müssen, die Boje häufig *gerade* noch anliegen können. Der Bogen wird hier erst *nach* der Boje *gestreckt,* wie dies in Zeichnung A zu sehen ist.

Wie nun, wenn man die Boje im Kreuzkurs *gerade nicht mehr* anliegen kann? Es ist stets ein Fehler, wenn man durch Pressen versucht, das Runden zu erzwingen; die Folge ist, daß das Boot dermaßen an Fahrt verliert, daß es seitlich abtreibt, wodurch man im letzten Moment doch noch zu einem Schlag gezwungen wird. Dadurch kommt das Boot fast völlig zum Stillstand und ist nur sehr schwer wieder zum Anspingen zu bringen (Zeichnung B). Dieser Ausgang des Manövers ist ein häufig zu beobachtendes Vorkommnis und bedeutet mindestens einen Wegverlust von mehreren Bootlängen.

Das Runden der Boje läßt sich hier nur auf einem Wege ohne Schlag durchführen: Man steuert das Boot so hoch als möglich, aber *nicht* gepreßt, sondern noch *voll und bei,* und legt entweder direkt auf die Boje, oder sogar einige Meter *nach Lee* von ihr an. Im letzten Augenblick erst dreht man das Boot noch vor der Wendemarke in den Wind und vermag so in Form eines langgestreckten Aufschießers mit scharfem Drehen zu runden (Zeichnung C, Abb. 203).

Sollte es aber vorkommen, daß man nicht mit Bestimmtheit weiß, wie die Boje zu runden ist, ob Backbord oder Steuerbord, so braucht man die Flinte nicht gleich ins Korn zu werfen, man rundet sie sehr einfach auf *beide* Weisen, zuerst Backbord, dann Steuerbord (Abb. 205).

Wohl die größte Rolle spielt die Wendemarke bei den sog. *Reindrängmanövern.* Der Hauptpunkt dabei ist stets die Frage: Ueberlappt man oder überlappt man nicht? (Ueberlappen heißt: sich in einer Stellung befinden, in der ein Abfallen bzw. Anluven, ohne das andere Boot zu berühren, unmöglich ist (Abb. 204 C). Nach den Wettsegelbestimmungen darf man sich nur dann zwischen Boje und Gegner drängen bzw. Raum verlangen, wenn man von ihm unklar ist (d. h. ihn überlappt), und dieser noch nicht Ruder gelegt hat (sich also noch nicht auf dem neuen Kurs befindet). (Siehe Zeichnungen A, B, C, Abb. 204.)

Es ist bereits im Kapitel «*Start*» besprochen worden, wie äußerst wichtig es ist, besonders bei einem Vor-Wind-Kurs an der Boje Innenpositionen zu erlangen, wofür die Ueberlappung Vorbedingung ist. Es gilt also alles aufzuwenden, um diese, und sei es noch in den letzten Sekunden, vor dem Runden herbeizuführen bzw. als verfolgtes Boot die Ueberlappung zu verhindern. Hier gerade können Zentimeter das ganze Rennen entscheiden.

Gesetzt den Fall, wir laufen vor Wind auf eine Wendemarke zu; der Regel getreu steuern wir den Kurs, der uns Innenposition an der Boje bringt. Die Konkurrenz aber liegt noch eine halbe oder ganze Bootlänge voran, so daß wir wohl oder übel allem Anschein nach hinter ihr runden müssen. Unsere Aufgabe ist es jetzt: *Führe eine Ueberlappung herbei* und *sollte diese erst im letzten Moment zustande kommen!* Dieser Versuch kann nur so gelingen, daß wir unseren Spinnaker bis zum äußersten Augenblick oben behalten, während das führende Boot ihn einige Sekunden früher birgt. Unser Spinnaker wird also erst in der Wendung selbst geborgen.

Aehnlich werden wir uns *als das abwehrende Boot verhalten.* Wir behalten bis in die Drehung hinein die vollen Segel oben. Gerade diese Stellungen, welche von so *ausschlaggebender Art* sind, werden allgemein falsch eingeschätzt und ihre Wichtigkeit nicht erkannt.

Denken wir uns nun wieder an die Stelle des *verfolgten Bootes* und nehmen wir an, die Ueberlappung wäre trotz allem nicht mehr gelungen, so müssen wir natürlich nach außen hinter den Gegner abdrehen, in welchem Falle das Spiel eben verloren ist. Auch hier gibt es noch eine Möglichkeit, die Stellung zu gewinnen, nur müssen wir schon frühzeitig erkennen, daß die Ueberlappung nicht mehr gelingen kann.

Die Ausführung ist folgende: Wir laufen kurz vor der Wendemarke (Abb. 206) stark vom Kurs nach außen (in diesem Falle Luv) ab, so daß es uns möglich wird,

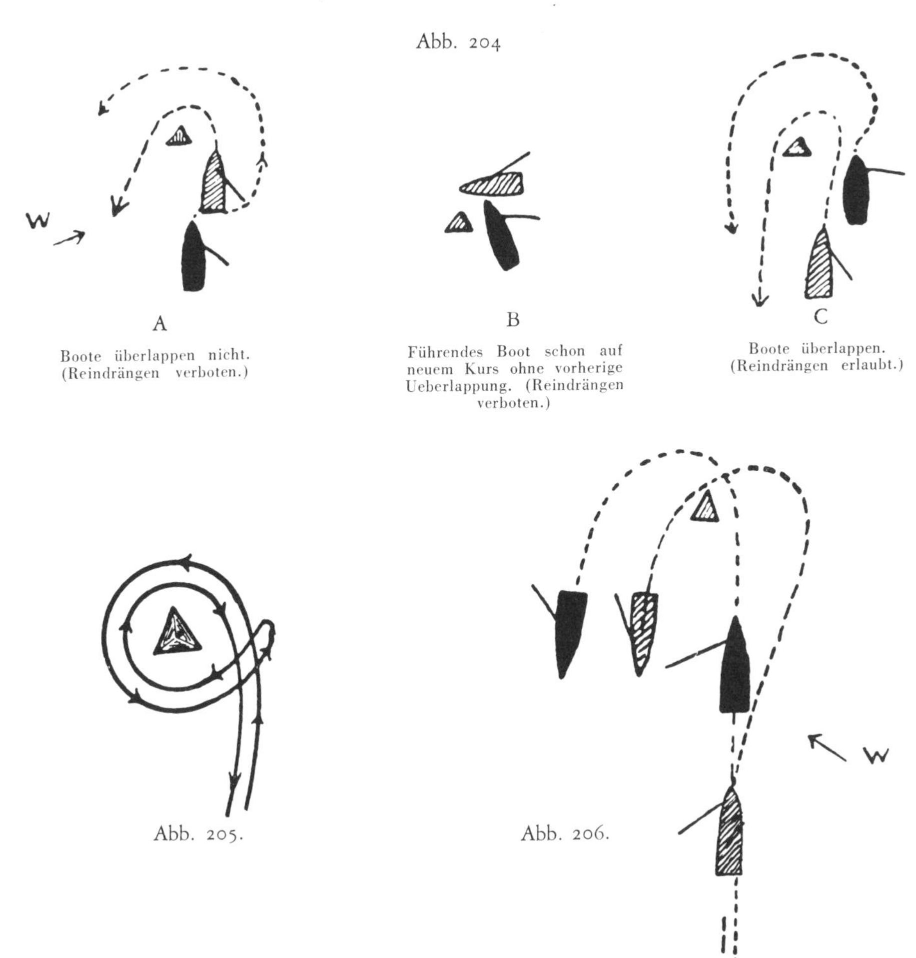

Abb. 204

A — Boote überlappen nicht. (Reindrängen verboten.)

B — Führendes Boot schon auf neuem Kurs ohne vorherige Ueberlappung. (Reindrängen verboten.)

C — Boote überlappen. (Reindrängen erlaubt.)

Abb. 205.

Abb. 206.

den Hauptteil des Bogens schon *vor* der Boje vollendet zu haben; wir können dann hart an der Boje vorbei, wenig Platz beanspruchend, hoch gehen. Der Konkurrent dagegen, der zwar vor uns, aber direkt auf die Wendemarke losfährt, beginnt seine Drehung an der Boje selbst, und der Hauptteil seines Bogens erfolgt erst jenseits derselben. Die Folge davon ist, daß er zwischen sich und der Wendemarke *genügend Platz* frei läßt, der für uns stets breit genug ist, um dazwischen zu kommen, wenn wir ihn im geraden Kurs und nicht in Form einer Drehung durchfahren. Auf diese

Weise kommen wir direkt über den Gegner zu liegen und haben das Manöver gewonnen; selbst wenn wir etwas weiter zurückliegend hinter ihm runden sollten, so liegen wir doch nachher bedeutend höher in Luv und verfallen nicht der sonst unumgänglichen «Hoffnungslosen Stellung». Dieses Manöver wird besonders dann gelingen, wenn an der Boje gehalst werden muß (Abb. 206).

Eine andere Methode, den Gegner noch vor der Boje zu fangen, ist folgende: Angenommen dieser läuft direkt vor uns «raumschoots» auf die Boje los. Wir luven etwas, um ihm den Wind zu stören — dies läßt er sich natürlich nicht gefallen und luvt mit (nach der Regel: Lasse deinen Gegner auf raumem Kurs nicht aus dem Kielwasser). Was nun, sollen wir als Verfolger weiter luven oder nicht? Fälschlicherweise luvt man als verfolgendes Boot in den meisten Fällen nur eine kurze Zeit lang weiter und fällt dann wieder brav auf den Kurs ab, ohne etwas ausgerichtet zu haben. Gerade in dieser Stellung können wir den Verfolgten in eine Falle treiben, aus der er nicht mehr heraus kann. Wir luven immer zu und geben das Luvingmatch *nicht* auf — er luvt natürlich mit — was soll er auch anderes tun, wenn er nicht Innenposition opfern will! Was passiert nun? Die nächste Beobachtung, die man machen kann, ist die, daß dem Steuermann des führenden Bootes die Haare zu Berg stehen. Was ist passiert? Er findet sich in eine Zwangslage gebracht, denn *einmal* muß er abfallen, wenn er überhaupt zur Boje will. Warum denn nicht, wird der Laie sagen? Aus dem einfachen Grunde, weil er in dem Moment, in dem er abfällt, verloren ist. Aus dem Raumschootkurs ist inzwischen unbemerkter Weise ein Platt-vor-Wind-Kurs geworden, und bei diesem ist das führende Boot bei kurzem Abstand in dieser Stellung erledigt. Es wird vollständig abgedeckt, und wie wir aus dem theoretischen Teil wissen, wirkt die Abdeckung bei vierfacher Mastlänge tödlich. Voraussetzung natürlich ist, daß unser Spinnaker, rechtzeitig vorbereitet, blitzschnell gesetzt und bis zum letzten Augenblick getragen wird. Schnell ist der Verfolgte eingeholt und mit dem Worte «Raum» ist er schachmatt und kann die Steine zusammenwerfen (Abb. 209).

Nun will ich das Gegenmanöver verraten, wohl die sicherste Methode, wie wir raumschoots, besonders aber bei einem Vor-Wind-Kurs als *verfolgtes Boot,* den dichten Gegner unschädlich machen können (Abb. 210).

Um der Gefahr des dauernden Luvens aus dem Wege zu gehen, luven wir *einmal* so stark, daß der Verfolger es für ratsam hält, den Leedurchbruch zu versuchen. Nach diesem Köder wird er sicher schnappen, weil er übersieht, daß, wenn ihm der Durchbruch überhaupt glücken sollte, dies jedoch niemals in der kurzen Zeit bis zur Boje gelingen kann. Er fällt daraufhin stark nach Lee ab, wir drehen stilgerecht ebenso stark mit, und während die Konkurrenz zwar schon fast neben uns liegt, ist gerade dadurch der Stab über ihrem Kopf gebrochen — sie befindet sich in der Falle, denn jetzt kommt die Pointe des Manövers: in Lee vorbeizukommen, wird ihr jetzt überhaupt nicht mehr glücken und hinten um uns herum wieder plötzlich nach Luv zu laufen — was jetzt bei dem geringen Bootsabstand unbedingt ratsam wäre — *geht nicht,* denn das Boot ist *festgenagelt,* es ist unklar! Durch die Abdeckung geschädigt, hofft es vielleicht wieder klar zu kommen, um dann die Nase im gegebenen Moment doch an unserem Heck vorbei nach Luv zu schieben. Aber auch dies ist vergebens, denn als führendes

Abb. 207. Deutsche Meisterschafts-Regatta der 22 m² Renn-Jollen, Berlin 1926. Führende Gruppe: J 278, 363, 365, 306, 331.

Abb. 208. Dasselbe Feld, eine Minute später aufgenommen. Beachte die Reihenfolge der Boote. Die vorher im Lee gelegenen Boote erreichten die Wendemarke mit Innenposition zuerst. J 278 rundete als erstes, J 363 als zweites Boot.

und zugleich in Luv liegendes Boot fahren wir *absichtlich* nicht schneller. Dieser Fall gehört zu jenen dem Gefühl widersprechenden Ausnahmefällen, in denen man die Fahrt abbremsen muß. Man reguliert die Geschwindigkeit des eigenen Bootes durch das zeitweise Killenlassen der Fock derart, daß der in Lee liegende Gegner unter keinen Umständen klar von uns wird; so ist er gefangen und wehrlos, bis wir an der Boje anlangen; und dort bekommt er die Giftpille der Außenposition mit der «Hoffnungslosen Stellung» als Folge.

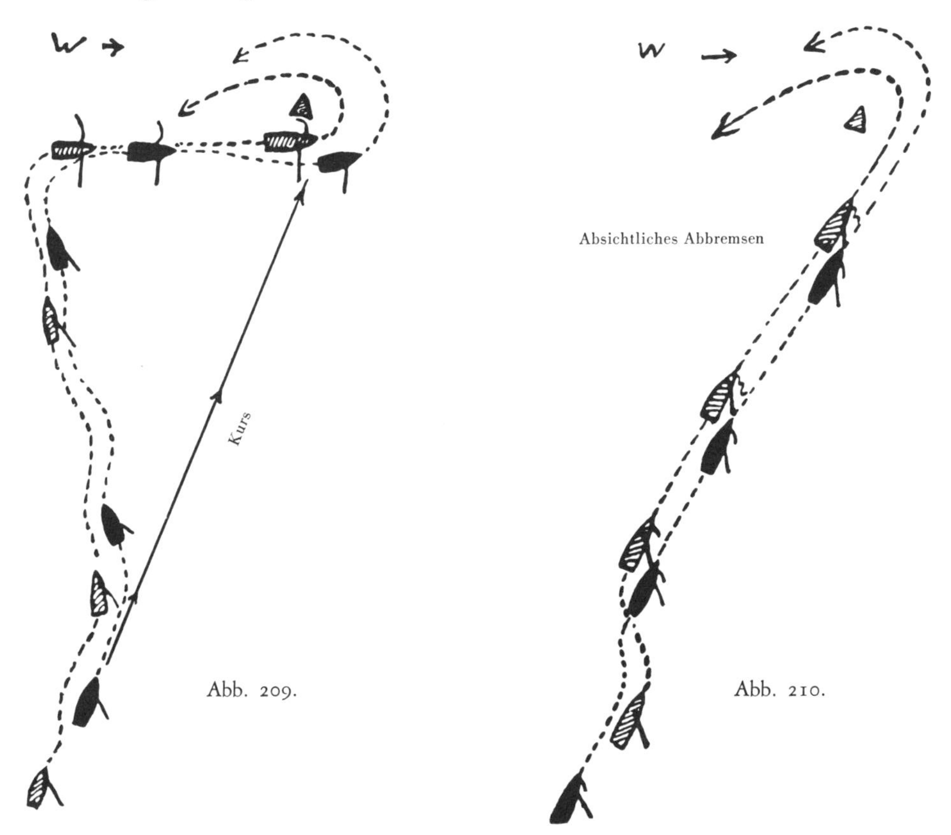

Abb. 209.

Abb. 210.

Eine andere ausgezeichnete Art der Abwehr, z. B. ein *schon vorgeschrittenes Luvingmatch* noch zu retten, ist die folgende: Man weiß, daß nicht auf dem raumen Kurs oder beim Luven die Gefahr droht, sondern daß man bei der gezwungenerweise darauffolgenden Vor-Wind-Strecke zugrunde geht. Es gilt, den Spinnaker im geheimen vorbereiten, um ihn beim Abdrehen nach Lee *sofort* stehen zu haben. Der Verfolger, der mit dem Luven so beschäftigt ist, denkt an das kommende Spinnakersetzen überhaupt nicht, und während er ihn dann erst etwas später hochbekommt, ist man ihm möglicherweise schon unter den Fingern davongerutscht.

Nun wollen wir uns noch folgende Situation vor Augen führen: Gesetzt den Fall, wir befinden uns auf dem weißen Boot in Außenposition kurz vor dem Bojenrunden, in Skizze A, Abb. 211, gekennzeichnet. Wir sind so nahe an die Boje herangekommen, daß es für ein Luvingmatch zu spät ist, bzw. die Wettsegelbestimmungen dies nicht mehr gestatten. Unser Gegner hat Innenposition und überlappt. Skizze A zeigt uns, wie wir die Situation gewinnen können, Skizze B, wie es im allgemeinen gemacht wird, was zum Verlust der Stellung führt. Die Führung nämlich läßt sich nur dadurch retten, daß wir unserem Gegner auf sein Verlangen hin *nur so viel Platz geben, als er unbedingt haben muß.* Wir halten uns ganz dicht an ihn in seinem Lee. Hiedurch verkürzt sich unsere Kurve; unsere Führung wird zwar immer noch um einige Meter

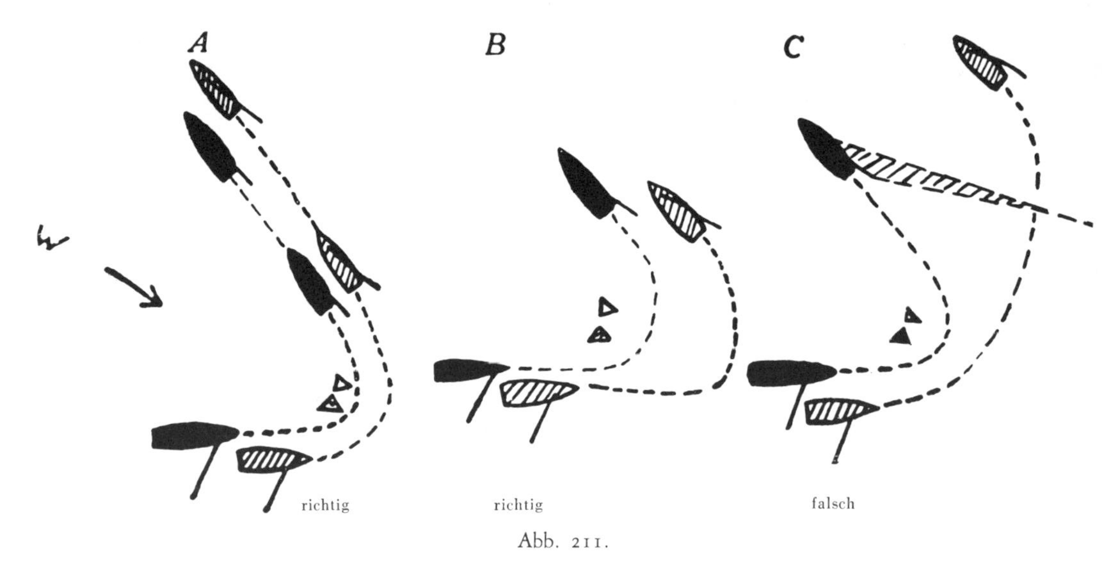

Abb. 211.

verringert, aber nicht so viel, daß es uns nicht doch noch gelänge, die «Sichere Leestellung» nach dem Bojenrunden zu erreichen und zu halten. (Siehe auch Abb. 212.)

Skizze C unterscheidet sich von den beiden vorhergehenden nur dadurch, daß das Ausmaß der Ueberlappung größer ist, wodurch alle Gegenmaßnahmen im Augenblick unmöglich gemacht werden. In diesem Fall bleibt nichts anderes übrig als abzufallen und größtmögliche Fahrt zu laufen, was gelegentlich einen erfolgreichen Durchbruch in Lee noch gelingen läßt.

Als Ergänzung dieser Angriffs- bzw. Abwehrmethoden möchte ich es nicht versäumen, auch einige Regattawitze oder Gemeinheiten, wie es der Gegner nennen würde, zu erwähnen, die man kennen muß, um nicht darauf hereinzufallen.

Als ich noch ein ganz braver kleiner Segler war, der die Hauptregeln, wie z. B. «*Luv*» ist da, wo die *Luft* herkommt und «*Lee*» ist da, wo sich's *legt,* bereits kannte, fuhr ich einmal als Mannschaft bei einem berühmten, norddeutschen Regattasegler. Der hatte so seine Tricks, wie er es nannte, und mir ist besonders eine Regatta unvergeßlich geblieben: Es war auf einer nationalen Binnenjolle — wir kamen in dichtem Rudel vor Wind an einer Boje an und das Rundungsmanöver sollte losgehen. Das Gesicht meines Steuermanns hatte plötzlich einen unzufriedenen Ausdruck, und er schien

Abb. 212. Nr. 37 bleibt dadurch in Führung, daß es dicht in Lee des Gegners rundet und die «Sichere Leestellung» wirken läßt.

keineswegs sehr ergötzt von der momentanen Lage. Ich hörte ihn murmeln: «Verfluchtes Gemüse, mit der *Ueberlappung* ist es nichts!» Und dennoch — was kam? Wie von einer Kugel getroffen fing er plötzlich zu brüllen an: «Wollen Sie Raum geben!» Den Steuermann des vor uns liegenden Bootes — ein kleines schmächtiges Männchen — hatte es bei der Entladung meines Kapitäns fast nach Lee hinuntergeweht. Dem Zwang gehorchend, nicht dem eigenen Triebe, machte dieser erschrocken Platz und mein Capitano schob sich schmunzelnd zwischen Boje und die anderen Boote. — Wir lagen vorne! Umgekehrt wie beim Gewitter kam hier der Donner zuerst — und dann kam der Blitz! — Unser harmloser Konkurrent, der nun hinter uns zu liegen kam, fuhr, wie von einer Bremse gestochen, in die Höhe und zwitscherte zu uns herüber: «Verfluchter Kerl, wie kannst du Raum verlangen, wenn du kein Recht dazu hast?» Da fing mein dicker Capitano fast zu weinen an vor Freude: «Ich habe ja nicht Raum verlangt, ich habe Sie ja nur *gefragt:* Wollen Sie Raum geben?»

Das war so eine Tragikomödie, und hätte unser machtloser Gegner geahnt, daß sich gleich wieder so etwas ereignen werde, ich glaube, er wäre vor Wut schon jetzt ins Wasser gesprungen! — Wir liefen Steuerbordbug, und wie es so passieren kann, hatte sich mein Führer bald darauf ein wenig verkreuzt — was er mit «Malefizpech» bezeichnete. Unser komischer Konkurrent lag uns schon wieder in Luv und auf gleichem Buge mit uns laufend. Mein Führer rutschte wieder auf seinem gut vermessenen Hosenboden hin und her und ich ahnte, es komme was Großes. Da ruft er plötzlich die Konkurrenz an: «*Obacht, ich wende!*» Welch ein Gentleman, muß sich der kleine Giftpilz gedacht haben und ging pflichtgetreu auf den anderen Bug, wozu er ja gezwungen war, da wir sonst mit Vornehmem Bug ihn gerammt hätten. Wieder fing mein Führer an zu schmunzeln und lachte: «Der Kleine ist schon wieder auf mich reingefallen — denn — *ich wende nicht!*» Wie es dem anderen erst zum Bewußtsein kam, daß er ganz unzweckmäßig einen ungünstigen Schlag gemacht hatte, schrie er uns an: «Warum wenden Sie denn nicht?» Antwort unseres Kapitäns: «Ich habe es mir anders überlegt.»

Mein Capitano aber unterrichtete mich mit ernster Miene: «Das war noch anständig von mir — ich hätte ihn auch rammen können, ohne ihm davon was zu erzählen!» Und da soll man nicht sagen: Segeln verdirbt den Charakter!

Und noch ein letztes kleines Erlebnis: Es ereignete sich während eines Jollen-Länderkampfes auf einem österreichischen See. Entgegen allen Erwartungen wehte es mit einer Windstärke von ca. 10 m/sec. Die österreichische Mannschaft von drei Mann war zu leicht, und der Steuermann war bemüht, einen schweren dritten Mann zu finden. In Ermangelung eines Seglers entschloß er sich, einen Nichtsegler, der jedoch den Vorzug erheblichen Umfanges hatte — er wog annähernd drei Zentner — mitzunehmen. Ich riet der Mannschaft, vor dem Rennen mit ihrem dritten Mann — er war Wirt von Beruf — doch noch einige Schläge zu machen, und es war lustig, die Kommandas mitanzuhören: «Setzen sie sich hierüber — setzen sie sich dahin usw.» Die Regatta begann — das österreichische Boot lag in Führung vor mir und machte dank des dicken Wirtes glänzende Fahrt. Der Wind wehte sturmähnlich. Die Oesterreicher vergrößerten ihren Vorsprung. Plötzlich aber war ihr Boot nicht mehr zu sehen und tauchte bald darauf mit flatternden Segeln im Kreise fahrend hinter uns auf —

dann sahen wir, daß das Boot aus dem Rennen ausschied. Nach Beendigung der Regatta erkundigte ich mich bei dem österreichischen Steuermann, was denn passiert sei, und so erzählte er — immer noch ganz aufgeregt: «Stellen Sie sich vor, das Boot lief dank dem großen Gewicht unseres dritten Mannes wie ein Dampfschiff — da bemerkte ich eine sehr starke Böe, die auf uns zukam. Um das Boot halten zu können, legte ich mich weit hinaus und rief meiner Mannschaft zu: *,Raus!'* — Was glauben Sie, was da passiert? — Unser dritte Mann springt kurz entschlossen über Bord. Er hatte mich mißverstanden, der Idiot, und so mußten wir ihn auffischen und damit war das Rennen verloren.»

Auf raumem Kurs

Auch hier unterscheiden wir die Technik von der Taktik. Wenn wir allein und ungestört segeln können, arbeiten wir nur mit der Technik des schnellsten Fahrens, stehen wir jedoch im Kampf gegen andere Boote, spielt die Taktik die erste Rolle, und unser Kurs richtet sich ganz nach der Konkurrenz und ist so mehr oder weniger ein vorgeschriebener.

Die Technik

Wir wollen uns denken, wir haben einen Kurs mit raumgestellten Schooten ungestört von anderen Booten abzulaufen und stellen uns die Frage: «Was läßt sich machen, um die Fahrt des Bootes auf ein Höchstmaß zu bringen?»

Die alte Schule lehrte: «Kursfahren!», was bei unseren früheren Bootkonstruktionen und der gemütlichen Art des Segelns sicher nicht zu verwerfen war. Die neue Schule aber sagt: «Lieber heimfahren als Kurs fahren!» Dies gründet sich auf folgende neue Technik, die ihren Ursprung in den guten Am-Wind-Eigenschaften der modernen Boote hat.

Die Regel lautet: «*Falle mit den Böen ab und luve in den Windpausen an!*»

Das soll heißen, daß man mit jeder Böe nach Lee wegdrückt, um dann bei ihrem Nachlassen wieder um so höher laufen zu können. Diese Art, einen Raumkurs zu steuern, ist bei jeder Windstärke anwendbar, zeigt jedoch besonders bei starkem Wind eine gewaltige Ueberlegenheit gegenüber der alten Methode. Warum wir auf diese Weise schneller vorwärts kommen, wird der Leser schon vermutet haben. Wenn wir davon ausgehen, daß unsere modernen Boote bei leichten und Mittelwinden *hart-räumlich* und *nicht* raumschoots die größte Fahrt machen, können wir daraus folgern: Bei leichtem Wind ist die Geschwindigkeitszunahme beim Hochfahren größer als bei starkem Wind (also während der Böe) die Geschwindigkeitsabnahme beim Raumfahren. Damit soll gesagt werden: Während wir nach der alten Schule mit unseren neuen Booten bei geradem Raumschootkurs ständig auf einem relativ langsamen Kurs laufen, gewinnen wir durch das Schlangenlinienfahren an Geschwindigkeit, indem wir durch das Abfallen in der Böe so gut wie nichts verlieren, da das Boot bei dieser Wind-

Abb. 213. Durchbruch in Luv.

stärke sowieso nicht schneller als eine gewisse Höchstgeschwindigkeit laufen kann. Läßt aber nun die Böe nach, so geben wir dem Boot durch das Anluven, d. h. durch den schnellsten Kurs, hart-räumlich frisches Leben und laufen trotz des schwächeren Windes immer noch gesteigerte Fahrt. Das «Kurs steuernde Boot» hingegen klebt während der Böenpause und springt erst wieder mit der nächsten Böe an.

Der zweite wesentliche Vorteil dieser Technik ist der, daß wir, mit der Böe abfallend, *länger* in ihrem *Wirkungsbereich* bleiben, die nächste Böe aber auch wieder *früher* bekommen, indem wir ihr während der Windpause entgegenlaufen.

Zu diesen zwei Hauptgründen kommt *bei sehr starkem Wind* noch folgendes dazu: Stellen wir uns vor, eine schwere Böe fällt ein. Würden wir nun luven oder Kurs fahren, so würde sich das Boot stark weglegen, womöglich von selbst in den Wind laufen, dadurch wird dieses stark abgebremst. Nach der Böe fiele es dann wieder ziemlich vorwindlich auf den Kurs zurück und würde in dieser Stellung wiederum schlechte Fahrt machen. Nach unserer Methode aber fieren wir die Schooten *weit ab,* fahren das Boot *möglichst aufrecht* und lassen es vorwindlich wie einen Pfeil schießen. Wir forcieren es gleichsam! In den Böenpausen wird dann durch den weiteren Vorteil des Luvens (wodurch das Boot wiederum schneller läuft) die verlorene Höhe zurückgewonnen.

Sei es aber, daß der Wind nicht bögig, sondern ganz gleichmäßig weht: hier dürfen wir ausnahmsweise annähernd *Kurs fahren;* obwohl ich auch jetzt eine ganz weiche, kaum sichtbare Schlangenlinienbahn vorziehe, da man durch das jeweilige vorsichtige Luven die Geschwindigkeit zu steigern vermag und diese Beschleunigung auch bei dem darauffolgenden Abfallen noch eine Zeitlang nachwirkt.

Wir kommen nun zur zweiten Regel für den Raumschootkurs, welche lautet:

a) «*Fahre das Boot so aufrecht als möglich!*» (Jollen.)

b) «*Gewicht etwas nach achtern!*»

Außer bei ganz leichtem Wind sind alle Boote, die kleinen wie die großen, ganz gerade zu fahren. Wir werden also bei starkem Wind lieber das halbe Segel killen lassen und dabei das Boot aufrecht fahren, als es durch die ganze Kraft des Segels stark wegzulegen. Dies ist besonders bei den ranken Jachten (Meter-Booten) ein Punkt, der vielfach verfehlt wird. Um über die *Nachteile der schrägen Lage eines Bootes* einen richtigen Begriff zu bekommen, der in Fleisch und Blut übergehen muß, zähle ich schon hier die wichtigsten auf:

1. Der Bootkörper als solcher kommt in den meisten Fällen auf eine konstruktiv ungünstigere Wasserlinie. Ausschlaggebende Momente sind also die ungünstigere Form des Bootkörpers, die größere benetzte Fläche, die Asymmetrie des sich im Wasser befindlichen Bootrumpfes, bei dem sich der vordere Teil der angenäherten Stromlinienform nach Luv, die hintere Spitze derselben nach Lee verschiebt. (Dadurch entsteht auch die Luvgierigkeit!) Schleppversuche, welche auf der Havel vorgenommen wurden, haben bewiesen, daß sämtliche Boote gekrängt schwerer zu schleppen waren als aufrecht.

2. Es entsteht am Wind durch die Neigung des Segels aus seiner vertikalen Stellung eine Kraftdruckkomponente nach *unten.* Diese gegen das Wasser zu umgesetzte Kraft des Windes drückt den Bootkörper nur tiefer ins Wasser und vermehrt so sein Deplacement und damit auch den Bootwiderstand um ein beträchtliches.
3. Es zieht das Segel nicht mit seiner ganzen Fläche, sondern mit der Projektion der Fläche, die bei Lage kleiner ist.
4. Das Segel kommt tiefer. Vor Wind wie auch raumschoots wird der der Wasseroberfläche genäherte Teil des Segels (hängender Großbaum) zum Teil vom Boot abgedeckt und ist außerdem durch die in der Nähe des Wassers stark verlangsamte Windgeschwindigkeit beeinträchtigt (siehe Kapitel Wind).
5. Die Wölbung des Segels verliert ihren Vorteil, indem z. B. am Wind der Windeinfall nicht mehr in der Richtung der Wölbung von vorne nach hinten, sondern zum Teil über den Großbaum nach oben hinziehend stattfindet.
6. Das Boot treibt ab, weil das Schwert bei Lage des Bootes in seiner Wirkung einbüßt.
7. Das Steuer wirkt nicht mehr dem Druck an der Pinne proportional, sondern bei zunehmender Neigung des Bootes weniger. An Stelle der Drehwirkung tritt jetzt Bremswirkung auf; bis bei 90 ⁰ die Steuerwirkung überhaupt aufhören würde, da seine ursprünglich zur Horizontalen senkrechte Achse kein drehendes Moment mehr in dieser Ebene besitzt. (Man müßte denn ein Steuer konstruieren, das trotz der Bootlage stets vertikal stünde.)
8. Das Boot wird durch die unter 1 angeführten Momente *luvgierig,* was wiederum vom Steuer auf Kosten der Geschwindigkeit bekämpft werden muß.

Nur zwei Gründe können den Führer veranlassen, sein Boot etwas zu legen:

1. Wenn er bei ganz flauem Wind dem Segel mehr Ruhe verleihen und die Fock beim Auswehen unterstützen will, und wenn die benetzte Fläche bei aufrechter Lage sehr groß ist (z. B. bei den scows).
2. Wenn der Bootkörper bei Lage die Wellen weicher nimmt. (Lange Ueberhänge — toter Wellengang; lebendes Gewicht dann nach Lee oder sogar auf den Bug des Bootes.)

Von der *Gewichtsverteilung* wissen wir, daß diese möglichst nach *achtern* zu legen ist, da alle Boote raumschoots kopflastig werden.

Die Schwertstellung

Die Aufgabe ist einfach: Fahre so wenig Schwert im Wasser als möglich; jedoch darf das Boot unter keinen Umständen abtreiben.

Während die Mannschaft ständig je nach dem momentanen Windeinfall (bzw. Kurs) die nötige Schwertfläche einstellt, muß der Führer immer wieder von Zeit zu Zeit mit dem Lande eine kurze Peilung vornehmen, um festzustellen, ob das Boot nicht seitlich abgleitet. Selbst das geringste seitliche Abrutschen bedeutet einen Schaden, der allgemein sehr unterschätzt wird.

Die nötige Schwertfläche nun — also ob wir mehr Schwert oder weniger geben müssen — ist jedoch nicht nur vom *Kurs,* sondern auch von der *Geschwindigkeit* abhängig, mit der die Fläche im Wasser bewegt wird. Bei einem schneller fahrenden Fahrzeug treffen in einer gewissen Zeit mehr Wasserteilchen auf die Schwertfläche auf als bei einem langsam fahrenden. Wie wir ja auch wissen, daß das Wasser um so härter wird, je schneller man es berührt, da die Wasserteilchen eine gewisse Zeit brauchen, um den Druck auszuweichen. Rechnerisch ausgedrückt, der Widerstand wächst im Quadrat der Geschwindigkeit. Am augenfälligsten wird diese Erscheinung, wenn man z. B. von einem mit großer Geschwindigkeit dahinfahrenden Rennmotorboot die Hand ins Wasser hält. Man wird dieses Experiment jedoch nur einmal anstellen, denn die Hand kann durch den enormen Wasserwiderstand sogar verletzt werden.

Aus diesen Betrachtungen folgt: «Je größer die Geschwindigkeit des Bootes — desto weniger Schwert ist notwendig!»

Dementsprechend sollte das Schwert eigentlich mit jeder Böe — wie dies bei den Schooten der Segel der Fall ist — bedient werden. Ob man sich diese Mühe machen will, bleibt jedem einzelnen selbst überlassen. Der Grund, warum wir so großen Wert darauf legen, das Schwert raumschoots so wenig wie nur möglich im Wasser zu haben, ist jedoch nicht allein der, daß die benetzte Fläche und somit der Reibungswiderstand reduziert wird, sondern vielmehr die Tatsache, daß der Lateralschwerpunkt, also der seitliche Stützpunkt des Schwertes durch das Aufhissen *nach achtern wandert,* wodurch die *Luvgierigkeit* des Bootes *vermindert,* meistens sogar ausgeglichen wird. Daraus wiederum geht hervor, daß wir besonders bei luvgierigen Booten unser Augenmerk auf genügendes und frühzeitiges Hochziehen des Schwertes zu richten haben. Analog muß bei großem Vorsegel etwas mehr Schwert im Wasser stehen.

Die Segelstellung

Wie schon an früherer Stelle erwähnt, bestehen zwei Ansichten. Die einen fahren das Segel so, daß es *gerade* noch voll steht; die anderen fahren es etwas dichter. Solange das Boot ausbalanciert, d. h. gerade gefahren werden kann, stehe ich auf dem Standpunkt, den ich im theoretischen Teil vertreten und auch nachgewiesen habe, daß nämlich jede Segelform zur Erzielung einer Maximalkraft einen anderen Windeinfallwinkel benötigt, und daß dieser vom Seitenverhältnis abhängig ist. Aus den Versuchen haben wir gesehen, daß wir ein hohes, schmales Marconisegel loser fahren dürfen (ca. 20 °), da dieses einem Windeinfallwinkel von 22 ° seine Höchstleistung bietet, während wir bei der niederen, breiteren Gaffeltakelage dichter nehmen müssen (ca. 35 °), da diese bei 38 ° Windeinfallwinkel den größten Druck entwickelt.

Das Geheimnis der Raumschoottechnik liegt in der Erzielung eines kontinuierlichen Stromes im Lee des Großsegels, d. h. es muß unter allen Umständen vermieden werden, daß die Stömung abreißt.

Wenn wir vor dem Wind segelnd langsam anluven, bemerken wir, daß in einem ganz bestimmten Augenblick die Bootgeschwindigkeit erheblich zunimmt. Dies tritt in dem Moment auf, in dem die Wirbel im Lee des Großsegels verschwinden und die Windfäden sich ungebrochen am Segel anlegen. Normalerweise tritt dieser Idealzustand nicht raumschoots, sondern erst bei halbem Winde (schnellster Kurs!) ein. Nun erst zieht das Vorsegel auch mit seiner rückwärtigen Fläche und ermöglicht die erwünschte Düsenwirkung.

Auf raumem Kurs ist es der Kampf mit der Windströmung, welcher das Rennen entscheidet, und derjenige Steuermann, dem es gelingt, das Abreißen der Strömung im Lee des Segels zu verhindern, ist den andern überlegen.

Der Umstand, daß am Wind und bei halbem Wind die Strömung und Düsenwirkung erhalten bleibt, während dies raumschoots nicht der Fall ist, ist nicht nur in technischer, sondern auch in taktischer Hinsicht von größter Bedeutung.

Die beliebten «Leestarts» mit dichten Schooten bei Raumschoot- und Vorwindkursen sind hierfür ein typisches Beispiel.

Aus demselben Grund fällt der erfahrene Steuermann mit der Böe ab (da das Boot jetzt ohnehin schnell genug fährt) und luvt mit Nachlassen der Böe an, um durch Anspringen der Düse die Fahrt neuerdings zu steigern.

Mancher Segler wird sich des Falles erinnern, bei dem ihm auf Vorwind-Kurs der in Lee gelegene Gegner davonlief, weil er seine Schooten dichter nehmen konnte. Auch hier sind der Stömungsverlauf am Segel und die Düsenwirkung maßgebend. Der erwähnte Fall ist in Abbildung 214 angedeutet. Es kann kein Zweifel darüber bestehen, welches der beiden Boote die Boje zuerst erreicht. Boot B natürlich!

Abb. 214.

Bei *leichtem* Wind kann das Verhältnis der beiden Geschwindigkeiten sogar durch folgende Gleichung veranschaulicht werden: Abstand nach Lee = Vorsprung, d. h. der am Ende des Kurses erreichbare Vorsprung entspricht etwa der Distanz, um die man anfänglich *im Lee* vom Gegner lag.

Die Verhältnisse ändern sich natürlich mit zunehmender Windstärke und sind bis zu einem gewissen Grade auch von der Bootform abhängig. Je schneller der Boottyp, desto größer ist die Möglichkeit, die Geschwindigkeit zu steigern und desto vorteilhafter wirkt sich die Düsenwirkung aus.

Auf raumem Kurse dürfen die Schooten nicht eine Sekunde still stehen. Der Vorteil der «beweglichen Schooten», die die nötige *Feineinstellung* des Segels ermöglichen, liegt ferner noch in einem Punkt, der wohl den meisten unbekannt sein dürfte. Der *Maximaldruck im Segel nämlich wird nie nach erfolgtem Abfieren, sondern nach erfolgtem Dichtholen erreicht.*

Folgender Windkanalversuch möge diesen Satz verständlich machen:

Eine quadratische Fläche z. B. entwickelt ihren größten Druck zwischen einem Anstellwinkel zum Wind von 38 und 42^{0}. Je nachdem aber, ob man sich diesem kritischen Winkel, von kleineren oder größeren Winkeln ausgehend, nähert, resultiert ein verschieden großer Maximaldruck.

Stellt man eine Fläche zuerst in den Wind, d. h. so, daß sie parallel zur Windrichtung steht ($\alpha = 0^{0}$), und vergrößert man nun den Anstellwinkel langsam, so erreicht man z. B. im Bereich von 38—42^{0} den größten Druck. Nach Ueberschreitung dieses Anstellwinkels fällt der Druck rapid ab!

Beginnt man den Versuch jedoch, indem man die Fläche quer zur Windrichtung einstellt ($\alpha = 90^{0}$), so kann man den Anstellwinkel auf 42 oder 38^{0} verkleinern, *ohne* daß jedoch dasselbe Druckmaximum erzielt wird.

Stellt man in einem dritten Versuch die Fläche von 40^{0} ein und stellt erst jetzt den Luftstrom im Windkanal an, so kann entweder ein hoher oder niedriger Druck resultieren.

Dieselben Gesetze gelten für gewölbte Flächen mit einem Seitenverhältnis von 2 : 1 oder 3 : 1 bei Anstellwinkeln zum Wind zwischen 15 und 20^{0}.

Beziehen wir diese Resultate auf unsere Segel, so verstehen wir jetzt, daß die erreichbare Kraft im Segel trotz gleichem Anstellwinkel zum Wind größer ist, wenn wir die Segelstellung durch Dichtholen statt durch Fieren der Schooten erreichen. Um die größtmögliche Kraftentwicklung auf raumem Kurse zu erreichen, fieren wir das Segel des öfteren etwas weg, um sicher zu sein, daß der Strom ungebrochen arbeitet, und «biegen» diesen dann mehr und mehr (wodurch der Druck zunimmt) durch Anholen der Schooten. Dieses Manöver wird öfters wiederholt. Man fühlt sich sozusagen an den Winkel größten Drucks heran. Bricht die Strömung im Lee des Segels ab, sinkt der Druck ebenso plötzlich; und der einzige Weg, auf dem wir die maximale Kraftentwicklung wieder erreichen können, ist Abfieren der Schooten weit über die kritischen Winkel hinaus mit nachfolgendem Dichternehmen.

Besonders bei ganz leichtem Wind bewährt sich diese Technik der Schootenführung. Man läßt das Segel vor dem Einfall eines Windhauchs mehr als nötig hinaus, um es *mit* dem Einfall der Böe dichtzunehmen. In gleicher Weise bewerkstelligt man das *schnelle Anspringen* einer Jacht. Man luvt im Halbkreis an und nimmt dabei die Schooten dichter. Die Schwierigkeit liegt, wie erwähnt, darin, einerseits mit der Segelstellung diesseits der kritischen Winkel zu bleiben, anderseits aber so nahe als möglich an diese heranzugehen, um das Maximum der Kraftentwicklung zu erreichen. Ein erfahrener Segler «fühlt» es, wenn der Strom abgerissen ist, und weiß, wann er durch Abfieren und darauffolgendes Dichternehmen der Schooten die Strömung wieder «reparieren» muß. Er ist dadurch auch in der Lage, den raumen Kurs mit *viel dichteren Schooten* (Vor- *und* Großsegel) abzufahren als der Durchschnittssegler, der sich verständlicherweise an die alte Regel hält, die Segel so weit als möglich abzufieren, solange sie noch nicht killen.

Wer es versteht, auf raumem Kurse *mit Düse zu fahren,* läuft der Konkurrenz auf und davon.

Eine Ausnahme in der gesamten Segelstellung macht *der* Fall, daß der Wind in seiner Richtung dermaßen von hart auf halb- oder raumschoots herumspringt, daß man nicht mehr weiß, was man mit den Segeln anfangen soll. Wie man bei den auftretenden Puffböen das Segel vor dem Einfallen derselben, also noch während der Windruhe, möglichst weit abgefiert hat (damit man es nicht während der Böe fieren muß) und es dann beim Eintreffen des Windes dichter holt, so soll man das Segel bei einem Wind, der von hart auf raum hin- und herspringt (Wirbelböen), in Raumschoots-Stellung und nicht in Hart-Stellung einstellen; denn es ist besser, den räumlich einfallenden Teil der Böe einzufangen, da die Dauer sonst nicht ausreicht, um das Boot zum Anspringen zu bringen.

Eine häufige Frage in bezug auf die Führung der Pinne bei Wellengang ist die: Soll man gegen das Gieren des Bootes mit dem Steuer ankämpfen oder nicht? Meine Erfahrung geht dahin, daß man mit aller Gewalt das Boot auf Kurs halten muß, es also nicht gieren lassen darf, da dieses sich sonst vorübergehend mit seiner ganzen Breite gegen die Wassermassen anstemmt. Wenn der Wellengang seitlich von achtern kommt, ist es vorteilhaft, jedesmal *mit der Welle in ihrer Richtung etwas abzufallen.*

Der Vorschootmann stellt auf kleinen Booten den lebenden Ballast dar und muß das Boot ausbalancieren; er hält es ständig durch weiche, aber schnelle (nicht plötzliche!) Bewegung aufrecht und arbeitet eventuellem Schwanken entgegen; er soll sich nicht erst, wenn die Böe eingesetzt hat, hinauslegen, sondern muß bei ihrem Einfall bereits draußen liegen. Je mehr die Kursart nach halbem Wind bzw. am Wind neigt, je eher darf das Boot etwas gelegt werden (15 ° zirka).

Bei sehr starkem Wind ist es auf Jollen bei raumen und Am-Wind-Kursen zweckmäßig, das Boot durch vorzeitiges Hinauslegen der Manschaft *vor* dem Einfallen der Böen nach Luv zu legen. Wir nennen das «Vorlage». Die Böe hebt dann das Boot zuerst an, wodurch es schneller anspringt, und legt es erst dann schief, wobei die Endlage geringer ist, als wenn das Boot schon in Schräglage von der Böe erfaßt wird.

Die Taktik

Der Kampf auf raumem Kurs ist verhältnismäßig einfach, da wir nicht mit so vielen Möglichkeiten zu rechnen haben wie im Kreuzkurs, und mit einer einzigen Taktik uns einerseits als führendes Boot schützen können, anderseits auch im Angriff nur zwei Arten der Offensive kennen.

Auch raumschoots ist es erstaunlich, wie schwer wir ein voranliegendes Boot überholen können, und die Ursache hiefür scheint, da wir in der Luft hier nicht von einer wesentlichen Störung reden dürfen, in erster Linie im *Wasser* zu liegen. Wir finden es besonders hier bestätigt, wie schwer es ist, die Bug- und Heckwellen des voranfahrenden Fahrzeuges zu durchbrechen, und ich glaube, ihre bremsende Wirkung sei nicht zu überschätzen.

Die Taktik der Abwehr

lautet: «*Lege den Verfolger stets ins Kielwasser!*» So läuft er im gestörtesten Wasserbereich; sollte er in Lee vorbei wollen, können wir auf ihn abfallen (soweit dies mit dem Kurs vereinbar, bzw. durch die Wettsegelbestimmungen erlaubt ist) und ihn abdecken; sollte er in Luv angreifen, liefern wir ihm ein Luvingmatch und haben die «Hoffnungslose Stellung», im ungünstigsten Fall die «Sichere Leestellung» noch in Händen. Auf diese Weise liegt der Konkurrent zwischen unserem Wellenfächer (siehe Abb. 215 A).

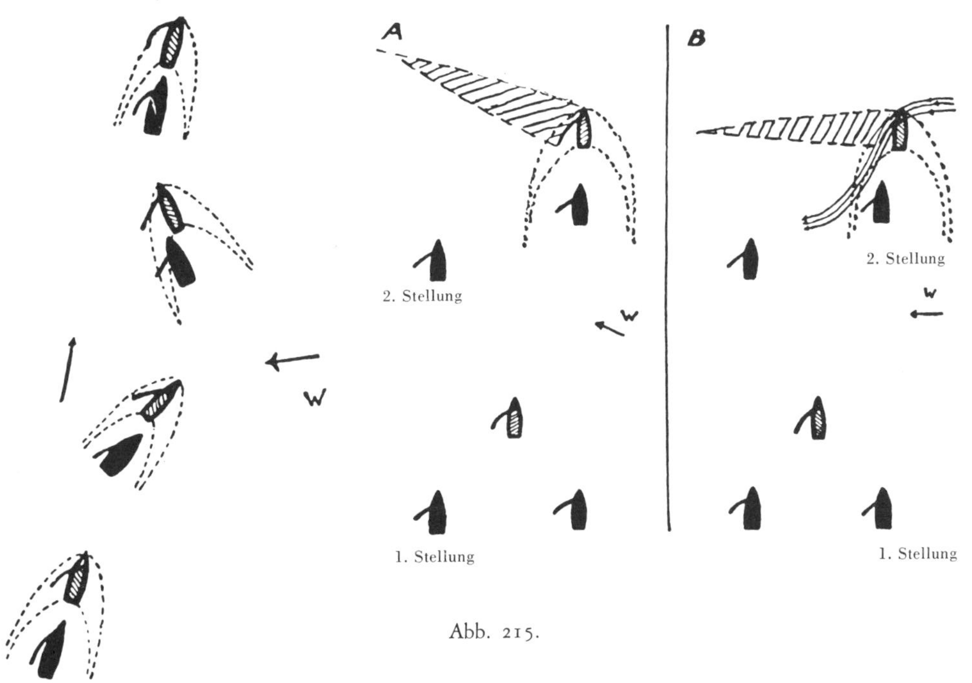

Abb. 215.

Wir parieren also jeden Angriff des auflaufenden Gegners, indem wir alles gleichzeitig mit ihm mitmachen; wir dürfen daher den Angreifer keine Sekunde aus den Augen lassen, denn — ein unbeobachteter Augenblick — die Konkurrenz fällt stark ab und bricht in Lee durch oder luvt an und nimmt uns unter die Segel, bevor wir es verhindern können. Manche Führer ziehen es auch vor, sich von der Mannschaft über den Kurs des Gegners unterrichten zu lassen, um so der Führung mehr Aufmerksamkeit widmen zu können.

Bei einer *größeren Anzahl von Angreifern* richtet man sich, wie beim Kreuzkurs, nach *dem* Konkurrenten, der am nächsten liegt, d. h. man steuert Mitteltheorie und nähert sich kampffertig jeweils der Seite, die aufzurücken scheint (Abb. 215, 1 und 2).

Die Halbwind-Taktik (Abb. 215 B) unterscheidet sich vom Vorhergehenden nur dadurch, daß man sich im allgemeinen ein wenig mehr nach Luv legt, um bei einem eventuellen Spitzerwerden des Windes Reserve-Höhe zu besitzen. Auch spielt hier die Windablenkung eine größere Rolle. Aus dem eben erwähnten Grunde, dem eventuellen Spitzerwerden des Windes, fährt man jeden Halbwind-Kurs bzw. Am-Wind-Kurs niemals gerade, sondern *stets im Bogen* ab, indem man sich zeitig *Reservehöhe* nimmt, um

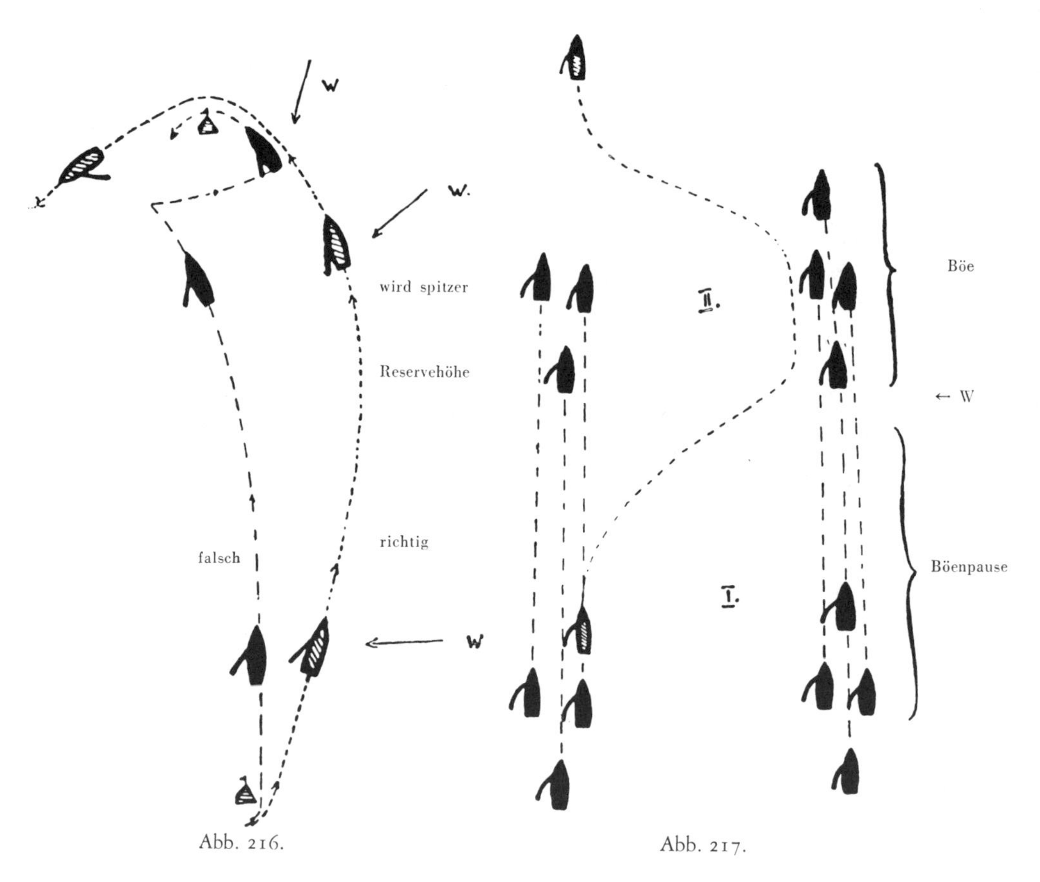

Abb. 216. Abb. 217.

gegebenenfalls bei Schralen des Windes die Wendemarke doch noch anliegen zu können (Abb. 216).

Bei leichten Winden gilt auch hier, wie immer wieder, der Spruch: «Laufe nie dem Glück nach — entdecke es zuerst!» Wenn z. B. bei flauen Brisenwinden die in Luv laufenden Boote mit einem Windstrich davonziehen, soll man nicht etwa jetzt anluven und zu ihnen hinüberlaufen — dadurch kommt man *sicher hinter* sie zu liegen. Man soll abwarten, bis der Windstrich auch nach Lee durchkommt; wenn dann die Leeflotte zu laufen anfängt, hat die Luvflotte schon wieder aufgehört, und das Gleichgewicht ist wieder hergestellt. Am vorteilhaftesten aber ist es, wenn man während der Böenpause dem Wind entgegen nach Luv läuft und dann beim Eintreffen der Böe mit dieser nach Lee fällt; man läuft so zuerst mit den einen, dann mit den anderen! (Siehe Abbildung 217). Dies entspricht zwar der Raumschoots-Taktik im allgemeinen, nur daß die Kursänderungen hier viel ausgesprochener sind, da es sich um die Ausnützung von über das Wasser dahinziehenden Brisenstrichen handelt und nicht um einzelne Böen. (Abb. 217 ist bewußt etwas übertrieben gezeichnet.)

Das allbekannte Abwehrmittel auf Raum- und Halb-Wind-Kursen ist, wie bereits erwähnt, das *Luven,* des Kampfes Höhepunkt.

Abb. 218. Das rückwärtige Boot greift richtig an.

Das Luvingmatch

Wenn es auch ziemlich originell aussieht, wenn zwei Boote in den gelungensten Richtungen Solofahren unternehmen und sich bis zur Verzweiflung vom Kurse abluven, so verliert doch gerade diese charakteristische Kampfart ihren Reiz für den Spezialisten, da er weiß, daß das *Leeboot das Luvingmatch gewinnen muß,* wenn nicht irgendein

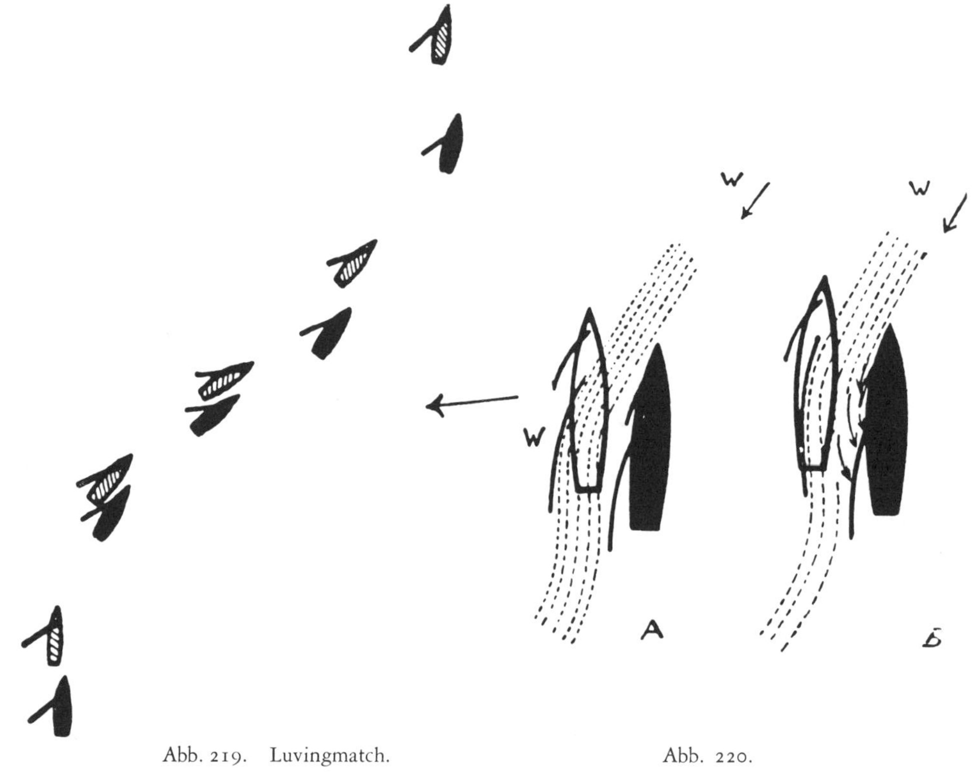

Abb. 219. Luvingmatch.

Das normale Luvingmatch

Abb. 220.

Das Luvingmatch im Stadium der «Sicheren Leestellung»
A. Normale Schootenstellung

B. Das Lee-Boot hat die Schooten überaus dicht genommen (noch wirksamer)

unverantwortlicher Fehler von seiner Seite aus gemacht wird. Damit soll jedoch nicht gesagt sein, daß man als benachteiligtes Luvboot deswegen anzunehmen brauchte, daß das in Lee liegende Boot *keinen Fehler* machen werde. Die von mir aufgestellten Regeln gelten natürlich für gleich gute Boote, wie für gleich gute Führer.

Es soll nun besprochen werden, welche Fehler vermieden werden müssen, oder anders ausgedrückt, wie gewinnt das *Leeboot* den Kampf mit Sicherheit:

1. Es muß nahe genug an den Gegner herangehen.
2. Es muß hoch genug luven, um Abdeckung auszuschließen; hingegen darf es nicht in den Wind schießen, da sonst der Schwung des Bootes (der vom Gewicht ab-

hängt) den Ausschlag geben kann. (Ein Schwerwetterboot nämlich zieht bei killenden Segeln selten den kürzeren.)

3. Die Bewegung muß weich ausgeführt werden; die Kurve darf nicht scharf oder plötzlich sein (bei Jachten).
4. Die Wirkung der Sogzerstörung ist noch dadurch zu verstärken, daß das Leeboot das Großsegel *übertrieben dicht nimmt,* sogar über die Mitte, um so den Windrückschlag noch mehr gegen das Lee (= die Saugseite) des anderen Bootes zu leiten (siehe Abb. 220).

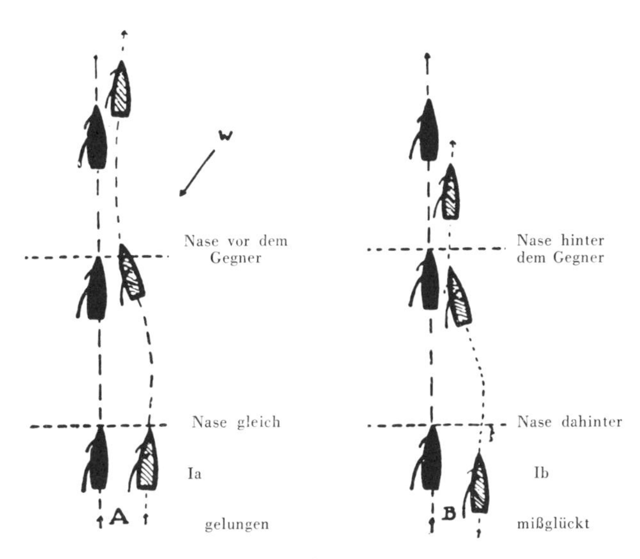

Abb. 221.

Befolgt das luvende Boot diese Ratschläge, so ist für das angeluvte Boot nicht viel zu hoffen. — Es bleiben ihm jetzt nur noch zwei Auswege, die unter Umständen versucht werden können.

Sollte es sich in Luv schon so weit vorgearbeitet haben, daß die Abdeckung jeden Augenblick beginnen muß, so kann es, um diese zu forcieren, bevor ein Rückschlag eintritt, langsam stumpfer zum Wind näher an die Konkurrenz heranlaufen (siehe Abb. 221). Dadurch gewinnt es den noch fehlenden Meter und ist soweit vorgerückt, daß es seine Nase *vor* die des Gegners bringen kann. Es deckt ab und gewinnt die Stellung! (Zeichnung A). Ist aber auch dann trotz des Abfallens diese Position noch nicht erreicht, mit anderen Worten, hat der eroberte Meter nicht genügt, um die Abdeckung herbeizuführen, dann ist das Experiment daneben geglückt und hätte nicht ausgeführt werden sollen, denn jetzt macht die «Sichere Leestellung» des Gegners ihren Einfluß geltend (Zeichnung B). Die Entscheidung, ob der Versuch glücken wird, machen wir davon abhängig: Sind die Nasen in der Anfangstellung (I a) gleich, so gewinnt man das Spiel meist. Ist man aber nur um ein kleines Stück zurück, verliert man es!

Der zweite Ausweg, der gewissermaßen als letzte hohe Karte in Händen des angeluvten Bootes bleibt, ist der, daß es durch andauerndes Sichluvenlassen bzw. Mitluven den Raumschootkurs in einen darauffolgenden Vor-Wind-Kurs zu verwandeln vermag. Ist sich das Luvboot nun dessen bewußt und hat seine Mannschaft unauffällig den Spinnaker vorbereitet, so kann es sich im Moment des Abfallens mit Vollzeug auf den Gegner werfen. Man merke sich also: bei jedem Luvingmatch von längerer Dauer *entscheidet das Spinnakermanöver* (siehe Bojerunden, Abb. 209).

Als Mahnung für das in Luv liegende Boot sei jedoch gesagt: Es darf nicht berührt werden! Die Wettsegelbestimmung besagt: «Das Leeboot darf solange luven, als es seinen Bug noch vor der Wante (Mast) des in Luv liegenden Bootes hat!» Damit aber ist ausgedrückt, daß es dann zwar nicht mehr weiter luven, *den zuletzt eingenommenen Kurs aber weiterfahren* darf. Auf dieses Recht wird einerseits von vielen anständigerweise verzichtet, anderseits neigt man leicht als angeluvtes Boot zu der Ansicht, daß man *nur solange mitluven* bzw. eine Berührung vermeiden müsse, als das Leeboot seinen Bug noch «vor» unserer Want hat. Das ist falsch, denn dieses kann uns sogar jetzt noch mit Recht rammen, indem es den vorher eingeschlagenen spitzen Am-Wind-Kurs einfach weiterfährt. Jede Berührung unter diesen Umständen schließt die in Luv liegende Jacht aus, selbst wenn sie nur mit dem Großbaum irgend einen Teil des anderen Bootes gestreift hat.

Sportsleute mögen dieser Paragraphenklauberei mit Recht kein Interesse entgegenbringen, und jeder Segler sollte sich schämen, einen Preis dadurch gewinnen zu wollen, daß er eine Ausweichregel *ausnützt.* Es sollte für einen Sportsmann verachtenswert sein, den Gegner z. B. dadurch hinausprotestieren zu wollen, daß er auf vornehmen Bug den anderen, der auf Steuerbordbug normalerweise noch vorbei käme, rammt, indem er mit einer eventuellen räumenden Böe den Gegner am Heck oder womöglich am Steuerruder berührt; ebenso niederträchtig ist es in einem Luvingmatch, eine Berührung durch *plötzliches* Luven oder Abfallen herbeizuführen.

Ich behaupte, daß ein einigermaßen routinierter Rennsegler in *einem* Rennen etwa die Hälfte seiner Gegner allein durch Protest los werden könnte, wenn er es darauf absehen würde! Man sollte Berührungsproteste, die sich auf ein Luvingmatch oder Grenzfälle des Vornehmen Bugs beziehen, von vornherein ablehnen, denn in 90% aller Fälle ist diese Berührung Absicht und in Form einer Ueberraschung ausgeführt worden. Der leitende Gedanke, der jeder Annahme eines Protestes von seiten der Schiedsrichter zugrunde gelegt wird, sollte sein: «Ist das Boot durch den von ihm vorgebrachten Fehltritt des Gegners dermaßen geschädigt worden, daß das *Resultat* des Rennens dadurch beeinflußt wurde?»

Wer aufrichtig gegen sich selbst ist, wird zugeben, daß er bei vielen selbst eingereichten Protesten moralisch im Unrecht war, und als ehrliche Menschen sollten wir es eher vorziehen, mit einem moralischen Sieg zu verlieren, als durch einen Protest zu gewinnen.

Da es aber Segler gibt, die in ihrem übertrieben ausgebildeten Gerechtigkeitsempfinden Bojenberührungen von anderen Booten sehen, die gar nicht stattgefunden haben, oder die es sogar vor sich verantworten können, *nachträglich* gegen Sieger *Vermessungs-*

proteste einzureichen, da es Segler gibt, die nicht Segelsport, sondern, die Ohnmacht ihres Könnens fühlend, Paragraphensport betreiben, so muß man leider auch gegen diese Kavaliere segeln lernen. Vor solchen Herren aber braucht man sich nicht zu fürchten, und man soll sich nicht scheuen, ihnen sofort mit «gleicher» Münze auf dem Wege des unmoralischen Rechts zurückzahlen, denn auch im gegenseitigen Kampfe mit diesen verächtlichen Waffen wird man siegen können, da der Protestverehrer immer der Unfähigere ist.

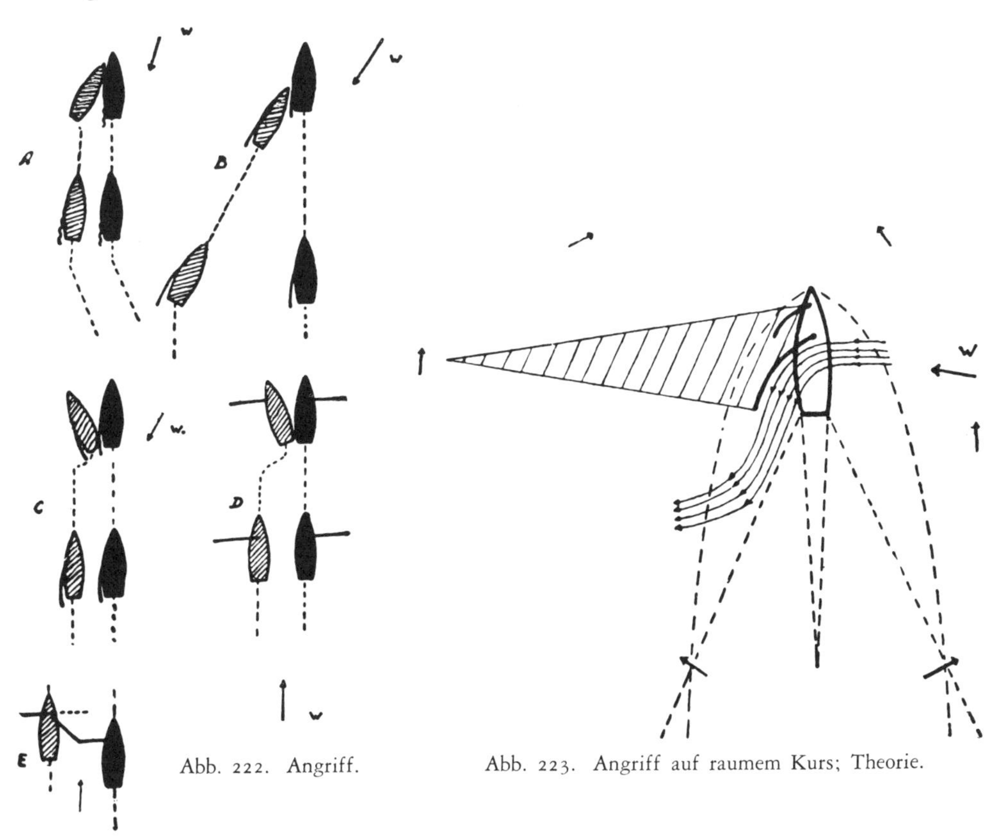

Abb. 222. Angriff.

Abb. 223. Angriff auf raumem Kurs; Theorie.

Im Anschluß daran erlaube ich mir, davor zu warnen bzw. anzuempfehlen:

Wenn in einem Luvingmatch das Leeboot durch plötzliches scharfes Ruderlegen es zu Wege bringt, den Gegner vor der Want zu treffen, «fliegt dieser hinaus», selbst wenn er mit bestem Willen mit killenden Segeln im Winde stehen sollte (Abb. 222 A).

Wenn das Leeboot schnell und übermäßig luvt, solange es den Bug noch vor der Want des Gegners hat, dann aber den eingeschlagenen Kurs hält, und so die Konkurrenz anfährt, «fliegt diese hinaus!» (Zeichnung B.)

Wenn das Leeboot plötzlich stark abfällt und dadurch den Gegner mit seinem nach Luv drehenden Heck trifft, «fliegt dieser hinaus»! (Zeichnung C.)

Wenn zwei Boote nebeneinander vor Wind ganz friedlich dahinfahren und das mit Backbord-Schooten liegende Boot plötzlich stark nach Lee bzw. außen abdreht, und den Gegner dadurch mit seinem Heck berührt, «fliegt dieser hinaus!» (Zeichnung D.)

Wenn in einem Vor-Wind-Kurse das abgedeckte Boot plötzlich die Backstag oder das Achterstag dicht nimmt und dadurch den Großbaum des Gegners, der über ihm liegt, berührt, oder durch ein Anholen des Spinnakerbaumes die Wante des Gegners streift, «fliegt dieser hinaus!» (Zeichnung E.)

Das sind nur einige Beispiele von vielen, die das gerechte Schwert zweischneidig machen können.

Nun wird der boshafte Verfasser aber die Kunst des Protestieren endgültig verlassen und wieder zu seinem Thema, der Kunst des Regattasegelns, zurückkehren:

Der Angriff auf raumem Kurs

Wie schwer es ist, ein Boot auf diesem Kurs zu überholen, wurde bereits erwähnt, und auf diese Art des Angriffs ist bei der Abwehr bereits hingewiesen worden. Wir haben den Durchbruch in Lee und den Durchbruch in Luv schon erwähnt. In Lee begegnen wir — wie uns Abbildung 223 zeigt — den Wellen, der Windablenkung und der Abdeckung. In Luv ist nur das gestörte Wasser schädlich. Daraus geht hervor, daß man im Kampfe *wohl meistens in Luv* und nur selten in Lee durchbricht. Eine Ausnahme davon macht der Fall, daß man weiter zurückliegt oder mit *mehreren* Booten im Kampfe liegt. Während sich eine Gruppe gegenseitig vom Kurse abluvt, fährt man dann am besten ganz nach Lee und läuft so den kürzesten Weg. Wie es auch sei, geht man in Lee vorbei, so ist die Mindest-Distanz vierfache Mastlänge; geht man in Luv vorbei, so muß dies auch in einigem Abstand — mindestens eine Mastlänge — geschehen, da sonst das sog. Luftkissen des anderen Bootes empfunden wird; anderseits aber auch eine eventuelle Abdeckung am schädlichsten auf diese Entfernung verabreicht werden kann (vergleiche Abdeckungsversuche). Den anfänglichen Kurs lege man möglichst in den Schnittpunkt der Bug- und Heckwellen des anderen Bootes.

Ein weiterer Grund, warum wir den Angriff auf raumem Kurs nicht im Kielwasser, sondern durch Umgehung in Luv ausführen sollten, ist folgender: Wir sind oft in der Lage, durch Kursänderung mit unserem Windschatten die Segel des Gegners zu treffen (Abb. 224 A).

Zeichnung B zeigt, wie der Angriff von Lee aus zu führen ist. Diese Methode ist außerordentlich schwierig, gelingt sie jedoch, sehr demonstrativ und befriedigend. Wie bei der Vor-Wind-Technik, welche im nächsten Kapitel beschrieben wird, arbeitet man sich langsam in günstigen Augenblicken nach Lee — während der Böen (vergleiche Position b). Man versucht sodann durch aufmerksames Segeln so nahe als möglich an die äußere Spitze des absoluten Windschattens des gegnerischen Bootes zu kommen. Die Schwierigkeit liegt darin, daß nur der erfahrene Segler weiß, wann er diese gefährliche Zone erreicht hat. Nun ist der kritische Moment zum Handeln gekommen, und die nächste Minute entscheidet darüber, ob der Durchbruch geglückt oder mißglückt ist. Wir luven, nehmen die Segel dichter und legen das Boot auf schnellsten Kurs,

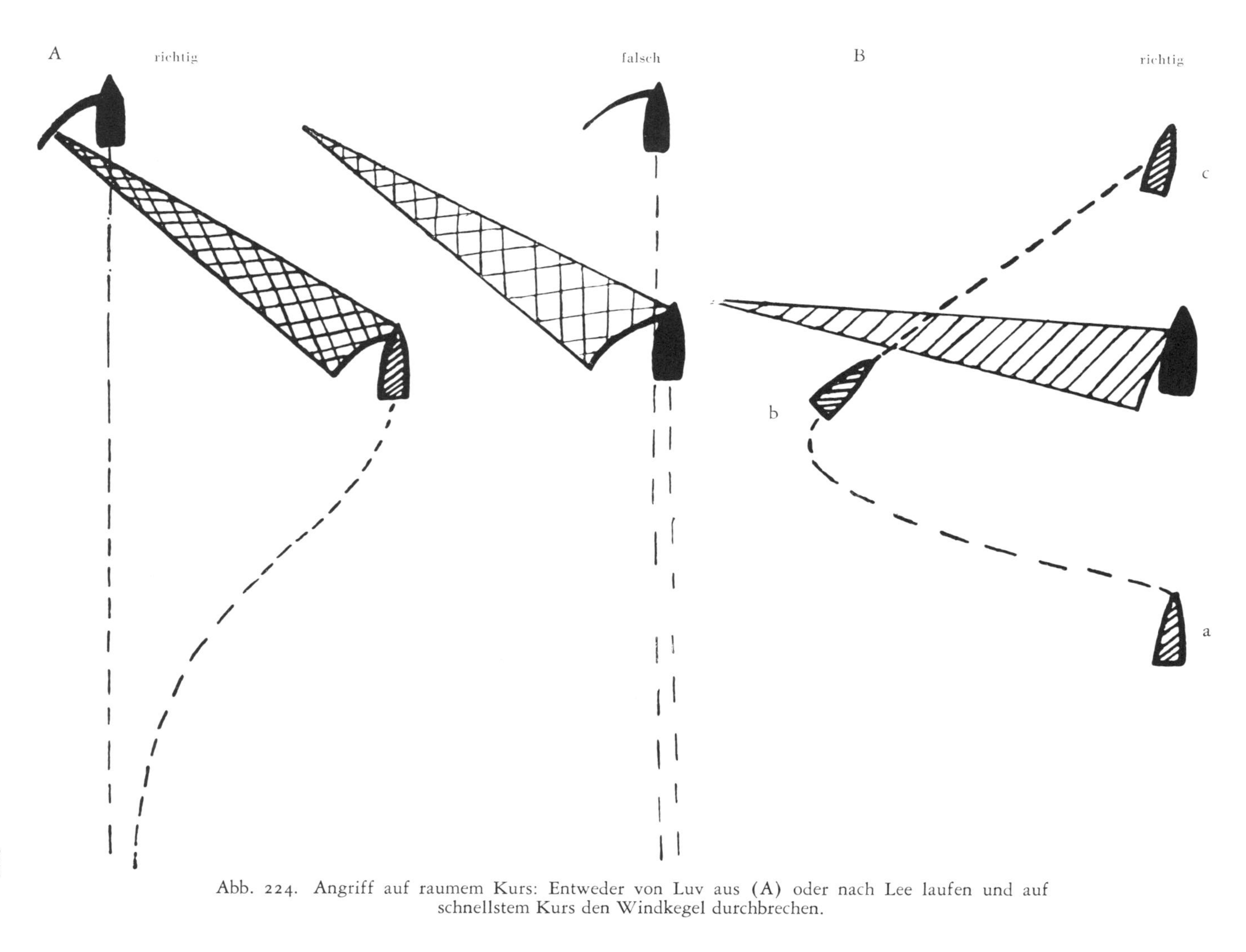

Abb. 224. Angriff auf raumem Kurs: Entweder von Luv aus (A) oder nach Lee laufen und auf schnellstem Kurs den Windkegel durchbrechen.

um mittels der vorher schon gesteigerten Geschwindigkeit die windgestörte Zone zu durchlaufen (Skizze B); die Beschleunigung genügt in manchen Fällen, um das Boot durch den Windschatten des Gegners hindurchzutragen. Eine kleine Drehung des Windes kann den Angriff vereiteln oder aber auch erleichtern. Ist der Durchbruch gelungen, kommt es darauf an, weiterhin das Boot so schnell als möglich zu segeln, denn der Windkegel des Gegners liegt noch dicht hinter uns. Gelingt es, den Vorsprung noch um einige Meter zu vergrößern, so kann man dann den Gegner mit der «Sicheren Leestellung» angreifen. Damit ist sein Schicksal besiegelt.

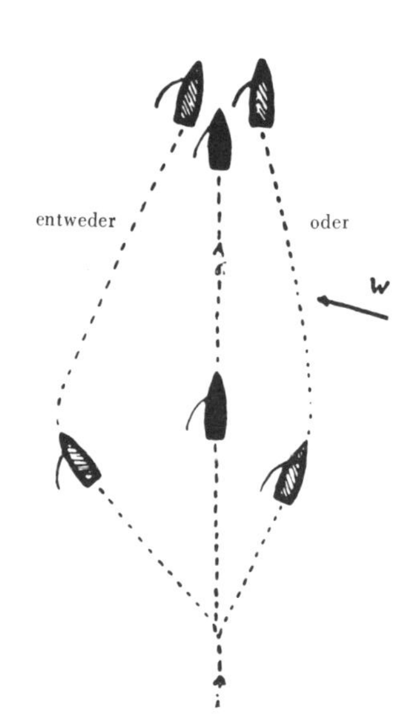

Abb. 225. Angriff auf raumem Kurs.

Abb. 226. Scheinangriff.

Diese Methode des Angriffs ist besonders reizvoll und war von jeher eines meiner Lieblingsmanöver. Der Angriff mißlingt, wenn man zu früh luvt, d. h. dabei zu nahe an den Gegner heranläuft. Luvt man zu spät, d. h. erst nachdem man schon im Windschatten liegt, ist das Spiel ebenso verloren, da man innerhalb dieser Zone die Bootgeschwindigkeit nicht steigern kann. Schließlich beruht der Erfolg auch auf dem Boottyp, indem schnelle Boote, bei denen sich die Geschwindigkeit durch die Kursänderung wesentlich vermehren läßt, bessere Aussichten haben. Während diese Ausführungen nicht zuletzt von der Lage der Brisen und von der Ausnützung der einzelnen Böen abhängen, gibt es noch eine andere Methode, die unabhängig vom Winde ist und die für das führende Boot zugleich die gefürchtetste sein dürfte: Der sog. Scheinangriff.

Scheinangriff

Wir arbeiten uns an den Gegner heran, so weit es geht und versuchen ihn nun aus nächster Nähe *nervös* zu machen. Wir simulieren einen Leedurchbruch und fallen zuerst dicht hinter ihm ab. Dieser macht das gleiche, um sich zu verteidigen. Gleich darauf ändern wir die Taktik und luven an zum Luvangriff. Der Verfolgte luvt hastig und stark, da er höchste Zeit hat und die Gefahr in Luv kennt. Dieses Reizmanöver führen wir einige Male aus. Wir kommen auf diese Weise immer näher! Denn dadurch, daß der Gegner erst um einige Sekunden später mit der Kursänderung beginnt, muß diese um so ausgesprochener sein, um der unsrigen im Effekt zu entsprechen. Wir schneiden mit anderen Worten die Kursecken ab, laufen den kürzeren Weg und müssen folglich näher an ihn herankommen. — Aehnlich, wie wenn ein Hund einem Hasen nachjagt, kommt dieser dem Wild dann am besten nach, wenn dieses in Kurven flieht, während der Verfolger die Ecken abschneidet. — Wir rücken nun so dicht auf, daß wir mit geschickter Führung im gegebenen Moment vorbeilaufen können. Dieser Todesstoß wird in den meisten Fällen natürlich *in Luv* geführt.

Kurz zusammengefaßt, liegt das Geheimnis des Raumschootfahrens in folgenden Punkten:

<table>
<tr><td>I.</td><td>Falle mit der Böe ab, luve in den Pausen an.</td><td rowspan="4">Technik</td></tr>
<tr><td>II.</td><td>Fahre das Boot möglichst aufrecht.</td></tr>
<tr><td>III.</td><td>Sorgfältige Schwertbedienung.</td></tr>
<tr><td>IV.</td><td>Entsprechende Segelstellung (wandernde Schooten, Düse).</td></tr>
<tr><td>V.</td><td>Abwehr: Lege den Gegner ins Kielwasser (mache alles mit dem Gegner mit).</td><td rowspan="2">Taktik.</td></tr>
<tr><td>VI.</td><td>Angriff: Umgehe den Gegner im Bogen, wenn er nicht zu nahe ist. —- Vermeide ein Luvingmatch. Bei geringem Abstand: Scheinangriff und Zickzackkurs. Durchbruch in Luv.</td></tr>
</table>

Vor Wind

Es wird manchen interessieren, zu hören, daß dieser anscheinend so einfache, harmlose Kurs vielleicht der interessanteste und zugleich komplizierteste ist.

Es beruht dies zunächst auf der Schwierigkeit der Technik, die so verschieden sein kann, daß man jedesmal vor einer neuen Aufgabe zu stehen scheint. Wie der Musiker das absolute Gehör für die Töne besitzt, d. h. jeden Ton, den er hört, benennen kann — oder genauer ausgedrückt — mit seinem Ohr die Schwingungszahl eines Tones unbewußterweise zu zählen vermag, so muß der Regattasegler ein ganz bestimmtes Geschwindigkeitsgefühl besitzen oder sich erworben haben, mittels dessen er sofort erkennen kann, ob sein Boot nur um wenige cm/sec langsamer oder schneller läuft. Er muß fühlen können, um wieviel er durch eine Kursänderung die Geschwindigkeit seines

Abb. 227. Olympiasieger Elvström auf seiner Finn-Jolle in vollem Gleiten.

Photo: ATP, Zürich / Klischee: Schweizer Jachtsport, Bern.

Bootes steigern kann und muß auch wissen, wann sein Boot in die Nähe des sog. Toten Punktes (auf den ich später zu sprechen komme) gelangt. Die an und für sich einfache Technik wird durch die Schwierigkeit der korrekten Ausführung kompliziert.

Die *Taktik* ist nicht viel leichter, da sie infolge ihrer Einseitigkeit ein grausames Spiel darstellt; denn mehr denn je liegt hier die ganze Gewalt in den Händen des Verfolgers.

Daß die Qualität des Bootes vor Wind nur eine sehr geringe Rolle spielt, werden nur diejenigen bestreiten, denen der Vorhang vor der Feinheit und Vielseitigkeit dieses Kurses noch nicht aufgegangen ist. Vor Wind zeigt sich die Kunst des *Führers*, und das Boot, bei dem die Vorteile der Bootform etc. nicht so zur Geltung kommen, ist meist unschuldig und von jedem Mißerfolg freizusprechen.

Sogar ein 10 m² R-Boot oder ein Lugger kann unter Umständen vor Wind die größte Jacht einigermaßen gut halten. — Der einzige Faktor, der beim Boot mitspricht, ist das Gewicht, bzw. die benetzte Fläche. Die leichten Boote sind etwas besser! In ein und derselben Klasse jedoch sind die Gewichtsunterschiede so gering, daß auch dieser Punkt kaum mehr eine Rolle spielt.

Die Technik

Die Praxis hat uns gelehrt, daß die Boote platt vor Wind relativ langsam laufen, und daß sie, verglichen mit anderen Kursen, gleichsam am Wasser kleben, es müßte denn der Wind eine ziemliche Stärke besitzen. Unsere Aufgabe ist es nun, dieses gewissermaßen fühlbare Klebenbleiben (den sog. Toten Punkt) zu vermeiden. — Man könnte nun schlechthin auf die Idee kommen und sagen: «Wir laufen die Strecke sehr einfach raumschoots ab!» Versucht man dies, so wird man dabei im allgemeinen die Erfahrung machen, daß man zwar raumschoots schneller vorwärts kommt, daß man aber doch nur manchmal früher am Ziel anlangt, da man einen beträchtlich längeren Weg zurückzulegen hat. Hinundwieder glückt das Experiment, und wenn man dann die Ursache ergründen will, stößt man auf die größten Schwierigkeiten, denn sie scheinen jedesmal andere zu sein. Nur der erfahrene Praktiker wird mit scharfer Beobachtung herauskristallisieren können, daß in erster Linie die Windstärke der ausschlaggebende Faktor für die zu wählende Technik ist, und so wird es verständlich, daß sich bei der Allgemeinheit zwei Theorien herausgebildet haben, von denen jede so falsch wie richtig ist, wenn sie als Generalregel angenommen wird.

Die einen nämlich fahren den geraden Kurs, die anderen kreuzen vor Wind. Unter «Vor-Wind-Kreuzen» versteht man ein Raumschootsabfahren der Strecke mit jeweiligem Halsen.

Da der eventuelle Mißerfolg, wie bereits gesagt, seine Ursache in der längeren Wegstrecke und dem sich des öftern wiederholenden Halsmanöver hat, fragen wir uns: Wie können wir die Nachteile loswerden, ohne auf die Vorteile verzichten zu müssen? Wir gelangen so zur Technik des Vor-Wind-Kreuzens *ohne* Halsen und *ohne* große Wegverlängerung. Auf dieser Grundlage habe ich eine Mittelwindtechnik aufgebaut, deren Auffindung wie in den meisten Fällen reine Gefühlssache war!

Die Mittelwindtechnik

Das Vor-Wind-Kreuzen bei leichten und mittleren Winden ist folgendermaßen auszuführen:

Wir wollen uns vorstellen, daß wir eine Platt-vor-Wind-Strecke abzulaufen haben, und daß wir ungestört von der Konkurrenz dabei segeln können. Der anfängliche Kurs beginne nun mit dem Bojenmanöver. Diese wird mit großer Weichheit gerundet und der zunächst einzuschlagende Kurs ist nicht vor Wind, sondern *raumschoots* (Abb. 228). Das Boot läuft solange auf diesem Kurs, bis es erstens Fahrt aufgenommen hat, zweitens der Spinnaker gesetzt ist und bereits zieht. Erst dann wird auf den Generalkurs abgefallen. (Die meisten Segler machen dies falsch, d. h. legen ihr Boot sofort vor Wind.)

Damit ist die Einleitung zum Vor-Wind-Kreuzkurs gemacht, und unsere nächste Aufgabe ist es, diesen fortzusetzen, jedoch mit denkbar geringer Kursabweichung. Diese nicht ganz einfache, von dem geraden Weg kaum merklich abweichende Führung geht von dem Prinzip aus, alle Toten Punkte, das sog. Klebenbleiben, das immer wieder mit eiserner Schwere über das Boot hereinbricht, zu bekämpfen und richtet sich nach folgendem Grundsatz:

I. *Drücke das Boot im Kurse nach Lee während der Böe!*
Da der Tote Punkt, welcher dann besonders fühlbar wird, wenn das Boot bei leichter Brise platt vor Wind läuft oder sogar Windeinfall von Lee hat, dann auch platt vor Wind *ausbleibt,* wenn der Wind zulegt, benützt man diese Gelegenheit, um möglichst weit nach Lee zu gelangen, um dann später durch Anluven während der Windpause das Klebenbleiben zu umgehen. Die genauere Ausführung ist also: Eine leichte Windzunahme oder sogar Böe setzt ein. Zuerst luven wir etwas, um das Boot zum Anspringen zu bringen, dann fallen wir, wie bei der Raumschoottechnik, mit der Böe stark ab und *versuchen während der Böe soviel Leeweg zu gewinnen wie möglich,* ohne der Fahrt dadurch merklich zu schaden. Der Windstoß hat aufgehört. Würden wir das Boot nur einige Sekunden noch auf diesem Kurse liegen lassen, wird es «tot», d. h. langsam! Wir luven also an, geben ihm dadurch neues Leben und laufen so lange mit räumlichem Windeinschlag (achterlich-raum), bis uns die nächste Böe wiederum ein Abfallen gestattet.

II. Nehmen wir zunächst an, daß der Wind nicht nur in seiner Stärke, sondern auch in seiner *Richtung* stark wechselt, so richtet sich die Führung noch nach einem zweiten Grundsatz:

«*Drücke nach Lee, wenn der Wind räumlich einfällt!*» Da wir wissen, daß es nicht unbedingt notwendig ist, raumschoots zu fahren, um schnell zu laufen, daß es vielmehr für uns genügt, wenn wir mit *räumlichem Einschlag* (achterlich-raum) steuern können, nehmen wir zuerst nicht zu viel des Guten, sondern drücken mit der raumen Windrichtung nach Lee weg. Springt der Wind dann wieder auf Rein-Achtern um, können wir anluven und wiederum mit «räumlicher» Tendenz von unserem Leevorrat zehren (Abb. 228). Wären wir dagegen während der räumlichen

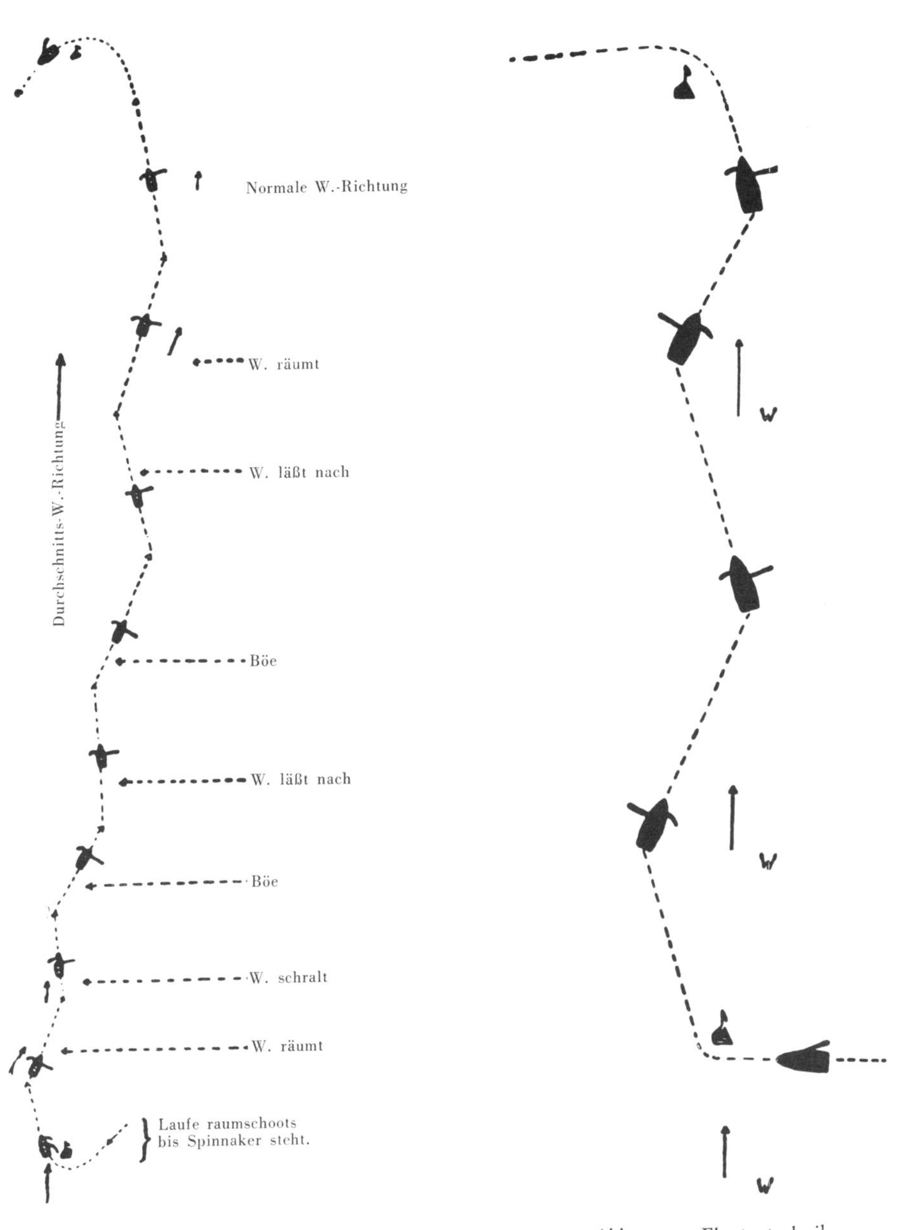

Abb. 228. Mittelwindtechnik.

Abb. 229. Flautentechnik; vor Wind kreuzen.

Winddrehung geraden Kurs gefahren, so müßten wir jetzt das Boot platt vor Wind legen und liefen so langsamste Fahrt.

Wie es auch sei, es muß unter allen Umständen vermieden werden, daß der Wind nur mit der geringsten Tendenz von Lee her einfällt; und man soll dann vor dem Halsen nicht zurückhalten, wenn man sich kein Anluven mehr erlauben kann. Wie wir einerseits dem Halsen dadurch entgehen, daß wir uns rechtzeitig nach Lee arbeiten, so dürfen wir es anderseits nicht eine Sekunde hinausschieben, wenn der Wind in seiner Richtung derart wechselt, daß von Lee und Luv nicht gesprochen werden kann. In diesem Fall können wir, besonders bei leichtem Wind, das Segel nicht häufig genug herüber und hinüber nehmen. In der Flaute bekommt das Boot dadurch sogar jedesmal einen Schub vorwärts, und das nennen wir «mit dem Segel rudern»; wie man ja auch am Wind durch anscheinend überflüssiges Ueberstaggehen im Wasser mit dem Steuer das gleiche erreicht. Diese Tricks allerdings stehen unter dem Kapitel «es ist verboten . . .». Merkwürdigerweise besteht in der Seglerwelt eine übertriebene Abneigung vor dem Halsen, die ganz unberechtigt ist, wenn die Windrichtung stärkeren Drehungen unterliegt *und die Windstärke gering ist.* Es ist wohl richtig, daß ein ungeschickt ausgeführtes, überflüssiges Halsen eine ganze Bootlänge kosten kann; daß aber Windeinfall mit Tendenz von Lee von der Dauer einer halben Minute denselben Schaden bringt, daran denken die meisten nicht.

Zusammenfassend ist der Gedanke unserer Vor-Wind-Technik bei leichten und mittleren Brisen der, daß wir mit allen Mitteln darnach trachten, nach Lee zu gelangen und dieses an und für sich schädliche Verfahren in *unschädlichen Momenten* ausführen, um dadurch den großen Vorteil des darauffolgenden Raumschootfahrens zu erlangen.

Eine Ausnahme hievon macht der *Kampf,* bei welchem (außer der Technik) noch folgender Grundsatz zu befolgen ist: *Falle in unwichtigen Augenblicken ab, um in wichtigen Momenten die Fahrt durch Anluven steigern zu können* (vor der Boje); oder *luve in wichtigen Momenten an, um dadurch die Stellung zu entscheiden, gleichgültig, ob man auch später stark abfallen muß* (was dann nicht mehr schadet, wenn man die Stellung in Händen hat). (Z. B. beim Start!)

Die Flautentechnik

Entsprechend der Windstärke ist bei ganz flauen oder sehr leichten Winden das Vor-Wind-Kreuzen viel ausgesprochener auszuführen, jedoch hier mit eingeschaltetem Halsmanöver (Abb. 229). Bei geringer Windstärke werden die Boote platt vor Wind dermaßen langsam (man kommt gleichsam vom toten Punkt nicht los!), daß diese durch Vor-Wind-Kreuzen mit vorgeschiftetem Spinnaker trotz der Wegverlängerung und dem hier wenig schädlichen Halsen schneller ans Ziel gelangen.

Jede Technik richtet sich selbstverständlich auch nach der Lage der Brisen und ist des öfteren sogar nur davon abhängig zu machen.

Im übrigen soll der Steuermann mehrmals im Rennen aufstehen und von einem hochliegenden Punkt aus den Wind auf weite Distanz hin kurz übersehen, um seinen Kurs zu entwerfen. Ich selbst fahre Vor-Wind-Kurse stets stehend ab.

fahre Kurs! d.h. man berücksichtige zwar noch nach Möglichkeit die Mittelwindtechnik, nähert sich aber mehr und mehr der *geraden Strecke*.

Bei Jachten ist die Pinne mit großer Sorgfalt und der Kurs *möglichst kurvenfrei* zu steuern.

Um den Leser nicht zu verwirren, habe ich einen für die Wahl der Technik wichtigen Punkt absichtlich noch nicht erwähnt, und das ist die Abhängigkeit des Kurses von der *Segelform*. Wenn wir uns daran erinnern, daß ein niederes Gaffelsegel raumschoots einen gewaltig höheren Druck erzielt als das Hochsegel, so folgt für uns daraus, daß wir beim *Gaffelsegel eher geneigt sind, den Vor-Wind-Kurs raumschoots abzukreuzen als beim Hochsegel*. Die Technik im großen ganzen allerdings ist die gleiche, nur nähern wir uns, wie gesagt, mit einer Hochtakelung nach Möglichkeit mehr dem geraden Kurse.

Im Sturm

Hier verliert die Technik in ihren Feinheiten ihr Recht, und wir geben uns zufrieden, den Hauptanforderungen des Bootes gerecht zu werden. Vor allem heißt es: ein Halsen vermeiden, da die Gefahr des Kenterns und des Mastbruchs hier besonders groß ist.

Daraus geht hervor, daß wir jede nur denkbare Gelegenheit wahrnehmen müssen, um so weit nach Lee zu gelangen, als nur irgendwie möglich und zwar — *solange* es noch möglich ist; denn legt der Wind noch zu, kann es für uns überhaupt ausgeschlossen werden, das Boot noch vor Wind zu halten. Ist es uns nun schon vorher geglückt, nach Lee zu arbeiten, so können wir räumlich gerade noch auf die Boje zuhalten (Abb. 230, Kurs A). Liegen wir hingegen auf dem geraden Generalkurs, so führt uns der durch die Stärke des Windes *aufgezwungene Weg* in das Luv der Wendemarke, und wir können überhaupt nur noch so zu ihr gelangen, indem wir halsen oder wenden, um dann an der Wendemarke nochmals das gleiche Manöver ausführen zu müssen (Kurs B). Daß dies mit einem verlorenen Rennen gleichbedeutend sein kann, hat uns die Praxis nur zu oft gelehrt.

Es ist notwendig, daß ich auch auf das *Unterschneiden* aufmerksam mache. Das mit Recht so gefüchtete Bohren des Buges, das ohne große Umstände seinen «Höhepunkt» in einem Kopfstand mit darauffolgendem Purzelbaum erreichen kann, ist auf zwei Arten zu bekämpfen: Man lege das Gewicht, besonders bei kleineren Booten, nach hinten und lasse niemand unnötigerweise aufs Vorschiff; im äußersten Falle wird dann wenigstens ein Mann zu gleicher Zeit nach Achtern geschickt. Wenn die Gewichtsverlegung aus irgendwelchen Gründen unmöglich oder unwirksam sein sollte, muß man durch plötzliches, ruckweises Luven die Bootnase bei jeder Böe *seitlich* aus dem Wasser herausreißen (dies ist nur bei Jachten anwendbar — Jollen kentern dabei!).

Bei den kleinen Booten muß im Sturm vor Wind die Pinne frei und beweglich, wenn möglich mit zwei Fingern, geführt werden. Man muß sozusagen auf dem Sprung sein!

Das Boot kann unvorhergesehenerweise durch eine plötzliche Winddrehung halsen wollen, was sofort zu erkennen und zu parieren ist. Ist die Pinne nur für wenige Sekunden nicht frei (z. B. ein Mann von der Mannschaft im Wege), so kann dies verhängnisvoll werden!

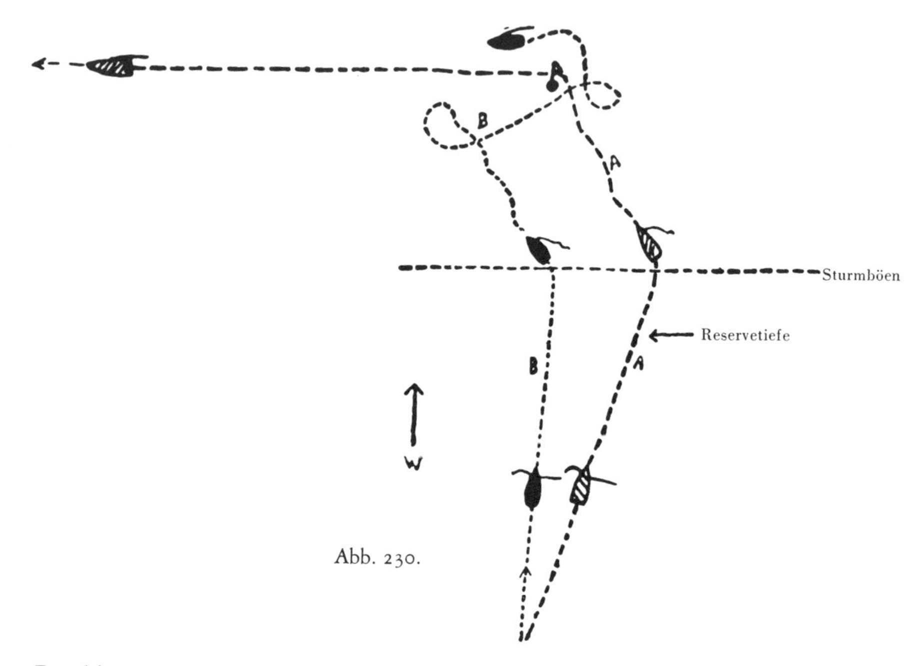

Abb. 230.

Das kleine wie das große Boot giert oft im Sturm dermaßen hin und her, daß die Takelage jeden Moment droht, bei einer Schwankung auf die andere Seite hinüberzuschlagen. Trotzdem die Mannschaft *mit aller Kraft* durch ständige Gewichtsverlegung *dagegen arbeitet,* hat der Steuermann mit der Führung immer noch ein äußerst schwieriges Spiel, das manchmal am besten mit einer Seiltanzübung verglichen werden kann. Er balanciert sich mit dem Boot gewissermaßen auf einer schmalen geraden Linie vorwärts, von der er aus bereits erwähnten Gründen einerseits *nicht abfallen darf,* anderseits jeden Augenblick abstürzen, d. h. auf dem Kopf stehen kann, *wenn er nicht luvt.* Merken wir uns aber: *Das Gefährlichere* ist in diesen *kitzligen Momenten stets das Abfallen!* Abfallen und Kentern ist hier meist gleichbedeutend.

Die Segelstellung

Ueber die Bedienung des Großsegels ist nur wenig zu sagen, dafür aber ein Punkt umso sorgfältiger zu berücksichtigen:

Das Großsegel muß «*so weit als nur denkbar abgefiert werden*». Wie wir es durch die Technik der Führung mit aller Kunst zu erzwingen suchen, daß der Wind nicht senkrecht auf das Segel falle — was der Platt-vor-Wind-Stellung entspricht —, so müssen wir auch hier darnach trachten, durch ein *Weiterabfieren* der Schooten den Windeinfallwinkel, und sei es nur um 5 ^{0}, zu verkleineren. Wenige Grade geben den Ausschlag, ob der Wind seitlich vom Segel abstreifen kann und so neuen Wind nachrücken läßt, oder ob sich ein Luftkissen auf dem Segel bildet, welches dem frischen Wind den Weg zum Segel verlegt (Moment des Toten Punktes, Abb. 231 A).

Mögen wir uns also nicht zufrieden geben, wenn der Großschootmann behauptet, «das Großsegel könne nicht weiter abgefiert werden», «der Großbaum stoße bereits an der Want an». Meistens läßt es sich noch etwas weiter abfieren, und gerade dieses «Etwas» kann genügen, um die Fahrt erstaunenswert zu steigern. Wenn auch manchmal die Saling sich gegen das Segel von der anderen Seite anpreßt, so ist doch die Gefahr, daß diese sich durchstoßen könne, so gut wie niemals vorhanden.

Nur bei schwerem Wind, wenn das Boot anfängt, sich nach Luv zu neigen, muß das Großsegel wesentlich dichter genommen werden.

Der tote Punkt

Aus Abb. 231 ersehen wir, worin die schädliche Wirkung des Toten Punktes liegt. Wie wir wissen, ist vor Wind der Druck auf dem Segel ausnahmsweise größer als der Sog. Wenn der Wind nun senkrecht auf das Segel fällt, bildet sich das schon erwähnte Luftpolster, das seinen Kern (d. h. Ruhepunkt) dort hat, wo die Luftströmungen gegeneinander prallen (Zeichnung A). Wenn der Wind dagegen nur um wenige Grade von der Luvseite her einfällt (Zeichnung B), so verschwindet das Luftpolster bis auf einen ganz kleinen Rest; auch der Sog verstärkt sich, da der Rückschlag der Wirbel schwächer ist.

Noch ungünstiger gestalten sich die Verhältnisse, wenn der Wind *von Lee her* auf das Segel einfällt (Zeichnung C). Hier entsteht eine große Windstauung, welche vom Mast ausgeht, ferner eine kleine Stauung an der Trennungsstelle des allgemeinen Luftstromes. Somit hat der Wind gegen zwei Luftpolster anzulaufen und verliert den größten Teil seiner Kraft. Auch dem Sog, der durch den relativ großen Rückschlag der Wirbel geschwächt wird, gelingt es nicht, zu dem auf der Luvseite entstehenden Druck im Segel wesentlich beizutragen (siehe Zeichnung C).

Bei dem Bestreben, den Windeinfall von Lee zu vermeiden, muß man jedoch wissen, daß der Stander bei manchen Segeln nicht immer genau die Windrichtung angibt, vielmehr von einer unsichtbaren Kraft abgelenkt, stets *mehr nach Luv* weht; also scheinbar einer zweiten Luftströmung von Lee her ausgesetzt wird, obwohl der Wind tatsächlich senkrecht oder sogar etwas von Luv her auf das Segel fällt. Diese Ablenkung des Standers, die besonders bei steilen Gaffelsegeln zu beobachten ist, bei denen der *Stander seitlich von der Gaffel steht,* kommt dadurch zustande, daß der Wind vom Segel her abströmt und der Stander von dieser Luftströmung getroffen wird (Abb. 232). Bei der Hochtakelung dagegen, die den Stander an höchster Stelle trägt, kommt keine Ablenkung vor.

muß bei jedem Manöver geübt und auch richtig ausgedacht sein.

Sehr empfehlenswert ist es, bei jedem *Schwerwindmanöver* vorher kurz den Gang des Manövers mit der Mannschaft durchzubesprechen, damit dann kein Punkt vergessen wird. Wenn ein Manöver mißglückt, kann es die Schuld eines Einzelnen sein oder, und dies trifft besonders bei den zu langsam ausgeführten Manövern in der Mehrzahl

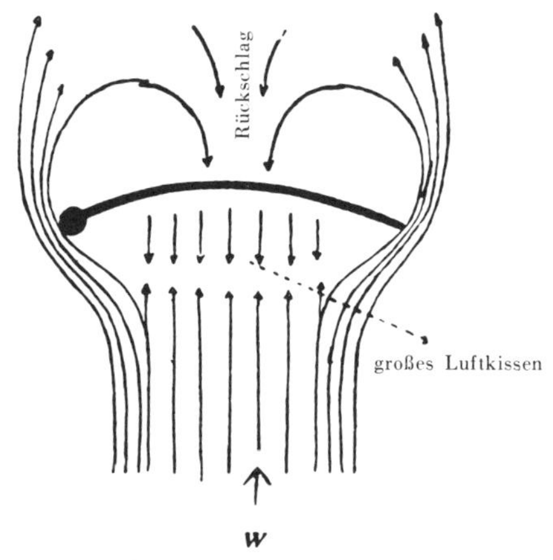

A Platt vor Wind. Toter Punkt Nr. 1. Kleiner Sog, da großer Nachstrom.

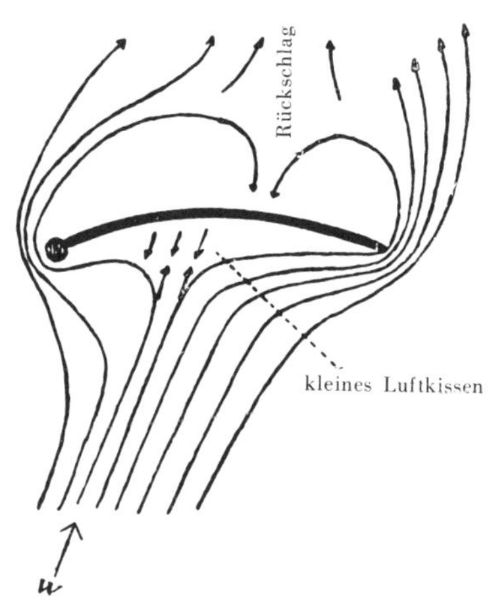

B Achterliek-Raum Großer Sog, da kleiner Rückschlag.

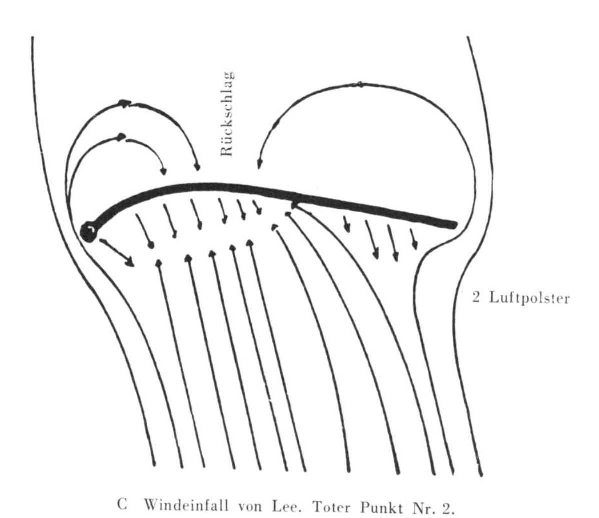

C Windeinfall von Lee. Toter Punkt Nr. 2.

Abb. 231. A, B, C. Schnitt durch die Mitte des Segels.

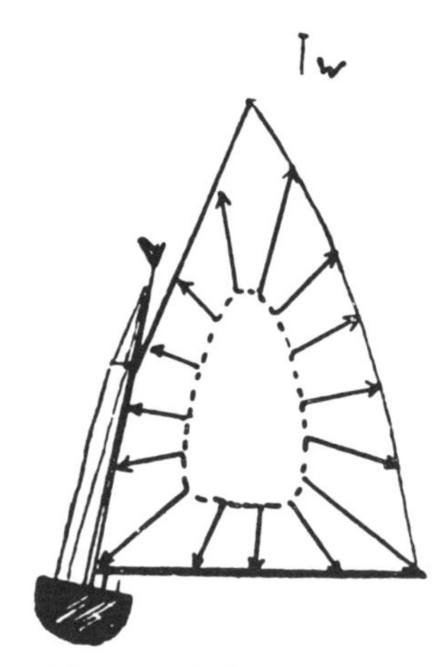

Abb. 232. Luftströmungen im Segel platt vor Wind; Ablenkung des Standers.

der Fälle zu, es liegt der Fehler darin, daß da, wo eine Hand notwendig ist, keine ist, und an anderer Stelle dagegen mehrere Hände *das gleiche* besorgen wollen. Wie bei einem Chirurgen jeder Assistent geistig mitzuarbeiten hat und vorher schon überlegen muß, welches Messer oder welche Schere er dem Operateur zu reichen hat, so muß jeder Mann der Mannschaft den Gang seiner Handlung vor dem Manöver in richtiger Reihenfolge durchdenken und dabei wie der Führer alle Eventualitäten mitberechnen und ihnen vorzubeugen suchen.

Es ist bereits gesagt worden, daß im Kreuzkurs die Mannschaft solange als möglich «oben unten», wie man es zu nennen pflegt, d.i. im Cockpit am Boden, jedoch im Luv zu bleiben hat, um dem Wind nicht unnötigerweise einen schädlichen Widerstand entgegenzusetzen. Bei starker Brise jedoch heißt das Kommando: Bei Jachten «flach auf Deck» und bei Jollen «*eng zusammen!*» Auf diese Weise wird der Widerstand der Mannschaft bedeutend reduziert.

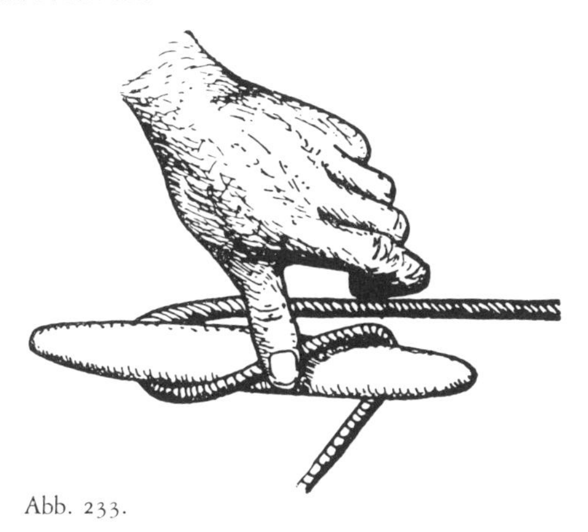

Abb. 233.

Wir kommen nun zur allgemeinen Ausführung der Manöver und schicken für die Mannschaft die Grundbedingungen voraus:

1. Immer das Wichtigere zuerst bedienen! Das Notwendigste der Reihenfolge nach zu erkennen, ist manchmal nicht so einfach und wird eigentlich nur von dem erfaßt, der viel *allein* auf Booten gesegelt ist und sich daran gewöhnt hat, selbständig zu denken.
2. Prüfe *jedes* Fall vor dem Anschäkeln, ob es auch sicher klar läuft; nichts ist ärgerlicher, als erst während des Aufhissens zu entdecken, daß alles vertörnt ist.
3. Die Hauptsache ist, daß das Segel so schnell als möglich *zieht,* nicht daß die Schooten klar oder belegt sind. Dies wird vom Anfänger häufig verfehlt. Killt ein Segel z. B., so wird man nicht zuerst die Schoot von der Belegklampe losmachen und dann dichtholen, sondern *zuerst* dichtholen und *dann* losmachen. Ebenso kann es egal sein, ob der Achterholer vom Spinnakerbaum schon nach hinten gegeben ist oder nicht. Das Segel muß *ziehen* und, wenn auch alles verwickelt sein sollte, hält man den Baum selbst mit der Hand; *erst wenn alles zieht,* dann geht man an das Befestigen der Schooten und ans Klarmachen und hat *dazu* Zeit.

4. Es ist nicht unbedingt notwendig, daß die Mannschaft über große Körperkraft verfügt; es kommt vielmehr darauf an, «*wie*» die vorhandene Kraft angewendet wird. Ein schwacher, aber flinker Mann, der seine Kraft im richtigen Moment und mit richtiger Technik verwendet, erreicht mehr als ein anderer ungetrimmter Mann mit doppelter Körperkraft.

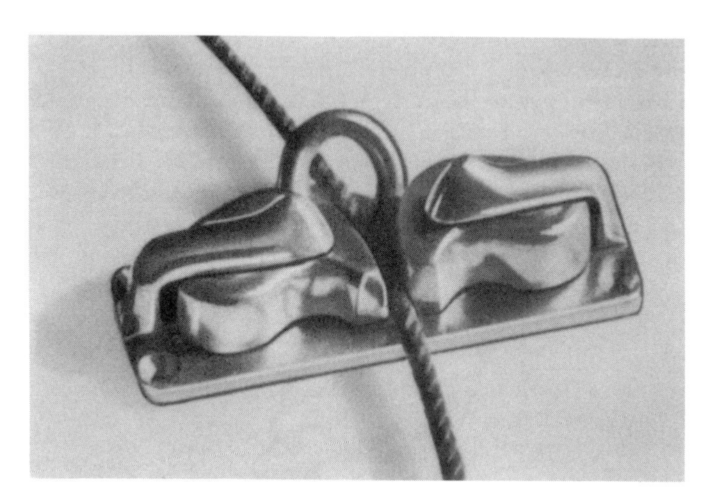

Abb. 234. Schootenklemme.

5. Auch das Belegen und das schnelle Losmachen der Schooten muß geübt sein. Bekannterweise wird der sogenannte Kopfschlag nur an Fallen, niemals aber an Schooten gemacht. Die Falle bleiben belegt, und es schadet nichts, wenn sich ein Kopfschlag infolge Nässe so stramm zuziehen sollte, daß man ihn manchmal nur mit größter Mühe zu lösen vermag; hingegen kann dies bei einer *Schoot* verhängnisvoll werden, und man soll diese lieber öfters um die Klampe schlingen, als durch einen Kopfschlag das Risiko auf sich nehmen, eine unlösliche Befestigung gemacht zu haben.

Das Belegen wird am besten so ausgeführt, daß man die Schoot einmal quer über die Klampe legt und — um die Reibung zu vergrößern — mit dem Daumen der anderen Hand die Schoot oder das Fall an die Klampe anpreßt (Abb. 233). So ist jedes Tau von dem Moment an fixiert, und ein Nachrutschen ist selbst bei größtem Zug unwahrscheinlich. Die Schoot wird darauf ein- bis zweimal außen um die Klampe herumgelegt und dann fest angezogen. Sie ist so absolut zuverlässig und auf *kürzeste* Art belegt. Speziell bei starkem Wind kommt es darauf an, vor Wind die Backstag mit absoluter *Sicherheit* befestigt zu haben, und diese einfache und schnelle Methode des Belegens erweist uns gute Dienste.

Es sei auch darauf hingewiesen, daß man die Schooten, auf denen *großer* Druck liegt, beim Dichtholen niemals unmittelbar hinter einer Oese oder einem Block oder dicht an der Belegklampe selbst anfassen soll, da man Gefahr läuft, seine Hand in die

Oese oder an der Klampe zu quetschen, wenn die Schoot unvorhergesehener Weise nachrutschen sollte, oder man diese nicht mehr halten kann. (Also Achtung vor den Schooten auf großen Jachten im Sturm!)

Eine sehr vorteilhafte und praktische automatische Schootenbefestigung ist die von den Seglern als «Curry-Klemme» bezeichnete Klemmeneinrichtung, die sich im Verlaufe der letzten Jahre auch bei den europäischen Seglern großer Beliebtheit erfreut (Abb. 234). Eine Abnützung der Schooten durch die Beanspruchung findet übrigens nicht statt.

Das Spinnakermanöver

Ganz allgemein gesprochen wird der Spinnaker meist zu spät und vor allem viel zu selten gesetzt. Es herrscht unbegreiflicherweise eine gewisse Angst, ein Spinnakermanöver zu riskieren, das sich dann als überflüssig herausstellen könnte. Demgegenüber möchte ich feststellen: Ein rein und vorsichtig durchgeführtes Spinnakermanöver kann, solange der Wind nicht zu stark ist, nie einen bemerkenswerten Schaden bringen, dagegen kann ein um wenige Sekunden zu spät gesetzter Spinnaker ein Rennen verloren gehen lassen.

Aber auch hier können wir uns im allgemeinen an die Regel halten:

Als führendes Boot:

«*Halte zurück mit einem zweifelhaften Manöver, wenn die Verfolger es nicht ausführen*» — oder:

«*Setze den Spinnaker, wenn es die anderen machen, selbst wenn dies gegen die eigene Ueberzeugung geschehen sollte.*»

Als verfolgendes Boot:

«*Versuche jedes Manöver — lieber ein falsches Manöver als kein Manöver — alles, was der andere nicht tut, ist für uns richtig!*»

Sehr empfehlenswert ist es, zwei Spinnaker zu besitzen: Einen normalen bzw. kleinen, für leichte Winde — (oder für Sturm!) — und einen großen sog. Riesenspinnaker für mittleren und starken Wind.

Das Spinnakersetzen

Der *Spinnakerbaum* soll stets unter dem *Achterdeck,* nie unter dem Vordeck (wie fälschlicherweise allgemein üblich!) liegen. Man braucht ihn dann nur in *einer* Richtung zu schieben, wenn man ihn hervorholt; auch der daran befestigte Achterholer kann sich auf diese Weise nie verhängen, da er nicht unter dem Deck, sondern offen im Cockpit liegt. Im anderen Fall muß man zuerst zurück mit dem Baum, dann vor — auf Deck, und was das schönste bei der Sache ist, der Steuermann bekommt den Baum vorher mit tödlicher Sicherheit ins Gesicht und kann sich dann bestenfalls mit einem gut gemeinten «Hoppla» begnügen.

Um das so überaus unangenehme Herunterrutschen des Spinnakerbaumes am Mast zu vermeiden, habe ich die Gabel des Baumes mit einem elastischen breiten Gummistreifen ausgekleidet. Dadurch bleibt der Baum da stecken, wo man ihn einstemmt, und das lästige Hochklappen des Baumes bei starken Böen, bedingt durch das Herunterrutschen desselben, ist ausgeschaltet. Auch eine Schiene eignet sich gut.

Bei *vorhergehendem Raumschoot- oder Halb-Wind-Kurs* muß der Spinnaker gehißt werden, *schon bevor die Boje gerundet ist.* Beim Runden wird der Spinnakerbaum hinausgeschoben und das Segel zieht im Moment des Rundens.

Anders ist es bei *vorhergehendem Kreuzkurs:* Der schädliche Luftwiderstand verbietet ein frühzeitiges Hissen, und das Setzen des Segels kann erst *nach* dem Runden der Wendemarke beginnen. Die Zeitdauer hiefür soll bei guter Mannschaft 10 Sekunden nicht überschreiten.

Arbeitseinteilung bei einer Besatzung von *drei Mann:*

I. Teil des Manövers.

Vorschootmann: Geht mit Segel auf Deck und schäkelt es am Fall an. (Achte darauf, daß das Fall *hinter* der Gabelung der Fockschoot nach oben läuft.) Die Spinnakerschoot, die sich bereits am Segel befindet, nimmt er zwischen die Zähne, oder er tritt mit dem Fuße darauf. (Verwechsle nicht Schoot, Achterholer und Fall!)

Zu gleicher Zeit:

Großschootmann: Schiebt den Spinnakerbaum von hinten nach vorne auf Deck; nimmt «Achterholer» außerhalb der Wanten und außerhalb der Backstag nach achtern und übergibt ihn dem Steuermann (einzige Arbeit des Steuermanns!).
Der Großschootmann hißt nun den Spinnaker hoch. Dabei hält der Vorschootmann das Segel — mit dem Tauliek nach außen — außeinandergespreizt.

II. Teil des Manövers.

Vorschootmann: Stemmt den Spinnakerbaum hinaus und hält ihn in richtiger Position, ungeachtet, ob Achterholer schon bedient wird oder nicht. Beim Hinausstemmen des Baumes darf das Segel niemals Gegenwind bekommen, was dadurch zu vermeiden ist, daß der Spinnakerbaum *stets* etwas *nach vorne* (und nicht im rechten Winkel zum Boot) hinausgeschoben wird. Beim Setzen des Spinnakers sowohl wie beim Hinausschieben des Baumes soll der Vorschootmann immer mit dem Gesicht nach vorne gegen den Bug zu arbeiten, d. h. er soll *hinter dem* Baum stehen und seine Augen *auf das Segel gerichtet* haben und nicht vor dem Baum stehend nach achtern blicken.

Anders natürlich ist die Arbeitsfolge beim sog. *Geheimmanöver:* Vorerst geht niemand auf Deck. Unauffällig wird das Segel vom Cockpit aus angeschäkelt; alles ist still und ohne hastiges Reden vorbereitet.

Arbeitseinteilung bei einer Besatzung von *zwei Mann.*

Der Vorschootmann: Schäkelt das Segel an; hißt es hoch und zwar, um das Davonfliegen desselben zu vermeiden und trotzdem mit zwei Händen hochziehen zu können, läßt er den Spinnaker «durch seinen Arm» nach oben gleiten; stemmt den Baum aus und bedient die Schoot.

Der Führer: Zieht das Schwert hoch und fängt den Achterholer auf.

Das Führen des Spinnakers

Unter einem fehlerfrei geführten Spinnaker verstehen wir ein Segel, das

I. nicht ein einziges Mal einfällt oder Backwind bekommt,
II. niemals mit verkleinerter Fläche zieht,
III. immer die erreichbar größte Flächenwölbung aufweist,
IV. möglichst in der Fahrtrichtung zieht.

Aus diesen Grundbedingungen ersehen wir, wie schwer die Bedienung dieses Segels ist, das gleichsam ständig von neuem auf Höchstleistung eingestellt werden muß. Manch alter Regattasegler hat eine glänzende Reihe von Siegen hinter sich, ohne jedoch jemals die *wirkliche Kraft* des Spinnakers wahrgenommen zu haben.

Zu Nr. I—IV: Das Einfallen des Segels kann nur dann vermieden bzw. seine diesbezügliche Arbeitshöchstleistung erreicht werden, wenn der Spinnaker von «*einem*» Mann bedient wird, der sowohl Schoot als Achterholer führt; dieser strebt, einer zweiarmigen Waage gleich, eine ständige Korrektur der Segelstellung durch richtiges Ausbalancieren der Strippen an. Diese zwei «Zügel» des Spinnakers werden nach folgenden Gesichtspunkten bedient:

1. Man trachtet darnach, die *Schoot* so lose als möglich zu geben, um den Spinnaker zum Fliegen zu bringen. Fliegt dieser, so sind dadurch zwei Vorteile erreicht: Der Abwind des Spinnakers fällt nicht mehr ins Lee des Großsegels und die Fock bleibt unabgedeckt und zieht mit (Abb. 236 B, C).

2. Man holt den Achterholer so weit als möglich an, ohne daß das Segel Backwind bekommt, um so den Baum möglichst senkrecht zur Fahrtrichtung, d. h. die treibende Kraft möglichst in dieser zu halten (Abb. 236 A).

Auf den ersten Blick scheint es paradox, wenn wir auf der einen Seite den Achterholer möglichst anholen, auf der anderen Seite die Schoot möglichst vorlassen sollen. Und doch liegt die Kunst des Spinnakerführens gerade in dem Kompromiß dieser zwei Bestrebungen.

Wir können nun den erwähnten vier Grundregeln praktisch sehr einfach gerecht werden, wenn wir den Spinnaker nach folgender Gedankenreihenfolge bedienen: Wir fieren platt vor Wind zuerst die Schoot soweit ab, bis das Schoothorn des Spinnakers vor oder an dem Vorsegelvorliek liegt und ein kleiner *Spalt* zwischen Spinnaker und Fock entsteht (siehe Abb. 236 B). Um dies zu erreichen, wird gleichzeitig der Achterholer reichlich nachgegeben. Dadurch beginnt das Segel zu fliegen. Zunächst nehmen

Abb. 235. Kugel-Spinnaker.

Photo: Ploton, Nizza / Klischee: Schweizer Jachtsport, Bern.

wir den Achterholer solange dichter, als es uns das Segel erlaubt, d. h. dieses *noch nicht* einfällt.

Der zwischen dem Spinnaker und dem Vorsegel entstandene Spalt ist je nach der Windstärke manchmal nicht herbeizuführen. Bei Verwendung der großen, heute gebräuchlichen Spinnaker ist es vorteilhaft, das Vorsegel zu streichen oder einzurollen. Ein besonders gutes Hilfsmittel aber, um das *Fliegen* des Spinnakers zu unterstützen bzw. das Einfallen des Außenlieks in den Böenpausen zu verhindern, *ohne* den Achterholer fieren zu müssen, ist das *Heben des äußeren Teils des Spinnakerbaumes.* Dieses wird bei Jachten von einem Mann von Deck aus besorgt. Auf diese Weise wird das Segel dann, wenn der Wind nachläßt, nicht einfallen (Abb. 237).

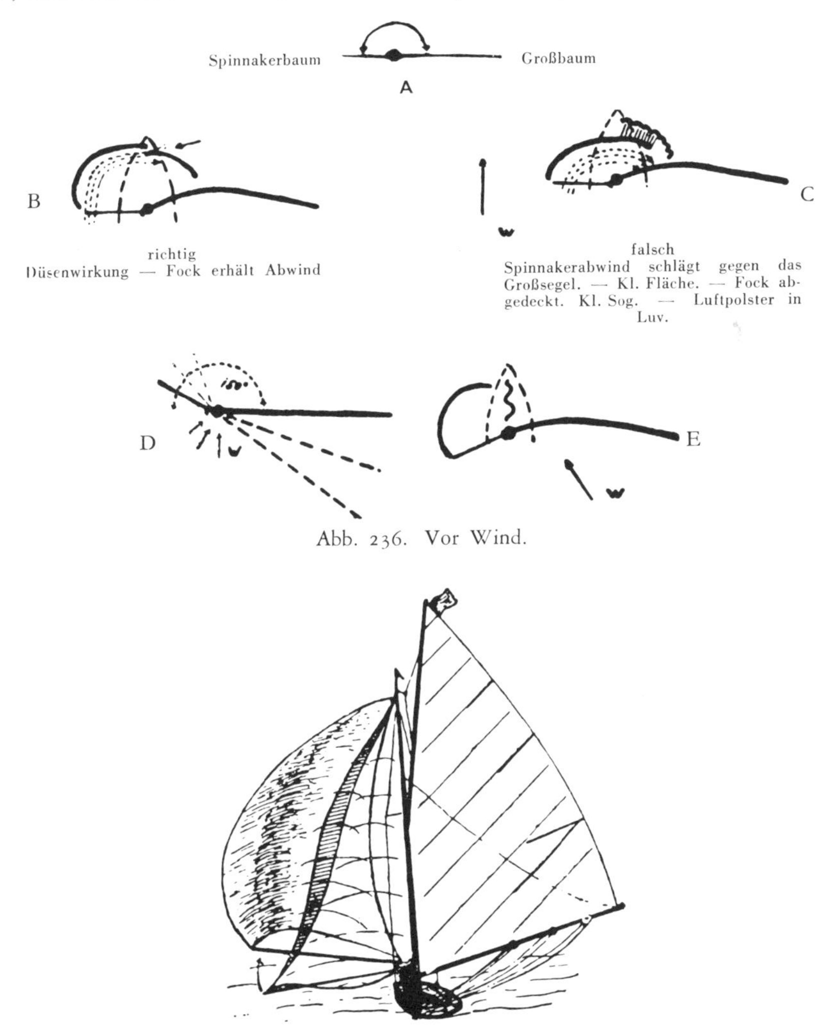

Abb. 236. Vor Wind.

Abb. 237. Das Heben des Spinnakerbaumes.

Der vorgeschiftete Spinnaker

Die Stellung des Spinnakerbaumes richtet sich nach der Windrichtung; platt vor Wind liegt er in der Verlängerung des Großbaumes, d. h. er soll wie das Großsegel, senkrecht zum Boot stehen (Abb. 236 A). Bei seitlichem Windeinfall um nur wenige Grad aber muß er mit der Verlängerung des Großbaumes einen Winkel von etwa 30 ⁰ bilden, d. h. das Großsegel bleibt immer noch ganz draußen, der Spinnakerbaum aber wird bereits etwas vorgeschiftet (Zeichnung D). Die Ursache liegt darin, daß das verhältnismäßig flache Großsegel bei schrägem Windeinfall stärker zieht, als wenn die Luft senkrecht einfällt; die größere Wölbung des Spinnakers aber entwickelt bei einem Windeinfall von 90 ⁰ annähernd ihr Druckmaximum.

Nehmen wir den umgekehrten Fall an: der Wind kommt mehr von Lee. Sind wir aus irgendwelchen Gründen gezwungen, diesen Windeinfall von Lee zu dulden (man will z. B. kurz vor einer Boje nicht mehr halsen), so scheue man sich nicht, den Spinnakerbaum noch erheblich dichter als senkrecht zum Boot zu nehmen; gleichzeitig wird die Schoot ganz weit abgefiert (Abb. 236 E).

Für die Bedienung des Spinnakers bei einer schweren Böe, in welcher der vorgeschiftete Spinnakerbaum hochzuklappen droht, merke man sich: «*Nicht luven — Abfallen!*» Auch wenn der Wind orkanmäßig bläst, fällt man solange ab bzw. fährt Kurs, bis man das Beisegel gegebenenfalls gestrichen hat. Luvt man an, so fliegt alles auf und davon, der Spinnaker flattert vorne um das Vorstag nach Lee, das Boot legt sich stark über und wer jetzt — auf einer *Jolle* — nicht kentert, dem kann man, wie der Oesterreicher sagen würde, «beiläufig» gratulieren. Wollen wir also den Spinnaker oder das Boot beruhigen oder ist auf dem Vordeck irgendein Durcheinander, so fallen wir auf Platt-vor-Wind ab.

Die Trimmlage

des Fahrzeuges sei wie auf raumem Kurs «*aufrecht*». Jollen kann man sogar etwas nach Luv krängen, um den Segelschwerpunkt des Großsegels *höher* zu bekommen. So gehen wir der starken Abnahme des Windes gegen die Wasseroberfläche zu aus dem Wege, indem wir den Großbaum hoch über das Wasser abheben. Im Sturm dagegen fahre man das kleine Fahrzeug etwas nach *Lee* geneigt, da die Gefahr des nach Luv Kenterns größer ist als die des nach Lee Kenterns. Desgleichen verfahren wir auch bei Jachten, bei denen der Großbaum überzuklappen droht.

Bei totem Seegang halte man die Segel und lege speziell bei Booten mit flachen Ueberhängen einen Mann vorne auf den Bug, um das Stampfen zu mildern.

Die *Gewichtsverteilung:* Gelungenerweise ist ein großer Teil der modernen Seglerwelt der Ansicht: Vor Wind muß das Gewicht nach achtern — also alle Mann aufs Heck! Das ist falsch! Die Auffassung über die Belastung des Hecks haben wir von den alten Meterbooten (6—12 m Jachten usw.) fälschlicherweise übernommen. Diese schmalbrüstigen Boote werden von dem Winddruck sowohl wie durch das große Gewicht der Segel so kopflastig, daß diese nur dadurch ausbalanciert werden können, daß man einige Mann aufs Heck setzt. Die Verhältnisse bei unseren modernen Rennbooten

Abb. 238. Mit Spinnaker vorgeschiftet.

aber liegen ganz anders. Manche Boote müssen vor Wind auf die Nase gelegt werden. Dadurch kommt das breite Heck hoch, der konstruktiv runde oder eckige Wasserabfluß wird spitzer, und das Boot kann sich hinten nicht festsaugen. Wer von dieser Anschauung nicht überzeugt sein sollte, der versuche ein Beiboot oder einen Kahn zu rudern, der hinten von einem schwerem Mann besetzt ist.

Die Schwertstellung

Um von der Bedienung des Schwertes ein klares Bild zu bekommen, sei der Versuch vorausgeschickt: Zwei Boote, das eine mit völlig aufgeholtem Schwert, das andere mit dem Schwert ganz unten, laufen die gleiche Vor-Wind-Strecke nebeneinander ab. Wir erleben die Ueberraschung, daß die beiden Boote ziemlich zu gleicher Zeit ans Ziel gelangen, also gleiche Geschwindigkeit gefahren sind. Wie aber ist dies zu erklären? Müßte doch das Boot mit geholtem Schwert nach unseren gewohnten Begriffen schneller sein! Der Grund dafür ist der, daß *beide* Boote eine fehlerhafte Schwerteinstellung fahren. — Auf der einen Seite fällt uns auf, daß zuviel Schwert gar nicht so schädlich zu sein scheint, wie man im allgemeinen zu denken gewöhnt ist. Auf der anderen Seite besteht kein Zweifel mehr darüber, daß das völlig aufgezogene Schwert im Wasser auch ungünstig ist. Die Verhältnisse liegen nun so: Je weniger Schwert im Wasser, desto besser, «vorausgesetzt, daß das Boot nicht abtreibt!» Liegen wir also platt vor Wind und steuern einen ganz geraden Kurs, so kann das Schwert vollständig aufgeholt werden. Wie oft aber ist es der Fall, daß wir für längere Dauer einen zum Segel genau senkrechten Windeinfall haben? Aeußerst selten! Fällt der Wind nur um weniges seitlich ein, so treibt das Boot ab, wenn es kein Schwert im Wasser hat. Dieser Zustand, und sei er noch so gering und unauffällig, beeinträchtigt die Geschwindigkeit mehr als wir anzunehmen gewohnt sind.

Aus alledem geht folgendes hervor:

I. Kommen wir auf eine Vor-Wind-Strecke, so wird zuerst der Spinnaker gesetzt und erst am Schluß des Manövers das Schwert aufgeholt, denn dieses ist der unmaßgeblichste Faktor.

II. Die Schwertstellung ist vor Wind meistens ½ oben *oder ¾ oben;* nur sehr selten (praktisch eigentlich gar nie) darf das letzte Viertel außer Wasser genommen werden. Die Beurteilung der nötigen Schwertfläche folgt aus der genauen Feststellung der Windrichtung. Man peilt das Boot mit dem Lande — was jede paar Minuten zu wiederholen ist — und vergewissert sich, ob es abtreibt oder nicht. Solange darf das Schwert höher genommen werden, als man durch die vorgenommene Peilung keine Spur von Abtreiben nachweisen kann. Summa summarum: Es ist ein kleinerer Fehler, zu viel Schwert zu fahren als zu wenig.

III. Bei Beendigung des Spinnakerkurses: Zuerst das Schwert hinunterlassen und erst dann mit dem Segelstreichen beginnen. So wird die Schwertbedienung nicht vergessen, und es kommt nicht darauf an, ob dieses einige Minuten früher mit ganzer

Abb. 239. Starboote in der Regatta auf dem Vierwaldstättersee.

Photo: E. Küng, Luzern / Klischee: Schweizer Jachtsport, Bern.

Fläche im Wasser ist oder nicht. Auch ist es bei der Unruhe im Boot günstiger, das Schwert unten zu haben.

IV. Beim Halsen bzw. Schiften muß genügend Schwert im Wasser sein. Auch in Erwartung eines Kampfes (Luvingmatch z. B.) *rechtzeitig* Schwert geben!

Die Technik des Halsens und Schiftens

Hier möchte ich auf die Verschiedenheit in der Ausführung des Manövers bei leichtem und bei schwerem Wind aufmerksam machen.

Halsen bei leichter Brise: Das Großsegel wird an *sämtlichen* Schooten zusammen mit *größter Kraft* und *Geschwindigkeit* hereingerissen (nicht langsam durch die Blöcke durchgeholt). Auf der anderen Seite wird es dagegen *ganz langsam* ausgelassen. Dies gibt dem Boot einen Schubs vorwärts, wie auch z. B. das ruckweise Reißen der Pinne nach einer Seite mit langsamem Zurückgehen eine seitliche Bewegung hervorruft. *Das Schwert ist mindestens zur Hälfte unten zu halten!*

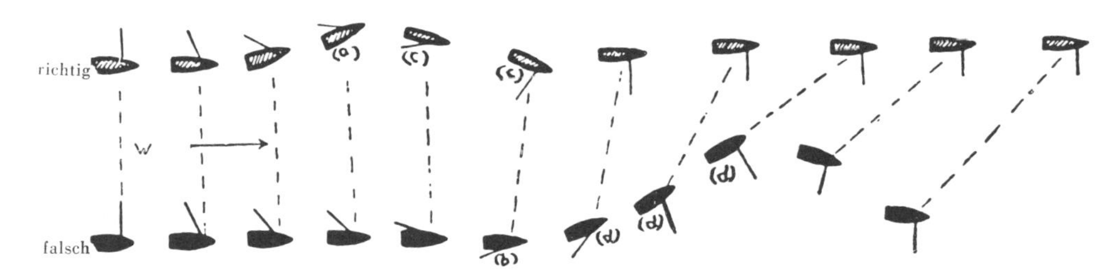

Abb. 240. Halsen bei schwerem Wind.

Halsen bei starkem Wind: Man holt das Segel an der Schoot durch die Blöcke herein. Hat man es bis zur Räumlich-hart-Stellung eingeholt (Abb. 240a), so beschleunigt man das Halsen durch Abfallen. Dadurch wird bewirkt, daß das Segel schon jetzt überkommt, ohne daß man bis zur Mittschiffstellung zu warten braucht (Zeichnung b). Es folgen nun zwei Maßnahmen, von denen das fehlerfreie Gelingen des Manövers abhängt. Erstens: weich und schnell abfieren (das heißt Stoß gut abfedern)! Zweitens: mit aller Kraft *abfallen* (c)! Dadurch vermeidet man, daß das Boot hineingelegt wird und ungewünschterweise vom Kurse abluvt (d). Das Schwert sei dabei halb oder ganz unten! Ebenso das Steuerblatt.

Das Schiften bei leichtem Wind: Die Bedienung des Großsegels ist die gleiche. Arbeitseinteilung und Folge für zwei Mann:

1. *Fockschooten los!* (wichtig!), sonst bleibt Spinnaker hängen! Schwert geben!
2. Führer nimmt das Großsegel, Vorschootmann macht Spinnakerschoot und Achterholer los, klappt den Spinnakerbaum *nach oben* hinter der Fock durch (nicht nach

hinten ziehen!) und stellt ihn *ohne* Schootenbedienung ein. *Zu gleicher Zeit* ist das Großsegel übergekommen. Darauf folgt

3. Schootenbedienung und zuletzt Schwert hoch (bzw. höher)!

Das Schiften bei schwerem Wind:

1. Fockschoot los — Schwert unten!
2. Vorschootmann klappt nach Losmachen der Schooten den Spinnakerbaum nach oben hinter der Fock durch, stellt das Segel ein und befestigt die Spinnakerschooten. So wird der Spinnaker im «*Windschatten des Großsegels*», also von diesem abgedeckt, mühelos gesetzt und eingestellt (Abb. 241).

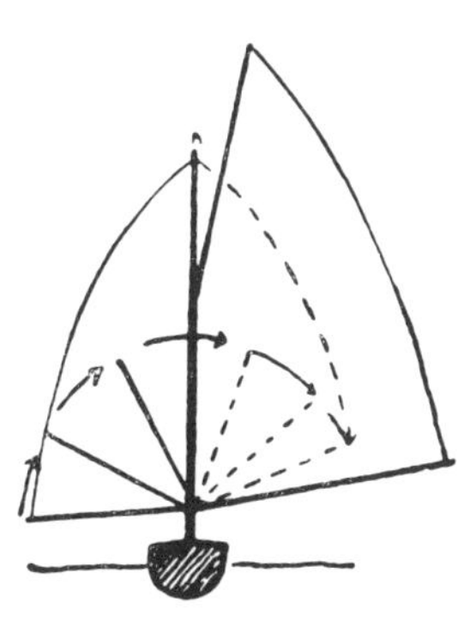

Abb. 241. Schiften bei schwerem Wind.

3. Erst jetzt kommt das Großsegel herein und auf die andere Seite, und der schon gesetzte Spinnaker bekommt Wind. Dabei hat der Vorschootmann die Backstagen zu bedienen. Bei Jachten muß beim Halsen die Luv-Backstag belegt sein, *bevor* Druck darauf kommt. Bei Jollen soll man die Backstag vorerst nur einmal um die Klampe schlingen oder direkt in der Hand halten, da das sofortige *Hinauslegen* der Mannschaft nach dem Halsmanöver das wichtigste ist. Ist dann das heikle Kippmoment überstanden, dann erst wird die Backstag endgültig belegt.
4. Schwert hoch!

Beim Halsen um eine Wendemarke: Vor dem Manöver die Fock auf der richtigen Seite *für den nächsten Kurs dicht nehmen!*

Beim Spinnaker*bergen:*

1. Achterholer los.
2. Spinnakerbaum vorlassen und zwischen Mast und Wanten ins Cockpit nach hinten schieben. Spinnaker *ins Cockpit* herunterziehen. Zeitdauer 3—5 Sekunden (kürzestes Manöver). Es besteht also kein Grund dafür, den Spinnaker nicht bis unmittelbar vor der Wendung stehen zu lassen.

Somit sind wir mit der Besprechung der Vor-Wind-Technik zu Ende und fassen die Hauptpunkte nochmals folgendermaßen zusammen:

I. Dränge mit der Führung nach Lee.
II. Großsegel ganz hinaus.
III. Spinnaker von *einem* Mann korrekt bedienen lassen.
IV. Aufrechte Trimmlage.
V. Nicht zu wenig Schwert.
VI. Gewicht bei normalem Wind *nicht* nach Achtern.

Die Taktik

Es wurde bereits erwähnt, daß die Vor-Wind-Taktik ein grausames Spiel darstellt, grausam für den Verfolgten, denn sein Vorsprung ist verloren, wenn er weniger als 4—5 Bootlängen voraus liegt. Auch wenn der Vorsprung größer ist, so schwebt das Schwert des Verfolgers doch auch jetzt noch fallbereit über dem Nacken seines Opfers. Welcher Steuermann segelt *als führendes Boot* gerne und mit behaglichem Gefühl einen Vor-Wind-Kurs ab? Wer hat es noch nicht erlebt, daß die ganze Flotte mit brausender Fahrt vor Wind mit einer Böe heranrauscht und einen Riesenvorsprung über den Haufen rennt? Wer kennt nicht jenes sonst so liebliche, hier markerschütternde Geräusch, das Rauschen der Bugwellen der auflaufenden Konkurrenz? Wehrlos liegt man da, um auf den Todesstoß zu warten, um im Getümmel der Angreifer zu versinken, mit dem quälenden Gedanken, einen durch stundenlange Arbeit erkämpften Vorsprung umsonst erobert zu haben.

Was kann man machen? Wo bleibt hier die schützende Taktik? Ja, den Vorsprung halten, das können wir nicht, aber die Führung halten, *das können wir.*

Da nun, wie gesagt, die Karten im Kampfe ganz ungerecht verteilt sind, so wollen wir uns bei der Ausführung der Taktik in erster Linie auf den Standpunkt der Verteidigung stellen. Zuerst aber sollen einige allgemeine Tatsachen vorausgeschickt werden:

1. Der Verfolger ist bei gleicher Fähigkeit der Führer im Vorteil.
2. Die Reichweite der Abdeckung beträgt vierfache Mastlänge; die gestörte Windzone noch mehr. (Bei leichtem Wind Abdeckungsdistanz kürzer.)
3. Die Luvposition ist im allgemeinen zu bevorzugen. Innenposition an der zu rundenden Wendemarke jedoch ist Grundbedingung und entscheidend.
4. Achtung vor Berürung der Bootkörper oder der Segel.
5. Ist die Ziellinie (wenn diese die Vor-Wind-Strecke abschließt) *senkrecht* zur Kursrichtung?
6. Scheue dich nicht, die Führung vorübergehend zu opfern, wenn es die Taktik verlangt.
7. Vergiß nicht im Kampfe den Dritten und stelle das Gefecht gegebenenfalls sofort ein, wenn dieser aufrückt.

Wir kommen zum Zweikampf im Speziellen, und dabei sind mir *zehn Hauptfälle* bekannt.

Zehn Hauptfälle (Abb. 242. I—X)

Fall I. Abwehr (Zeichnung I).

Der Verfolger hält Kurs — deckt ab — kommt näher. Wir luven an, um aus der Abdeckung zu kommen. Rückt der Verfolger trotzdem nach, fesseln wir uns ganz nahe an seine Bordwand, um im gegebenen Fall den Großbaum über sein Heck legen und ihn vorübergehend abdecken zu können. Berührung darf nicht erfolgen! So ist ein Vorbeikommen in Lee ausgeschlossen. Die Konkurrenz darf jedoch keinen Moment aus den Augen gelassen werden, da sie, falls sie den Bug frei bekommt, diesen plötzlich an unserem Heck vorbei nach Luv schieben kann, was ein schwer abzuwendender Angriff wäre, wenn er zu spät entdeckt wird. Hält die Konkurrenz Kurs und bleibt sie in Lee, wird sie normalerweise das Rennen verlieren. Die Wettsegelbestimmungen allerdings führen einen Paragraphen an, der besagt: «Eine Jacht darf niemals aus ihrem «richtigen Kurs» laufen, um eine sie überholende Jacht zu verhindern, ihr leewärts vorbeizusegeln.» Diese Bestimmung ist meines Erachtens ungerechtfertigt, da sie eine weitere Waffe in die Hand des Verfolgers gibt und da sie dem sportlichen Begriff «der Höhepunkt des Regattasegelns ist der Kampf» entgegensteht. Abgesehen davon ist es nicht sonderlich schwierig, sie zu umgehen, da sie den Ausdruck «richtiger Kurs» als Gipfelpunkt benützt. Der «Richtige Kurs» aber ist meiner Ansicht nach der, auf dem man das Rennen *gewinnt;* aber auch bei der anderen Auffassung ist der richtige Kurs ein äußerst dehnbarer Begriff!

Fall II. Angriff (Zeichnung II).

Als überholendes Boot wird der Angriff folgendermaßen ausgeführt: Angenommen, die Konkurrenz fährt Kurs! Man deckt, nach dem Stander genau peilend, ab. Die sichere Wirkung erstreckt sich auf vierfache Mastlänge des eigenen Bootes. So kommt man dem Gegner immer näher und man läuft im Kielwasser solange, bis man ganz nahe an ihn herangekommen ist — denn erst jetzt wirkt die Abdeckung verheerend! Im letzten Augenblick luvt man an und schiebt die Nase seitlich am Heck des anderen vorbei. Der Großbaum aber *bleibt* noch über dem führenden Boot. Jetzt aber nähert er sich der Backstag des Gegners. — Es erfolgt ein weiterer Sprung des Angreifers zur Seite (nach Luv). Doch wird das Opfer noch nicht ausgelassen. Unser Großsegel liegt jetzt *über dem Spinnaker* der Konkurrenz. Sind wir so weit vorgerückt, daß wir auch an den Spinnaker zu nahe mit unserem Großbaum kommen, erfolgt der dritte Sprung zur Seite (Achtung vor absichtlicher Berührung!), und wir fahren mit Schuß vorbei. Der Gegner aber ist durch die bis zum letzten Moment ausgedehnte Abdeckung dermaßen geschädigt, daß er lange braucht, um sich wieder zu erholen, d. h. wieder Fahrt aufzunehmen.

Fall III. Abwehr (Zeichnung III).

Der Verfolger deckt uns ab. Wir luven, um frei zu kommen. Der Verfolger, der ebenfalls mitluvt, kann die Kursecken abschneiden und kommt aus diesem Grunde näher. Wir luven solange, bis wir ihn in die «Hoffnungslose Stellung» gebracht haben.

In Luv kann er nicht vorbei! — Das Experiment aber ist nicht so leicht, da man sich nach zwei Gesichtspunkten richten muß: Einmal darf man nicht zu wenig luven, da das auflaufende Boot sonst in Luv vorbei kommt, ein andermal soll man nicht zuviel luven, da man sonst vielleicht unnötigerweise den ganzen Vorsprung, der in Zielrichtung zu messen ist, opfert. Der Angreifer nun, der in Luv nicht vorbeigekommen ist, versucht nun eine zweite sehr gefährliche Angriffsart: Er fällt plötzlich in scharfer Drehung ab, um in Lee durchbrechend direkt aufs Ziel loszugehen! (Merke auch für Angriff!) Wenn wir diese Absicht erst bei seiner Ausführung entdecken, ist es bereits zu spät. Wir müssen das Manöver *erwarten* und darauf gefaßt sein. Die Großschoot, welche man nicht durch die Blöcke, sondern in ausgelassener Länge dicht genommen hat, wird als Ganzes blitzschnell wieder hinausgegeben und das Boot zu gleicher Zeit wie das des Gegners und mit gleicher Schnelligkeit nach Lee weggedreht. Gelingt dies, so ist das neckische Spiel gewonnen, und wir erreichen als leicht abdeckendes Luvboot als erstes das Ziel, vorausgesetzt, daß wir es auf gleichbleibendem Bug anliegen können, oder mit anderen Worten, daß wir die Vorwindachse — d. h. den Kurs, der ein Halsen verlangt — noch nicht überschritten haben.

Fall IV. Falsche Abwehr (Zeichnung IV).

Der gleiche Fall wird jedoch für uns von dem Moment an ein verlorenes Spiel, *in dem wir die Vor-Wind-Achse überschritten haben.* Der Vorgang ist folgender: Beide Boote luven wie in Fall III. Der Angreifer fällt etwas zurück und wird klar von unserem Heck — er dreht plötzlich seine Nase nach *Lee* ab und «*halst*». So geschickt und schnell wir auch das Manöver mitmachen, werden wir durch das gleichzeitige Halsen — was in diesem Fall notwendig ist, um das Ziel anliegen zu können — *Lee-Jacht,* und das Spiel ist verloren!

Fall V. Richtige Abwehr (Zeichnung V).

Wie soll nun in diesem Fall der Angriff pariert werden? Die Pille ist sauer, aber sie ist heilsam! Die meisten allerdings werden vor der Ausführung zurückschrecken, denn nichts ist schwerer für den Segler, als nur einen einzigen Meter absichtlich herzugeben. Darum aber handelt es sich hier. Der Kampf, der mit Sicherheit zu gewinnen ist, ist auf folgende Weise zu führen: Man achtet mit peinlichster Vorsicht darauf, wann man die Vor-Wind-Achse überschreitet. Man peilt also die Windrichtung wiederholt auf die Boje (beim Ziel auf die momentane Luvtonne). Ist nun der Moment gekommen, daß beide Boote die Vor-Wind-Achse erreicht haben, — der Gegner also noch nicht nach Lee abgedreht hat — so steigen von dem Moment an die eigenen Aktien, und zwar wird die Stellung für uns als angegriffene Jacht umso günstiger, je mehr wir den Gegner seitlich, also über die Achse hinaus, schleppen können. Die Ausführung ist mehr als einfach: Wir lassen den Angreifer soweit auflaufen, bis er in Luv von uns liegend *nicht mehr klar von uns ist* (demnach auch nicht mehr hinter uns nach Lee durchbrechen kann). Stolz darauf, uns so aufgerückt zu sein, denkt der Angreifer auch gar nicht mehr an einen Leedurchbruch, ganz abgesehen davon, daß wir ihm jeden leisesten Gedanken daran dadurch vereiteln, daß wir ihn aus der Ueberlappung *nicht frei geben;* mit anderen Worten, er kann nicht an unserem Heck vorbei abdrehen, da er an uns anstoßen würde! Sollte der Gegner etwas zurückfallen, um der Ueberlappung auszukommen, so bremsen wir gehorsam auch ab. Diese Stellung, die wir nach der Ueberschreitung der Vor-Wind-Achse *absichtlich* herbeigeführt haben, wird nun umso günstiger für uns, je länger wir sie zu halten vermögen. Haben wir einerseits dem aufgelaufenen Luvboot die Ueberlappung forciert und gegebenenfalls auch abgebremst, um dieses in Fesseln zu halten, so werden wir anderseits mit aller Kraft darnach streben, dem Angreifer das Vorlaufen lang und schwierig zu machen. Erst wenn dieser vor uns liegt, was letzten Endes ihm *gewährt* wird, kommt das Manöver: Abfallen — Halsen — Kurs Ziel; wir liegen vorne und in Luv — das Rennen ist für uns gewonnen!

Fall VI (Zeichnung VI).

Die Gegner liegen nebeneinander, und zwar soweit voneinander entfernt, daß die Luvjacht nicht ohne einen ziemlichen Umweg zur Leejacht gelangen kann. Es wäre also für erstere nicht lohnend, die Leejacht anzugreifen, da sie durch das notwendige Halsen und den großen Weg nach Lee zu weit hinter die Leejacht zu liegen käme um eine sichere Abdeckung herbeiführen zu können. Nehmen wir nun an, das in Lee liegende Boot würde den kürzesten Weg, also direkt auf die Lee-Boje aufs Ziel steuern (siehe Zeichnung). Als Luvboot können wir das Rennen auf zwei Wegen gewinnen: Entweder wir fahren die Strecke raumschoots gegen die Luvboje zu ab, wodurch wir allerdings den längeren Weg laufen, aber durch den schnelleren Kurs soviel besser vorwärts kommen, daß wir dennoch etwas früher das Ziel erreichen. Oder — und das dürfte die bessere, aber auch etwas schwerere Technik sein — wir schließen einen Kompromiß zwischen «Größerer Fahrt und nicht zu langem Weg», d. h. wir luven abwechselnd etwas an, um die Geschwindigkeit zu steigern, und fallen dann wieder ab, um mit dieser gesteigerten Geschwindigkeit den kürzeren Weg zu fahren. Bei scharfer Einpeilung des Gegners kann man beobachten, daß man in diesem Moment auf gleichem Kurs etwas schneller läuft als er. Erst wenn der Schwung verzehrt und der Moment gekommen ist, daß beide Boote gleich schnell laufen, wird das Experiment wiederholt. Wir luven also wieder etwas an. Das Boot bekommt dadurch neues Leben, läuft also wiederum mehr Fahrt. Mit der geschaffenen Beschleunigung fallen wir wieder langsam auf Kurs ab. Dieses Luven und Abfallen — eine Kursänderung von zirka 10 ° — wiederholt sich andauernd bis zum Ziel. Zum besseren Verständnis dieser Technik diene dem Leser die schematische Zeichnung, Abb. 243, in der drei gleich lange Wege mit verschiedener Richtung und der Gewinn durch die gesteigerte Geschwindigkeit (punktiert) mit der Ziellinie in Beziehung gebracht sind. (Es sei jedoch nochmals darauf hingewiesen, daß wir, wenn wir in der Anfangsstellung nur wenig, also nicht 100, sondern 20 m in Luv vom Gegner und womöglich etwas zurück liegen sollten, den Kampf vorziehen und uns auf die Konkurrenz stürzen sollen.)

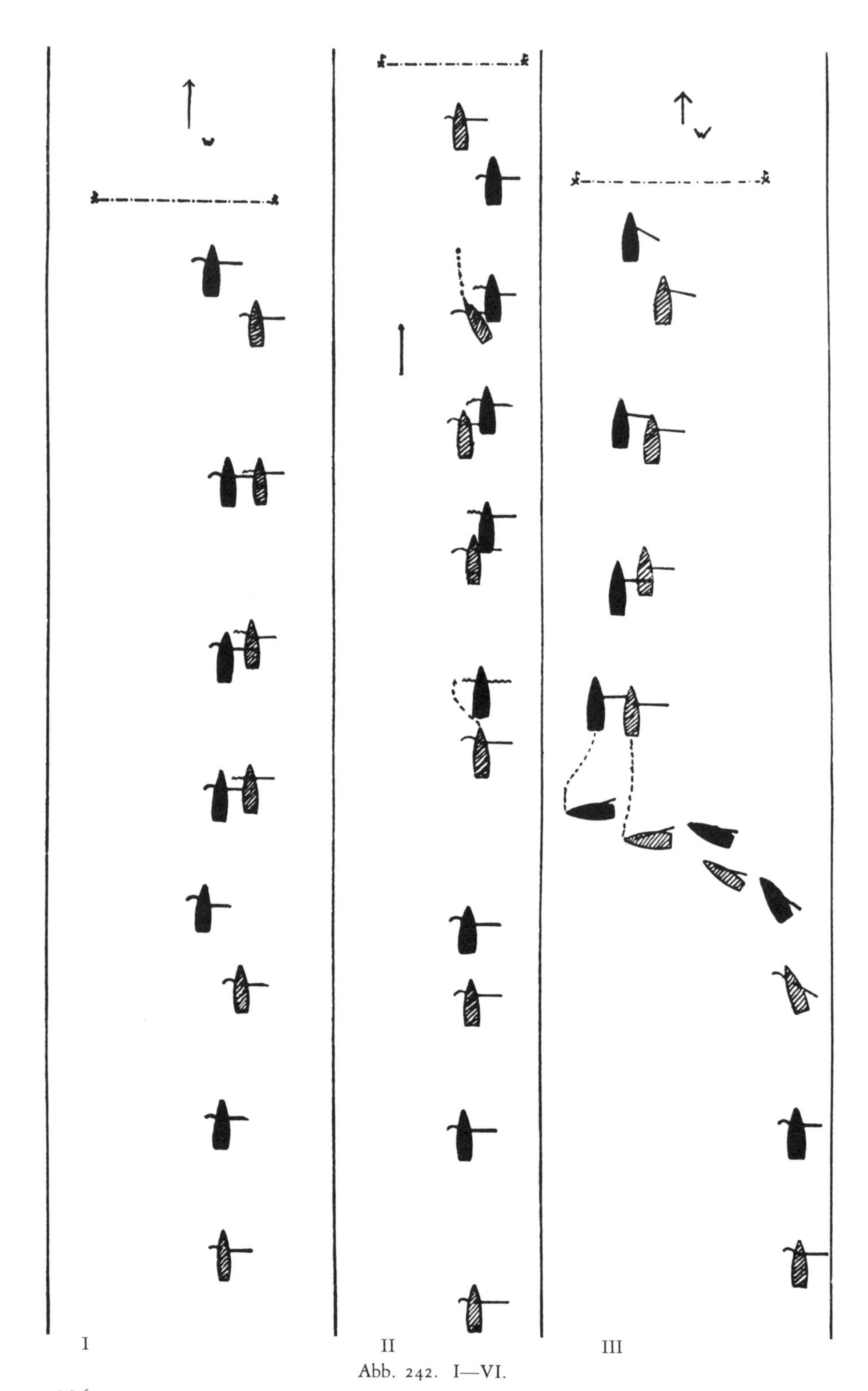

Abb. 242. I—VI.

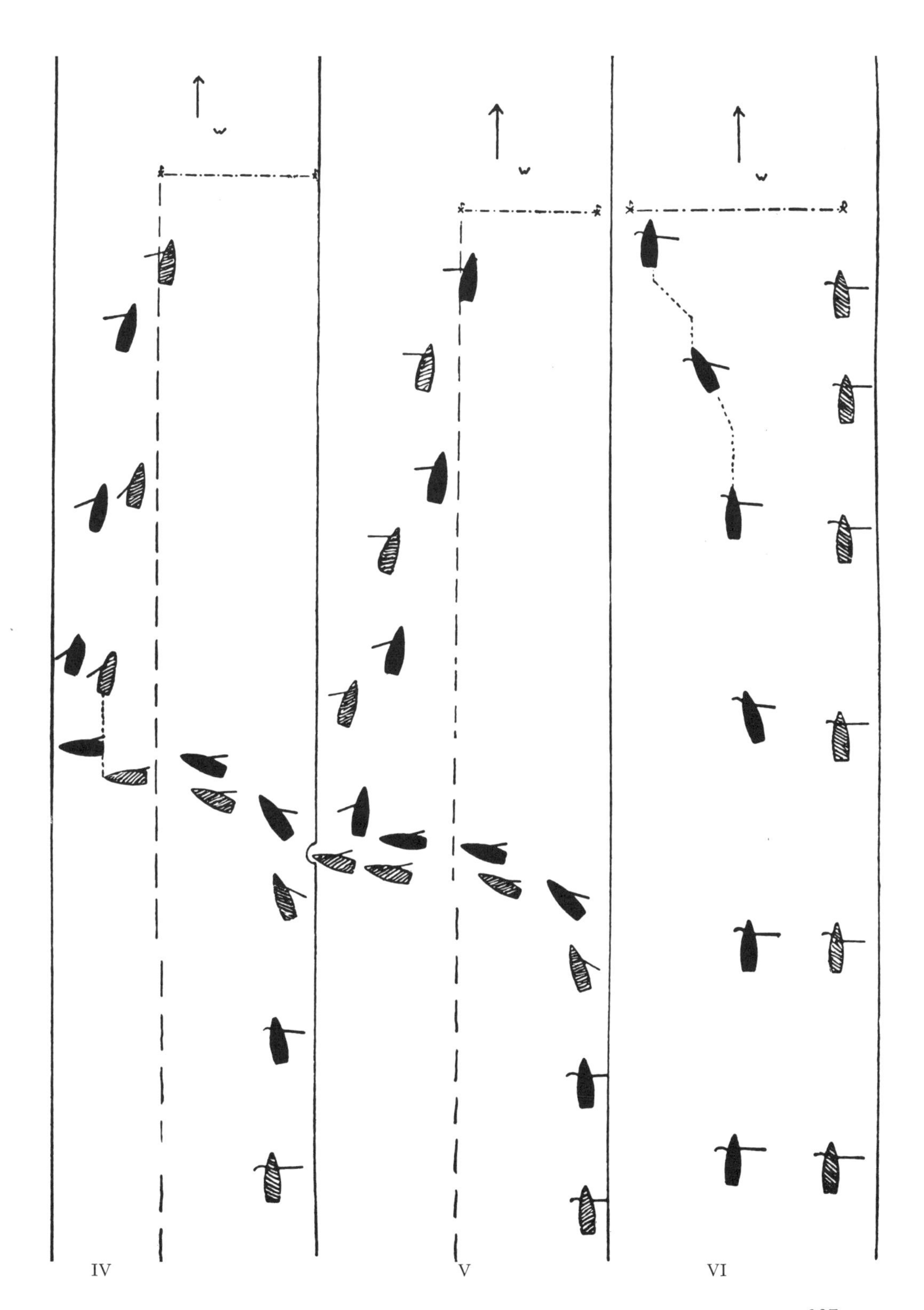
w
w
w
IV
V
VI

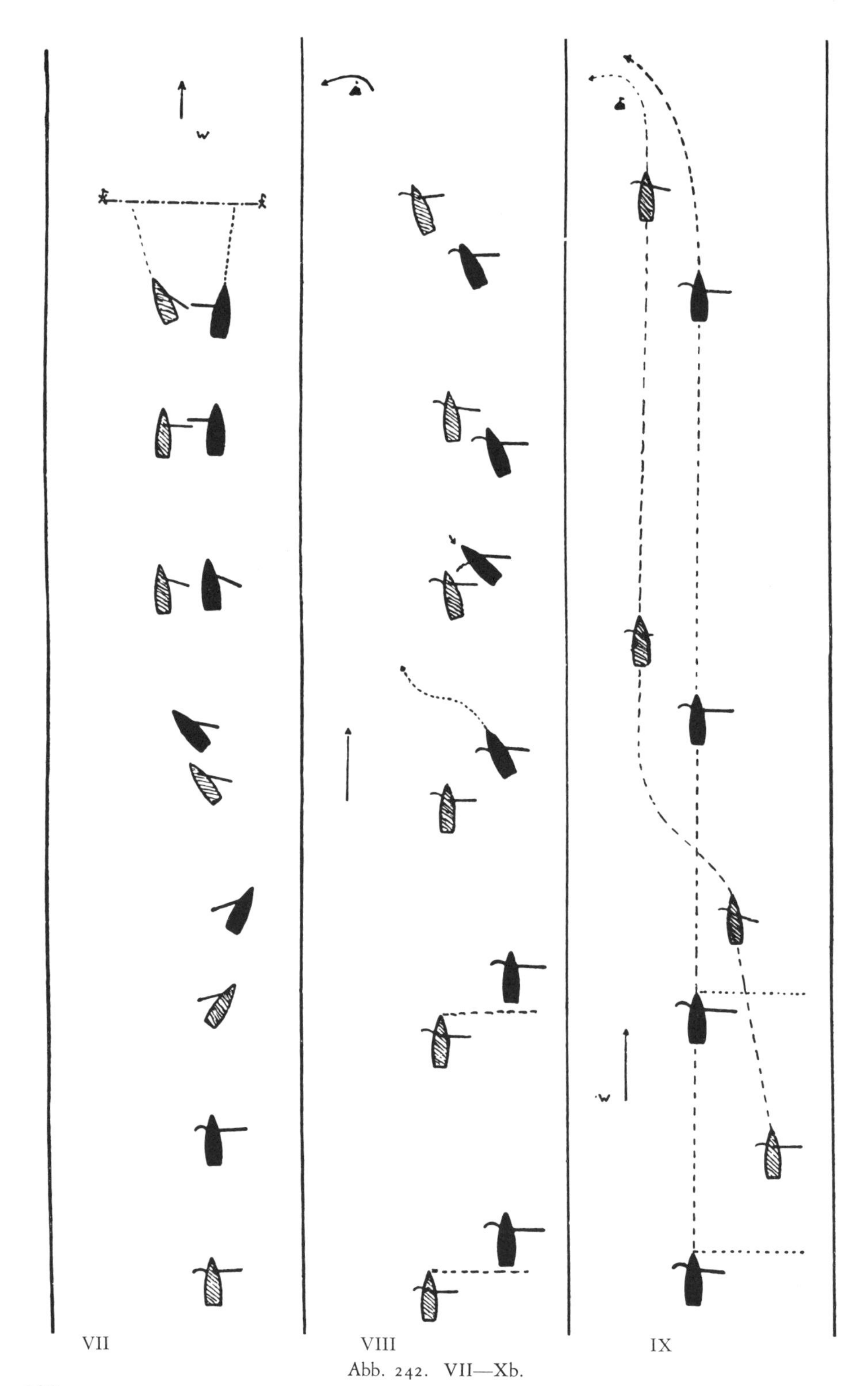

Abb. 242. VII—Xb.

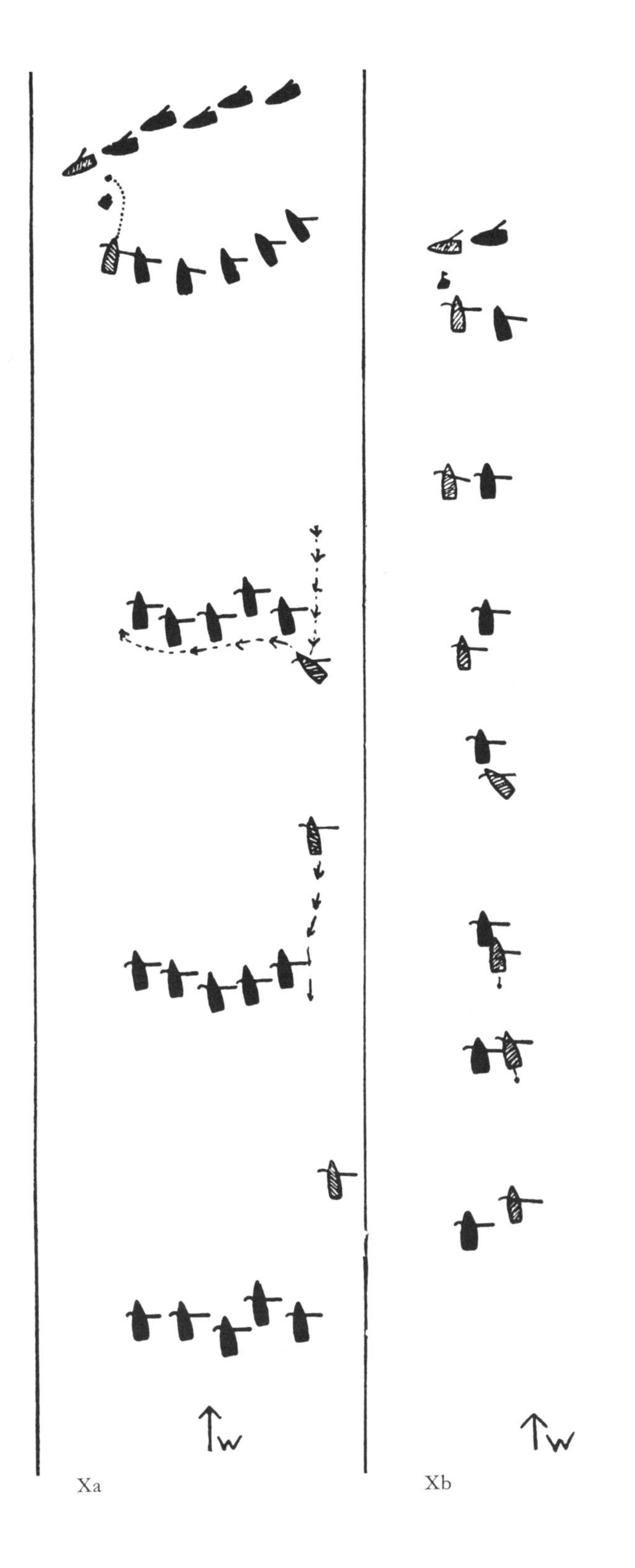

Xa
Xb

Fall VII. Angriff (Zeichnung VII).

Als Angreifer: Wir decken ab. Abwehr: Konkurrenz halst. Angriff: wir halsen auch, schneiden die Kursecken ab, kommen näher und decken wieder ab. Abwehr: Konkurrenz halst nochmals. Angriff: Wir halsen ebenfalls und setzen die Abdeckung fort. Dies wiederholt sich einige Male. Daraufhin gibt die Konkurrenz den Kampf auf und fährt Kurs. Dadurch ist die Stellung für sie verloren. Haben die Boote die Segel auf gleicher Seite, so liegen wir so lange mit unseren Segeln über denen des Gegners, bis wir mit Schwung an ihm vorbeilaufen können. Unser Sieg ist sicher.

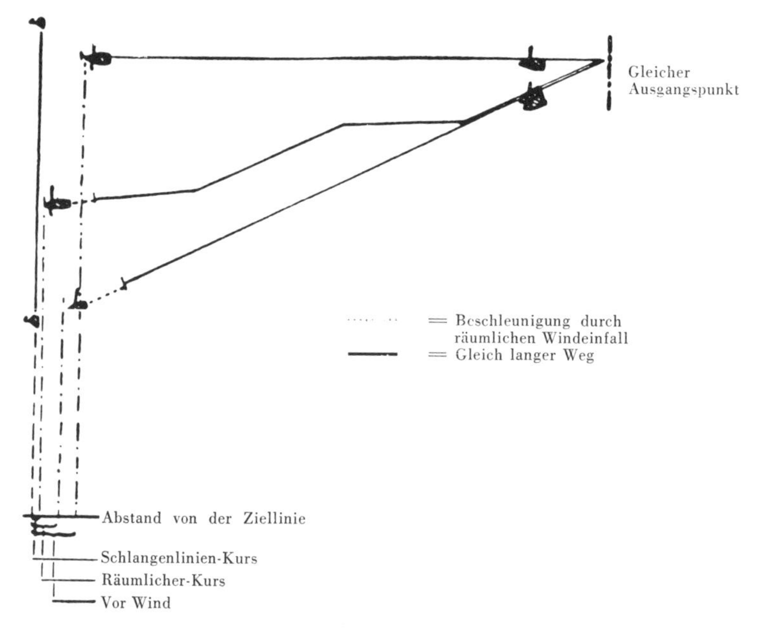

Abb. 243. Drei verschiedene Kurse zum Ziel.

Halst die Konkurrenz z. B. aber zweimal (wie es in der Zeichnung der Fall ist), so ist auch hier eine Abdeckung möglich, allerdings nur sehr kurze Zeit, da die Boote schnell auseinanderlaufen. Jetzt wird der Ausgang zweifelhaft; die größere Aussicht auf Sieg aber hat das Boot, das räumliche Tendenz zur Verfügung hat.

Fall VIII. Falsches Manöver (Zeichnung VIII).

Denken wir uns an die Stelle der Leejacht. Der Gegner in Luv liegt 1—2 Bootlängen hinter uns. Ginge der Kurs gerade aufs Ziel zu, so bestünde für uns bei normalen Verhältnissen kein Grund, die Stellung zu ändern, denn wir behalten den Vorsprung bis zum Ziel bei, solange der Gegner uns nicht abzudecken versucht, was vorerst kaum zu befürchten ist, da dieser dazu halsen müßte.

Der Fall liegt aber für uns anders: Der Kurs geht nicht aufs Ziel, sondern auf die Wendemarke zu, die wie in der Zeichnung gerundet werden muß. Das Machtwort also heißt: «Innenposition!» Um diese zu erreichen, luven wir langsam an, denn wir wollen vor dem Gegner nach Luv stechen. Der Anfang des Manövers scheint glatt vor sich zu gehen — plötzlich aber gerät unser Segel in den Bereich der feindlichen Abdeckung. Diese aber müßte unserer Ansicht nach schnell zu durchbrechen sein. Dem aber ist *nicht so;* wir haben uns getäuscht! Das Boot verliert mehr und mehr an Fahrt, und bevor wir die Lage ein zweites Mal übersehen, ist unser Plan gescheitert: Wir unterliegen der sich steigernden Wirkung der gegnerischen Abdeckung und müssen mit zusammengebissenen Zähnen zusehen, wie die Konkurrenz mit Schuß in Luv an uns vorbeisegelt. Wo nun liegt der Fehler in unserer Rechnung?
Dem Gefühl nach zu urteilen, sollte man denken, daß der spitze Abdeckungskegel leicht, d h. schnell zu durchbrechen sei! — Das Mißlingen aber liegt darin, daß das auflaufende Boot nur ein bißchen anzuluven braucht, um den Abdeckungskegel seitlich so zu verschieben, daß dieser in unserer *Fahrtrichtung mitwandert,* sodaß wir *dauernd* in seiner vernichtenden Wirkung liegen, *also 4—5mal solange mit der Abdeckung zu kämpfen* haben, als wir anfangs angenommen hatten.

Fall IX. Geglücktes Manöver (Zeichnung IX).

Die Praxis hat gezeigt, daß das Experiment vorne herum nach Luv zu laufen, *dann* gelingt, wenn wir in der Anfangsstellung *mehr als zwei Bootlängen voranliegen.* Dieser Fall ist in Zeichnung IX geschildert.

Fall X. (Zeichnung X a und b).

Diese Mindestdistanz von zwei Bootlängen Vorsprung wird jedoch unzureichend, d. h. sie ist auf fünf oder mehr Bootlängen anzusetzen, wenn wir im Lee einer größeren Anzahl von Gegnern laufend, nach Luv durchbrechen wollen. Es ist äußerst schwierig, einen ganzen *Abdeckungsfächer vorneherum* zu durchlaufen, und es gibt nur *einen* richtigen Weg: Wenn man nicht mit größerem Abstand führt, diesen zu *opfern,* abzubremsen und hinten um das Feld herum nach Luv zu laufen. Dabei hat man stets die automatische Vor-Wind-Regulierung auf seiner Seite, d. h. der Rücksprung ist im ungestörten Winde und mit Hilfe der saugenden Wirkung der anderen Boote leicht wieder gut zu machen. Man merke sich also: «*Eine Außen-Lee-Position vor einem Bojenrunden muß sofort aufgegeben werden, selbst wenn sie führenden Charakter hat!* Die Ausführung bei einem oder mehreren Gegnern sei nochmals kurz wiederholt (siehe Zeichnung X b): Absichtliches Bremsen, ganz nahes seitliches Heranlaufen an den nächstliegenden Gegner, im Moment des Klarseins um das Heck der Konkurrenz, diese abdeckend, nach Luv laufen! (Möglichst geräuschlos, damit es der Gegner nicht sofort merkt). — Bojeninnenposition. Resultat: Führende Stellung nach dem Runden der Wendemarke (diese Taktik ist auch bei Fall VIII, vergleiche Abb. 245, anzuwenden). Auch hier ist es die Innenposition an der zu rundenden Boje, die uns zum Manöver veranlaßt.

Bevor wir die Vor-Wind-Taktik verlassen, sei noch ein Fall erwähnt, der zwar selten vorkommt, dessen vorherige Kenntnis aber dem einen oder anderen doch wertvoll werden kann:

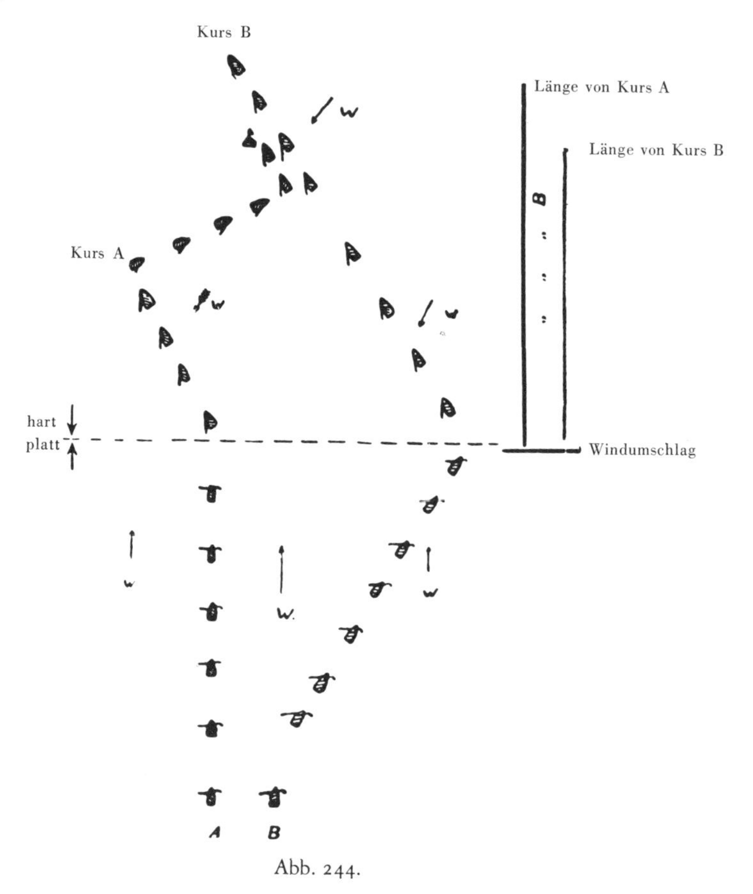

Abb. 244.

Bei einer Vor-Wind-Strecke schlägt der Wind ganz unerwarteterweise für die führenden Boote plötzlich auf Kreuzkurs um! Wie haben wir uns als weiter hinten liegendes Boot zu verhalten bzw. wie läßt sich der Windumschlag zu unseren Gunsten verwerten?

Wir biegen sofort, nachdem wir beobachtet haben, daß die Spitzengruppe zu kreuzen anfängt, vom Kurse ab, und zwar nach der Seite, welche uns bei dem etwas später eintretenden Windumschlag Luvposition bringt.

Dieser Kurs birgt in sich drei Vorteile:

1. Die eben erwähnte Luvposition nach dem Windwechsel.
2. Laufen wir längere Zeitdauer in dem für uns vorteilhafteren Rückenwind.
3. Laufen wir raumschoots größere Fahrt.

Abb. 245. Kampf um die Innenposition. J 239 (Mephisto) rundet zuerst.

Abb. 244 zeigt uns zwei Boote, A und B, welche zu gleicher Zeit bemerken, daß der Wind bei den führenden Booten auf Kreuzkurs umschlägt. A fährt Kurs, B aber läuft raumschoots vom Kurs ab. Beide Boote werden ungefähr zu gleicher Zeit vom Gegenwind getroffen (was in der schraffierten Linie gezeigt ist) und haben von jetzt an zu kreuzen. Bei gleichem Kreuzwinkel und gleicher Geschwindigkeit langt aber nun B früher am Ziel an als A, da der zu durchsegelnde Weg für B kürzer ist.

In der Zeichnung ist das Weg-Verhältnis 4 : 5, der Vorsprung also 1.

Das Schwerwettersegeln und «mögliche Unmöglichkeiten»

stellen ein Kapitel für sich dar, da es im Sturm in Außerachtlassung aller genaueren Technik und der Taktik oft nur darauf ankommt, «oben zu bleiben» bzw. durchzukommen.

Wir wollen uns also bei unseren Betrachtungen in die Lage eines mit dem Sturme kämpfenden Bootes (der *kleineren* Klasse) denken und die wichtigsten Fragen, die dabei an uns herantreten, durchbesprechen.

Wie pariere ich eine Böe?

a) Beobachte die kommende Böe in ihren Eigenschaften an den vor uns in die Böe laufenden Booten.

b) Beobachte den Windstoß, bevor er bei uns ist, und stelle seinen Einfallwinkel (Richtung und Stärke an der Kräuselung und Färbung des Wassers) fest. Im Sturm soll jeder Windstoß an der Wasseroberfläche genau vorher beobachtet werden.

c) Stelle das Boot in die richtige Aufnahmestellung, d. h. pariere die Böe, bevor sie die Segel erfaßt hat. Oft handelt es sich um ein vorzeitiges Luven, damit der Stoß nicht zu voll aufs Segel trifft, jedoch richtet sich dies nach der Böenrichtung. Das erwähnte Luven muß besonders bei Jachten oft sehr schnell, sogar *ruckweise* ausgeführt werden, da die größte Wucht der Böe in ihrem ersten Teil liegt. Anderseits aber ist das Aufnehmen der Böe mit flatternden Segeln die gefährlichste Situation, der man sich aussetzt, da man bei Fahrtstillstand mit doppelter Lage zu rechnen hat. Die Stützkraft des Bootes im Wasser, d. h. die Stabilität, nimmt mit steigender Fahrtgeschwindigkeit zu. Das Boot wird nämlich in der Zeit zwischen Aufprall und Umsetzen der Kraft in Vortrieb verstärkt gelegt, und meistens tritt in diesem kritischen Moment die Kenterung ein. Eine lange andauernde Böe also werden wir voller fassen, einen kurzen, sturmartigen Windstoß von nur einigen Sekunden dagegen fangen wir ganz spitz auf.

d) Wenn die Böe bereits eingefallen ist, so ist das Wichtigste, ihren *Höhepunkt zu erkennen* und demgemäß die Pariermöglichkeiten — das ist das Auslassen der Segel und das Luven bzw. in den Wind schießen — auf diesen schlimmsten Moment

Abb. 246. Pokaljacht «Enterprise», vom Mast aus aufgenommen.

aufzusparen. Das Luven aber ist nur dann möglich, wenn *Fahrt im Boot* ist. Ein Kentern mit Fahrt im Boot ist technisch so gut wie ausgeschlossen.

e) Es ist also im Stadium der Böe das «*Fahrtmachen*» das wesentliche.

Also: Voll bis zum äußersten Risiko segeln und erst dann, wenn man den schlimmsten Moment gekommen glaubt, luven. Nimmt man die Krisis, den Moment der größten Windstärke fälschlicherweise zu früh an, und pariert man den Stoß, bevor er seinen Höhepunkt erreicht hat, so kommt das Boot außer Fahrt und der zunehmende Windstoß wird das führungslose Fahrzeug vorne abtreiben und bald darauf umlegen. Unsere sichere, aber für kurze Zeit wirksame Abwehr — das Luven — darf also erst dann erfolgen, wenn wir an der äußersten Kippe stehen und sicher sind, daß der Wind bei dem früher oder später zu erwartenden Bootstillstand nachlassen wird.

Der sicherste Kurs, das ist der Kurs, auf dem man ein Boot am besten hochhalten kann, ist «raumschoots», da hier das Fahrtmachen am leichtesten ist.

Ein vollständiges Flattern der Segel, besonders aber der Fock, soll bis zum kritischen Punkt vermieden werden, schon der Unruhe und der damit verbundenen Bremswirkung wegen; auch kann ein völlig flatterndes Segel leicht zerreißen, ein teilweise geblähtes Segel aber niemals. *Im Rennen soll das Vorsegel während der Böen dicht* (das soll aber nicht heißen belegt!) *bleiben,* während der Windstoß nur mit dem Großsegel abgefedert wird. Dies ist eine Technik, die vielseitig durchprobiert worden ist und auf die ich besonders aufmerksam machen möchte. Das Boot bekommt auf diese Weise vorne gewissen Halt, luvt nicht aus eigener Initiatvie an und behält seine Fahrt gut bei, selbst wenn das ganze Großsegel ausgelassen werden muß und killen sollte.

f) Absolut erforderlich ist es, daß der Führer auf kleinen Booten alle paar Minuten sich vergewissert, ob die Großschoot klar läuft, so daß diese aus der Hand jeden Augenblick unbehindert gefiert werden kann. Die Großschoot darf nicht in unmittelbarer Nähe von Klampen, Blöcken usw. liegen, da sie sich leicht verhängt und eingeklemmt werden kann, was fast immer die Ursache des Malheurs sein dürfte. «Wenn die Großschoot hängen geblieben ist» und das Boot dadurch zum Kentern gebracht wurde, so ist «nicht die Großschoot, sondern der Führer daran schuld.»

g) Ebenso wesentlich wie das Auslassen der Schooten ist das sofortige Dichternehmen derselben nach pariertem Windstoß. Dies, um die Fahrt zu steigern und — ganz abgesehen von dem konkurrenzlichen Vorteil — um dem Boot durch die größere Geschwindigkeit neue Widerstandskraft für den nächsten Windstoß zu geben. Bedient man Steuer und Großschoot allein, so ist man gezwungen, die Schoot beim Nachgreifen der Hand zwischen die Zähne zu nehmen, denn ein Auslassen des Steuers darf unter keinen Umständen erfolgen. Manche helfen sich auch, indem sie vorübergehend mit dem Fuße steuern, was bei starkem Hinauslegen oft ganz vorteilhaft ist und die einzige Möglichkeit bietet, beide Hände zur Bedienung der Großschoot frei zu bekommen.

Regattatechnisch vollkommen wird die Bedienung auf Jollen nur dann, wenn ein dritter Mann und nicht der Steuermann die Großschoot führt; infolge der notwendigen Harmonie zwischen Führung der Pinne und der Großschoot ist die geteilte Arbeit schwer und muß geübt sein.

Ist man gezwungen, bei starkem Wind ein Boot allein zu bedienen, so ist es vorteilhafter, die Fock zu belegen und nur mit dem Großsegel zu manövrieren, als umgekehrt. Im Sturm allerdings führt auch diese Methode nicht zum Ziel, und wenn das Bergen der Segel nicht mehr zu bewerkstelligen ist, versucht man, raumschoots das Boot oben zu halten und läßt das Vorsegel flattern. Ist es aber noch möglich, die Segel zu bergen, so merke man sich: *Zuerst das Großsegel, dann die Fock* — nicht umgekehrt!

Beim Herannahen des Sturmes setzt man — vorausgesetzt, daß nicht wie im Rennen das gleichmäßige Verkleinern (Reffen) der Segel vorzuziehen ist, das sog. «Trisegel», die kleine Fock, die man hinter dem Mast aufhißt. Das Vorliek wird straff am Mast aufgespannt mittels irgendeines Fock- oder Großsegelfalls. Das freie Ende ist wie gewöhnlich an der Schoot zu führen.

Für Jachten gelten die gleichen Bedingungen für das Parieren von Böen mit Ausnahme der Schootenbedienung. Diese werden normalerweise belegt. Im Sturm dagegen muß speziell bei nicht genügend eingedeckten Booten und auch bei jeder noch nicht ausprobierten Jacht die Großschoot aus der Hand gefahren werden.

Die *Gefahr* des *Sinkens* ist eine viel größere, als im allgemeinen angenommen wird. Eine Ballonfock darf bei Schwerwetterbooten im Sturm nicht belegt werden. Kommt auch die Stabilität des Bootes hier nicht in Frage, so droht uns doch ein Fockfallbruch mit größter Sicherheit; das Segel kann zerreißen, sogar der Mast im Angriffspunkt der Fock nach vorne durchgebrochen werden.

Genau wie bei den Jollen müssen wir auch auf Jachten bekannterweise das Großsegel am Wind desto lockerer fahren, je mehr der Sturmwind zulegt; desgleichen verhalten wir uns bei starkem Wellengang, in dem sich die Boote sonst totzustampfen pflegen. Man merke sich also: «*Wenn ein Boot während der Böen trotz kräftigster Gegenarbeit mit der Pinne dem Steuer nicht mehr gehorcht und in den Wind läuft, so ist das stets das Zeichen dafür, daß das Großsegel zu dicht steht.*

Auf diese Weise bin ich mit meiner Sonderklasse «Marion III» einmal fast untergegangen: Das Boot lief eigenmächtig in den Wind -- kam dadurch zum Stehen, wurde dann von der nächsten Böe plötzlich vorne abgetrieben und infolge der Fahrtlosigkeit flach aufs Wasser gedrückt. Wäre es nicht gelungen, sofort beide Segel loszubekommen, so hätte das einströmende Wasser das Boot zum Sinken gebracht. So aber erhob es sich langsam; die Segel mußten natürlich sofort fallen, weil das volle Boot über keine Stabilität mehr verfügte.

Das Kentern

Hier wird der Leser wohl berechtigterweise sagen: Da weicht die Theorie aber gewaltig von der Praxis ab! Theoretisch ist das Kentern bei fehlerfreier Führung ausgeschlossen — praktisch hingegen scheint es öfters vorzukommen.

Und doch — wenn wir bei fehlerfreier Führung auch ein gewisses Vorbedachtsein voraussetzen und ein Kentern während des Rennens durch langsames Vollschlagen ausschließen, dann dürfte das Kentern als solches wohl vermeidbar sein. (Ich bin in meinem Leben einmal gekentert.)

Führen wir uns den Fall des Vollschlagens einmal vor Augen:

Das wenig eingedeckte Fahrzeug — sagen wir ein 15 qm-*Renn-Boot* — wird in einem Schwerwetter-Rennen von den Wellen unaufhörlich überspült. Es versteht sich von selbst, daß wir den Kampf mit dem uns möglicherweise überlegenen nassen Element so spät als denkbar, d. h. erst wenige Minuten vor dem Vorbereitungsschuß beginnen. Besonders vor dem Start heißt es trocken segeln! — im Rennen aber ist trocken segeln und schlecht segeln leider identisch. Wie aber halten wir das Fahrzeug vor dem Start noch möglichst trocken?

Wir luven an der Leeseite der Welle möglichst an, bis wir am Wellenkamm angelangt sind. Beim Hinuntergleiten auf der Luvseite der Welle fallen wir stark ab, d. h. wir legen uns zur nächsten Welle parallel. So vermeiden wir es, daß sich das Boot im Wellental mit dem Bug *senkrecht* in die nächste Welle bohrt. Wir bieten also dem Anprall der Wassermasse Breitseite, wodurch das Boot als ganzes gleichzeitig und somit in denkbar kürzester Zeit hochgehoben und nicht, wie es sonst eintreten würde, teils gehoben, teils überspült wird. Wir luven nun erst wieder, nachdem das Boot den Aufstieg auf den nächsten Wellenkamm begonnen hat (Abb. 247).

Diese Technik dürfte derjenigen, mit der die kleinen Boote am Meer die großen Brecher zu überwinden suchen, genau entgegengesetzt sein; diese nämlich gehen mit dem Bug senkrecht auf die Welle los. Der Unterschied liegt im Zwecke der Uebung: Am Meer handelt es sich darum, von einem jener gewaltig schäumenden Brecher nicht umgekippt und dann verschlungen zu werden, auf den Binnenseen aber dürfte uns dieser Gedanke kaum kümmern, und das wesentlichste ist: «möglichst trocken bleiben».

Lassen wir nun unsere Phantasie weiterwandern: Das Rennen dauert mehrere Stunden — die Wellen werfen das kleine Fahrzeug hin und her und spülen zum Teil darüber — im Kampf mit der Konkurrenz muß die Technik des Trockensegelns vernachlässigt werden. Das Wasser im Boot steigt. Die Bodenbretter schwimmen. Zwar schöpft der Vorschootmann unaufhörlich in den Böenpausen mit einem an langem Stiel befestigten Schöpfeimer — er kann also, trotzdem er hoch in Luv sitzt, mit dem Schöpfer das Wasser im Lee des Bootes erreichen. Aber auch das nützt auf die Dauer nichts mehr. Was mit schwerer Arbeit geleistet wird, wird durch eine einzige Welle wieder illusorisch gemacht. Das Wasser im Boot steigt weiter! Hat der Steuermann auch seine Schläge so gewählt, daß er nach Möglichkeit frühzeitig unter Land läuft, so kann es auch vorkommen, daß dieser an sich richtige Plan unausführbar wird. Das Boot schwimmt tief, und die nächste Böe zieht das niedere Außenbord ins Wasser. So kentert das Fahrzeug bei verhältnismäßig geringer Schräglinie und *ohne Schuld* der Mannschaft — ein deprimierendes Gefühl, besonders wenn das Boot an führender Stelle lag und im Kampf gegen *zwei* Gegner, Wind und Wasser, erliegt.

Wie aber läßt sich dabei der Gefahr vorbeugen? Stellen wir uns vor, das Boot ist im Begriff zu kentern. Die Segel sind ganz abgefiert! Sofort wird ein letzter Versuch gemacht, die Situation noch zu retten: Der Vorschootmann (vielleicht auch sogar

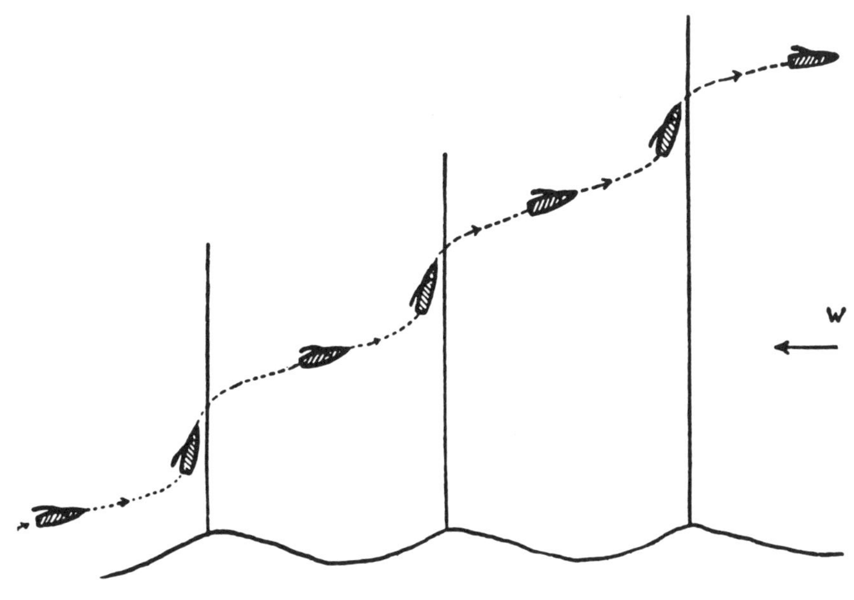

Abb. 247. «Trockensegeln.»

der Steuermann) *steigt aufs Schwert.* Kommt das Boot hoch, so hat diese Art von Akrobatik gewirkt, kommt es aber auch nach wiederholtem Versuch nicht hoch, so ist das Boot auch als Fortbewegungsmittel vorerst erledigt. Die eigentlichen Gefahren, die man beim Kentern zu vermeiden sucht, sind:

1. Falle nicht nach Lee, und vor allem nicht ins Segel. Letzteres ist eine etwas unangenehme Situation, weil sich das Tuch am Körper anlegt und die Bewegungsfreiheit behindert.

2. Verhänge dich nicht mit den Füßen im Tauwerk!

Man wird beim schwimmenden Schwertboot ganz gemütlich, der Drehung des Bootes entsprechend, an der Bordwand entlang auf die andere Seite klettern — ein auch für Damen gar nicht so kompliziertes Unternehmen. Unser erster Gedanke ist nun:

Man zähle die Häupter seiner Lieben, denn oft ist einer weggeblieben! Er kann unter das Boot, unter das Segel oder in andere wenig sympatische Situationen gekommen sein.

Es ist klar, daß man vor jeder Fahrt einen eventuellen Nichtschwimmer feststellen muß, um ihn im gegebenen Fall sofort unter seine Fittiche nehmen zu können. Wir wissen auch, daß man manchmal beim Retten mit großen Schwierigkeiten zu rechnen hat, sich sogar hilfeleistenderweise in Lebensgefahr begibt. Der Ertrinkende schlägt um sich und umklammert sinnlos seinen Retter. So kann es vorkommen, daß dieser unfähig ist, selbst noch zu schwimmen und *mit* dem anderen untergeht. Besonders also, wenn es sich darum handeln sollte, daß man mit dem zu Rettenden eine größere Distanz zu schwimmen hat, berücksichtige man vor allem vorher die «Kraft» desselben. Ist der Ertrinkende ein uns an Körperkraft überlegenes Individuum, dessen Fesseln wir gegebenenfalls nicht zu lösen vermöchten, so werden wir bei der Rettungsaktion mit Vorsicht vorgehen müssen. Wir schwimmen vorerst nur einige Meter an ihn heran und machen ihm klar, daß wir ihn ohne weiteres untergehen lassen, wenn er sich nicht vernünftig benimmt. Erst wenn er gewillt ist, sich ruhig zu verhalten und nur vorsichtig seinen Arm auf unsere Schulter zu stützen, gehen wir näher an ihn heran. Die Zweckmäßigkeit dieses Verfahrens sieht der Ertrinkende notgedrungenerweise auch zumeist ein; sollte er es sich aber trotzdem in letzter Sekunde noch anders überlegen und einen Umklammerungsversuch machen, so heißt es aufpassen — und wenn es gar nicht anders geht, ist meist der letzte Weg der, daß man dem Wortbrüchigen mit aller Wucht einen Schlag auf den Kopf versetzt, um ihn zu betäuben. Jetzt erst ist an ein Retten zu denken.

Wir kehren nun zum Thema zurück und wollen uns vorstellen, daß — wie es fast immer sehr programmäßig vor sich geht — alles kunstgerecht an der Bordwand herumgeklettert ist.

Der erste Akt ist somit überstanden, der zweite Akt aber folgt sogleich: Wir stehen vor der Gefahr des «Nachkenterns». Der Wind faßt unter das Segel, hebt dieses plötzlich hoch, das Boot richtet sich auf und mit einem Ruck schlägt die ganze Takelage auf die andere Seite um. Dadurch aber kommen die Aufsassen nach unten, unter Segel oder Boot zu liegen, und verhängen sich noch bestenfalls beim Platzwechseln in den Schooten. Um dies zu vermeiden, begebe sich sofort nach der Kenterung ein Mann «vor den Mast»! Sowohl ist dieser Platz an und für sich der beste, da man selbst beim Nachkentern hier nie unter das Segel kommen, vielmehr zwischen Mast und Fock hin und her turnen kann, als auch das Nachkentern sehr einfach dadurch unmöglich gemacht wird, daß man *auf den Mast* tritt und diesen niederdrückt, wenn er sich aufzurichten droht.

Ist diese Gefahr abgewehrt, so haben wir in erster Linie an unser Eigentum zu denken! Wertsachen und dergleichen müssen sofort befestigt werden. Auch Bodenbretter, Riemen und sonstiges Bootmaterial muß gesucht und angebunden werden. Die nächste Aufgabe nun ist das «Abtakeln». Vorausgesetzt sei jedoch, daß man in keiner Weise Veranlassung dazu hat, seine Kräfte sparen zu müssen, daß also ein Schiedsrichterboot oder ähnliches schon auf dem Wege ist. Um das Boot bergen zu können, müssen im allgemeinen die Segel gestrichen werden. Man wird, da die Falle meist an

Abb. 248. Starboot im Sturm.

Abb. 249. «Im Bach.»

den Belegklampen verquollen sind, diese mit dem Messer durchschneiden Sind nun erst die Segel vom Hilfe leistenden Motorboot aufgenommen, so kann das kleine Fahrzeug leicht geschleppt werden. Dies geschieht, nebenbei bemerkt, am besten in aufrechter Lage, indem der Bug des Bootes auf das Heck des Motorbootes hochgezogen wird.

Nicht immer aber geht alles so glatt, und ich möchte es nicht unterlassen, auch die schwärzesten Seiten des Kenterns kurz zu beleuchten. Unsere gefürchtesten Gegner, gegen die wir gegebenenfalls zu kämpfen haben, sind:

1. die Temperatur des Wassers,
2. der Wellengang,
3. die Nacht.

Kentern wir im Sommer und ist das Wasser warm, so läßt es sich einige Stunden aushalten. Kentern wir aber spät im Herbst und ist die *Temperatur* des Wassers schon sehr niedrig, so ist der Fall von vornherein als ernst zu bezeichnen. Gerade der sonst erfahrene Segler beachtet *diese* Gefahr am wenigsten. Wir können es nicht lange im Wasser aushalten, und unsere Kraft scheint dabei wie weggeblasen; wir schwimmen kaum 100 m weit.

Auch der *Wellengang* schwächt unsere Widerstandskraft mehr als man vermuten sollte. Jedesmal, wenn wir Wasser in den Mund bekommen und dieses in die Luftröhre gelangen sollte, so vergeuden wir einen großen Teil unserer Energie in Form eines Hustenanfalls. Die Warnung, die ich geben möchte, lautet: Vorsicht beim Atmen!

Kommt aber noch die *Dunkelheit* dazu, so kann der Kampf ein verzweifelter werden. Es gilt in erster Linie, Kräfte zu sparen und nichts Ueberflüssiges zu unternehmen. Immer tut man gut, wenn man sich möglichst frühzeitig der Schuhe entledigt. Die Kleider behält man in diesem Falle noch an, denn es gilt, Wärme zu behalten, und es gelingt nicht selten, doch noch den größten Teil des Körpers außer Wasser zu haben. Alle schweren Gegenstände (z. B. Eisenschwert), die das Boot tiefer schwimmen lassen, werden über Bord gegeben.

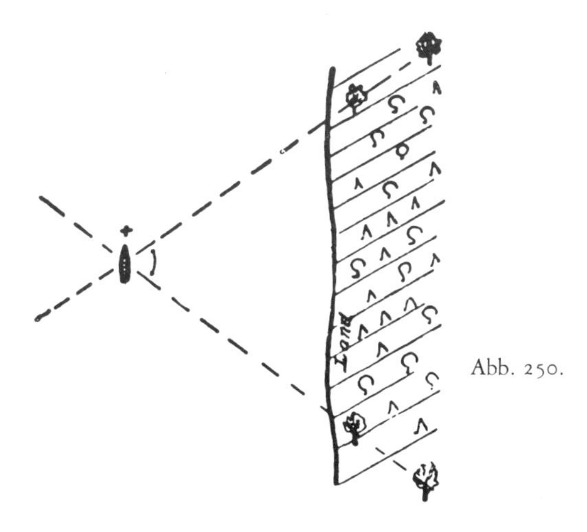

Abb. 250.

Ich warne nachdrücklichst vor dem Versuch, an Land zu schwimmen. Die meisten Unglücksfälle sind von jeher hierbei passiert. Man vergißt die Temperatur des Wassers, man vergißt den Wellengang, man unterschätzt Distanzen — besonders nachts — und man überschätzt seine eigenen bereits reduzierten Kräfte. Nur, wenn man seiner Sache ganz sicher ist, soll man versuchen, sich auf diese Weise zu retten. Auch dürfen *nicht* alle, sondern nur *einer,* — der beste Schwimmer natürlich — nachdem er sich vorher *ganz entkleidet hat,* das Wagnis unternehmen.

Haben wir uns entschlossen, nicht vom Boot zu gehen, so ist es geboten, sich möglichst frühzeitig an dieses *anzubinden.* Wenn dann unsere Kräfte erlahmen und unser Bewußtsein schwindet, so hängen wir mit dem Kopf mindestens über Wasser und haben doch für mehrere Stunden die Aussicht, noch lebend aufgefischt zu werden.

Ein gekentertes Boot legt ungefähr einen Weg von einem Kilometer in der Stunde zurück. Bei Gegenwellengang, der z. B. von einer Quaimauer ausgeht, macht das Boot in einer gewissen Distanz davor halt und treibt — soweit der größere Teil des Bootes unter Wasser ist — *nicht näher an.* An Hafenstädten kann man diese Grenze deutlich daran erkennen, dass hier meist der ganze Schmutz und Ruß in einer langen Linie parallel und in einer gewissen Distanz zum Ufer herumschwimmt.

Wie man sich beim Sinken einer Jacht zu verhalten hat: Sind wir durch ein Leck in der Bordwand vor diese Frage gestellt, so werden wir naturgemäß sofort versuchen, das Loch auszustopfen. Oft genügt es, wenn man das Boot auf den anderen Bug legt oder man trachtet, durch Krängen das Leck über das Niveau des Wassers zu bekommen. Gelingt es nicht, den Defekt zu beheben, so wird man versuchen, das Boot auf seichten Grund zu setzen.

Anders liegt der Fall, wenn eine Jacht durch Ueberliegen zu sinken beginnt. Kommt diese auch trotz losgeworfener Schooten und der sich in Luv an den Wanten hinauslegenden Mannschaft nicht mehr hoch, so bleibt uns nur noch übrig, die Unglücksstelle zu *peilen,* um eventuelle spätere Hebeversuche zu erleichtern. Das Peilen, das entweder noch vom Boot aus oder vom Wasser aus zu bewerkstelligen ist, wird folgendermaßen ausgeführt:

Man merkt sich an Land zwei Objekte in einer Richtung, z. B. zwei Bäume, welche genau hintereinander liegen; dann sucht man sich in einem Winkel (von 30, 40 oder mehr Grad nach der Seite) weitere zwei genau hintereinander liegende Objekte. Der Schnittpunkt dieser von den zwei Anhaltspunkten gezogenen Geraden gibt den gesuchten Fleck am Wasser (Abb. 250).

Das Segeln im Nebel

Eines der wesentlichsten Hilfsmittel außer dem Kompaß ist das Ohr. Man achte auf die Geräusche, welche die Richtung des Landes anzeigen. In der Nähe des Landes hilft man sich mit dem Lot. Eine weitere Sicherheitsmaßregel ist: mit *herabgelassenem Anker* zu segeln. Auf diese Weise wird man weder an irgendeinem Steg noch auf Land aufbrummen können. Das Boot verankert sich so sehr einfach selbsttätig, bevor es zu Schaden kommt. Droht aber in freiem Wasser die Gefahr eines Zusammenstoßes, so schickt man, wie es die Dampfer machen, einen Mann ganz vorne auf den Bug, der mit Ohr und Auge Wache hält und seine Berichte dem Steuermann zurückgibt; auch wird man durch ein Nebelhorn oder ein von Zeit zu Zeit sich wiederholendes «Haloooo» seine Anwesenheit betonen. Die Geschwindigkeit muß je nach Umständen abgebremst werden. Läuft man in einen Nebel hinein, so merkt man sich vorher noch den Winkel, den die Fahrtrichtung mit der Windrichtung (bzw. zu den Wellen oder Wassergekräusel) hat, und kann bei konstantem Wind ruhig nach diesem Anhaltspunkt weitersegeln. Zu gleicher Zeit wird man nach der Uhr steuern, um sich in den Entfernungen nicht zu verschätzen.

Das Aufbrummen

Haben wir uns mit einer Jacht auf Grund gesetzt, so ist unsere erste Aufgabe, die uns zur Verfügung stehenden Kräfte in richtiger Weise wirken zu lassen. Um also auch das Segel für unsere Dienste brauchbar zu machen, ist es stets nötig, den Bug zu drehen, so daß die Bootspitze wieder gegen das offene Wasser zu blickt. Diese Drehung

Abb. 251. Nur vor dem Mast ist man gegen Kentern gesichert.

wird manchmal schon durch das Flatternlassen des Vorsegels bewirkt, meistens aber muß der Bug mittels eines Riemens oder eines auf Grund aufgesetzten Spinnakerbaumes dazu veranlaßt werden. Kommt eine Jacht nicht in wenigen Minuten los, so müssen bei starkem Wind und Wellengang sofort die Segel gestrichen werden, da sich das Boot sonst noch mehr in den Schlamm des Grundes hineingräbt. Sind die Segel geborgen, so wird zunächst ein Anker mit einem Beiboot *ausgefahren* und das Boot dann an diesem hinausgeholt, und zwar wird das Boot, wie es gerade liegt, in Bewegung gesetzt, d. h. es wird nicht vorerst noch gedreht, wodurch es nur fester zu sitzen käme, sondern z. B. gleich rückwärts in der alten im Schlamm schon gegrabenen Fahrtrinne mit dem Heck voran herausgezogen. Stehen dagegen die Segel noch, so versteht es sich von selbst, daß nach Ausfahren des Ankers zuerst am Bug gezogen, d. h. die Drehung vollführt werden muß, um dann auch die Kraft des Segels ausnützen zu können.

Liegt das Boot nun sagen wir in richtiger Stellung, also mit dem Bug gegen das offene Wasser, kommt aber trotz der Kraft der Segel nicht los, versuchen wir den Tiefgang des Bootes dadurch zu vermindern, daß wir es krängen. Oft genügt es, wenn sich alle Mann nach Lee in die Wanten hängen. Wird das Fahrzeug aber auch jetzt noch nicht flott, so dirken wir den Großbaum um 1—2 m auf. Die Mannschaft begibt sich in das Beiboot und hängt sich an das äussere Ende des an der Schoot weit abgefierten Großbaumes. So kann fast jede Jacht bis fast flach auf Wasser gelegt werden und muß zum Schwimmen kommen. Ist das Segel abgetakelt, so kann man sich irgend eines anderen Hebels bedienen. Man bringt z. B. einen Baumstamm statt des Großbaums am Boot an und läßt die Mannschaft sich vollzählig daran hängen.

Das Anfahren an eine Mole bei schwerem Wind und Seegang. Wie bekannt, ist das Momentum (Schwung) eines jeden Bootes verschieden. Dieses zu kennen, ist beim Anlaufen an die Boje erforderlich, da man den sog. Aufschießer darnach zu richten hat. Gelingt das Bojenmanöver nicht, so ist weiter nicht viel verloren, man wiederholt es eben einfach so oft, bis es zu aller Zufriedenheit ausfällt. Anders aber beim Anlaufen an eine Mole oder einen Hafen bei auflandigem Wind. Die Folgen eines mißglückten Aufschießens können hier ganz überraschend unangenehm sein, und manch guter Segler hat sich die Sache schon oft ganz anders vorgestellt, als er es dann zu erleben gezwungen war. Die zu überwindenden Schwierigkeiten sind zweierlei — entweder wir haben *zu viel Schuß* — oder wir haben *zu wenig.* Was ersteres anbetrifft, so soll der Aufschießer nie so angelegt werden, daß er direkt auf die Mole zu gerichtet ist, sondern immer so, daß er seitlich davon abgelenkt und, falls er dann auch noch zu stark sein sollte, aufgegeben und wiederholt werden kann. *Um die Fahrt des Bootes abzubremsen,* gibt es vier Mittel:

Erstens wird der Großbaum seitlich gegen den Wind hinausgestemmt, wodurch — verbunden mit der nötigen Gegenarbeit des Ruders — eine stark bremsende Wirkung erzielt wird.

Zweitens kann man durch ein scharf gerissenes Wenden mit darauffolgendem stark ausgeprägtem Zickzacksteuern eine Verlängerung des Auslaufes (= des Weges) und eine Verlangsamung der Fahrt erzielen.

Drittens kann man kurz vor dem Anstoß — wenn dieser also aus irgendwelchen Gründen unvermeidlich ist — alle Mann nach vorne gegen den Bug zu laufen lassen; dadurch nämlich wird der Stoß in zwei *kurz hintereinander* erfolgende Abschitte zerlegt.

Viertens kann man, besonders bei der Einfahrt in einen engen Hafen oder Kanal, in welchem ein Wenden ausgeschlossen ist, sich einer Hemmvorrichtung bedienen, die folgendermaßen hergestellt wird. Ein Segelsack, z. B. Spinnakersack, der in seinem offenen Ende mit einigen Spreizlatten auseinandergehalten wird, wird als Wasserfänger achtern an einem Seile ausgehängt. Diese Einrichtung, die noch dadurch verstärkt werden kann, daß man mehrere Säcke in gleicher Weise aufgespreizt an einer Stange befestigt nachzieht, ist besonders auch dann sehr zweckmäßig, wenn man eine Jacht, die z. B. abgetrieben ist, auf offener See aufzutakeln hat.

Man hängt die Säcke vom Bug aus ins Wasser und erhält so eine hervorragende Stütze, die das Boot im Wind (d. h. mit dem Bug gegen den Wind) hält.

Der zweite Fall, der beim Anlaufen einer Mole sich ereignen kann, ist der, daß man *zu wenig Schuß* hat. Dies kommt umso leichter vor, als häufig der starke Gegenwind in der Takelage einen gewaltigen Widerstand findet. Das Boot kommt zum Stehen, treibt rückwärts und wird vorübergehend führungslos.

Dieser Zustand wird dann zum Verhängnis, wenn auf einer Seite seichter Grund, eine Mauer oder dergleichen sich befindet. Das Boot wird vorne abgetrieben und kracht auf die Quai-Mauern, bevor es imstande ist, Fahrt voran aufzunehmen, um dadurch dem Steuer die Wirkung zu ermöglichen. Dieser Malheur ist ein häufig zu beobachtendes Ereignis, und daher sollte jeder Segler diesen Fall kennen. Es läßt sich folgendermaßen vermeiden: Gedenken wir mit einer Jacht im Sturm irgendwo anzulegen, so muß *stets der Anker klar auf Deck vor dem Manöver bereit liegen.* Hat man die Mole nicht erreicht, und ging auch das Fangseil daneben, so muß sofort der Anker fallen, die einzige und letzte Möglichkeit, das Boot zu einem schnellen Wenden zu zwingen. Manchmal läßt sich das Wenden gegen das offene Wasser zu nur durch eine *richtig Steuerstellung* während des Rückwärtstreibens erreichen. Man wisse jedoch, daß in diesem Falle diese gerade *entgegengesetzt* als gewöhnlich auszuführen ist. Dies alles klingt sehr selbstverständlich, besonders allerdings für den, der Glück gehabt hat!

Eine ähnliche Situation, für die auch die anfängliche Wirkungslosigkeit des Steuers infolge zu geringer Fahrt die Schuld trägt, ist die, daß man z. B. gezwungen ist, *plötzlich* scharf nach Lee auf Vor-Wind-Kurs zu gehen. Sei es, daß wir mit einer Jacht aus einem Hafen laufen wollen, oder sei es, daß wir (an der Startlinie) durch ein anderes Boot gezwungen werden, schnell abzufallen oder kurz vor der Startboje nach Lee über die Linie gehen wollen und vor der Boje abzudrehen. In allen drei Fällen können wir von der Situation überrascht werden, indem wir besonders bei starkem Wind das Boot überhaupt nicht — oder nur sehr langsam — zum Abfallen bringen. Die Folge ist, daß wir mit vollem Schuß auf die Mole rennen, das andere Boot über den Haufen fahren oder wie im letzten Fall vor der Boje nicht mehr abdrehen können und so die Startlinie nicht zu passieren imstande sind.

An diese Möglichkeiten muß stets gedacht werden, und das einzige Mittel, eine enge Kurve nehmen zu können, besteht darin, daß man das Großsegel schon *vor* dem Manöver *ganz abfiert,* die *Fock dicht* nimmt, daraufhin das Großsegel schnell *vorübergehend einholt,* um in möglichst kurzer Zeit Fahrt zu bekommen, es dann aber wieder genau so schnell *ganz abfiert,* um die Drehkraft des Großsegels aufzuheben.

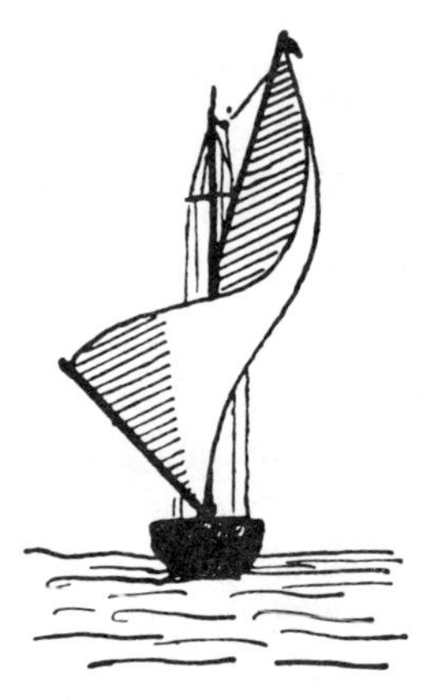

Abb. 252. Was mache ich, wenn beim Halsen die Gaffel nicht mit herüber gekommen ist?

Das gekreuzte Großsegel

Diese Situation ist durch Abb. 252 gezeigt. Durch ein Halsmanöver bei starkem Wind ist zwar der Großbaum herübergeklappt, die Gaffel aber befindet sich noch auf der anderen Seite. Was machen? Luven, d. h. Kurs nach Steuerbord nehmen, um dadurch die Gaffel zum Herüberkommen zu veranlassen, oder den Großbaum wieder dicht holen und auf die Seite der Gaffel zurückbringen? Man versuche unter keinen Umständen ersteres, da die Gaffel dabei nach vorne hin durchbrechen kann. Das einzig richtige ist das Dichtholen des Segels! Man bringt also den Großbaum auf die Seite der Gaffel zurück.

Die Fock ist ausgekommen

Dieses meist ungefährliche, sehr originell aussehende Ereignis, das hie und da etwa vorkommt, wird jedoch in einer Regatta dem Führer äußerst unerwünscht sein. Was machen? Das Fockfall nachlassen! Nützt nichts, das Segel fliegt nur höher und hinter uns her! — Mit dem Bootshaken darnach fischen! — Meist zwecklos! Ich habe mich einmal im Rennen fünfzehn Minuten damit herumgeplagt, bis ich endlich den einzig richtigen Weg erkannte: «Nur einen Moment nach Lee auf Vor-Wind-Kurs abdrehen!» das Vorsegel kommt so in den Windschatten des Großsegels und hängt sofort gerade herunter.

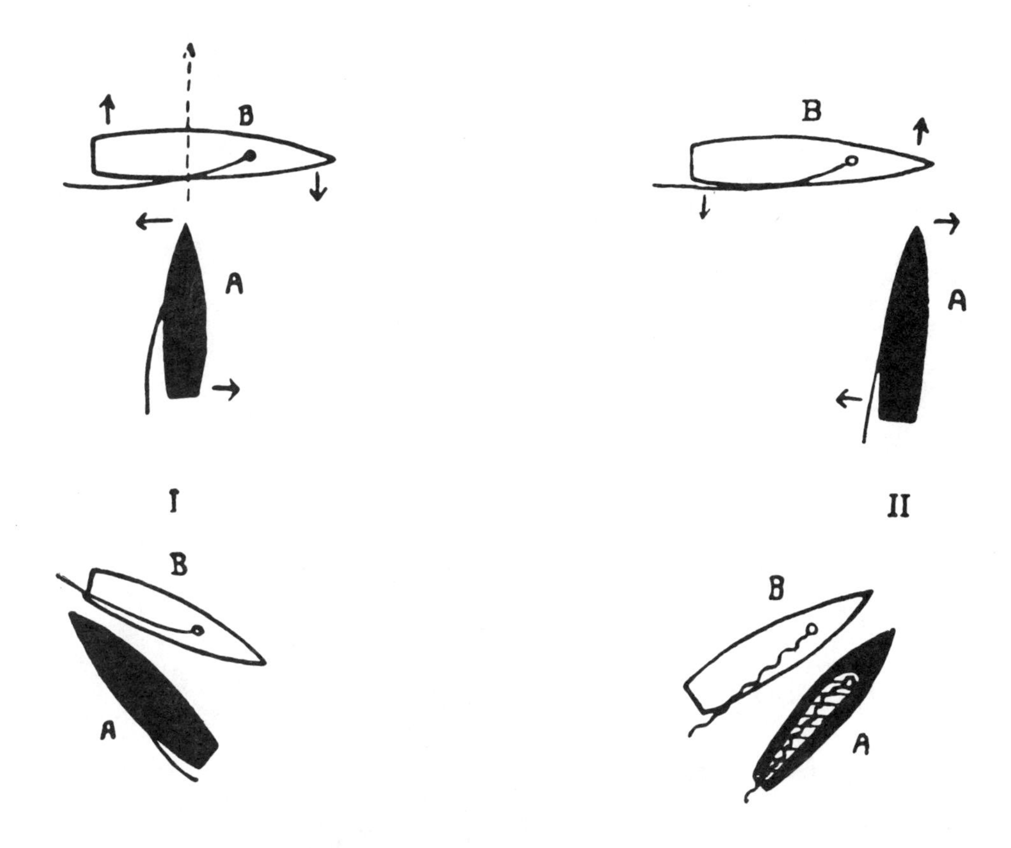

Abb. 253. Wie vermeide ich den Zusammenstoß?

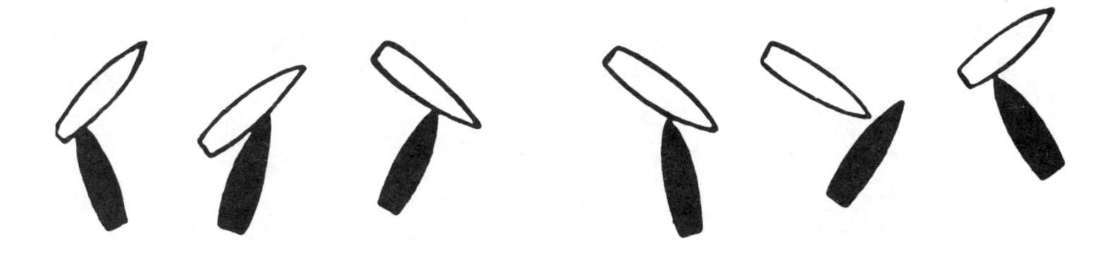

Was passiert, wenn man anders handelt?

Abb. 254. Vier Jachten dicht beisammen. Wer hat Wegrecht? Läßt sich der Zusammenstoß vermeiden?

Ein führungsloses Boot

Ein sonderbares Erlebnis, das ich seiner Merkwürdigkeit wegen wiedergebe: Ich fuhr mit der Sonderklasse «Hagen» am Bodensee in der Nähe des Süd-Ost-Ufers entlang. Plötzlich gehorcht das Boot dem Ruder nicht mehr! Es fährt geradeaus ruhig weiter und ist nicht vom Kurs abzubringen. Das Ruder bewegt sich langsam und schwer. Was war los — ich muß sagen, es befiel die ganze Mannschaft ein sonderbares Gefühl — ein rätselhafter Fall! Das Steuerruder war nicht abgebrochen; das Boot war nicht in ein Fischernetz gelaufen! — Es stellte sich folgendes heraus: Die Jacht war aufgebrummt und stand bewegungslos. Das Wasser jedoch floß an der Bordwand vorbei, da wir in die Strömung eines einmündenden Flusses geraten waren, und täuschte uns die Fortbewegung des Bootes vor. Der Grund war infolge des unklaren Wassers nicht zu sehen.

Zusammenstoß

Die Skizzen der Abb. 253 mögen demonstrieren, wie eine Kollision im letzten Moment vermieden werden kann. Die Frage lautet: Wie soll nicht nur der Steuermann des Bootes, das Wegrecht hat, sondern auch der, der ausweichen muß, manövrieren, um den Zusammenstoß zu vermeiden (unabhängig vom Wegrecht)?

In Fall I, wo das Boot A seinen Gegner B mittschiffs oder etwas dahinter treffen würde, vorausgesetzt, es würde den Kurs fortsetzen, *müssen beide Boote scharf abfallen.* In Fall II, wo das Boot A das Boot B vor der Mittellinie treffen würde, *müssen beide Boote stark anluven,* wenn der Zusammenstoß vermieden werden soll. Anscheinend sehr einfach, wenn nur gerade diese einfache Maßnahme einem im kritischen Augenblick auch einfallen würde. Ganz im Gegenteil, man handelt meist intuitiv und macht gerade das Verkehrte, wenn man nicht die Situation voraussieht und bewußt das Richtige tut.

Die Schwierigkeit in diesen Situationen beruht darin, daß von acht möglichen Kombinationen nur zwei den Zusammenstoß in letzter Minute verhindern, und dann nur, wenn die Steuerleute beider Boote richtig handeln. So sind wir nicht überrascht, wenn selbst bei erfahrenen Seglern es hin und wieder zu einem Zusammenstoß kommt, der hätte vermieden werden können.

Es lohnt sich aber, sich die Situationen einzuprägen.

Ueber das Ankern

Beim Auswerfen des Ankers achte man stets darauf, daß man mit den Füßen oder Armen frei von der Ankerkette ist. Unvergeßlich ist mir das Erlebnis eines Freundes, der sich mit dem Finger in einem Glied der Kette verfangen hatte und den der Anker in die Tiefe mitriß. Es ist ein furchtbarer Gedanke, vor die Frage gestellt zu sein: Soll man den Finger abbeißen, wenn man nicht loskommt oder soll man versuchen, ihn auf andere Weise frei zu kriegen. Glücklicherweise ist ein solcher Fall selten, immerhin sei vor ihm gewarnt! Glücklicherweise bekam mein Freund den Finger unter Wasser wieder frei.

Einige Fragen

Was macht man bei Backstagbruch:

Sofort etwas vom Kurs abluven, damit die Wanten den Hauptdruck tragen. Das Spinnakerfall (oder auch das zweite Fockfall) nach Achtern führen und dort belegen. So kann das Rennen fortgesetzt werden.

Was macht man bei Klaufallbruch:

Nichts! Die Piek hält das Großsegel und man hält ruhig durch. Bei größeren Fahrten: Reparatur vom Mast aus.

Was macht man bei Piekfallbruch:

Das ist der ungünstigste Bruch, da das Segel vorübergehend gestrichen werden muß. Man dirkt zuerst auf, um die herumhängende Gaffel zu entlasten; dann versucht man diese herunterzuzerren. Das Spinnakerfall wird als Ersatz für das Piekfall verwendet, wenn ersteres nicht zu reparieren ist.

Was macht man bei Wantenbruch:

Man geht sofort auf den anderen Bug und repariert.

Was macht man, wenn die Saling nach hinten ins Segel klappt:

Man sucht nach der Ursache. Diese ist fast immer darin zu finden, daß sich das Jumpstag gelockert hat, der Mast infolgedessen sich durch den Druck der Gaffel in der Mitte nach vorne durchbiegt. Das äußere Ende der Saling klappt dadurch nach rückwärts. — Man entlastet das Segel für ein paar Sekunden, dreht die Wante wieder nach außen, befestigt diese gegen vorne zu an der zweiten Wante und man spannt nun das Jumpstag stärker an.

Was macht man, wenn die Saling nach vorne klappt:

Der seltenere Fall! Man lockert das Jumpstag.

Was macht man bei Gaffelschuhbruch:

Man fährt weiter und zieht nur die Reihleine stärker an.

Was macht man bei Ruderbruch:

Man balanciert das Boot *durch die Stellung der Segel* auf Kurs aus und konstruiert mittelst eines Riemens einen Ersatz am Heck.

Abb. 255. Mastbruch.

Was macht man bei Mastbruch:

Nichts!!!

Was macht man, wenn der Wind so stark weht, daß es gefährlich erscheint, vor Wind zu laufen:

Man kreuzt vor Wind; d. h. man läuft die Strecke raumschoots ab mit jeweiligem *Wenden.*

Was macht man, wenn man als führendes Boot entdeckt hat, daß die Wendemarke abgetrieben ist:

Man legt möglichst an der richtigen Stelle eine neue, d. h. man wirft z. B. einen Rettungsring mit Anker über Bord und rundet um diesen. Dies wird nur von kleinlichen Schiedsrichtern als ungesetzmäßig bezeichnet werden.

Abb. 256. «Aero», die erfolgreiche 20 m²-Rennjolle des Autors.

Abb. 257. Regatten auf Bergseen haben ihren besonderen Reiz.

Photo: E. Schrander, Thun / Klischee: Schweizer Jachtsport, Bern.

Was macht man, wenn man in einem Beiboot die Ruder über Bord verloren hat:

Man rudert mit den Bodenbrettern.

Was macht man, wenn man nicht weiß, wie eine Boje zu runden ist:

Man rundet zuerst rechts, dann links.

Wie verhalten wir uns in doppeltem Seegang:

Wir steuern nach Möglichkeit so, daß die größeren Wellen von Luv her anschlagen. Seegang von Lee stört die Fahrt beträchtlich. — Daher nie im Rennen in die Nähe von Hafenmauern kommen; der Gegenwellengang wirkt sich auf große Distanz aus.

Am Ziel

Wir haben die verschiedensten Endkämpfe schon in den vorhergehenden Kapiteln besprochen, und hiezu ist nur noch einiges nachzutragen: Jeder ehrliche Segler möge an dem Grundsatz festhalten, daß, wenn er ein Rennen beginnt, er dieses auch zu Ende fahren soll. Abgesehen von Flautentagen, an denen man am Tampen liegend, naturgemäß oft froh ist, geraden Kurs heimwärts nehmen zu können, bedeutet es stets eine absichtliche Schmälerung des gegnerischen Sieges, und es ist daher als absolut unsportlich zu bezeichnet, wenn ein gestartetes Boot darauf verzichtet, die Ziellinie zu passieren.

Wir kommen nun zum Endkampf Bord an Bord. Alles ist auf das Aeußerste angespannt und alles muß versucht werden, um den oft nur wenige Zentimeter betragenden letzten Vorsprung zu erlangen. Vergessen wir nicht, uns die Frage zu stellen: Ist die Ziellinie genau senkrecht zur Fahrtrichtung? Kommen wir vor Wind auf das Ziel zu, läßt sich in den letzten Sekunden das Rennen oft dadurch zu unseren Gunsten entscheiden, daß wir den Spinnakerbaum möglichst nach vorne lassen. Die Regel nämlich lautet, daß ein Boot dann gezeitet wird, wenn es mit irgendeinem Teil des Rumpfes oder der Spieren die Ziellinie passiert.

Ein weiteres Geheimnis, auch dem Boot selbst in letzten Sekunden noch einen Ruck vorwärts zu geben, ist das, daß man kurz vor dem Ziel das Großsegel *hereinreißt.* Dieses überaus wirksame Verfahren wird jedoch dann zum Verhängnis, wenn das Manöver zu früh ausgeführt wird. Man peile also das Ziel genau an und greife erst in den letzten Metern zu diesem Mittel. Dieser Ruck des Bootes, der, richtig ausgeführt, bei leichterm Wind mindestens einen Meter Gewinn bringt, kann auch noch dadurch verstärkt werden, daß man auf Jachten im gleichen Augenblick die Mannschaft nach achtern laufen läßt. Der physikalische Vorgang dabei ist folgender:

Schiffsgeschwindigkeit $\times$ Vorschub = Laufgeschwindigkeit $\times$ Laufweg.
Also z. B. 1500 kg $\cdot$ x = 300 kg (Gewicht von 4 Man) $\cdot$ 10 m x = 2 m.
Der Vorschub beträgt hier also 2 m.

Ganz zum Schluß sei es dem Verfasser noch erlaubt, einmal ganz boshaft zu sein und zu erzählen, wie man Schiedsrichter, die sich pedantisch benommen haben — denn auch dies soll vorkommen — eine Posse spielt. Ganz abgesehen davon, daß es schon reizend wirkt, wenn man mit ausgespanntem Regenschirm durch das Ziel segelt, ist es äußerst amüsant, wenn man z. B. vor Wind bis auf wenige Dezimeter auf die Ziellinie losfährt und dann . . . am Schiedsrichterstand ist bereits alles in tutender Position und die Sekunden werden würdevoll verlesen — jedoch die erwartete Entspannung durch das Wort «Jetzt!» tritt nicht ein, d. h. man läßt sie nicht eintreffen, indem man kurz vor der Linie hochdreht und an dieser ganz gemütlich entlang fährt. Die Folge davon aber ist, daß revolutionsmäßig ganz automatisch ein Riesengeschrei losgeht: «Sie sind ja noch gar nicht über die Linie!» Und da soll man sich nicht ärgern, wenn man die Antwort bekommt: «Ja — das weiß ich schon!!» Also! — Nochmals stellt sich alles in Position: einundzwanzig, zweiundzwanzig usw. Jetzt ist er an der anderen Zielboje angelangt — jetzt muß er durch! — Nein noch nicht! — Man dreht in den Wind auf, und läßt sich ganz langsam «*rückwärts*» durch die Linie treiben — sondern jetzt!

Der Leser mag mir diesen Ulk verzeihen, denn ich schrieb diesen Satz als Achtzehnjähriger.

Die Bilder in diesem Buch stammen von folgenden Photographen: Colmann: 184, 239; Hohmann: 202, 207, 208, 245; Levick: 78, 79, 81, 90, 95, 227, 246, 248, 254, 258; Rosenfeld: 67, 94, 131, 136, 171, 173, 176, 177, 181, 185, 186, 190, 212, 213, 218, 235, 238, 255; Scwirner: 58; alle übrigen sind vom Verfasser aufgenommen worden.